J. R. Ackerley
Hindu Holiday

J. R. Ackerley

Hindu Holiday

Ein indisches Tagebuch

Aus dem Englischen von
Dorothee und Daniel Göske

Mit einem Nachwort von Daniel Göske

Steidl

Titel der englischen Originalausgabe:
»Hindoo Holiday. An Indian Journal«,
zuerst erschienen bei Chatto & Windus, 1932

1. Auflage September 1996

Umschlaggestaltung: Klaus Detjen unter Verwendung
eines Ausschnitts aus dem Gemälde
»Thronsaal des Großmoguls Schah Dschachan im Roten Fort in Delhi«
(1875) von Wassilij W. Werestschagin, © AKG, Berlin
Satz, Lithographie, Druck:
Steidl, Düstere Straße 4 · D-37073 Göttingen
Printed in Germany
ISBN 3-88243-415-5

Meiner Mutter

Vorwort zur zweiten Ausgabe

Als dieses Tagebuch zum ersten Mal veröffentlicht werden sollte, hielt man es für nötig, einige Dinge wegzulassen. Seitdem sind fast zwanzig Jahre vergangen, und der Staat Chhokrapur, sollte es ihn tatsächlich jemals gegeben haben, ist von der neuen Landkarte Indiens verschwunden. Ich habe daher die Gelegenheit dieser neuen Ausgabe genutzt, die meisten der früher weggelassenen Passagen wiederherzustellen und etwas zusätzliches Material einzuarbeiten.

März 1952, J. R. A.

Die Hauptpersonen

Seine Hoheit, der Maharadscha Sahib von Chhokrapur
Der Dewan (oder Premierminister) Sahib
Babaji Rao, der Sekretär Sahib
Abdul Haq, mein Privatlehrer
Narayan, Angestellter für das Gästehaus
Sharma, sein Freund, Leibdiener des Maharadscha
Hashim, der Aufwärter des Gästehauses
Habib, mein Diener

Vorbemerkung

Er suchte jemanden, der ihn liebte – Seine Hoheit, meine ich; das war wohl sein eigentliches Bedürfnis. Natürlich schützte er andere Gründe vor: einen englischen Privatsekretär, einen Hauslehrer für seinen Sohn. Eigentlich glich er nämlich ganz und gar nicht den römischen Kaisern und mußte zu Ausreden greifen.

Außerdem hatte er schon einen Privatsekretär, wenn auch einen indischen, und sein Sohn war erst zwei Jahre alt. Aber er glaubte zweifellos, daß der britischen Obrigkeit in Gestalt des Politischen Beraters, der unter anderem die Staatsausgaben im Auge behielt, ein Etikett – und zwar eines jener säuberlich beschrifteten Etiketten, die anzuerkennen und zu verstehen die Beamtenseele ausgebildet ist – lieber sein werde als die Aussage »Ich suche jemanden, der mich liebt.« Und dennoch war dies wohl der wahre Grund.

Er suchte einen Freund. Er suchte Verständnis und Mitgefühl und philosophischen Beistand, und er wollte sich all dies aus England kommen lassen. Das wird vielen merkwürdig vorkommen, die seit jeher die Wiege der Weisheit im Osten wähnen; er jedoch glaubte sie im Westen – und vielleicht sollte ich hinzufügen, daß er da nie gewesen ist. Natürlich gibt es bereits ziemlich viele Briten in Indien, aber er hatte wohl nie ernsthaft angenommen, unter diesen Leuten das Gewünschte zu finden. Nein, der reine, ungetrübte Quell: nur daraus wollte er schöpfen – und so hat alles angefangen.

Jemand, der ihn dort kennengelernt hatte, meinte zu mir: »Wie wär's eigentlich mit *dir*? Warum fährst *du* nicht zu ihm?«

»Stellt er irgendwelche Anforderungen?« wollte ich wissen.

»Ja, er möchte jemanden, der so ist wie eine Figur namens Olaf in *Die Halskette des Wanderers* von Rider Haggard.«

Also fuhr ich.

Dies ist keine Geschichte Indiens. So ziemlich alles, was ich zum Zeitpunkt meiner Abfahrt über dieses Land wußte, war das, woran ich mich noch aus meiner Schulzeit erinnern konnte – daß es dort beispielsweise einen Aufstand gegeben hatte und daß es auf der Landkarte ungefähr wie ein auf den Kopf gestelltes Matterhorn aussah, rosafarben, denn es stand unter unserer Herrschaft. Kurz gesagt, mein Wissen war nicht erschöpfend, und das ist es bis heute nicht. Wie ich vom Hörensagen weiß – denn ich hatte dort keine Gelegenheit zu weiten oder häufigen Reisen –, ist dieses verworrene Land völlig uneinheitlich; die Unterschiede zwischen den Rassen, Religionen und Kasten trennen die Menschen, und Sprache, Kleidung, Sitten und Aberglaube sind von Ort zu Ort verschieden.

Daher befaßt sich dieses Buch, das Tag für Tag aus fast gänzlicher Unwissenheit heraus entstanden ist und für dessen Faktentreue ich, da ich mich einzig auf mein Gedächtnis stützen mußte, nicht garantieren kann, fast ausschließlich mit dem kleinen, unter indischer Verwaltung stehenden Hindustaat Chhokrapur (ein Name, nach dem man, da ich ihn gerade erfunden habe, auf der Karte vergeblich suchen wird) – und es erhebt nicht einmal für diesen den Anspruch auf Vollständigkeit.

ERSTER TEIL

28. Dezember

Chhokrapur hat keinen Bahnhof. Der nächste ist im fünfunddreißig Meilen entfernten Dipra, und dort erwartete mich das Auto des Maharadscha. Es war mit einem überaus dicken Chauffeur und einem kleinen Jungen bemannt. Ein schwarzbärtiger Mohammedaner, ein Diener Seiner Hoheit, war schon an einem früheren Punkt meiner Reise mit schriftlichen Anweisungen zu mir gestoßen.

Wir fuhren los und kamen ungefähr auf halbem Wege durch Rajgarh, den Chhokrapur nächstgelegenen britischen Stützpunkt und Sitz des Politischen Beraters.

Plötzlich bogen wir von der Hauptstraße, die offenbar um die Stadt herumführte, ab und gelangten durch weiße Torbogen über einen roten Schotterweg auf einen kleinen, kegelförmigen Hügel. Dieser Hügel, der oben abgeflacht ist und ein Plateau bildet, gehört zu einem langen und felsigen, allmählich nach Süden hin ansteigenden Höhenrücken wie der Punkt unter ein Ausrufezeichen. Auf dem Plateau befinden sich zwei Häuser, ein großes und ein kleines, und vor letzterem setzte man mich ab. Dies sollte nun für einige Monate mein Zuhause sein, und so begab ich mich gleich nach meiner Ankunft auf einen Erkundungsgang. Er dauerte nicht lange. Ich betrat ein rechteckiges, einstöckiges Haus mit weiß getünchten Innen- und Außenwänden. Zwei miteinander verbundene Räume führten auf zwei Veranden, von denen eine vor und die andere hinter dem Haus lag. Das Badezimmer befand sich außerhalb, in einem Winkel der hinteren Veranda. Von dieser führte eine Steintreppe in einen kleinen, ummauerten Hinterhof, der am Fuß des felsigen Bergrückens lag. Das Haus hatte kein einziges Fenster, aber fünf Türen – eine zwischen den beiden Zimmern und je zwei, die auf die beiden Veranden hinausgingen. Die Möblierung war einfach. In jedem Zimmer lagen blau und rot gestreifte Teppiche aus grobem Tuch, und in den offenen Türrahmen hingen lange, mit Rosen gemusterte Leinenvorhänge, die ein leichter Wind leise bauschte. Ein runder Tisch und drei Stühle vervollständigten die Einrichtung des Wohnraums; im Nebenzimmer standen ein enormes, eisernes Bettgestell sowie ein Tischchen mit einem Spiegel. Die Ausstattung des Badezimmers bestand aus einer Wanne auf einer hölzernen Plattform, einigen großen Tongefäßen für Wasser, einem Topf und einem Nachtstuhl sowie einem Waschtisch. Das Waschbecken enthielt etwas Wasser und eine ertrunkene Maus.

Nachdem ich mein Haus in Augenschein genommen hatte, kehrte ich durchs Schlafzimmer wieder in den Wohnraum zurück, wo mich der Mohammedaner, der Chauffeur und der Junge hinter meinem Gepäck in einem ernsten Halbkreis empfingen und offensichtlich auf weitere Instruktionen warteten.

Ich warf ihnen einen nervösen Blick zu. Alle drei machten gleichzeitig einen tiefen Salaam und nahmen dann wieder eine aufrechte Haltung ein. Ich hatte es ihnen gegenüber bereits mit Englisch versucht und war gescheitert; also nickte ich ihnen ein »Danke, das wäre momentan alles« zu, was ebenfalls ohne Wirkung blieb.

Da ich mir keinen Rat mehr wußte, setzte ich mich an den Tisch und öffnete mein Notizbuch, um zu schreiben, in der Hoffnung, daß sie bei mangelnder Beachtung schon irgendwann dahinschwinden würden. Aber als ich aufsah, standen sie immer noch da und musterten mich mit ernsten Mienen. Und im nächsten Moment begannen sie, erst einzeln und schließlich alle gleichzeitig, zu sprechen und mir Zeichen zu geben.

»Maharadscha Sahib«, sagte ich hoffnungsvoll.

Sie nickten freundlich.

Durch die offene Tür konnte ich in etwa hundertfünfzig Yard Entfernung das andere Gebäude sehen, einen wuchtigen weißen Quader auf der gegenüberliegenden Seite des Plateaus.

»Palast Maharadscha Sahib?« fragte ich und zeigte darauf.

Wieder nickten sie freundlich. Dann erschien eine beeindruckende, uralte Gestalt mit einem grauen Patriarchenbart und einem Netzwerk von Falten im wohlgeformten, braunen Gesicht. Er ging barfuß und war in luftige, weiße Tücher gehüllt. Ein Schlüsselbund, der ihm von der Hüfte baumelte, wies ihn als einen der Apostel aus.

Auch er schien mir etwas Wichtiges mitteilen zu wollen, war des Englischen jedoch ebensowenig mächtig. Nach langem Grübeln brachte er endlich das Wort »Karte« hervor; ich zückte eine Visitenkarte. Sankt Petrus ließ Ausrufe des Entzückens hören und verschwand damit. Chauffeur und Junge folgten ihm.

Daß mein Gesicht vom Staub geradezu gespenstisch wirkte, hatte ich bereits im Schlafzimmerspiegel bemerkt. Ich machte den Mohammedaner daher mit der toten Maus bekannt und gab ihm mit Handzeichen zu verstehen, daß ich außer sauberem Wasser gern eine Tasse Tee hätte, denn es war jetzt etwa vier Uhr nachmittags. Er verschwand mit diesen Aufträgen, und noch während ich mir die Ärmel hochkrempelte, kroch ein uralter Mann mit bloßen, mageren Beinchen und zottigem Bart langsam und geräuschlos herein. Er trug etwas unter seinem Arm, das zunächst wie ein Dudelsack aussah, sich dann aber als eine prall mit Wasser gefüllte, tropfende Ziegenhaut entpuppte. Seine Last drückte ihn zu Boden, und er sah im Vorbeigehen nicht zu mir auf, versuchte jedoch mit unsicherer, wedelnder Hand einen Salaam. Er hatte selbst große Ähnlichkeit mit einer Ziege. Wieder mir selbst überlassen, begann ich mir langsam darüber Gedanken zu machen, wie wohl die erste Begegnung mit dem Maharadscha verlaufen werde. Ich hatte gehört, er habe einen ausgeprägten Sinn für Theatralisches und schicke gewöhnlich, um sein Kommen anzukündigen, einen nackten, mit einem Speer bewaffneten Krieger als Herold voraus. Ich hoffte, daß mich etwas ähnlich Melodramatisches erwartete; doch noch während ich meine Spekulationen anstellte und mir Hals und Gesicht mit Wasser bespritzte, hörte ich hinter mir Getrappel und sah, durch den Seifenschaum hindurch, Sankt Petrus herbeieilen.

»Maharadscha Sahib! Maharadscha Sahib!« flüsterte er aufgeregt und deutete hinter sich auf meinen Wohnraum.

Das war höchst unangenehm. Ich hatte mehrere Monate lang mit Seiner Hoheit korrespondiert, um dieses Treffen zu arrangieren. Ich war zu diesem Zweck sechstausend Meilen weit gereist – er hätte es wenigstens vermeiden können, mich in diesem unvorbereiteten Zustand zu überfallen. Damit machte er sich nicht gerade beliebt.

»Bitte – ihn – warten!« sagte ich so knapp wie möglich und mit ähnlich spärlichem Erfolg. Denn kaum war ich ins Schlafzimmer gestürzt, hatte mir das Gesicht getrocknet und Kragen und Krawatte wiederangelegt, als auch schon ein Schatten über die Schwelle meines Wohnzimmers fiel und ein beleibter, unansehnlicher Inder in schwarzem Gehrock eintrat und den Vorhang zur Seite zog, um Seine Hoheit einzulassen.

Man hatte mir den Maharadscha genauestens beschrieben, und doch war ich auf die merkwürdige Gestalt, die nun ins Zimmer humpelte, nicht vorbereitet. Seine eingedrückte Nase, die eingefallenen Lippen, das vorstehende Kinn und seine hervorquellenden,

braunen Augen, die ein leicht bläulicher Film überzog, verliehen seinem Gesicht große Ähnlichkeit mit dem eines Pekinesenhündchens. Von der Stirnmitte bis zur Hälfte des eingeknickten Nasenrückens reihten sich einige gelbe Farbtupfer aneinander; ein Diamant schimmerte an jedem Ohrläppchen, und unter seiner kleinen, runden Kappe aus grünem Samt und Goldbrokat ringelte sich eine dunkelgraue Haarsträhne hervor. Er war klein und sehr schmächtig, und seine steife, ungelenke Gestalt war adrett in einen langen Gehrock aus violettem und grauem Tweed gehüllt, der mit einem hohen militärischen Kragen aus grauem Samt und Manschetten aus dem gleichen Stoff abschloß. Er trug weiße Baumwollhosen, die sich unterhalb des Knies in enge Falten um die Wade legten, nach oben hin jedoch weiter wurden; seine Socken leuchteten purpurrot, und seine langen, schmalen Füße zierten lacklederne Tanzschuhe. Ich brauchte einige Zeit, um all diese Details zu erfassen.

»Seine Hoheit, der Maharadscha Sahib!« verkündete der Beleibte pompös.

Meinen Rock über dem Arm, eilte ich auf ihn zu, schüttelte ihm die Hand und entschuldigte mich für meinen Zustand; doch er nahm keine Notiz davon.

»Aber Sie kommen so früh!« sagte er. »Ich hatte Sie nicht vor einer Stunde erwartet, denn ich wollte Ihnen zur Begrüßung ein Stück entgegenkommen; aber gerade, als ich aufbrechen wollte, hat man mir Ihre Visitenkarte gebracht!«

Offenbar war er darüber ziemlich verärgert und sagte, indem er sich zu seinem Begleiter umwandte, kurz etwas auf Hindi, worauf dieser sich mit der Hand nervös über Mund und Kinn fuhr; doch sofort wandte er sich mit einem »Willkommen in Indien!« erneut an mich und stellte mir seinen Begleiter als Mr. Babaji Rao vor, seinen Privatsekretär.

Ich rückte einen Stuhl für ihn zurecht, und er humpelte, auf seinen Stock gestützt, um den Tisch herum und setzte sich.

»Haben Sie schon Ihren Tee bekommen?« erkundigte er sich. Ich gab an, danach geschickt zu haben, und er beauftragte seinen Sekretär damit, die Dinge zu beschleunigen. Im selben Moment brachte ein großer, ansehnlicher Aufwärter in einem langen blauen Uniformrock mit Schärpe den Tee herein.

Er streifte vor der Tür seine Schuhe ab und betrat den Raum barfuß.

»Wollen Sie nicht eine Tasse mittrinken?« fragte ich Seine Hoheit, denn es war nur eine Tasse da. »Oder haben Sie Ihren Tee schon gehabt?«

Das amüsierte sie beide, und der Maharadscha erklärte mir, es sei zwar alles höchst lächerlich und habe gar nichts mit ihm zu tun, doch sei es einem Hindu nicht erlaubt, in Gegenwart von Europäern etwas zu sich zu nehmen. Ich entschuldigte mich für meinen Schnitzer, aber er winkte mit einer kleinen juwelengeschmückten Hand ab und meinte, er halte sich eigentlich nicht streng an die Regeln und trinke gelegentlich mit seinen Gästen eine Tasse Tee, doch momentan habe er danach kein Bedürfnis.

»Jetzt trinken Sie erst einmal Ihren Tee«, fügte er hinzu, »und ich werde mit meinen Fragen warten, bis Sie fertig sind.«

Also kaute ich, ziemlich befangen, an meinem ledrigen, mit Butter bestrichenen Toast, während sie dasaßen und mich beobachteten und sich dabei auf Hindi unterhielten. Seine Hoheit rauchte eine Zigarette mit einem purpurroten Mundstück, während Babaji Rao mit weit gespreizten Beinen dasaß, die Ellbogen nach außen gekehrt und beide Hände fest auf die Knie gestützt. Ich fand ihn kaum ansehnlicher als seinen Herrn. Die Pocken hatten sein Gesicht schwer gezeichnet; ein fransiger Schnurrbart hing ungepflegt über seinen großen, schlaffen Mund, und die Augen hinter den großen Brillengläsern wirkten unstet und verschlagen. Sein Gewand ähnelte dem des Maharadscha, war aber schmuddelig und grob. Er trug weder Strümpfe noch einen Kragen, und unter seinem unrasierten Kinn lugte ein Kragenhalter aus Messing hervor. Als er seine schwarze runde Kappe abnahm, sah ich, daß er auf dem Kopf schon kahl war und sein dichter, ungepflegter Haarkranz grau wurde.

Es zeigte sich, daß Seine Hoheit doch nicht alle Fragen zurückhalten konnte, bis ich fertig war.

»Wie spricht man Ihren Namen aus?« erkundigte er sich. Ich machte es ihm vor, und er wiederholte ihn so lange, bis er es richtig machte, und sah dann zu seinem Sekretär hinüber, als wolle er sagen: »Merk' dir das.«

»Gefällt Ihnen das?« Er zeigte auf die Wände. »Haben Sie es bequem? Wenn Sie irgendetwas brauchen, müssen Sie es Babaji Rao sagen. Ich dachte, Sie würden lieber hier als mit meinen anderen Gästen im Gästehaus wohnen.«

»Ist dies das Gästehaus?« fragte ich und blickte auf das quadratische Gebäude draußen. »Ich dachte, es sei Ihr Palast.«

»Nein, nein, nein«, erwiderte er und wurde von einem japsenden Lachen geschüttelt. Ich stellte erstaunt fest, daß seine Zunge eine leuchtend orange Farbe hatte, fast wie Kapuzinerkresse.

Ich schob gerade den letzten Bissen Toast in den Mund, da kam die Frage – »Sind Sie fertig?« – und der Befehl an den Aufwärter abzuräumen, noch bevor ich meinen Bissen in eine Position manövrieren konnte, die mir zu antworten erlaubt hätte.

Nun hub eine äußerst verwirrende Ausforschung meines bisherigen Lebens an. Ohne Pause sprang er von einer Sache zur nächsten, und das Ganze dauerte so lange und war so konfus, daß ich es hier nicht wiedergeben kann.

Wie alt ich sei? So alt? Er war der Auffassung gewesen, ich sei erst zweiundzwanzig. Kam ich aus London? Wer gehörte alles zu meiner Familie? Sprach ich Latein und Griechisch? War ich mit Rider Haggard bekannt? Hatte ich seine Bücher gelesen? War ich religiös? War ich der Meinung, daß die Tragödie Jesu Christi die größte Tragödie sei, die sich jemals ereignet hatte? War ich Pragmatiker? Hatte ich Hall Caine gelesen? Hatte ich Darwin, Huxley und Marie Corelli gelesen? ...

Seine Hoheit war offensichtlich sehr enttäuscht. Ich wußte nicht, was »Pragmatismus« bedeutete und hatte praktisch keinen der von ihm genannten Autoren gelesen. Ich müsse sie sofort lesen, sagte er, denn sie seien wirklich alle sehr gute Autoren, und er wünsche, daß ich ihm ihre Schriften erkläre. Er habe sie alle in seiner Palastbibliothek; ich müsse sie ausleihen und lesen. Ich bemerkte, daß er praktisch keine Zähne mehr hatte; während er diese Fragen nuschelnd hervorbrachte, sanken seine braunen Lippen abwechselnd nach innen und wölbten sich dann zitternd wieder nach außen.

»Haben Sie Spencers *Erste Prinzipien* und *Probleme des Lebens und Geistes* von Lewes gelesen?« begann er wieder.

»Nein, Maharadscha Sahib, ich fürchte nicht.«

Sein Gesichtsausdruck wurde sehr ernst.

»Aber das müssen Sie! Es ist sehr wichtig. Sie müssen beides sofort lesen. Das ist mein erster Auftrag für Sie.«

»Sehr wohl, Maharadscha Sahib.«

»Babaji Rao wird Ihnen die Bücher geben. Sie müssen sie ihm heute abend geben, Babaji Rao. Lewes widerlegt Spencer. Spencer sagt ... Was sagt er, Babaji Rao? Erklären Sie es ihm.«

Der Sekretär räusperte sich und fuhr sich mit einer Hand nervös über den kahlen Schädel.

»Spencer sagt, daß es hinter den Erscheinungen eine Wirklichkeit gibt, und Lewes ...«

»Gibt es einen Gott oder nicht?« stieß Seine Hoheit ungeduldig hervor. »Das ist hier die Frage. Das ist es, was ich wissen will. Spencer sagt, es *gebe* einen Gott, Lewes sagt nein. Deshalb müssen Sie sie lesen, Mr. Ackerley, und mir sagen, wer von beiden Recht hat.«

Er erhob sich, um zu gehen. Ich hatte das Gefühl, einen keineswegs guten Eindruck gemacht und ihn enttäuscht zu haben. Bevor er ging, erkundigte er sich nach den Auslagen, die ich auf meiner Reise gehabt habe, und wies mich an, dem Sekretär eine Aufstellung darüber zu geben, denn er wolle mir diese Unkosten sofort erstatten.

In der Tür wandte er sich um:

»Nun stehen wir uns endlich gegenüber!« Dann schlurfte er mit gespreizten Füßen und sehr steifbeinig zu seinem Wagen hinaus.

29. Dezember

Die »anderen Gäste«, die im großen Gästehaus wohnen, sind fünf Menschen und zwei Hunde. Die fünf Menschen sind: Captain Montgomery, I.M.S., und seine Gattin, Major Pomby von der Artillerie, ein Kommandant zur See, auf Urlaub von seinem Schiff im Persischen Golf, sowie Miss Gibbins. Sie alle kommen, bis auf den Kommandanten, aus Shikaripur, dem wichtigsten Militärstützpunkt der Provinz. Die beiden Hunde heißen Titus und Lulu.

Als Babaji Rao mich gestern abend mit hinübernahm, waren sie alle gerade erst von einer Schakaljagd zurückgekommen. Keiner von ihnen war mir auf Anhieb sonderlich sympathisch – die Männer schienen allerdings netter zu sein als die Frauen; sie waren auf jeden Fall weniger laut – und ihre Anwesenheit war mir ziemlich unangenehm.

Vielleicht ging es ihnen umgekehrt ebenso; jedenfalls schenkten sie mir nach der ersten, äußerst oberflächlichen Begrüßung so gut wie keine weitere Beachtung, und schon als wir uns umgezogen hatten und uns zum Dinner setzten, fühlte ich mich aus ihrer Gesellschaft weitgehend ausgeschlossen. Ich saß schweigend in ihrer Mitte und musterte meine Umgebung – die großen und überaus hohen Räume des Gästehauses mit ihren Teppichen, Brücken, Sesseln und Bildern der Queen Mary und des Prinzen von Wales. Die durchaus amüsante Konversation wurde vor allem von den beiden Frauen bestritten, die mit lauter Stimme frank und frei miteinander plauderten; aber sie verwandten so viele anglo-indische Ausdrücke, daß ich dem Gespräch nur mit Mühe folgen konnte.

»Sie halten uns wohl alle für völlig verrückt, wie?« fragte Mrs. Montgomery.

»Nur ein wenig schwer zu verstehen«, erwiderte ich.

Auf ihrem Ausritt hatte sich etwas ereignet, und Mrs. Montgomery berichtete voller Entrüstung davon.

»Vera (Miss Gibbins) mußte absteigen, um einen Handschuh aufzuheben, der ihr heruntergefallen war, und sie schaffte es nicht gleich, wieder in den Sattel zu kommen. Ganz in der Nähe stand so ein Bauer, der keinerlei Anstalten machte, ihr zu helfen – er stand nur da und sah zu. Also rief ich zu ihm hinüber: ›He, Bursche! Komm her und halt der Dame das Pferd!‹ Und was glauben Sie, hat er gesagt? ›Miss, ich bin nicht Ihr Sklave.‹ Ist das nicht unglaublich? So ein Drecksviech! ›Komm sofort her und tu, was man dir sagt!‹ schrie ich. ›Na gut, dann komme ich halt‹, versetzte er – frech wie Oskar! Aber inzwischen zitterte Vera vor Wut am ganzen Körper und ließ ihn gar nicht mehr an ihr Pferd heran. So eine verdammte Unverschämtheit hab' ich noch nicht erlebt!«

Die beiden Hunde liefen um den Tisch herum und bettelten, und der Kommandant erzählte, daß Miss Gibbins während ihres gemeinsamen Spaziergangs vor dem Frühstück mit einem Stein nach einer Promenadenmischung geworfen und das Tier getroffen habe.

»Ja, war das nicht grauslich?« kreischte Miss Gibbins. »Und ich treffe doch sonst nie! Ich hab einen Stein aufgehoben und das arme Vieh mit unfehlbarer Sicherheit am Bauch erwischt. War *ich* überrascht!«

Mrs. Montgomery lachte.

»Und ich weiß noch, wie ich mit einem Stein nach einem kleinen septischen Knirps geworfen hab'«, sagte sie, »und aus Versehen traf's einen Tommy – dieser riesige Brocken traf ihn mitten auf die Brust! Und alles, was er sagte, war: ›Schon in Ordnung, Miss. Machen Sie sich man keine Gedanken!‹«

»Titus und Lulu haben sich heute morgen in meinem Schlafzimmer gebalgt«, fiel Miss Gibbins ein. »Lulu hatte angefangen. Sie warf Titus einen wirklich gemeinen Blick zu und schnappte nach ihm, als ich ihn schnell zu mir aufs Bett zog. Und wenn er seinen idiotischen Schwanz nicht so meisterhaft zu einer Art Korkenzieher zusammenrollen könnte, wäre er ihren Fängen niemals entkommen! Ich hab' Lulu einen ordentlichen Tritt zur Tür hinaus verpaßt, und sie ist etwa sechs Fuß hoch durch die Luft geflogen und in einer Wolke aus Staub und Steinchen verschwunden.«

Dies erregte allgemeine Heiterkeit.

»Erinnerst du dich noch an Maggie?« fragte sie Mrs. Montgomery. »Das war ein Schoßhündchen, ungefähr so groß – wirklich winzig. Wir nannten sie ›Die Müllkönigin‹. Sie kletterte in diese enorm hohen Mülltonnen – Gott weiß, wie sie das schaffte – und fraß sich mit Abfall voll, bis sie vor lauter Fleischgenuß Gehirnfieber kriegte. Einmal hat sie ganze achtundvierzig Stunden lang in einer solchen Tonne gesteckt.«

Ich fand diese Art von Konversation so bemerkenswert, daß ich sie heimlich unter dem Tisch auf der Rückseite von Briefumschlägen aufzuzeichnen begann.

Heute morgen zeigte Babaji Rao den beiden Frauen und mir den Garten des Dewan. Er liegt am Stadtrand und heißt Dilkhusha oder »Ruhe des Herzens«. Der Dewan oder Premierminister selbst begleitete uns. Er ist ein überaus fetter Mann mit kleinen, wohlgeformten Händen, mit denen er viel gestikuliert. Er war äußerst redselig und ungeduldig, und seine Stimme, an sich schon erstaunlich hoch für sein Alter und seine kräftige Statur, schlug häufig in ein schrilles Gekreische um. Auch seine Gesichtszüge wirkten im Verhältnis zu seinen Hängebacken und dem schweren Doppelkinn merkwürdig zierlich und fein, und er hat eine weitaus hellere Hautfarbe als Babaji Rao oder der Maharadscha. Der Garten war groß und sehr ansehnlich. Er zeigte uns einen schönen Banyan-Baum, der, wie er sagte, ewig lebe, da sich mit jedem neuen Zweig eine weitere Wurzel in die Erde grabe. Bevor wir gingen, brachte sein Gärtner Girlanden aus Jasmin und Ringelblumen, die uns der Dewan um den Hals legte.

Heute nachmittag fuhren wir alle in das ungefähr zehn Meilen entfernt liegende Dorf Mahua, wo der Maharadscha einen weiteren Palast besitzt. Er steht völlig leer und wird, wie man mir erzählte, von Seiner Hoheit nur dann benutzt, wenn er seine Gäste hierher zum Tee einlädt. Das Gebäude und seine Umgebung sind jedoch weitaus schöner als der schmuddelige, mit Stuck verzierte Palast, den er hier bewohnt. Der üppige Garten war sorgfältig gepflegt; Affen flitzten auf den Mauern, hinter den purpurroten Sträuchern und dem dichten Laub der Bananenbäume hin und her, oder lugten ängstlich hinter den Verzierungen des Daches hervor. Nachdem wir einen Hof, in dem eine Wache stationiert war, überquert hatten und eine lange Steintreppe hinaufgestiegen waren, gelangten wir durch einen schmalen, ummauerten Gang in einen herrlichen Innenhof. Er war mit rotem Kies bestreut und von Säulenarkaden umgeben; auf ihn hinaus öffnete sich der Empfangssaal, der auf schlanken Säulen ruhte und in seiner ganzen Länge vor uns lag. Er war mit bunten Teppichen ausgelegt, und auf einem langen Tisch hatte man bereits Tee, Gebäck, Konfekt und Obst angerichtet. Durch diesen Saal hindurch gelangten wir ans Ufer eines wunderschönen großen, klaren Sees, der sich eine halbe Meile oder noch weiter erstreckte und von felsigen Hügeln mit bewaldeten Abhängen eingeschlossen war. Zwei uralte Königsgräber lagen zwischen den Bäumen an seinem entfernteren Ende. Breite Stufen führten zum Wasser hinunter, wo zwei Dinghis vertäut lagen. Am Ufer direkt vor uns hatte man einen Teppich ausgerollt und einen Tisch und

Stühle daraufgestellt; und hier saß Seine Hoheit im Schatten eines Peepal-Baumes.

Nach dem Tee fuhren die Frauen mit dem Kommandanten und Major Pomby in einem der Boote, das einen Motor hatte, auf den See hinaus, während Captain Montgomery und ich bei Seiner Hoheit blieben. Wir plauderten über Bücher – Sir Philip Gibbs, Hall Caine, Meredith, Marie Corelli –, und Seine Hoheit gab zu verstehen, welch großen Wert er darauf lege, daß ich *Die Ewige Stadt* lese. Momentan fehle es jedoch aus unerfindlichen Gründen in seiner Bibliothek, und Babaji Rao, der überall danach suche, sei noch nicht fündig geworden.

Danach führte er uns aufs Dach des Palastes, wo wir einen Blick auf einige wunderschöne Tempelruinen hatten, die zweihundert Jahre alt waren und die sein Großvater zerstört hatte.

»Warum sind Ruinen schön?« fragte er. »Und was ist Schönheit? Ist sie der Mantel Gottes?«

Hindus glauben an den einen unpersönlichen Gott Brăhma. Er ist der Geist oder die Energie des Universums, er durchdringt und prägt alles. Wie der Banyan-Baum im Garten des Dewan entsteht die Gottheit fortwährend neu aus sich selbst heraus. Brăhma ist weder weiblich noch männlich, hat aber eine dreifache Persönlichkeit entwickelt, drei maskuline Gottheiten namens Brahma, der Schöpfer; Wischnu, der Bewahrer; und Schiwa, der Zerstörer und Erneuerer. Diese drei göttlichen Personen werden manchmal als ebenbürtig und ihre Funktionen als austauschbar angesehen. Ihr Dasein offenbart sich beständig und ist letztlich wieder aufgehoben in dem einen, ewigen, unpersönlichen Wesen Brahma.

30. Dezember

Heute morgen war wieder eine Schakaljagd angesetzt, und Mrs. Montgomery fragte mich, ob ich Lust hätte, daran teilzunehmen. Ich erwiderte, daß ich zwar ab und zu ein wenig geritten sei und es bisher auch immer geschafft habe, auf dem Pferd zu bleiben; ich sei aber noch nie zur Jagd gegangen und fürchte daher, ihnen zur Last zu fallen. Sie meinte jedoch, das Ganze sei gar keine richtige Jagd und nur dazu gedacht, sich die Zeit zu vertreiben und ihnen und Titus ein bißchen Bewegung zu verschaffen. Sie hat den Ruf, eine ausgezeichnete Reiterin zu sein, die beste in Shikaripur.

Bisher war sie mir nicht sympathisch gewesen. Ihre relativ kleinen Augen hatten hinter ihrem Kneifer einen harten und strengen Ausdruck. Nun aber, da sie sich mir gegenüber zuvorkommend gab, sah sie freundlicher und anziehender aus. Ich sagte zu. Der Kommandant kam nicht mit, und Miss Gibbins lieh sich seinen Hut. Er paßte nicht.

»Ich finde Ihren septischen Hut scheußlich«, nörgelte sie. »Er wackelt hin und her auf meinem idiotischen Dutt.«

Sie behielt ihn trotzdem auf. Beide Frauen benutzen die Wörter »idiotisch« und »septisch« sehr häufig, und zwar im abwertenden Sinn. Ebenso das Wort »tödlich«.

Alle Inder sind offenbar entweder »tödlich« oder »septisch«.

Auf unserem Ausritt hielt mich Mrs. Montgomery etwas zurück und bemerkte: »Wissen Sie, wir waren am Anfang alle ein bißchen schockiert von Ihnen. Sie haben sich nämlich gar nicht vorgestellt. So was macht man in Indien nicht. Sie hätten sich gleich ein Etikett anheften müssen – wir tragen hier draußen alle Etiketten, sozusagen damit wir wissen, woran wir sind. Sie hätten uns sofort alles über sich erzählen müssen – woher Sie kommen, Eltern, Schule, Uni, Ausbildung, Beruf und so weiter. Haben Sie aber nicht gemacht. Sie haben bloß dagesessen, geschwiegen und uns im Unklaren gelassen. Und das macht einen schlechten Eindruck. Zum Glück sind wir gar nicht so. Wir sind lebenslustige, unkonventionelle Typen. Wenn Sie aber den Leuten hier nicht sofort Ihr Etikett zeigen – zum Beispiel den Damen in Rajgarh, vor allem den alten –, wird man Sie nach den ersten fünf Minuten nicht mehr kennen.«

»Das tut mir leid«, sagte ich. »Davon habe ich nichts gewußt.«

»Das dachte ich mir; und *wir* nehmen Ihnen das auch nicht so übel, verstehen Sie, aber ich dachte, ich warne Sie besser, damit Sie wissen, was man in Zukunft von Ihnen erwartet.«

»Wollten Sie eine Art Vortrag?« fragte ich.

»Nein, natürlich nicht. Aber Sie hätten uns bei der ersten besten Gelegenheit einige Informationen über sich liefern müssen.«

»Eigentlich hatte ich das auch vor«, entgegnete ich. »Nur schien sich nicht die geringste Gelegenheit zu bieten.«

»Natürlich hatten Sie Gelegenheit. Zum Beispiel als wir Sie nach einem persönlichen Detail fragten, bedeutete das, daß wir alles über Sie wissen wollten. Es ist eigentlich keine Neugier, denken Sie das nicht; aber wenn Sie sich unsere Lage in diesem Land vor Augen führen, werden Sie sehen, daß es einfach unerläßlich ist, sich gegenseitig zu kennen und zu vertrauen. Wir müssen zusammenhalten. Was meinen Sie, wie es weitergehen würde, wenn jeder so wäre wie Sie?«

»Aber Sie wußten doch schon vor meiner Ankunft alles über mich«, versetzte ich schlau.

»Das stimmt schon«, erwiderte sie, »aber das ist keine Entschuldigung für Sie.« Wir ritten einige Zeit schweigend weiter.

»Und nun erzählen Sie mir von sich«, sagte sie.

Heute morgen machte ich einen Gang durch die Stadt.

»Was in aller Welt wollen Sie denn da?« entsetzte sich Mrs. Montgomery, als ich aufbrach. »Sie fangen sich mit Sicherheit etwas ein – und wenn's nur ein Floh ist.«

Aber ich wollte den Ort in Augenschein nehmen. Chhokrapur war früher einmal von einer Mauer umgeben gewesen, und Teile derselben sowie einige Tore stehen noch heute; die Stadt ist allerdings schon seit einiger Zeit über diese Grenzen hinausgewachsen. Ich betrat sie durch das Haupttor, ganz in der Nähe der Karawanserei, die an der Straße nach Rajgarh und am Fuße des Gästehaushügels liegt, und befand mich auf einer breiten, geraden Straße. Sie war in gutem Zustand, aber sehr staubig und wurde von primitiven Behausungen aus Lehm oder weiß getünchtem Backstein gesäumt. Diese standen alle auf niedrigen Steinsockeln, die vor dem Haus eine Art breite Stufe bildeten, auf der die Bewohner im Schatten des Daches hocken konnten. Es waren ziemlich viele Leute zu sehen, und noch bevor ich weit gegangen war, ergriff mich eine gewisse Scheu. Die Neugier hatte mich hierher getrieben, doch nun erregte ich *selbst* die Neugier anderer, und das war mir unangenehm. Alles starrte mich an; Leute, die vor ihren Häusern auf den Fersen hockten, erhoben sich und machten einen Salaam, riefen andere heraus, blieben stehen und gafften; Männer, die in Gruppen zusammenstanden, unterbrachen ihre Unterhaltung, um mich zu betrachten; Kinder folgten mir, und Frauen, mochten sie auch noch so alt und häßlich sein, verbargen ihre Gesichter in den langen roten Tüchern, in die sie gehüllt waren. In meiner englischen Kleidung fühlte ich mich gehemmt; ich kam mir wie ein Eindringling vor. Vorsichtshalber reagierte ich nicht auf ihre Grüße, da ich sie nicht ermuntern wollte, mich anzusprechen – ich hätte sie nicht verstanden.

In der Hoffnung auf weniger bevölkerte Gassen bog ich in eine andere Straße ein, die die Hauptstraße im rechten Winkel kreuzte; doch diese führte in einen Basar und war sogar noch voller. Von allen Seiten verbeugte man sich vor mir zum Salaam; ein Messingverkäufer rief mir von seinem Stand aus etwas zu; Ziegen, Geflügel und vereinzelt auch Kühe wanderten frei umher. In Panik eilte ich weiter und versuchte so auszusehen, als kenne ich mich aus und hätte nicht viel Zeit – und bald hatte ich mich verirrt. Während ich um eine Ecke nach der anderen bog, wurden die Straßen immer enger, bis ich das Gefühl hatte, wieder im Schützengraben zu stehen, so sehr glichen Farbe und Beschaffenheit der Häuser auf beiden Seiten der nackten Erde dazwischen.

Schließlich gelangte ich in der Nähe eines Sees ins Freie, an den ich mich von unserer Fahrt zum Garten Dilkhusha erinnern konnte, und fand so den Weg zurück.

Nach dem Mittagessen fuhren wir alle nach Garha. Es liegt ungefähr fünfunddreißig Meilen entfernt und ist der Sitz der Maharani, der Königin. Vor ungefähr tausend Jahren, erzählte Babaji Rao, sei es einmal sehr groß gewesen und habe als Hauptstadt der Provinz gedient. Es habe damals über vierzig große Tempel gegeben, von denen eine kleine Siebenergruppe noch stehe, die in ganz Indien berühmt sei.

Wir fuhren mit zwei Autos: Babaji Rao mit den beiden Frauen im ersten, Major Pomby, der Kommandant und ich im zweiten. Während der Fahrt warnte uns der Major, daß an den Wänden eines der Tempel – und er beschrieb uns seine exakte Lage innerhalb der Gruppe – einige höchst unanständige Wandskulpturen zu sehen seien. Wir dürften uns daher nicht in seine Nähe begeben, fügte er hinzu, da uns die Frauen möglicherweise folgen würden. Außerdem sollten wir nicht versuchen, die Tempel zu betreten, denn das sei verboten.

Der Palast von Garha, dessen Rückseite wir zuerst zu Gesicht bekamen, war keineswegs so schön wie der

Palast von Mahua, doch immer noch ansehnlicher als der von Chhokrapur. Auch er stand am Ufer eines künstlichen Sees. Dahinter erhob sich noch ein beeindruckendes weißes Gebäude, dessen Kuppel und *Chhatris* über eine hohe Mauer ragten, die alles umgab. Ich hielt es für einen weiteren Palast, doch Babaji Rao erklärte lächelnd, es sei das Grabmal des Großvaters Seiner Hoheit. Ich spähte hinein und sah am Eingang einen Busch mit hübschen, rosafarbenen Blüten. Die Tempel standen dem Grabmal gegenüber und hoben sich scharf vor den Bäumen ab, die in einiger Entfernung die große freie Fläche vor dem Palast begrenzten. Sie standen alle dicht beieinander und ragten auf hohen Steinfundamenten, die man über breite Treppen erreichte, in die Höhe. Wunderschön waren sie und ähnelten großen, grauen Pflanzen, wie sie mit ihren Rippengewölben und Rundbögen von den breiten Sockeln gleichsam aus sich selbst heraus emporwuchsen. Da man sie ohne Mörtel gebaut hatte, wirkten sie locker und wie von selbst geformt. Man hatte den Eindruck, daß sie, wenn man von oben Druck auf sie ausübte, einfallen und sich zu einer Art Artischocke zusammenschließen würden. Es war, als bestünde jeder Zoll des Steins aus Verzierungen und unzähligen Darstellungen von Göttern und Menschen. Die Figuren hatten die unterschiedlichsten Größen und waren von außerordentlicher Schönheit, sowohl in ihren individuellen Formen und Details als auch ihrer harmonischen Übereinstimmung mit der gesamten Anlage. Es seien Jaintempel, erklärte Babaji Rao, die man Schiwa, dem Zerstörer und Erneuerer, gewidmet habe, und wir dürften sie betreten, solange wir unsere Schuhe auszögen. Ich folgte seiner Anregung; die beiden Frauen jedoch hatten keine Lust, sich ihre Strümpfe zu verderben und blieben in der Obhut Major Pombys und des Kommandanten zurück. Vielleicht war das auch gut so, denn in einem dieser Schreine befand sich ein gigantischer schwarzer *Lingam* aus Stein, in dessen Mitte übrigens ein seltener und äußerst kostbarer Edelstein eingeschlossen sein sollte. Die Reliefs waren so zahlreich, daß ich die unanständigen Exemplare mit Sicherheit übersehen hätte, wäre Major Pomby nicht so entgegenkommend gewesen, auf sie hinzuweisen. Auch so dauerte es eine ganze Weile, bis ich sie gefunden hatte. Doch endlich sah ich sie: eine lange Reihe Soldaten, die fröhlich im Gänsemarsch daherkamen und eine zweite, kleinere und kunstvollere Darstellung, die in zahlreichen Versionen vorkam. Beide waren homoerotischer Natur.

Das Dorf Garha sahen wir nicht; es liegt hinter dem Grabmal des Großvaters Seiner Hoheit und hat heute, wie Babaji Rao uns berichtete, nur noch etwa zweihundert Häuser.

Ich erzählte Seiner Hoheit, daß ich das Grab seines Großvaters für einen Palast gehalten hätte.

»Er wurde vergiftet«, bemerkte er.

»Wirklich? Wie kam es dazu?«

»Meine Urgroßmutter. Sie hatten Streit, und sie vergiftete ihn.«

Ein König könne seinen Verwandten niemals trauen, fuhr er fort; sie würden ständig Ränke schmieden und ihm alle möglichen Unannehmlichkeiten bereiten.

Und mit dumpfer Stimme fügte er hinzu, man habe ihm soeben berichtet, daß einige seiner Angehörigen in einem Nachbarstaat ein Komplott geschmiedet hätten mit dem Ziel, seinen Sohn durch schwarze Magie umzubringen.

Mrs. Montgomery gab mir heute abend nach dem Dinner einen Rat. Wir saßen allein am Kaminfeuer des Eßzimmers, und während sie mich durch ihr Lorgnon hindurch fixierte, sagte sie:

»Hören Sie, junger Mann: Ich geb' Ihnen einen guten Rat. Halten Sie sich von den indischen Frauen fern! Haben Sie mich verstanden? Schauen Sie sie nicht an! Kümmern Sie sich nicht um sie! Es gibt sie gar nicht!«

31. Dezember

Heute morgen fuhr Seine Hoheit mit mir in einem seiner Automobile spazieren. Er weiß nicht mehr über Autos als ich und sucht sie sich nach dem Klang ihres Namens aus. Also hat er sich einen »Sunbeam« angeschafft. Das mußte doch ein sehr hübsches Auto sein. Offenbar unterschied es sich jedoch kaum von allen anderen, und er war nicht minder enttäuscht von einem »Moon«. Heute fragte er mich, welchen Wagen er als nächstes kaufen solle, denn zwei der vier Fahrzeuge seines Fuhrparks sind inzwischen sehr alt geworden. Ich schlug ihm einen »Buick« vor, die einzige Marke, die mir in den Sinn kam. Doch nachdem er das Wort einige Male mit offenkundiger Abneigung ausgesprochen hatte, was wie ein Niesen klang, kam er nicht mehr auf das Thema zurück. Er trug einen europäisch geschnittenen, purpurfarbenen Mantel, der rosa gefüttert war. Die gelben Punkte auf seiner eingefallenen Nase waren erneuert worden; er war unrasiert. Über seinen Knien lag eine Reisedecke, und man hatte um seine grün-goldene Kappe und sein Kinn einen leuchtend roten Wollschal gebunden.

Dies ist der letzte Tag des alten Jahres, und er erklärte, er müsse unbedingt einen Mungo sehen, denn ein Mungo sei ein sehr gutes Omen. Wir folgten auf der Suche danach also langsam der Straße nach Deori, während er eine Frage nach der anderen auf mich abfeuerte, die sich alle um meine bisherigen Lebensumstände drehten; auf meine Antworten hin nickte er jeweils kurz, wandte seinen Blick jedoch nicht einen Moment von der Landschaft.

Wieviel Familienmitglieder hatte ich? War ich der einzige Sohn? Mußte ich meine Familie unterstützen? Ach wirklich? Nicht solange mein Vater lebte? Und was für ein Geschäft hatte mein Vater? Und sein Einkommen? Und war er alt? Wie alt? War er bei Kräften? Fiel ihm das Laufen genauso schwer wie Seiner Hoheit, und war er ebenso steif? Und so weiter, bis zu der Hauptfrage, auf die alle übrigen hinzielten – würde ich bei ihm bleiben und seinen Sohn (jetzt zwei Jahre alt) unterrichten, wenn dieser alt genug wäre und einen Lehrer bräuchte, und würde ich außerdem sein Privatsekretär und später sogar sein Premierminister werden? Würde ich bei ihm bleiben – sechzehn Jahre lang? Ich erwiderte, das könne ich jetzt noch nicht sagen, und verschob eine eindeutige Absage mit dem Hinweis, daß man wohl kaum von mir erwarten könne, mich jetzt schon zu entscheiden.

Da uns bislang noch kein Mungo über den Weg gelaufen war, hatte er seinem Chauffeur inzwischen befohlen, die Straße zu verlassen, und so schaukelten und rumpelten wir zwischen Steinen und Gebüsch quer durchs offene Gelände. Doch die einzigen Lebewesen, die ich erblicken konnte, waren große Affen mit schwarzen Gesichtern, die hastig davonstoben, während sich ihre Jungen vorne an ihrer Brust festklammerten.

»Schauen Sie!« rief ich und deutete rasch in eine Richtung. »Was ist das?«

»Wo? Wo?« rief er und folgte aufgeregt meinem Blick.

Gleich darauf warf er sich abrupt in den Sitz zurück und wandte sich ab.

»Ein Schakal, ein sehr böses Omen«, meinte er düster, und im nächsten Moment schüttelte ihn ein Lachen.

»Bin ich sehr kindisch?« fragte er mit rührendem Charme.

»Ich würde auch gern mal einen Mungo sehen«, erwiderte ich.

Hierauf kam er auf Politische Berater im allgemeinen und speziell auf Major Jenkins, den hiesigen Geschäftsträger, zu sprechen. Das sei ein netter Mann, keine Frage, aber er habe zwei Seiten – er sei schwach und lasse sich von liederlichen und bösen Männern bevormunden.

»Ich möchte gute Politik machen, doch wie kann ich dies tun, wenn mich liederliche und böse Männer bevormunden?«

Ich hatte keine Ahnung, auf wen er anspielte, erlaubte mir jedoch anzumerken, daß Politische Berater weniger mächtig seien, als er offenbar annehme.

»Dienen sie Ihnen denn nicht lediglich als Ratgeber?« fragte ich.

»Aber mein Lieber«, entgegnete er, »was ist das für ein Rat, wenn ich gezwungen bin, ihn anzunehmen?«

Dann erzählte er mir von einem Berater, den er früher einmal gekannt hatte.

»Er war ein äußerst ... zänkisch ... was heißt das?«

»Reizbar, streitsüchtig.«

»Genau, ein äußerst zänkischer Mensch.«

Doch er mußte feststellen, daß ich zu diesem Thema nicht viel Interessantes zu sagen wußte. Alles, was ich über Politische Berater weiß, ist, daß sie bei den einheimischen Herrschern der selbstverwalteten Staaten in der Regel unbeliebt sind und es zwischen Seiner Hoheit und Major Jenkins wegen meiner Einstellung Ärger gegeben hatte. Ich bekomme nämlich nicht nur meine Reisekosten erstattet, sondern beziehe darüber hinaus ein Gehalt, so daß der P. B. mich sicher als einen überflüssigen Luxus betrachtet, der ich ohne Zweifel auch bin. Hierüber setzte mich Mrs. Montgomery in Kenntnis. Major Jenkins, so meinte sie, habe durchaus nicht die Absicht gehabt, mich wohlwollend zu empfangen.

»Aber ich habe ihn vor ein paar Tagen in Rajgarh getroffen und ihm erzählt, Sie seien ganz harmlos; und damit ist die Sache jetzt wohl erledigt.« Sie fügte hinzu, er sei »ein scheußlicher Mensch und ein Dummkopf«.

Seine Hoheit kam auf die Literatur zu sprechen. Hatte ich ein Buch gelesen ... ein lateinischer Titel ... *Quo ... quo ...*

»*Quo Vadis?*« schlug ich vor.

»Ja, richtig, richtig.« Er war höchst entzückt. »Wie spricht man es aus?«

»*Quo Vadis?*«

»Haben Sie es gelesen?«

»Ja«, sagte ich. Das war gelogen, aber ich hatte das Gefühl, daß er mich für einen sehr ungebildeten jungen Mann halten mußte, wenn man bedenkt, wie viele berühmte Bücher nicht zu kennen ich schon hatte zugeben müssen. Und außerdem glaubte ich, genug über »*Quo Vadis?*« zu wissen, um meine Lüge aufrechterhalten zu können.

»Es handelt von Nero«, bemerkte Seine Hoheit, wie um sicherzugehen.

»Ich weiß.«

»Ein sehr gutes Buch! Ein sehr gutes Buch! Was hatte das zu bedeuten: Nero heiratete Pythagoras in aller Öffentlichkeit?«

»Das müssen Sie falsch verstanden haben«, sagte ich.

»Nein, nein, ich habe es nicht falsch verstanden. So steht es da.«

»Also«, erwiderte ich nach einigem Nachdenken, »es könnte zum einen bedeuten, daß Nero in seiner Eigenschaft als Gönner den Pythagoras mit irgendeiner jungen Dame verheiratete, oder aber, daß er sich öffentlich zur pythagoreischen Philosophie bekannte.«

»Aber mein Lieber«, versetzte Seine Hoheit, »es war doch nicht *der* Pythagoras. Dieser hier ist ein anderer Pythagoras, ein Knabe.«

»Ach so, also dann ist es an dieser Stelle vielleicht ganz wörtlich zu verstehen«, lenkte ich hastig ein.

Seine Hoheit äugte geziert lächelnd in seinen Ärmel.

»Nero war ein Schüler von Seneca«, bemerkte er etwas später. »Warum hat Seneca ihn nicht bevormundet? War Nero ihm zu stark?«

»Wahrscheinlich«, erwiderte ich zaghaft.

»Ich will auch so sein wie die römischen Kaiser«, murmelte er. Dann fragte er: »Sind Sie auch für Könige oder sind Sie ... Bol ... Bol ... Bolschewist?«

»Ich bin ein Bolschewist.«

Er schüttelte sich vor Lachen.

»Ich hatte einen Freund«, prustete er, »der immer sagte: ›Könige! Bäh! Kopf ab! Kopf ab!‹«

Wir waren wieder auf die Straße zurückgekehrt, und die Landschaft wurde immer schöner.

»Warum sind Sie mit diesem wundervollen Staat nicht zufrieden?« fragte ich ihn.

»Aber mein Lieber, dies ist nicht *mein* Staat! Dieser gehört dem Maharadscha von Deori. Chhokrapur haben wir bereits verlassen.«

»Wie ist er denn so – der Maharadscha von Deori?«

Seine Hoheit wedelte seine kleine, dunkle Hand hin und her.

»Ich weiß es nicht. Wir ... reden nicht miteinander.«

»Jedenfalls besitzt er einen schönen Staat«, sagte ich.

»Einen wunderschönen«, pflichtete mir Seine Hoheit gereizt bei. »Ich würde ihn mir zu gerne *schnappen* – wie die römischen Kaiser.«

Wir bekamen keinen Mungo zu Gesicht.

Bei einem Gespräch über Schlangen erzählte mir Mrs. Montgomery, daß sie einmal fast auf eine Paraguda getreten sei, eine der giftigsten Schlangen Indiens. Sie litt damals an einer schweren Gesichtsneuralgie, »so daß es mir auch egal gewesen wär, wenn ich auf fünfzig Paragudas getreten wäre. Ich war noch immer ganz dusselig vor Schmerz, als ich am Abend zum Bungalow zurückging; ein Diener mit einer Lampe war dabei. Plötzlich blieb er stehen und sagte: ›Paraguda, Memsahib!‹ – aber mir ging's viel zu schlecht, um ihn zu beachten, und ich ging geradeaus weiter, und die Paraguda lag mitten auf dem Weg! Da tat der Diener etwas, was in Indien noch nie vorgekommen ist – er faßte mich an! Er legte mir seine Hand auf die Schulter und riß mich zurück. Ich verlor einen Schuh und blieb stehen. Hätte er sich anders verhalten, wäre ich mit Sicherheit jetzt tot; trotzdem gefiel mir die ganze Sache nicht, und ich sah zu, daß ich ihn bald danach loswurde.«

Der Sekretär, Babaji Rao, fuhr heute nachmittag mit mir nach Rajgarh, damit ich im britischen Militärstützpunkt einige meiner Visitenkarten hinterlassen konnte.

Mit ihren gepflegten Hecken und Gärten, ihren Bungalows und Kieswegen bietet die Station einen sauberen, ordentlichen und äußerst disziplinierten Anblick.

Vor jedem Eingang hing ein kleiner Kasten mit der Aufschrift »Nicht zu Hause«, denn in Britisch-Indien ist man beim ersten Besuch eines Neuankömmlings grundsätzlich nicht zu Hause. Man steckt seine Karten in die Kästchen und wartet das Ergebnis der Untersuchungen ab. Ich hatte meine Karten in Italien drucken lassen; als ich sie einwarf, kam mir daher der Gedanke, daß sie nicht comme il faut seien.

Auf dem Rückweg fragte ich Babaji Rao, warum Hindus eine Locke mitten auf dem Kopf länger wachsen lassen als den Rest des Haares. Bei ihm selbst ist es eine etwa sechs Zoll lange, graue Haarsträhne, beim Dewan dagegen ein kurzes Büschel, das wie ein Zöpfchen aussieht, und einen jungen Mann, der in Verbindung mit dem Gästehaus hier oben zu tun hat, konnte ich einmal, als er unter einem Baum an der Kochhütte saß, dabei beobachten, wie er seine schöne, dicke, schwarze Locke von bestimmt einem Fuß Länge geschickt zu einem Dutt ineinanderschlang. Doch das Zöpfchen des Dewan fällt besonders auf, da er sein Haar sonst ganz kurz geschoren trägt.

Babaji Rao erklärte mir, daß diese Haarsträhne, neben dem um den Hals getragenen Heiligen Faden, das wichtigste äußere Erkennungsmerkmal der Hindus sei. Früher war es üblich, wie er sagte, sie viel länger wachsen zu lassen, doch europäischer Einfluß und eine europäische Erziehung hätten dazu geführt, daß man sie eher kürzer trage.

Aber was sie bedeutete, konnte er nicht sagen.

Auf meiner Veranda und auf den Stufen des Gästehauses halten neuerdings bewaffnete Posten Nachtwache. Wenn ich abends vom Dinner zurückkomme, sind sie schon da – drei oder vier dunkle Umrisse, die auf dem Betonfußboden meiner vorderen Veranda um ein Kohlenbecken kauern. Ihre Gewehre haben sie neben sich pyramidenartig aufgestellt. Ich habe keine Ahnung, wovor sie mich beschützen sollen, es sei denn vor dem Schlafen, denn ihr Palaver endet nie vor Mitternacht und beginnt morgens um sechs aufs neue. Und sogar wenn sie schlafen, geben sie keine Ruhe, sondern stöhnen und schreien in ihren Träumen.

1. Januar

Die anderen Gäste sind heute morgen abgereist, und Mrs. Montgomery gab mir kurz vor dem Aufbruch noch einen letzten Rat.

»Sie werden das dunkle und verworrene Denken der Eingeborenen nie verstehen«, meinte sie. »Und falls es Ihnen doch gelingen sollte, werde ich Sie nicht mehr leiden können – Sie sind dann nicht mehr gesund.«

Seine Hoheit und ich begaben uns heute erneut auf die Suche nach einem Mungo. Als wir die Treppe des Gästehauses hinunter zum Wagen gingen, bat er um meinen Arm und hielt einen Moment inne:

»Dieses Mal werden Sie an meiner Stelle entscheiden, Mr. Ackerley, denn heute *muß* ich einen Mungo sehen. Ich *muß*. Sollen wir also nach Norden, Süden, Osten oder Westen fahren?«

»Nach Westen«, erwiderte ich nach reiflicher Überlegung.

Als wir im Auto saßen, wollte ich von ihm mehr über Vorzeichen erfahren. Er erklärte mir, es sei ein gutes Omen, wenn man Schwarzböcke, Füchse oder *Chinkara* (Rehwild) zu Gesicht bekomme, solange sie sich rechts von uns zeigten. Sähe man sie linkerhand, sei dies ein böses Omen. Bei einem Mungo allerdings sei die Seite völlig egal. Außerdem gäbe es auch noch einen blauen Vogel, doch der sei sehr, sehr selten. Er selbst habe ihn eigentlich nur einmal gesehen und kenne auch nicht seinen Namen und habe bisher noch keinen finden können, der ihn überhaupt je gesehen habe.

»Wie ein Rotkehlchen«, meinte er, »nur blau.«

»Kein Blauer Häher?« fragte ich.

»Nein, nein, nein!« lachte er und hob protestierend die Hand. »Den Blauen Häher kenne ich. Ein lästiger Vogel.«

»Und Ihr blauer Vogel ist ein gutes Omen?«

»Ein *sehr* gutes Omen! Ein *sehr* gutes Omen!« antwortete er ernst. »Aber nur linkerhand.«

Wir fuhren eine Zeitlang schweigend weiter, und ich sah, wie sich die Leute auf der Straße tief verneigten, wenn das Auto an ihnen vorbeifuhr, und jene Handbewegung ausführten, die andeutet, daß man sich Asche aufs Haupt streut. Ich betrachtete die beiden Männer, die vor uns saßen und die Seine Hoheit auf allen Fahrten begleiteten.

Der eine war der Chauffeur, ein kleiner, ungefähr fünfunddreißigjähriger Mann mit angenehmen Gesichtszügen und kleinen, wohlgeformten Händen, der mit seiner runden Kappe und dem braunen Rock einen sehr adretten Eindruck machte. Ich hatte mich dem König gegenüber einmal positiv über seine Erscheinung geäußert; dieser entgegnete mir jedoch mit einem gesenkten Blick und einem leisen Lächeln:

»Er ist ein Wolf.«

Der andere Mann war viel älter, und er erinnerte mich wie Sankt Petrus, der Aufseher der Speisekammer, immer an die Bilder der Propheten im Alten Testament, die mir aus meiner Kindheit noch schwach im Gedächtnis waren. Als ich ihn zum ersten Mal sah, dachte ich, daß eigentlich er der König hätte sein müssen, denn mit seinem vollen gelockten Bart und den edlen Gesichtszügen, die von einem weißen Turban gekrönt wurden, war er eine wahrhaft majestätische Erscheinung. Und wirklich war er ein Vetter ersten Grades Seiner Hoheit. Soweit ich sehen konnte, bestand seine Lebensaufgabe einzig darin, das silberne Zigarettenetui sowie die Streichholzschachtel des Königs zu tragen und bei Bedarf hervorzuziehen. Beides wurde sehr häufig verlangt, denn Seine Hoheit rauchte ununterbrochen große trockene, türkische Zigaretten, so daß er beständig husten mußte. Überdies war das Entzünden von Streichhölzern nicht seine Stärke.

Seiner Ansicht nach war dieser Vetter sehr eitel, und als ich einmal eine Bemerkung über seinen schönen Bart gemacht hatte, hatte Seine Hoheit erwidert: »Sagen Sie ihm das! Sagen Sie ihm das! Er wird sehr erfreut sein. Er denkt an nichts anderes.« Worauf ihn wieder sein japsendes Gelächter übermannte. Auch »taugte er nichts«, wie der Fahrer; man konnte ihm nicht trauen, und er wurde nur deshalb beschäftigt, damit er keine Dummheiten machte. Ob das stimmte oder nicht, weiß ich nicht. Er sah aus wie ein gütiger alter Gentleman, aber ich kam nie in die Verlegenheit, mich auf diesen Eindruck verlassen zu müssen.

»Gibt es ein Absolutes?« fragte Seine Hoheit unvermittelt. »Das ist es, was ich von Ihnen wissen will. Sie sind für mich eine Art Wahrsager; Sie müssen mir diese Dinge sagen. Gibt es ein Absolutes? Gibt es einen Gott? Gibt es ein Leben nach dem Tod?«

»Naja«, sagte ich, »Sie kennen doch das Gebet, das einer der Verschwörer vom Cato Street Komplott sprach, bevor man ihm den Kopf abschlug?«

»Nein«, erwiderte Seine Hoheit und sah mich erwartungsvoll an. »Was war das für ein Gebet?«

»Er sagte: ›Oh Gott – falls es einen Gott gibt – rette meine Seele – falls ich eine habe!‹«

Ich lächelte. Er verbarg sein Gesicht in seinem Ärmel, und seine kleine Gestalt schüttelte sich vor Lachen. Als er wieder aufsah, fragte er: »Wie hat er das gemeint?«

Ich erklärte es ihm.

»Sie haben recht«, pflichtete er mir mit einer Geste der Verzweiflung bei und warf einen düsteren Blick aus dem Fenster. »Wir können es nicht wissen. Aber meinen Sie, daß es absichtlich vor uns verborgen wird? Glauben Sie, daß wir dazu bestimmt sind, es *nicht* zu wissen?«

»Aber das ist doch wieder dieselbe Frage«, sagte ich und verspürte tiefes Mitleid mit dem kleinen Mann. »Maharadscha Sahib, warum glauben Sie nicht einfach an das, was für Sie am angenehmsten ist? Warum suchen Sie sich nicht den nettesten Gott aus, den Sie kennen – Krischna, zum Beispiel, wenn Sie mit Christus nicht zurechtkommen – und geben dann jede weitere philosophische Lektüre auf?«

Genau in diesem Moment bekamen wir ein paar Rehe zu Gesicht. Der Chauffeur sah sie zuerst und stieß den alten Gentleman an, der in helle Aufregung geriet, wild mit den Armen fuchtelte und dem König etwas zurief. Dummerweise befanden sich die Tiere links von der Straße. Seine Hoheit machte einen Satz nach vorn.

»Wenden! Wenden!« schrie er, und das Auto wurde so schnell herumgerissen, daß er gegen mich geschleudert wurde und ihm seine Kappe über die Nase rutschte. Doch die fliehenden Rehe waren jetzt glücklich auf der rechten Seite.

»So!« atmete Seine Hoheit auf und lehnte sich mit offenkundiger Genugtuung zurück. Dann warf er mir mit gesenkten Lidern einen fragenden Seitenblick zu.

»Also wenn Sie sowas mit Ihren Vorzeichen machen können«, sagte ich, »warum in aller Welt können Sie das gleiche nicht mit Ihrem Glauben versuchen – sich den bequemsten Glauben aussuchen und ihn stets rechterhand halten, auch wenn das bedeutet, daß Sie immer wieder einmal wenden müssen?«

Das gefiel ihm sehr, und er klatschte in die Hände. »Oh, das ist sehr gut! Das ist sehr gut!« rief er, und dann verstummte er für einige Zeit, in der er sich das Ganze, wie ich glaubte, noch einmal durch den Kopf gehen ließ. Doch offensichtlich war dies nicht der Fall.

»Was ist der Unterschied zwischen Lust, Leidenschaft und Liebe?« fragte er plötzlich.

Ich versuchte nachzudenken.

»Ich habe das auch schon Major Pomby gefragt«, fuhr er fort, »und er hat zu mir gesagt: ›Maharadscha, Sie sind ein schlechter Mensch!‹ Bin ich ein schlechter Mensch, wenn ich eine solche Frage stelle?«

»Was für ein Schwachsinn! Major Pomby ist ein schlechter Mensch, weil er das gesagt hat.«

Dies ermutigte ihn. Er kam auf das Thema Freundschaft zu sprechen, wie sie bei den alten Griechen verstanden wurde, und erzählte von einem Buch in seiner Bibliothek, in dem einige wunderschöne Photographien von griechischen und römischen Statuen abgebildet seien. Heutzutage, fügte er hinzu, seien jedoch die jungen Männer nie vollkommen schön. Einige hätten wunderschöne Gesichter, aber einen häßlichen Körper; andere schöne Gesichter und Körper, aber häßliche Hände oder Füße; wieder andere seien von vollkommener körperlicher Schönheit, aber dumm – und nur eine schöne Seele sei auch nicht genug.

»Ich brauche die schöne Gestalt, damit meine Cupidität geweckt wird«, sagte er.

»Ihre was, Maharadscha Sahib?«

»Cupidität. Was bedeutet das?«

»Lust.«

»Aber bei Ihnen gibt es doch Cupido, den Gott der Liebe?«

Das brachte mich endgültig aus dem Gleichgewicht, und während ich noch über lateinische Ableitungen nachgrübelte, fuhr er fort:

»Nehmen Sie nur einmal Mr. Lowes Dickinson. Ich habe ihn sehr gern; sehr sehr gern, und ich ehre und respektiere seine Weisheit und Güte ... aber meine Cupidität weckt er nicht. Güte, Weisheit und Schönheit – all das verehrten die Griechen, und das ist es, was ich suche ... einen guten, weisen und schönen Freund.«

»Nun«, erklärte ich, »falls ich wiederkomme, um für immer bei Ihnen zu bleiben, werden wir in Chhokrapur gemeinsam Schönheit züchten. Wir werden Schönheit mit Schönheit paaren und Schönheit zeugen. Ja, wir beide werden Ihr Reich in einen klassischen griechischen Staat verwandeln.«

Er klatschte in die Hände.

»Ganz genau! Ganz genau!« pflichtete er mir voller Enthusiasmus bei. »Jetzt liebe ich Sie.«

Das riesige Gästehaus steht nun leer, und der Aufwärter Hashim muß sich nur noch um mich kümmern. Er ist ein eigenartiger, unergründlicher Mann, Mohammedaner. Mit dem blauweißen Turban und seinem langen, engsitzenden Uniformrock sieht er recht schmuck aus. Aber er wirkt irgendwie feindselig. Jedenfalls reagiert er nicht auf freundliches Entgegenkommen; sein breites Gesicht zeigt keinerlei Regung, und seine starren, ausdruckslosen Augen schüchtern mich ein. Er ist mir nicht ganz geheuer. Wenn ich ihm meine Wünsche verständlich zu machen versuche, bringt er zwar nie mehr als ein schwaches Gemurmel hervor, doch habe ich trotzdem häufig das Gefühl, daß er Englisch eigentlich ganz gut versteht. Und weil er barfuß geht, höre ich ihn nicht und schrecke oft hoch, wenn ich ihn plötzlich neben mir oder dicht hinter meinem Stuhl bemerke.

2. Januar

Als wir heute mit dem Auto unterwegs waren, kam Seine Hoheit wieder auf die alten Griechen zu sprechen.

»Würden Sie mich als einen Mann mit Phantasie bezeichnen?« fragte er.

Ich erwiderte, daß er damit bestens getroffen sei.

»Ich hatte einmal eine Dame aus England bei mir zu Gast«, fuhr er fort, »und sie sagte zu mir: ›Maharadscha, Sie schwingen sich wie eine Lerche empor, und dann stürzen Sie ab.‹«

Er bog sich vor Lachen und verbarg das Gesicht in seinem Ärmel. »Wie hat sie das gemeint?« fragte er, als er sich wieder gefangen hatte.

»Sie meinte damit, daß Sie mit Ihren Gedanken zwar manchmal wieder auf den Boden der Tatsachen zurückkehren, gewöhnlich aber mit höheren Dingen beschäftigt sind.«

»Ja, ja; daß ich ein Mann der Phantasie und nicht ein Mann der Praxis bin?«

»Ganz recht, Maharadscha Sahib.«

»Wissen Sie, Mr. Ackerley, ich mag die alten Zeiten. Ich mag die Griechen und die Römer. Ich muß ständig an sie denken, ständig. Am liebsten würde ich mein ganzes Volk in griechischen und römischen Gewändern herumlaufen lassen. In meinem Palast habe ich eine griechische Toga. Wenn meine Freunde aus England mich früher besuchen kamen und wir über jene Zeiten plauderten, habe ich meine Toga angezogen und mich auf meine Couch gelegt – so.« Er legte seine Wange in eine Hand, stemmte sich die andere in die Seite und sank seitwärts in die eine Ecke des Wagens, so daß seine Kappe ziemlich Schlagseite bekam. »Und meine Freunde haben Beifall geklatscht und gesagt: ›In Chhokrapur sind die Griechen wieder auferstanden.‹« Er richtete sich auf. »Ach, ich mag diese alten Zeiten. Und Charles den Ersten und alle Stuarts. Ich mag sie sehr.«

»Warum denn Charles den Ersten?« fragte ich völlig verwirrt.

»Ich sehe viele Ähnlichkeiten zwischen ihm und mir. Und dem Zaren. Sagt man nicht ›Gleich und gleich gesellt sich gern?‹«

Einige Affen flohen vor dem Auto ins Gebüsch, und ihre Mätzchen waren so komisch, daß ich laut loslachte.

»Das sind Affen, die Schande auf sich geladen haben«, knurrte Seine Hoheit verächtlich. »Denn als der Gott Rama gegen Ravana in den Kampf zog, halfen ihm die Affen ... alle Affen ... jede Sorte. Aber diese Affen wichen dem Kampf aus ... sie waren damals alle noch weiß; aber sie wurden verflucht, weil sie geflohen waren, und ihre Gesichter wurden schwarz. Deshalb nennen wir sie die Affen der Schande.«

Wir waren jetzt ungefähr eine Meile von Chhokrapur entfernt und fuhren auf der Straße von Deori zurück. Ein nahegelegener Hügel weckte mein Interesse, und obwohl ich ihn aus diesem Blickwinkel noch nicht gesehen hatte, erkannte ich in ihm plötzlich das südliche Ende und damit die höchste Erhebung jenes felsigen Bergrückens, an dessen entgegengesetztem Ende, etwa eine halbe Meile weiter, das Gästehaus stand. Der Hügel verdeckte jetzt den Rest des Höhenzuges und wirkte dadurch, daß er scheinbar isoliert stand, auffälliger und eigentümlicher, ähnlich wie derjenige Soldat, der uns aus einem in Reih und Glied vorbeimarschierenden Trupp am nächsten kommt. Und ich bemerkte auf seinem Gipfel die kleine Ruine eines Heiligtums, die mich an einen dieser keltischen Steinhaufen erinnerte.

»Das ist ein hübsches Hügelchen«, sagte ich und deutete darauf.

»Es ist ein sehr böser Hügel«, konterte Seine Hoheit knapp und wandte sich ab. »Jedes Jahr wird dort jemand von einer Schlange gebissen. Er wird Tom-Tom Hügel genannt.«

»An seinem Fuß hat jemand ein Feuer angezündet. Soll das die Schlangen vertreiben?«

»Nein, nein, mein Lieber. Sie verbrennen eine Leiche. Alle Leichen werden da verbrannt. Es gibt dort viele Geister. Es ist ein sehr böser Hügel.«

Offensichtlich war ihm dies Thema nicht angenehm, und er wechselte es sofort.

»Bald werde ich Sie zu mir in den Palast kommen lassen«, sagte er, »und dann zeige ich Ihnen die Götter.«

Von dieser Art der Abendunterhaltung war mir bereits von anderer Seite berichtet worden, und ich hatte gespannt auf eine solche Einladung gehofft, die Europäern selten zuteil wird.

»Darüber würde ich mich sehr freuen«, sagte ich.

»Und dann werden Sie mir sagen, welcher von den Knaben Ihnen am besten gefällt.«

Ich stimmte bereitwillig zu, und er war sehr zufrieden.

»Wollen Sie übermorgen kommen?«

»Ja, wann immer Sie möchten.«

»Vielleicht könnte ich auch morgen für den späteren Abend etwas arrangieren. Wenn das geht, schicke ich Ihnen meine Kutsche.«

»Das wäre wunderbar. Wird auch getanzt?«

»Ja, ja. Musik und Tanz. Und die Knaben werden als Götter verkleidet sein.«

»Werden sie sich ihre Gesichter bemalen?«

»Nein, keine Farbe. Farbe habe ich abgeschafft. Ich mag dieses ... Tätowieren nicht. Aber Sie müssen mir sagen, welcher Ihnen am besten gefällt.«

»Natürlich werde ich das. Sind sie sehr schön?«

»Sehr. Aber Sie werden sehen.«

»Es wird guttun, ein schönes Gesicht zu sehen«, sagte ich, »denn bisher habe ich in Chhokrapur noch keins gesehen. Ich bin nämlich auf der Suche nach einem Diener für mich. Erst gestern habe ich zu Ihrem Tahsildar gesagt: ›Ich hätte gern einen Diener, aber er sollte jung und schön sein.‹«

»Meiner ist der Sohn meines Friseurs«, sagte Seine Hoheit. »Er arbeitet für mich. Ich werde ihn Ihnen zeigen. Er ist sehr schön ... hellhäutig, aber undurchschaubar. Ich nenne ihn die Weiße Sphinx. Er ist sechzehn und seit zwei Jahren bei mir; aber er tut nichts, gar nichts. Nur Automobile ansehen oder schlafen.«

Hierauf blieb er einige Zeit tief in Gedanken versunken. Dann erkundigte er sich: »Gibt es in England nicht das Sprichwort ›Man kann vor seinem Diener nicht den Helden spielen?‹«

»Ja. Warum?«

»Das erzähle ich Ihnen morgen«, sagte er geheimnisvoll und verlangte nach einer Zigarette.

3. Januar

Um acht Uhr abends schickte mir Seine Hoheit heute eine Kutsche, die mich zum Palast bringen sollte. Ich war im Haus und las, als ich in der Einfahrt Hufeschlagen hörte, und lief nach draußen, um gerade noch zu sehen, wie die königliche Kutsche aus der Dunkelheit heraufdonnerte.

Sie wurde von zwei feurigen, gescheckten Hengsten gezogen, und hinten hielten sich zwei aufrecht stehende Postillione so mühelos aufrecht, daß sie in ihren fließenden, weißen Baumwollgewändern schwerelos durch die Luft zu fliegen schienen, wie geflügelte Wesen.

Die Kutsche ratterte auf das Gästehaus zu, bog dann ab und kam im großen Bogen um das Plateau herum auf mich zu, und als der Kutscher sein Gefährt abrupt vor mir zum Stehen gebracht hatte, schwangen sich die

Postillione leichtfüßig zu Boden; der eine lief zu den Pferden, um sie zu halten, der andere öffnete für mich den Schlag. Alle drei machten einen Salaam. Langsam legte sich der Staub. Es war eine eindrucksvolle Vorführung.

»Salaam«, sagte ich und kletterte in die schäbige, offene Chaise.

Sonst wurde nicht gesprochen. Man schloß den Schlag, der Kutscher knallte mit der Peitsche, und als die Postillione sich wieder auf ihr Trittbrett schwangen, rollten wir schon den Hügel hinab. Neben dem Kutscher befand sich eine Alarmglocke, die er die ganze Fahrt über läutete, als seien wir die Feuerwehr. Wir fuhren auf der Rückseite des Palastes vor, wo der Eingang des Königs jede Nacht hinter einem Sichtschutz aus Leinwand abgeschirmt wird, so daß er sich in einem kleinen Privatbereich etwas Bewegung verschaffen kann. Hier wurde ich von einem Diener erwartet, der mich hinter die Absperrung führte, wo ein zweiter weißgekleideter Bediensteter, ein gutaussehender Junge mit hell leuchtenden Zähnen und einem einzelnen Ohrring, die Führung übernahm und mich an der Wache vorbei und die Stufen hinauf zu einem riesigen, stuckverzierten Portal geleitete. Ich folgte ihm durch den Eingang und kam in einen kleinen, dunklen Raum, der ganz aus Stein war und in dem eine Kuh stand.

Durch eine gegenüberliegende Tür gelangte ich in das »Theater«. Dies war ein offener Innenhof mit Betonfußboden. Offenbar war der Raum normalerweise ziemlich kahl, doch man hatte ihn jetzt für die »Götter« hergerichtet. Ich stellte fest, daß ich von hinten hereingekommen war, denn die Bühne zeigte von mir weg auf die Wand zu meiner Linken. Vom Publikum aus sah man also in der Mitte des Hofes ein Podium, auf dem zwei Holzstühle dicht nebeneinander standen. Davor hatte man einen Teppich ausgerollt. Links an der Teppichkante hockten vier Musikanten. Sie hielten ein paar Tamtams, ein kleines Becken aus Messing sowie drei Instrumente, die wie Fiedeln aussahen. Rechts stand in einiger Entfernung ein niedriger Diwan, über den man ein Tuch gedeckt hatte. Daneben glomm in einem Tongefäß ein Holzkohlenfeuer. Über allem war unter dem freien Himmel ein riesiger Teppich gespannt, der in der Mitte von einer dicken Stange gehalten wurde und daher wie ein Schirm aussah. Erst nach und nach wurde ich auf alles aufmerksam. Die vier Musikanten machten eine Salaam. Bis auf sie schien der Raum leer zu sein. Mein Führer deutete auf den Diwan. Dort war mein Platz. Also setzte ich mich und ließ neben mir noch Platz für Seine Hoheit.

»Wie geht es Ihnen, Mr. Ackerley?«

Ich kam in aller Eile wieder auf die Beine und sah mich um, aber ich konnte ihn nirgends entdecken. Dann wurde ich durch sein heiseres Lachen auf die Wand aufmerksam, die der Bühne gegenüberlag, und erkannte, daß er sich dahinter befand. In ihrer Mitte hing ein grüner Vorhang aus Schilfrohr, der einen Durchgang verdeckte, und beiderseits war die Steinwand so durchbrochen worden, daß ein paar Gitterfenster entstanden waren.

»Haben Sie es dort bequem? Ist Ihnen warm genug? Würden Sie gern zu mir hereinkommen? Dann kommen Sie.«

Der Diener hielt den Schilfvorhang für mich zur Seite, und ich betrat das Privatgemach Seiner Hoheit. Der Raum war sehr klein, ungefähr sechs mal zwölf Fuß, und enthielt ein *Charpai* (ein einfaches, niedriges indisches Holzbett mit Hanfbespannung und ohne Rücken- oder Seitenteile) sowie dicht dabei eine Chaiselongue. Beide waren mit weißen Tüchern bedeckt. Daneben stand je ein kleiner, dreibeiniger Tisch, auf dem ein Aschenbecher und ein paar lose braune Zigaretten lagen. Zum *Charpai* gehörten noch ein zweiter Tisch, auf dem ein Tablett mit Betelblättern lag, sowie ein Holzkohlebecken und ein Spucknapf, die auf dem Boden standen. Eine Öllampe neben dem Sessel gab Licht und vervollständigte die Einrichtung. Der Raum hatte keinen Teppich und war ohne jeden Schmuck. Gegenüber dem Eingang, durch den ich gekommen war, befand sich ein weiterer, durch einen Vorhang verdeckter Durchlaß, und in eine Wand war eine Nische eingelassen, die wie ein großes Waschbecken aussah.

Der König saß zwischen den Kissen auf dem Bett und rauchte eine Zigarette. Seine Beine waren verschwunden; er hatte sie abgewinkelt und unter sich verstaut, so daß nur noch ein kleiner, zerbrechlich wirkender Oberkörper zu sehen war, der, ähnlich wie ein Kegel, kerzengerade aufragte. Wie klein, wie schmal er ist! dachte ich, denn ich hatte ihn noch nie zuvor so leicht bekleidet gesehen. Er trug ein Nachthemd aus feinem, weißen Batist, auf dem eine Halskette schimmerte, und ein rotweinfarbener Seidenschal hing über seiner Schulter. Sein kleiner Kopf mit dem weichen, ungekämmten Haar, das grau zu werden begann, war unbedeckt, und so sah ich zum ersten Mal seine Hindulocke, die ihm bis tief in den Nacken hing. Er kam mir vor wie ein reizendes kleines Äffchen. Ich ging auf ihn zu, um ihm die Hand zu schütteln.

»Nein! Nein! Sie dürfen mich nicht anfassen«, sagte er hastig und wich zurück. »Und mein Bett auch nicht.« Dann lachte er über meine Verwirrung.

»Heute abend bin ich heilig«, erklärte er, immer noch lachend, als handle es sich um den köstlichsten Witz, »denn ich habe schon gebadet, und niemand darf mich anfassen. Haben Sie das nicht gewußt? Sie müssen, wenn Sie hierherkommen, immer zu mir sagen: ›Ist der Maharadscha berührbar oder unberührbar?‹«

»Bitte verzeihen Sie«, sagte ich. »Ich muß noch einmal von vorn anfangen. Ist der Maharadscha berührbar oder unberührbar?«

»Unberührbar«, nickte er und gab mir ein Zeichen, mich auf die Chaiselongue zu setzen.

»Ist dies Ihre Theaterloge?« fragte ich und blickte mich um.

Das amüsierte ihn.

»Das ist mein ... Wohnraum. Alles, was ich mache, tue ich hier. Ich schlafe und lese hier, und hier erledige ich alle meine Geschäfte. Meine Frau hat früher oben gewohnt.«

Wieder mußte er über mein offenkundiges Erstaunen lachen und gab dann auf Hindi einen Befehl. Die Musikanten stimmten an.

»Jetzt kommen die Götter, und Sie müssen mir sagen, welcher Ihnen am besten gefällt.«

Sogleich traten einige Diener aus dem Hintergrund hervor und hielten ein hübsches blaues, silbrig gesäumtes Samttuch zwischen uns und die Bühne. Die Musik setzte ein, seltsame, trillernde Töne, von Sprechgesang begleitet. Dann fiel das Tuch zu Boden und enthüllte Rama, eine der irdischen Verkörperungen Wischnus, neben seiner Gattin Sita auf seinem Thron. Zu beiden Seiten des Podests stand eine Dienerin. Alle wurden von Jungen gespielt. Rama war prächtig und in leuchtende Farben gekleidet, er trug einen rosafarbenen Mantel und goldene Seidenhosen, die an den Fesseln zusammengehalten wurden, und war mit einem gewaltigen Kopfputz und langen Kunstperlenketten geschmückt. Seinen Nasenrücken zierten je ein roter und gelber Farbstrich. Auch Sita war goldgeschmückt, insgesamt jedoch weniger farbenfroh gekleidet, und trug ein Diadem. In sich zusammengesunken saß sie da, drückte ihr Kinn auf die Brust und sah mißmutig drein. Beiden hing eine einzelne Perle von der Nasenspitze herab. Die Dienerinnen waren ebenfalls in Gold gewandet; sie waren sehr jung, ungefähr zwölf Jahre alt, und blinzelten verschämt.

»Wie finden Sie ihn? Wie finden Sie ihn?« wollte Seine Hoheit immerfort wissen.

»Ich finde ihn, glaube ich, nicht sonderlich beeindruckend«, erwiderte ich.

»Nein?« fragte seine Hoheit überrascht.

»Wird er tanzen?«

»Nein, er kann nicht tanzen.«

»Kann ich hinausgehen und ihn mir näher ansehen?« Durch die Löcher in der Wand konnte man sich nur schwer ein umfassendes Bild machen.

»Natürlich. Aber Sie dürfen vor dem Gott nicht rauchen oder seinen Teppich betreten.«

Die Musik spielte immer noch und wiederholte monoton die gleiche Melodie, doch die Götter saßen reglos auf ihrem Platz. Dann erschien ein älterer Herr in Frauenkleidern auf dem Teppich vor Rama. Er trug einen langen, schweren Rock aus dunkelblauer Seide und einen rosafarbenen Schleier um den Kopf und um die Fußgelenke kleine Glöckchen. Während er den Gott anredete, begann er auf Fersen und Zehenspitzen zu tanzen und sich langsam mit ausgestreckten Armen um die eigene Achse zu drehen; dazu stimmte er einen Singsang an.

Ich kehrte zum König zurück, um zu erfahren, wen diese Figur darstellte, doch er ließ mir keine Gelegenheit dazu.

»Wie finden Sie ihn?« fragte er sofort, noch immer im Hinblick auf Rama.

Ich sagte, er sei zwar gut gebaut, mache aber einen einfältigen Eindruck, und ich fände ihn nicht sehr hübsch.

Seine Hoheit schien darüber sehr erstaunt und ziemlich unangenehm berührt.

»Und Sie finden nicht, daß er schön ist?«

»Nein. Und Sie?«

»Natürlich; ich finde ihn sehr schön.«

»Wie alt ist er?« fragte ich.

»Sechzehn.«

»Und was tut er sonst noch, außer ein Gott zu sein?«

»Nichts. Die Götter dürfen keine andere Arbeit verrichten. Und wenn sie siebzehn sind, können sie keine Götter mehr sein.«

»Was passiert dann mit ihnen?«

»Sie sind alle Dummköpfe.« Das war alles, was er sagte.

In der Zwischenzeit war der Tanz zu Ende, und das Samttuch wurde wieder hochgehalten. Als man es abermals entfernte, hatte Rama sich zurückgezogen und war durch Krischna und Radha, seine Favoritin unter den Gopimädchen, ersetzt worden; sie wurde vom selben Jungen gespielt, der Sita verkörpert hatte. Krischna war ein ungleich hübscherer Junge als Rama, was ich Seiner Hoheit auf seine prompte und unvermeidliche Frage hin sofort mitteilte – eine Antwort, die sein Erstaunen nur noch zu vergrößern schien. Krischna trug leuchtend grüne Gewänder; die Glöckchen an seinen Fesseln deuteten an, daß er nicht wie Rama ein duftiges Maiblümchen war, sondern sich zumindest im Kreis drehen konnte. Er begann seine Vorstellung jedoch damit, daß er, auf seinem Thron sitzend, mit einer angenehmen, recht monotonen Stimme zu singen anhub, wobei er mit steifen braunen Händen ungelenke Bewegungen nach rechts und links vollführte. Schließlich erhob er sich und tanzte einen schönen und mitreißenden Tanz (dem sich die ältere »Dame«, die mittlerweile in den Kulissen saß, am Ende anschloß), indem er zunächst nur die Fersen aufsetzte und langsame, steife, würdevolle Drehungen vollführte, die schneller und schneller wurden, bis er auf den Teppich sank und dort auf den Knien wie ein Kreisel herumwirbelte. Ich war so begeistert, daß ich applaudierte, bis mir Rama in den Sinn kam und ich aus Furcht, ihn eifersüchtig zu machen, innehielt. Wieder trat ein neuer

Junge auf, der ebenfalls Krischna verkörperte, während Radha auf ihrem Stuhl sitzenblieb, ohne am Geschehen teilzunehmen und ohne ihm, wie es schien, viel Beachtung zu schenken.

Dieser dritte Junge trug dunkelblaue Seide und sah ganz und gar nicht anziehend aus. Er war kleinwüchsig und hatte eine beginnende Rückgratverkrümmung, jedoch galt er als guter Spieler für das Stück, das nun aufgeführt werden sollte. Die Vorstellung begann mit dem Auftritt eines Priesters, dem man durch viele, von einem breiten, grünen Kummerbund gehaltene Kissen zu einer beeindruckenden Leibesfülle verholfen hatte. In der einen Hand trug er einen Stock, in der anderen etwas Kochgeschirr, und der falsche Bart, der aus seinen Nasenlöchern zu sprießen schien, sowie eine Halskette aus Holzperlen in der Größe von Kricketbällen ließen ihn noch alberner aussehen. Die ältere »Dame«, die noch immer geduldig auf dem Teppich saß, hieß ihn willkommen, und man sagte mir, er sei ein Brahmane und wolle ihr nach altem Brauch die Ehre erweisen, zur Geburt ihres Kindes in ihrer Gegenwart zu speisen.

Man brachte Steine und Holz und zündete ein echtes Feuerchen an, um den Topf des Priesters zu erhitzen. Während dieser Vorbereitungen tat er so, als habe sein Bart Feuer gefangen, worüber selbst Radha lachen mußte. Dann setzte er sich der »Dame« gegenüber ans Feuer (sie war eine reiche Frau, die Tochter eines der Hirtenkönige, und wohnte in einem Palast), und während er die Augen zum Himmel hob, rief er den Gott Wischnu an, damit dieser sein Mahl segne. Krischna, der das Neugeborene der Dame verkörperte, nutzte jedoch die momentane Geistesabwesenheit des Brahmanen, glitt von seinem Thron, kroch bis an das Essen des Priesters heran und berührte es.

Der Priester war darüber sehr erbost.

Wie konnte das Kind einer Frau aus jener Kaste es wagen, das Essen eines Brahmanen zu berühren! Wie konnte die Frau ihrem Kind so etwas durchgehen lassen! Das Kind mußte Schläge bekommen! Also scheuchte er Krischna um den Teppich herum, fuchtelte dabei mit seinem Stock und gab wütende Laute von sich, bis die Frau ihn besänftigte und ihn überredete, noch einmal mit der Zeremonie zu beginnen. Man mußte das Essen wegwerfen, und er mußte nicht nur sein verunreinigtes Kochgeschirr, sondern auch sich selber waschen. Er zog sich also in eine Teppichecke zurück und rollte sich dort auf dem Bauch und auf dem Rücken hin und her, als läge er im Wasser, bis eine von Krischnas Dienerinnen erklärte, sie sei eine Schildkröte, und ihn am Bein packte, sehr zu seinem Verdruß.

Seine Hoheit, der, Betelblätter kauend, mir die Handlung des Stücks erklärte, fand diesen Vorfall so komisch, daß er keine Luft mehr bekam und gezwungen war, den größten Teil seines Betelblattes in den Spucknapf zu befördern.

Also wurde die Mahlzeit aufs neue zubereitet – und wieder passierte genau das gleiche. Kaum hatte der Priester seine Augen zum Himmel erhoben, um für sein Essen den Segen Wischnus zu erflehen, da kam der Säugling auch schon herübergekrabbelt und berührte es. Wieder tobte der Priester und scheuchte das Kind herum, und wieder beruhigte ihn die Frau und überredete ihn, noch einmal von vorn zu beginnen. Als sich das Ganze jedoch zum dritten Mal wiederholte und der Priester offenbar so entnervt war, daß er dem frechen Säugling nurmehr einen grämlichen Blick zuwerfen konnte, sagte die Frau:

»Warum ärgerst du diesen armen Greis? Kannst du ihn nicht in Frieden lassen?«

Und das Kind antwortete:

»Aber er hat nach mir gerufen, und da bin ich gekommen. Ich bin der Gott Wischnu.«

Und er war es tatsächlich ... Krischna, der Hirtenkönig, die achte Inkarnation Wischnus. Der Priester verneigte sich vor ihm und lobte ihn, und das Stück endete in allgemeinem Tanz.

»Hat es Ihnen gefallen?« fragte Seine Hoheit.

»Aber ja! Ich fand es...«

»Und welcher der Götter hat Ihnen am besten gefallen?«

»Krischna.«

»Hookah!« bemerkte der König.

»Wie bitte?« fragte ich.

Doch seine Bemerkung hatte nicht mir gegolten. Im Dunkel hinter dem *Charpai* erhob sich ein Diener mit weißem Turban, der dort, unbemerkt von mir, gekauert hatte, und verließ den Raum durch die andere Tür. Kurz darauf kam er mit einer bereits entzündeten Hookah-Pfeife zurück, die er neben den Spucknapf auf den Boden stellte und deren Mundstück er auf den Tisch legte.

Ich betrachtete ihn aufmerksam.

Er war jung und hochgewachsen und hatte große, knochige Hände und Füße; doch sein Gesicht war auffallend schön – heller als gewöhnlich und erleuchtet von zwei großen, glühenden dunklen Augen, die dann und wann neugierig auf mir ruhten.

Er verschwand wieder lautlos im Dunkel; und dann bemerkte ich, daß der König mich beobachtete. Er hatte sich wieder entringelt, und seine kleinen dünnen Beine baumelten jetzt vom *Charpai* über das Kohlenbecken herab.

»Das ist der Sohn des Friseurs, von dem ich Ihnen erzählt habe«, versetzte er, als er das Mundstück der Hookah aus dem Mund genommen hatte. »Er ist für mich persönlich zuständig – mein Leibdiener. Gefällt er Ihnen?«

»Naja, ich hab ihn ja kaum gesehen«, erwiderte ich, »aber er sah wirklich sehr gut aus.«

Er riß die Augen auf, als sei er sehr überrascht.

»Ich werde ihn Ihnen zeigen«, sagte er, und mit einer leichten Handbewegung winkte er den prächtigen Burschen erneut in den Lichtkegel, der durch den Schilfvorhang fiel. Der Junge glitt lautlos herbei und stand mir reglos und unbewegten Gesichts gegenüber, um mir Gelegenheit zur Begutachtung zu geben.

Aber ich brachte es nicht über mich – dazusitzen und ihn wie einen Sklaven zu beäugen. Daher gab ich hastig murmelnd meiner Genugtuung Ausdruck, und eine weitere Bewegung der königlichen Hand entließ ihn wieder in seinen dunklen Winkel.

»Würden Sie ihn als schön bezeichnen?« wollte der König sofort wissen.

»Als sehr schön«, antwortete ich. »Schöner als alle Ihre Götter.«

»Oh!« Seine trüben Augen weiteten sich abermals. »Noch schöner als Rama?«

»Ja, noch schöner als Rama.«

»Oh!«

Eine Zeitlang blies er mit seiner Wasserpfeife Blasen, dann legte er das Mundstück auf den Tisch neben sich, umfaßte sein angewinkeltes Knie mit beiden Händen und fragte, indem er mir sein Gesicht zuwandte:

»Würden Sie mich als häßlich bezeichnen?«

Das irritierte mich ein wenig. Unter den gebräuchlichen Beschreibungen paßte das Wort »häßlich« sicher am besten, und dem hätte wohl niemand widersprochen. Aber das konnte ich nicht gut sagen, und außerdem war sein Gesicht keinesfalls abstoßend oder auch nur unangenehm.

»Keineswegs, Maharadscha Sahib.«

Er vernahm es, ohne darauf im geringsten zu reagieren, so daß ich mich fragte, ob er überhaupt zugehört hatte. Dann zog er seine Beine wieder unter seinen Körper, rief seinen Diener und schickte ihn mit einem Auftrag aus dem Raum.

»Ich werde Ihnen etwas zeigen«, erklärte er, schob ein Betelblatt in den Mund und warf mir einen geheimnisvollen Blick zu. Nach kurzer Zeit kam der Junge mit einem Bündelchen Papier zurück, das er dem König übergab, oder besser gesagt, er ließ es aus größerer Höhe in die königliche Hand fallen, um jeden Körperkontakt zu vermeiden. Seine Hoheit öffnete das Bündel und entnahm ihm einen Brief, den er seinem Leibdiener auf die gleiche Weise aushändigte, welcher ihn wiederum an mich weiterreichte.

»Lesen Sie ihn«, sagte der König, »und sagen Sie mir, was Sie davon halten. Seien Sie ganz offen. Treten Sie nicht um den heißen Brei herum.«

Es handelte sich um den vertraulichen Brief eines britischen Beamten an einen Freund, und die allerletzte Person, der der Verfasser den Brief hätte zeigen mögen, war der König selbst – denn er war sein Gegenstand.

Ich kann mich an den Inhalt nicht mehr deutlich erinnern. Freilich, ich las den Brief durch und fand die Kritik treffend, während sie mich gleichzeitig erröten ließ. Die ganze Zeit mußte ich an die Briefe denken, die ich nach Hause geschrieben hatte und um deren Schicksal ich mir plötzlich große Sorgen machte. Obwohl dieser Brief die Verhältnisse gnadenlos bloßstellte, verband er gedankliche Unvoreingenommenheit mit einer exakten, respektvollen Darstellung. Sein Verfasser hatte sich nicht, wie ich, zu billigem Spott verleiten lassen; er hatte auf jegliche Karikaturen am Seitenrand verzichtet. Ich erinnerte mich nun an jene Karikaturen, die ich vormals so überaus gelungen gefunden hatte, mit weit weniger Behagen, und außerdem erinnerte ich mich daran, daß ich sie dummerweise in den Palastbriefkasten gesteckt oder sogar irgendeinem törichten Mohammedanerjungen anvertraut hatte, um sie für mich aufzugeben.

Daher kann ich mich kaum noch an den Inhalt jenes Briefes erinnern; nur ein oder zwei Sätze sind mir im Gedächtnis geblieben.

»... Er ist ein schwacher Mensch und ein schlechter Herrscher, da ihn die Staatsgeschäfte nicht wirklich interessieren ... verschwenderisch ... übertrieben großzügig ... ein loyaler Freund ... er ist sehr häßlich.«

Als ich den Brief zu Ende gelesen hatte, blickte ich auf. Er achtete nicht auf mich, sondern starrte ins Leere; als ich mich regte, erinnerte er sich meiner und wandte den Kopf.

»Sind Sie fertig?«

»Ja.«

Ich war wohl etwas durcheinander, denn ich erhob mich, um ihm den Brief zurückzugeben. Er aber wehrte ab.

»Legen Sie ihn neben sich auf den Tisch. Also, wie finden Sie ihn?«

»Es ist ein sehr guter Brief, finde ich, und der Verfasser scheint Ihnen auch im großen und ganzen wohlgesonnen. Jedoch bin ich mit vielem, was er sagt, nicht einverstanden.«

»Womit sind Sie nicht einverstanden?«

Ich hatte ins Blaue hinein gesprochen, kam nun aber wieder auf das Thema der »Häßlichkeit« zurück und flüchtete mich dann in die Frage, wie er denn an diesen Brief gekommen sei.

»Er ist durch Zufall in meine Hände geraten«, erwiderte er mit ausdrucksloser Stimme.

»Und wie finden *Sie* ihn, Maharadscha Sahib?«

»Er sagt die Wahrheit«, versetzte er mit Entschiedenheit. »Er gefällt mir sehr.«

Ich versuchte, ein neues Thema anzusprechen, aber er schnitt mir das Wort ab.

»Und nun sollten Sie gehen«, sagte er. »Gute Nacht, Mr. Ackerley.«

Ich kam mir plötzlich wie ein Schuljunge vor und erhob mich.

»Gute Nacht, Maharadscha Sahib«, erwiderte ich, verbeugte mich vor ihm und ging, an der Kuh vorbei und zu meiner Kutsche hinaus, die im Mondschein wartete, um mich zum Haus auf dem Hügel zurückzubringen.

4. Januar

Als ich heute abend zum Gästehaus zurückkehrte, kam mir von dort der »Leibdiener« Seiner Hoheit entgegen. Er war in Begleitung des jungen Mannes, dessen schönen schwarzen Haarschopf ich an anderer Stelle bereits erwähnt habe und der in irgendeiner offiziellen Eigenschaft zum Gästehaus gehört, wahrscheinlich als Schreiber oder Buchhalter. Ich habe ihn schon ziemlich oft hier gesehen, und er ist mir wegen seines angenehmen, sauberen und würdevollen Äußeren aufgefallen. Er spricht etwas Englisch und begrüßt mich immer mit einem »Guten Morgen«, egal zu welcher Tageszeit.

Bei den Hindus tragen die Männer ein eigenartiges Untergewand, das *Dhoti* genannt wird. Es besteht aus einem einzigen, sehr langen Stück Stoff, das um die Taille gewickelt und zwischen den Beinen hindurchgeschlungen wird. Bei den ärmeren Leuten ist davon bloß noch ein grobes, schlampig gebundenes Lendentuch übriggeblieben; es kann jedoch sehr elegant aussehen, wenn es aus feinem Musselin ist und richtig getragen wird, nämlich wenn es vorn in zwei Schlingen fast bis zu den Knöcheln fällt und locker die Beine umspielt.

Der Dewan trägt in meiner Zeichnung (S. 325) ein solches Gewand, nur hat er es nicht sehr geschickt angelegt. Um es symmetrisch zu drapieren, so daß beide Schlingen gleich fallen und die geziemende Länge haben, muß man einige Mühe aufwenden, die sich beispielsweise ein Mann wie Babaji Rao nicht machen würde. Und weil es, aus verschiedenen Gründen, mehrmals am Tag ausgezogen oder doch gelupft werden muß, dürfte es schwierig sein, es zu jeder Zeit ganz proper aussehen zu lassen. Unsere Hosen sind ja kein Problem. Wir können sie an- und ausziehen, so oft wir wollen, ohne daß plötzlich ein Hosenbein kürzer ist als das andere; der *Dhoti* jedoch erfordert Aufmerksamkeit und Geschick und wird selten richtig getragen.

Der junge Mann mit dem schwarzen Haarschopf wirkt in seinem besonders anmutig. Sein *Dhoti* ist aus feinstem, weichstem Musselin, hat eine schmale, dunkelblaue Bordüre und fällt fast bis auf die Silberschnallen seiner schwarzen Schuhe herab. Und wenn er sich bewegt, kann man von hinten ab und zu seine schlanken, braunen Waden und Fesseln erspähen.

5. Januar

Seine Hoheit hat seinem »Leibdiener« erzählt, daß ich ihn schöner fände als die Götter. Heute morgen, nach dem Frühstück, folgte mir der junge Schreiber, den ich gestern in Gesellschaft des Leibdieners gesehen habe, zu meinem Haus und fragte, ob er eintreten dürfe. Er erzählte mir sofort, daß er wisse, ich hätte die Götter tanzen sehen.

»Woher weißt du das?«

»Mein Freund«, murmelte er, »er sagt ... mein Freund sagt, Sie sagen, ›wie Krischna‹.«

»Besser als Krischna«, erwiderte ich. »Der Maharadscha Sahib hat es ihm also erzählt?«

»Ja«, kam die Antwort. Und einen Augenblick später fügte er hinzu: »Aber sagen Sie zu Maharadscha Sahib nicht, sonst er ist böse mit mir.«

Ich versprach es ihm.

»Magst du Europäer?« wollte ich wissen.

»Ja.«

»Warum?«

»Weil er ist so Weisheit.«

6. Januar

Dem Hindu ist alles Leben heilig. Er darf weder töten noch Fleisch essen. Ißt er Fleisch, wird er zum Ausgestoßenen. Babaji Rao, der Sekretär Sahib, ist extrem orthodox, und der bloße Gedanke an Fleisch bringt ihn schon aus der Fassung. Das ist zweifellos einer der Gründe dafür, daß die Buchführung des Gästehauses sich in einem derartigen Durcheinander befindet und die monatliche Lebensmittelrechnung, die aus der Staatskasse bezahlt werden muß, dem Dewan erhebliches Kopfzerbrechen bereitet. Der Sekretär muß die

Vorratsliste gegenzeichnen, aber er tut es mit abgewandtem Blick. Er nahm mich heute morgen in seiner Tonga mit, als er das Gefängnis inspizieren wollte, aber der alte Sankt Peter (er wird Munshi gerufen), der die Schlüssel zur Speisekammer verwaltet, fing uns in der Nähe des Palastes mit Bestellisten ab, die der Sekretär zu überprüfen hatte. Sofort sammelte sich die unvermeidliche Meute von kleinen Kindern und Müßiggängern.

»Ich verstehe nichts von diesen Lebensmitteln«, sagte der Sekretär und warf einen angewiderten Blick auf die Papiere vor sich ... »Lunge? ... Ißt man Lunge?«

Er wiederholte das Hindi-Wort, das ihm solche Schwierigkeiten bereitete, an die Umstehenden gewandt, doch niemand wußte Rat. Ich schlug Nieren als eine mögliche Alternative vor, und so wurde es hastig notiert.

»Wenn mein Vater wüßte, daß ich so über Hühner, Eier und Nieren verhandeln muß, wäre er sehr böse mit mir«, meinte der Sekretär mißmutig, als wir unseren Weg fortsetzten.

Das Gefängnis ist ein langgestrecktes, niedriges, heruntergekommenes Gebäude am Stadtrand. Seine dreifachen Eisentore, von denen immer nur eins geöffnet sein darf, werden von einem bewaffneten Aufseher bewacht. Darin hausten ungefähr vierzig oder fünfzig Gefangene, alle in Fußeisen; sie kauerten in den verschiedenen Innenhöfen auf dem Boden in der Sonne und spannen mit Hilfe primitiver Maschinen Hanf und Garn oder flochten Seile. Andere webten grobes Bettzeug und Handtücher oder saßen im Schneidersitz auf den Bänken eines Schuppens und knüpften Teppiche. Ein Mann war damit beschäftigt, Geldsäcke zu nähen. Alle trugen kleine, runde Plaketten um den Hals, auf denen ihre Nummer und Haftstrafe eingraviert waren. Der Sekretär warf von Zeit zu Zeit einen gleichmütigen Blick darauf, etwa so, wie wenn man in einem Geschäft die Preisschilder der Waren mustert. Viele von ihnen hätten lange Haftstrafen zu verbüßen, sagte er, einige lebenslange; die übelsten Figuren aber mahlten Mehl in einem nahegelegenen Gebäude – das sei die härteste und unangenehmste Arbeit von allen.

Ich ging zwischen ihnen herum und schenkte ihnen allen, so gut ich konnte, die gleiche Aufmerksamkeit, für den Fall, daß mein Besuch für sie genauso wichtig war, wie es die Besuche des Prinzen von Wales auf seinen Inspektionsreisen in England sind, und falls mein Kommen diesem Tag, der sich ansonsten in nichts von Hunderten von anderen unterschied, tatsächlich etwas Besonderes verleihen mochte. Es machte ihnen scheinbar Freude, ihr Geschick bei ihrer jeweiligen Arbeit unter Beweis zu stellen. Allerdings waren sie alle erbärmliche, abgehärmte Geschöpfe, und ich verspürte für keinen von ihnen irgendeine persönliche Neigung. Wir besichtigten auch die Küche beziehungsweise das Kochhäuschen. Als ich eintreten wollte, wurde ich zurückgehalten: Man darf eine Hinduküche nicht betreten – auch im Gefängnis nicht – bevor man sich nicht die Schuhe ausgezogen hat. Sie wimmelte von Fliegen. Es wurden gerade Pfannkuchen aus Schrotmehl gebacken, Gebilde, die wie sehr große Teekuchen aussahen und aus der Pfanne direkt in die heiße Asche des Feuers befördert wurden.

Offenbar bildeten diese und ähnliche Backwaren aus Getreide die wichtigste Nahrungsgrundlage. Ich war in Gedanken immer noch beim Prinzen von Wales und fragte Babaji Rao, ob ich den Gefangenen nicht etwas schicken solle – etwas Tabak zum Beispiel. Doch er meinte, es gebe nicht den geringsten Grund zum Mitleid, denn diesen Männern gehe es viel besser als den anderen Bauern, die nicht im Gefängnis waren.

Zur Zeit entsteht hier oben eine Garage für das Gästehaus, und die Bauarbeiter tragen das Wasser für das Anmischen des Mörtels in großen runden Tongefäßen oder *Lutiyas,* die sie auf dem Kopf balancieren, den Hügel hinauf. Außerdem wässern sie die Sträucher in der Auffahrt, und manchmal sind die Töpfe auch aus Messing. Ich kann sie durch die Türöffnung meines Bungalows beobachten und bin immer wieder beeindruckt, wie anmutig sie sich bewegen, wenn sie mit ihrer schweren Last auf dem Kopf hin- und hergehen. Der rechte Arm, nackt, schlank und braun, ragt empor, so daß die Hand leicht auf dem Rand des Gefäßes ruht, um es festzuhalten, und trotz ihrer aufrechten und angespannten Haltung gleiten ihre Gestalten auf eine leichte, fließende Weise dahin. Elegant sehen sie aus, wie die Figuren auf einem Fries. Und wenn ich manchmal hinter ihnen den Hügel heraufkomme und ihre langsam-flinken und locker-straffen Bewegungen verfolge, den dünnen, dunklen, aufgereckten Arm und den bis zu den Lenden hochgeschürzten *Dhoti,* der die schlanken Beine in ihrer ganzen Länge freiläßt, denke ich bei mir: Welche Anmut! Welche Schönheit! – und wende mich im Vorbeigehen um und erblicke einen häßlichen, unterernährten Bauern mit groben Zügen und vom Betelsaft verfärbten Lippen.

Ich gebe ihnen Zigaretten, und besonders einer von ihnen, ein seltsamer, schlaksiger Junge, zieht meine Blicke auf sich. Ich finde es köstlich, wie er mit seiner Kleidung umgeht. Er besitzt – neben einem Paar lumpiger Schuhe – vier Kleidungsstücke: eine enge, kurzärmelige Baumwolljacke ohne Kragen, einen verkürzten *Dhoti,* der nicht viel mehr ist als ein Lendentuch, einen blaßbraunen *Safa* oder kleinen Turban und einen kornblumenblauen Umhang *(Pichora).* Und diese letzten drei sind offenbar austauschbar, denn manchmal, vielleicht wenn sein *Dhoti* einmal in der Wäsche ist, schlingt er sich seinen *Safa* um die Lenden und seinen *Pichora* um den Kopf. Neulich bemerkte ich, wie er gedankenverloren zu meinem Haus herüberschaute, und so winkte ich ihn heran. Beim Näherkommen bewegte er seinen knochigen, stark sonnenverbrannten Körper wie im Krebsgang seitwärts; seine langen, dünnen Beine waren bis an die Oberschenkel nackt, das grobe blaue Tuch hatte er irgendwie um den Kopf geschlungen. Sein Gesicht war mit einer dicken Staubschicht bedeckt. Ich hielt ihm ein paar Zigaretten hin. Er streifte die Schuhe ab und kam nach kurzem Zögern schüchtern herein, wobei er mit seinen beiden groben Händen eine Schale bildete und sie mir entgegenstreckte. Ich ließ die Zigaretten in die Schale fallen. Er wich wieder zurück, kniff aus der sicheren Entfernung der Türöffnung die Augen zusammen, wobei er durch sein Grinsen entsetzliche Zahnstummel entblößte, und murmelte das Wort »Bakshish«. Ich hielt ihm eine Rupie hin. Wieder wurde mir, dieses Mal schneller, die Schale entgegengestreckt, und ich ließ die Rupie hineinfallen. Daraufhin bückte er sich tief und berührte mit der rechten Hand zuerst meinen Teppich und dann seine Stirn.

Auf unserer Spazierfahrt am Nachmittag sagte Seine Hoheit zu mir:

»Mr. Ackerley, ich wünsche Ihnen einen Rat zu geben.«

»Ja, Maharadscha Sahib?«

»Sie sollten sich einen Hund halten.«

»Aber ich will keinen Hund.«

»Nur einen kleinen. Irgendeinen kleinen Hund. Eine dieser Promenadenmischungen würde reichen.«

»Aber warum, Maharadscha Sahib?«

»Damit Sie ihm vor dem Essen etwas davon zu fressen geben können.«

Ich blickte ihn erstaunt an.

»Sie meinen, falls es vergiftet ist?«

»Natürlich.«

»Aber ist das denn wahrscheinlich?«

»Das weiß ich nicht; aber ich bin von Natur aus mißtrauisch.«

»Treffen *Sie* denn solche Sicherheitsvorkehrungen?«

»Natürlich. Aber ich mag keine Hunde. Ich halte mir ein paar Katzen und werfe ihnen das Essen vor. Meine Köche streiten sich ständig.« Er gluckste. »Also esse ich in Gesellschaft von Katzen.«

»Ich glaube, ich werde das Risiko eingehen«, meinte ich, als ich kurz darüber nachgedacht hatte. »Ich kann mir nicht vorstellen, warum mich jemand vergiften wollte. Außerdem könnte ein Hund, den ich mir halte, um nicht vergiftet zu werden, die Tollwut bekommen und mich beißen, und dann würde ich nur auf eine andere Weise vergiftet.«

»Da haben Sie recht«, bemerkte Seine Hoheit, offenbar ohne daß er mir richtig zugehört hatte. Aber der Gedanke an mein Wohlergehen beschäftigte ihn weiter, denn bevor er sich von mir verabschiedete, sagte er noch:

»Wenn Sie irgend etwas brauchen, müssen Sie es mir sofort sagen. Sie dürfen nichts vor mir verlauern. Lauern? Was bedeutet das?«

7. Januar

Gestern sprach ich mit Seiner Hoheit über einen Privatlehrer (er hat den dringenden Wunsch, daß ich Hindi sprechen lerne) und fragte ihn, indem ich mir eine bestimmte Bemerkung seinerseits über Zeus und Ganymed zunutze machte, ob mich nicht vielleicht sein Leibdiener unterrichten könnte.

»Aber er ist Ihnen wahrscheinlich unentbehrlich?« setzte ich hinzu.

»Nein, er ist nicht unentbehrlich für mich. Wenn Sie es wünschen, schicke ich ihn bei Ihnen vorbei. Ich werde ihn morgen früh vorbeischicken.«

»Glauben Sie, daß er gerne kommt?«

»Oh, er wird sehr gerne kommen – vor allem, wenn Sie ihm zwei oder drei Rupien im Monat zahlen.«

Wir schwiegen eine Weile, bis Seine Hoheit mit Nachdruck erklärte:

»Nein, er ist keineswegs unentbehrlich für mich.«

Doch heute morgen fuhr vor dem Gästehaus eine Tonga mit zwei Männern vor, die ich noch nie gesehen hatte und die mir folgenden Brief von Seiner Hoheit überreichten:

»Lieber Mr. Ackerley, – hier sind zwei Männer, die sehr gut Hindi und Englisch sprechen. Der Überbringer dieses Briefes heißt Gupta und ist mein stellvertretender Bibliothekar für Bücher auf Hindi. Und der andere, Champa Lal mit Namen, ist mein Eismacher. Sie können sich einen von beiden aussuchen. Für den Anfangsunterricht sind sie gut geeignet. Es könnte sein, daß sie etwas Lohn verlangen, und ich denke, zwei Rupien im Monat sind sicher genug. Entschuldigen Sie Papier und Bleistift.«

Worauf ich antwortete:

»Lieber Maharadscha Sahib, – Ihre Boten sind eingetroffen, doch ich weiß nicht recht, was ich tun soll. Sie haben in der Tat Äußerungen in englischer Sprache von sich gegeben, aber keiner von beiden scheint meine Antworten zu verstehen. Da keiner dem anderen äußerlich etwas voraus hat, hatte ich mir gedacht, mich für den Scharfsinnigeren unter ihnen zu entscheiden. Ich wandte mich ihnen also wieder zu und sagte:

›Ich brauche nur einen von Ihnen. Wer von Ihnen spricht besser Englisch, denn ich werde ihn einstellen?‹

Das Schweigen wurde schließlich vom Eismacher gebrochen, der sagte:

›Ich verstehe nicht.‹

– und dann vom stellvertretenden Bibliothekar, der sagte:

›Ihr Englisch ist sehr hoch.‹

Ich sende sie Ihnen beide hiermit zurück und hoffe, daß ich noch immer den entbehrlichen Leibdiener haben darf, entweder heute vormittag oder heute nachmittag um 2.30 Uhr, denn auch wenn er mir kein Hindi beibringen kann, würde ich ihn dennoch gern zeichnen.«

Der Leibdiener kam heute nachmittag. Ich lag gerade auf dem Sofa und las. Plötzlich huschte ein Lichtschimmer über die Seite. Als ich aufblickte, sah ich, daß er neben dem Vorhang in der Türöffnung stand. Er duckte sich nervös zu einem Salaam; ich winkte ihn herein. Nachdem er noch einen raschen Blick über die Schulter geworfen hatte, streifte er seine senkellosen europäischen Schuhe von den nackten Füßen, zog den Vorhang ganz zurück, so daß der Eingang völlig frei war, und kam ein paar Schritte weit ins Zimmer herein. Ich deutete auf einen Stuhl, der dicht neben mir stand. Er aber nahm den erstbesten und zog ihn bis an die Türöffnung zurück.

Ein paar Floskeln auf Hindi hatte ich bereits gelernt, wie zum Beispiel »Guten Tag!«, »Wie geht es Ihnen?«, »Schönes Wetter heute!« und »Sprechen Sie bitte langsamer.« Doch als ich sie für mich aufgesagt hatte, war ich wesentlich zuversichtlicher gewesen, sie richtig auszusprechen; und da er auf die ersten drei lediglich mit einem Nicken oder einem kehligen, einsilbigen Laut reagierte, hatte ich keine Gelegenheit, mein »Sprechen Sie bitte langsamer« anzubringen, das mir daher als der einzige Satz in Erinnerung geblieben ist, den ich richtig herausbrachte. Ihm war offensichtlich äußerst unbehaglich zumute, während er zugleich ängstlich darum bemüht war, mich zufriedenzustellen. Ich merkte jedoch bald, daß er nichts von dem wirklich verstand, was ich sagte, sondern an meinem Gesichtsausdruck abzulesen versuchte, welche Antwort er zu geben hatte. Daher spielte meist ein scheues Lächeln um seine Augen und seine Lippen, jederzeit bereit, beim kleinsten Anzeichen von Strenge sofort zu verschwinden. Und wann immer ich meinen Blick für einen Moment senkte, um mein Wörterbuch zu konsultieren, drehte er sofort seinen Kopf zur offenen Tür, hinter der er jenseits der Schotterfläche die übliche Gruppe von Dienern sehen konnte, die vor der Küche im Schatten des *Neem*-Baums vor sich hindösten. Also gab ich es schließlich auf und sagte, daß ich ihn zeichnen wolle. Aber sobald ich mich erhob, um mein Skizzenbuch zu holen, sprang er auf und beobachtete mich mit sichtlicher Unruhe. Ich versuchte ihm durch Lächeln und Gesten klarzumachen, daß meine Absichten völlig harmlos seien, doch obwohl ich ihn dazu brachte, sich wieder zu setzen, konnte ich ihn nicht bewegen, still zu sitzen. Schließlich bedeutete ich ihm in meiner Verzweiflung, den Türvorhang zuzuziehen, weil ich unmöglich weitermachen könne, wenn er sich fortwährend umdrehe, um hinauszusehen. Er begann sofort sehr schnell auf mich einzureden, und da ich keine Ahnung hatte, was er sagte, erhob ich mich, um selbst den Vorhang zuzuziehen; aber wieder sprang er auf und verstellte mir den Weg, indem er ständig weiterredete und mich irgendwie flehentlich ansah. Ich hielt inne und fragte mich, was ihn so beunruhigte, während er sogleich in heller Aufregung einen seiner Freunde draußen heranwinkte und mir gleichzeitig nervös und beschwichtigend zulächelte. Bald erschien der Freund. Es war der junge Schreiber, der mich vor kurzem aufgesucht hatte.

»Was hat Dein Freund denn?« fragte ich ihn.

»Er sagt, ich muß bleiben bei ihm«, erwiderte der Schreiber.

»Warum?«

»Er hat viele Angst.«

Das war alles, was aus ihm herauszubringen war. Wovor sich sein Freund ängstigte, wußte er nicht, oder wenn er es wußte, wollte er es nicht sagen. Jedenfalls war klar, daß ich entweder nur beide oder keinen bei mir haben konnte, und ich sagte dem Schreiber daher, er solle besser bleiben. Eigentlich war mir das aber nicht recht, da ich ein scheuer – und wie man vielleicht schon bemerkt haben wird – ziemlich unerfahrener Zeichner bin.

Etwas später, als ich die Furchtsamkeit des Leibdieners schon vergessen hatte, fragte ich seinen Freund, der Zugang zur Vorratskammer hat, ob er mir nicht ein paar Zigaretten holen könne, da sie mir ausgegangen waren. Aber bei der ersten Bewegung griff der Leibdiener sofort nach der Hand seines Freundes und ließ ihn, auch als ihm der Auftrag erklärt worden war, nicht mehr los.

Meine Zeichnung war wirklich etwas verunglückt, und Narayan zögerte keineswegs, das zu sagen. Narayan ist der Name des Schreibers; sein Freund, der Leibdiener, heißt Sharma.

8. Januar

Wegen der Aussicht gehe ich am liebsten auf dem Tom-Tom Hügel spazieren. Auf seinem Gipfel steht die Ruine eines Heiligtums mit einer umgestürzten Götzenfigur. Er wird Tom-Tom Hügel genannt, weil hier vor vielen Jahren die Trommel geschlagen wurde, um die Leute zusammenzurufen, sie an bestimmte Festtage zu erinnern oder über Ereignisse zu unterrichten. Hinter meinem Hof steigt der steinige Hang gleichmäßig an, bis man zu einem hübschen weißen Tempel inmitten eines Zypressenhains gelangt. Der Tempel ist Hanuman geweiht, dem affenköpfigen Gott der Körperkraft, und die Gläubigen sind häufig auf der Terrasse des Tempels zu sehen und zu hören. Bislang habe ich jedoch nicht den Mut aufgebracht, das Gebäude zu betreten, da ich mit den Sitten und Gebräuchen immer noch nicht vertraut bin und Angst habe, etwas falsch zu machen. Ja, ich habe mich nicht einmal in seine Nähe gewagt, sondern bin auf der Westseite des Grats ein Stück bergab gegangen und – in diskretem Abstand – durch die Dornbüsche unterhalb seiner Mauern um ihn herum – und auf der anderen Seite wieder hinaufgeklettert. Das ist im Grunde auch die einzige Möglichkeit weiterzukommen, denn der Tempel nimmt die ganze Breite des Bergrückens ein, und man kommt anders nicht daran vorbei. Er bietet einen Blick über die Stadt und ist von dort über eine lange gerade Holztreppe zu erreichen, die auf der Ostseite von der Rajgarh-Deori Straße aus steil herauf führt.

Nachdem man den Tempel auf diese Weise umgangen hat, wird das Laufen beschwerlicher, da sich der Höhenrücken zu einem schmalen Grat verengt, auf dem riesige Felsbrocken liegen, über die man zum großen Teil hinüberklettern muß. Danach aber wird der Weg wieder breiter und führt, langsam ansteigend, zum Fuß des Tom-Tom Hügels. Der Aufstieg zur Ruine des Heiligtums ist leicht zu bewältigen, wiewohl der Hang recht steil ist. Meistens setze ich mich dort zum Ausruhen auf einen der Steine des Heiligtums und blicke auf die weiße, dicht mit Bäumen bestandene Stadt und den Palast in ihrer Mitte herab, der aus dieser Entfernung richtig eindrucksvoll wirkt; das Sirdar-Staubecken liegt dabei direkt unter mir. Doch heute sah ich aus den Bäumen und Büschen auf der anderen Seite am Fuße des Berges wieder Rauch aufsteigen und wanderte hinunter, um zu sehen, ob die Angaben Seiner Hoheit zutrafen, daß sich dort ein Krematorium befindet. Dieser Hang des Hügels war sogar noch steiler, und da ich im Zick-Zack hinunterstieg, konnte ich die Feuer im Auge behalten. Ich achtete nicht darauf, ob mich jemand beobachtete, da ich mich allein glaubte. Bald bemerkte ich allerdings, daß am nächstgelegenen Feuer zwei Inder hockten, die gerade die letzte Glut löschten und etwas graue Asche in einen Metallbehälter füllten. Ich erkannte, daß der König wohl recht gehabt hatte, und fürchtete, heiligen Boden zu betreten; daher versteckte ich mich hinter einem großen Felsbrocken, um sie von hier aus noch eine Weile zu beobachten. Dann sah ich, daß das andere Feuer etwas weiter unten offenbar unbeaufsichtigt war. Ich schlug daher, so leise ich konnte, einen Bogen und schlich mich näher heran.

Es handelte sich eindeutig um einen Scheiterhaufen. Der verkohlte Schädel der Leiche, mir zugewandt, war gespalten; soviel ich weiß, ist es üblich, den Schädel eines Toten bei der Verbrennung seines Körpers aufzubrechen, damit die Seele entweichen kann. In der Mitte des Aschehaufens bogen sich wie Flügel die geschwärzten Rippen auseinander; sie hatten sich durch die Hitze von der Wirbelsäule gelöst. Überall waren die Reste früherer Verbrennungen zu sehen. Auf dem Rückweg kam ich an dem ersten Feuer vorbei und sah, daß die beiden Inder gerade fertig waren und eben zwischen den Büschen verschwanden. Zwei bösartig aussehende Aasgeier mit gelben Schnäbeln hatten bereits ihre Stelle eingenommen und waren dabei, sich aus der kalten, rauchlosen Asche die Überreste herauszupicken.

Seine Hoheit sandte mir heute abend wieder die Kutsche, um mich in den Palast zu holen. Er interessierte sich außerordentlich dafür, wie mein Treffen mit seinem Leibdiener Sharma, dem Sohn des Friseurs, verlaufen war, und fragte mich derart nach ihm aus, daß mir langsam etwas unbehaglich zumute wurde. Ich hatte wohl erwartet, daß er mich danach fragen würde, wie er mir gefallen habe, was wir getan hätten und wie lange er geblieben sei, doch ich konnte nicht verstehen, warum er genaueste Angaben über die Ankunftszeit des Jungen und die Art seiner Kleidung verlangte und warum er ein anscheinend hochzufriedenes »Ah!« hören ließ, als ich ihm auf diese letzte Frage hin erzählte, Sharma habe einen äußerst kleidsamen langen Rock aus blauem Kammgarn mit Samtkragen und Samtmanschetten getragen.

Ich hatte meine Zeichnung mitgebracht, aber er warf keinen Blick darauf. Er war wieder unberührbar und bat mich, sie neben meinem Stuhl auf den Tisch zu legen. Narayans Name war ihm offensichtlich bekannt und provozierte eine weitere Salve von Fragen, deren Bedeutung mir verborgen blieb. Ich erinnerte mich jedoch an Narayans kürzlich vorgebrachte Bitte, nichts von dem zu wiederholen, was er gesagt habe, und antwortete vorsichtig unbestimmt, um keinen der beiden versehentlich in Schwierigkeiten zu bringen. Sobald sich eine Gelegenheit ergab, lenkte ich ihn etwas ab, indem ich Sharmas Ängstlichkeit erwähnte.

»Ja, er hat mit mir gesprochen«, sagte Seine Hoheit. »Er hat mir erzählt, daß er Angst gehabt hat. Er hat gesehen, wie Sie die Türen zugemacht haben, und hat geglaubt, Sie würden ihn einsperren.«

»Aber Angst wovor?« fragte ich.

»Daß Sie ihn schlagen würden.«

»Ihn schlagen?« Nichts hatte mir ferner gelegen, und es dauerte eine Weile, bis ich das alles begriffen hatte.

»Schlagen Sie ihn oft?« fragte ich.

»Oh, ja! Das muß ich. Ich schlage ihn sehr oft.«

»Aber Maharadscha Sahib, haben Sie ihm denn nicht erklärt, daß Ihre Gäste, von allem anderen einmal ganz abgesehen, wohl kaum das Recht hätten, Ihre Diener zu schlagen?«

»Ja, das habe ich, das habe ich; und er hat von sich aus gesagt, daß er Sie morgen besuchen würde.«

Dann erzählte er von einer Freundin, der Frau eines englischen Offiziers, die zu ihm gesagt habe, ihre langjährigen Erfahrungen in Indien hätten sie davon überzeugt, daß man als Arbeitgeber von einem Bediensteten nur dann Treue erwarten könne, wenn die Striemen auf seinem Rücken zwei Finger breit seien. Von ihr kam er auf einen englischen Freund zu sprechen. Ich kann mich momentan nicht mehr erinnern, wie die beiden zusammenhingen, hege aber die stille Hoffnung, daß ihre Verbindung ehelicher Natur gewesen sein möge.

»Er war ein sehr merkwürdiger Mann«, meinte er. »›Maharadscha! Sehen Sie die Wolken dort oben?‹ hat er mich oft gefragt. ›Ja, ich sehe die Wolken.‹ ›Sehen Sie das Gesicht meiner verstorbenen Frau, das von dort herunterblickt?‹ ›Nein.‹ ›Verdammt!‹

Und dann wieder, als wir hier zusammensaßen, fragte er mich: ›Maharadscha, sehen Sie diese Mauer hier an meiner Seite?‹ ›Ja, ich sehe diese Mauer.‹ ›Nun, sie spricht zu mir. All diese Steine sprechen. Sie berichten mir alles, was sich in diesem Raum zugetragen hat. Halten Sie Ihr Ohr an diese Stelle. Können Sie sie hören?‹ ›Nein, ich kann sie nicht hören.‹ ›Verdammt!‹«

Eine Weile schüttelte er sich vor Lachen und meinte schließlich: »Er selbstmordete sich.«

»Und wie geht es den Göttern heute morgen, Maharadscha Sahib?«

»Es geht ihnen sehr gut.«

»Wo haben Sie sie nur alle hergekriegt?«

»Die meisten aus Chhokrapur.«

»Und woher kommen die anderen?«

»Mein Lieber, es sind nur fünf, und drei kommen aus Chhokrapur.«

»Und woher kommen dann die beiden anderen?« setzte ich nach. »Sind sie vom Olymp gefallen, oder waren sie ein Weihnachtsgeschenk?«

»Nein, nein, nein«, prustete er, von Gelächter geschüttelt. »Ich habe sie gekauft. Sie waren nicht teuer.«

Dann begann er eine lange Geschichte von einem zwölfjährigen Jungen zu erzählen, den er bei einer fahrenden Theatertruppe, die nach Chhokrapur gekommen war, hatte tanzen sehen.

»Er ist sehr schön – wie Napoleon der Dritte.«

»Napoleon der Dritte?« fragte ich verwirrt. »Meinen Sie vielleicht Napoleon den Zweiten?«

»Nein, nein; Napoleon den Dritten. Ich habe ein Bild von ihm in einem Geschichtsbuch in meiner Bibliothek. Ich werde es Ihnen zeigen.«

Er war von der Erscheinung des Jungen so entzückt gewesen, daß er ihn hatte kaufen wollen und sich nach seinem Preis erkundigt hatte. Doch der Leiter der Truppe, der Onkel des Jungen, hatte einen allzu hohen Preis genannt – fünfzig Rupien monatlich auf Lebenszeit, da der Junge unersetzbar sei.

»Ich habe ihm gesagt, das sei zu viel«, schloß Seine Hoheit. Dann, nach einer Pause: »Aber ich will ihn haben. Soll ich zahlen? Bitte geben Sie mir einen Rat.«

»Was ist mit den Eltern des Jungen?« fragte ich.

»Beide tot«, erwiderte Seine Hoheit prompt.

»Tja, wenn Sie ihn unbedingt haben wollen und ihn sich leisten können, dann sollten Sie ihn besser kaufen.«

»Was würde ein Europäer tun? Ein Engländer?«

»Das Gleiche, zweifellos.«

»Und einer der alten Griechen?«

»Ich glaube, die alten Griechen haben solche Geschäfte strikt abgelehnt.«

Seine Hoheit schien einen Moment lang darüber nachzudenken. Dann bemerkte er: »Er ist schwarz, nicht hell. Mögen Sie schwarz?«

»Ich bevorzuge eine helle Hautfarbe.«

»Ah!« seufzte er und nickte zustimmend.

Vor uns versank die Sonne in glühenden Gold- und Rosatönen. Seine Hoheit deutete bedauernd darauf.

»So einen Freund suche ich«, sagte er.

10. Januar

Vielleicht war Seine Hoheit unangenehm berührt von meiner Antwort, die ich ihm durch seinen Eismacher und zweiten Bibliothekar hatte überbringen lassen. Es tauchte jedenfalls keiner von beiden wieder bei mir auf, und er kam nie mehr auf das Thema zu sprechen, sondern übertrug die Angelegenheit Babaji Rao, der mir daraufhin einen sehr beunruhigenden jungen Mann schickte. Er war der Sohn eines Pandit, eines Gelehrten, der zu glauben schien, daß das Empfehlungsschreiben, das er bei sich trug, einem Arbeitsvertrag gleichkam, denn noch bevor ich es richtig zu Ende gelesen hatte, begann er, mir Hindi beizubringen, indem er mir mit abgehackter, metallischer Stimme, die regelrecht schmerzte, Ausspracheübungen entgegenbellte und währenddessen wild gestikulierend im Zimmer umherhüpfte, ganz so, als bestünde er aus stählernen Sprungfedern.

Er hatte es offensichtlich darauf angelegt, Eindruck auf mich zu machen (was ihm auch gelang), und versuchte die Tatsache mit aller Macht zu verbergen, daß er mich nicht im geringsten verstand. Denn was ich auch sagte, ließ ihn wie eine Marionette mitten in der Bewegung und mit verletzter Miene erstarren. Im nächsten Moment vollendete er dann seine Bewegung und attackierte mich mit einem weiteren Staccatosatz, als hätte es nie eine nennenswerte Unterbrechung gegeben.

Wie üblich, wenn ich Besuch bekomme, war auch er von neugierigen Schaulustigen zu mir hereingeführt worden – nämlich dem Aufwärter Hashim und zwei kleinen Jungen, alles auch Mohammedaner. Hashim kann man leicht hinausschicken. Da er an Europäer gewöhnt ist, genügt ein Kopfnicken, auch wenn er lieber bleiben würde.

Doch die beiden Kleinen sind schwierig und treiben mich schier zur Verzweiflung. Sie stehen herum, still und mit unbewegter Miene, und blicken mich aus großen Augen an. Ein Nicken oder eine Handbewegung sind völlig zwecklos. »Jao!« (Geh!) beeindruckt sie nur wenig; vielleicht daß sich der ältere von ihnen manchmal bis auf die Veranda zurückzieht, wo er unschlüssig stehenbleibt und voller Verwunderung zurückblickt. Der jüngere und kleinere aber, dessen Name Habib (Liebling) ist, könnte auch unter Hypnose stehen; er bewegt seine dicken Lippen ein wenig ... und bleibt. Neulich, als rein gar nichts half, machte ich drohend ein paar Schritte auf ihn zu, und da trollte er sich schließlich, allerdings sehr langsam und widerstrebend, und indem er beim Hinausgehen die Türvorhänge zurechtzupfte, starrte er mich fortwährend aus großen erstaunten Augen an, so als wolle er sagen: »Dieser Sahib ist wirklich eigenartig.«

Doch zurück zur Sache. Als mir vom Gebelle des Gelehrtensohns der Kopf zu sausen begann, gelang es mir, ihm verständlich zu machen, daß ich für heute genug Hindi gelernt hätte und ihn rufen ließe, sobald ich weiterzulernen wünsche. Meine Absicht war, erst dann wieder nach ihm zu schicken, wenn sich niemand fände, der besser geeignet und weniger sprunghaft war. Doch heute morgen empfing ich einen weiteren Kandidaten. Mein neuer Besucher war ein großer, ernster Mohammedaner. Er sah nicht übel aus, hatte ein schmales Gesicht mit einer Adlernase und einem kleinen, schwarzen Schnurrbart.

Er trug jene seltsame Mixtur aus europäischen und indischen Kleidungsstücken, die alle gebildeten Männer hier nachzuahmen pflegen. Auf seinen kurz geschorenen Schädel hatte er einen Tarbusch gedrückt,

während unter seinem grün gefleckten Rock aus Armeedrillich die Zipfel eines gewöhnlichen europäischen Oberhemds über seine engen, weißen Baumwollhosen herunterhingen. Er trug keinen Kragen. Strümpfe, lacklederne Pantoffeln und eine lange goldene Uhrkette, die ihm um den Hals hing, vervollständigten seine Ausstattung. In der Hand hielt er einen Regenschirm.

Er hielt sich sehr gerade und sagte, sein Name sei Abdul Haq; er habe gehört, daß ich einen Lehrer suche, und sei gekommen, sich vorzustellen. Ich versuchte ihm auseinanderzusetzen, daß ich bereits einen Lehrer habe, doch er unterbrach mich mit einem entschuldigenden Lächeln, um mir mitzuteilen, davon habe er auch schon gehört, aber der Sohn des Pandit sei – obwohl er über niemanden etwas Schlechtes sagen wolle – bei weitem nicht so geeignet, mein Lehrer zu sein, wie er selbst und könne mir keinesfalls das gleiche bieten.

Ich hatte das Gefühl, daß er damit recht haben mochte, und ein solches Selbstbewußtsein war entwaffnend.

»Ich bin an Ihnen sehr interessiert, Gentleman, und ich werde Sie gut unterrichten.«

Er lächelte mir zu, wobei er die Lippen fest aufeinanderpreßte, das Kinn einzog und den Kopf auf die Seite legte, sehr überzeugend, sehr formvollendet, sehr selbstbewußt – den Schirm unter den Arm geklemmt, die Zehenspitzen nach außen gekehrt und einen Fuß ein wenig vor den anderen gesetzt, so als wolle er gleich ein hübsches, züchtiges Tänzchen vorführen.

Ich stellte ihn ein, und er sagte dreimal »Vielen Dank, Mr. Ackerley« und streckte mir eine klauenähnliche Hand entgegen. Aber als ich sie ergriff, hatte ich das Gefühl, daß er eigentlich sich selbst die Hand schüttelte. Dann ging er, und ich beobachtete mit ziemlich zwiespältigen Empfindungen, wie er die Auffahrt hinuntermarschierte, eine dünne, steife Gestalt, die Zehen nach außen gekehrt, die zuckenden Schultern nach hinten gedrückt und den linken Arm steif angelegt, während der rechte mit dem Schirmstock weite Kreise beschrieb. Ab und zu warf er ruckartig einen kurzen und ziemlich hochnäsigen Blick von rechts nach links, so daß die Quaste auf seinem Tarbusch hüpfte und schlenkerte.

Offenbar ist Napoleon der Dritte wieder in der Gegend um Chhokrapur. Die fahrende Schauspielertruppe sei zurückgekehrt, erzählte mir Seine Hoheit, doch er sagte das so gleichmütig, daß ich mich frage, ob sie überhaupt je weggewesen sind. Jedenfalls haben sie den Preis für Napoleon nicht gesenkt, wiewohl sie inzwischen ein zweites Angebot unterbreitet haben: eine einmalige Summe von zweitausend Rupien, also ungefähr hundertundfünfzig Pfund. Das ist absurd. Seine Hoheit hat bisher nie mehr als etwa fünf Shilling pro Gott bezahlt. Darüber hinaus verlangen sie jetzt fünfzig Rupien für einen einzigen Auftritt statt für den ganzen Aufenthalt in Chhokrapur. Räuber sind das ... Wölfe ...

»Was soll ich tun?« fragte er. »Soll ich ihn kaufen? Dreißig Jahre lang habe ich von diesem Gesicht geträumt, es hat sich in meinem Herzen verwachsen, und dann (er klatschte in die Hände) sehe ich es plötzlich vor mir! Warum habe ich es je gesehen? Wie kommt so etwas? Hat Gott es mir geschickt? Ist es Gottes Wille, daß ich ihn kaufe? Wenn es nicht Gottes Wille ist, dann ist Er ein sehr schlechter Mensch! Was soll ich tun?«

»Glauben Sie, daß er auch so klug ist wie Napoleon der Dritte?« fragte ich.

»Nein, wie ein Esel!« sagte er mit Nachdruck und begann lautlos zu lachen, wobei er sein Gesicht hinter einem Schreiben verbarg, das er soeben vom Amtierenden Generalgouverneur der Provinz erhalten hatte.

Wie es scheint, bemüht er sich schon seit geraumer Zeit um einen Orden; sämtliche Potentaten der Nachbarschaft sind irgendwann einmal am Geburtstag des Königs und Kaisers mit dem K.C.S.I. oder dem K.C.I.E. ausgezeichnet worden, während Seine Hoheit von Chhokrapur bisher übergangen wurde, was ihm ein ständiger Pfahl im Fleische ist. Er behauptete, den Grund für diese kränkende Unterlassung nicht zu kennen, erzählte mir aber im nächsten Moment, daß einer seiner Feinde dem Politischen Berater nach der Geburt seines Sohnes einen anonymen Brief geschrieben und behauptet habe, daß das Kind unehelich und gar nicht sein Sohn sei; außerdem habe er angedeutet, daß sich eine Untersuchung der privaten Vergnügungen Seiner Hoheit als aufschlußreich erweisen würde.

Offenbar waren Untersuchungen in der einen oder anderen Form tatsächlich durchgeführt worden, aber man hatte nichts gefunden – das heißt nichts außer den »Göttern«, deren Zahl fortan reduziert worden war. Seine Hoheit nannte dies »politische Einmischung in meinen privaten Luxus«. Ohne Zweifel ist es nach wie vor jener Verdacht, der seine Chancen auf einen Orden schmälert; er gibt dies jedoch weder zu, noch läßt er in seinen Bemühungen in eigener Sache locker. Der Amtierende Generalgouverneur ist selbst vor kurzem in den Ritterstand erhoben worden, und Seine Hoheit hatte keine Hemmungen, ihn in seinem Gratulationsbrief nochmals danach zu fragen, wann man denn seiner gedenken werde. Das Schreiben, das er heute hervorgeholt hatte, um es mir zu zeigen, war die Antwort des A.G.G., der Seiner Hoheit versicherte, er werde sein Bestes tun, um die Angelegenheit, von der Seine Hoheit gesprochen habe, zu seiner Zufriedenheit zu regeln. Der Ton des Briefes wirkte aufrichtig und herzlich, und daher hatte er gute Laune – oder hätte gute Laune gehabt, wäre Napoleon der Dritte nicht gewesen.

»Zweitausend Rupien kann ich nicht bezahlen«, wiederholte er. »Es ist der Onkel des Jungen, der diese Forderungen stellt. Ich würde ihn gern vergiften.«

14. Januar

Seine Hoheit hegt schon seit einiger Zeit den Wunsch, eine »griechische Villa« errichten zu lassen, wo er, gehüllt in eine Toga, mit seinen europäischen Freunden und indischen Göttern Symposien abhalten könnte. Und heute kam ein Mr. Bramble in Chhokrapur an, ein englischer Architekt und Freund des A.G.G.; er ist für ein paar Tage im Gästehaus untergebracht. Es sind noch andere Gäste hier, nämlich zwei Frauen mit ihren Kindern, und wir waren allesamt anwesend, als Seine Hoheit heute nachmittag vorfuhr. Man stellte ihm einen Stuhl ans Feuer und legte ihm Zigaretten zurecht. Kaum hatte er Platz genommen, wandte er sich an Mr. Bramble.

»Wie alt sind Sie, Mr. Bramble?«

»Nun, Maharadscha Sahib«, erwiderte der Architekt gutmütig, denn die Frauen hatten ihn über die Eigenarten Seiner Hoheit bereits aufgeklärt, »ich erzähle meinem Diener, ich sei einhundert, und er nimmt es mir ab.«

Dies erregte allgemeine Heiterkeit, in die auch der König einstimmte, doch er hatte den Witz offensichtlich nicht ganz verstanden – denn sah Mr. Bramble mit seinem Silberhaar nicht tatsächlich sehr alt aus? Sobald das Gelächter verklungen war, fragte er daher höflich:

»Sind Sie sechsundsiebzig?«

»Nun – äh – nein«, stotterte Mr. Bramble einigermaßen verblüfft. »Lassen Sie mich nachdenken ... wann bin ich geboren? Ach ja, '66. Dann bin ich also vierundsechzig.«

»Und wo ist Ihre Frau?« fragte Seine Hoheit ohne die geringste Unterbrechung – und auch ohne das geringste von Mr. Brambles privaten Angelegenheiten zu wissen. Aber ein so alter und erfolgreicher Mann mußte doch eine Frau haben. Es herrschte peinliches Schweigen.

»Leider ist ... ist Mrs. Bramble ... von uns gegangen ... von uns gegangen.«

Es ging ihm sichtlich nahe, aber Seine Hoheit schien das nicht zu bemerken.

»Tot?« fragte er knapp.

»Ja«, erwiderte Mr. Bramble traurig.

»Und haben Sie Kinder?« fuhr Seine Hoheit ohne Unterbrechung fort.

»Einen Jungen.«

Hierauf herrschte Schweigen, und ich wartete mit großer Sorge darauf, was dem König nun als nächstes in den Sinn kommen würde. Es war jedoch ganz harmlos.

»Und wo ist er?«

»Nun – momentan ist er in Portsmouth, soviel ich weiß.«

»Ah ja, Portsmouth. Wo liegt Portsmouth?«

Mr. Bramble war mittlerweile so verwirrt und eingeschüchtert, daß er sich nicht mehr erinnern konnte, wo Portsmouth lag; also eilte ich ihm zu Hilfe.

»Es liegt im Süden von England, Maharadscha Sahib.«

»In der Nähe der Isle of Wight«, ergänzte Mr. Bramble geistesgegenwärtig.

»Das ist aber nicht die Isle of Man, Maharadscha Sahib«, fügte ich hinzu.

Seine Hoheit setzte sofort eine höchst intelligente Miene auf, und ich wußte, daß es mir gelungen war, ihn von Mr. Brambles Lebensumständen abzulenken.

»Haben Sie Hall Caine gelesen, Mr. Bramble?« fragte er.

»Hall Caine? Ja, ich denke schon – das eine oder andere.«

»Die ewige Stadt?« fragte Seine Hoheit begeistert. »Ein *sehr* gutes Buch. Sie *müssen* es lesen! Er kommt von der Isle of Man. Stammen Sie von der Isle of Man, Mr. Bramble?«

»Nein, nein, ich bin nicht von dort«, antwortete der Architekt und lachte.

Seine Hoheit schien enttäuscht.

»Ach ja, ich mag die Menschen von der Isle of Man«, sagte er und nickte mit dem Kopf. »Sie haben ihr eigenes Parlament, wissen Sie. Das ›House of Keys‹. Kennen Sie Edward Carpenter?«

»Ja, ich kenne Edward Carpenter«, erwiderte Mr. Bramble erschöpft und begann sich mit einer der Frauen über das Wetter zu unterhalten. Doch ihr Gespräch wurde sofort unterbrochen. Seiner Hoheit war wieder die »griechische Villa« eingefallen, und er war, wie immer, wenn er anderen etwas mitzuteilen hat, viel zu ungeduldig, um ruhig auf eine passende Gelegenheit zu warten.

»Sie möchten also eine Villa im klassischen Stil, nicht wahr?« fragte Mr. Bramble. »Ja sicher, die könnte ich für Sie bauen; aber wir werden darüber zunächst einmal ausführlich sprechen müssen. Sie müssen mir das dafür vorgesehene Grundstück zeigen und mir sagen, wieviele Räume Sie wollen und wieviel Sie bereit sind auszugeben, und dann mache ich Ihnen einen Entwurf.«

Der König nickte bedächtig, aber er hatte schon nicht mehr zugehört. Er kramte in seinem Gedächtnis nach etwas anderem, und ein oder zwei Augenblicke später brachte er es triumphierend zum Vorschein:

»Parthenon! Wie Parthenon!« rief er; und dann, eher zaghaft: »Was ist Parthenon?«

Hindus kommen aus vier Hauptkasten: 1. der Brahmanen- oder Priesterkaste, zu der der Dewan und Narayan gehören; 2. der Kshatriya oder Kriegerkaste, der Seine Hoheit angehört; 3. der Vaishya oder Kaste der Kaufleute und Bauern, zu der Babaji Rao gehört; und 4. der Sudra oder Diener- und Arbeiterkaste, der Sharma, der Sohn des Friseurs, angehört. Die Brahmanen sind die Lippen Gottes, die Kshatriyas seine Arme, die Vaishyas die Lenden und die Sudras die Füße. Ich glaube, in einem Gedicht von Rabindranath Tagore heißt es: »Wie könnte ich meinen Gott besser ehren als dadurch, daß ich Seine Füße küsse?«

Babaji Rao hat mir all das erklärt und mir außerdem etwas über den Vegetarismus der Hindus erzählt. Seine eigenen täglichen Mahlzeiten sehen ungefähr so aus: um neun Uhr morgens ißt er Nüsse, Pistazien und Mandeln und trinkt etwas Milch von seiner eigenen Kuh. Sein Mittagessen gegen zwölf Uhr besteht aus Reis und *Dal* (Hülsenfrüchten), Gemüse (wahrscheinlich Kartoffeln) und Brot. Nachmittags ißt er gern Obst, doch weil das hier nur schwer zu bekommen ist, gibt er sich meist mit Rahm zufrieden oder ißt manchmal etwas Porridge. Das Abendessen gegen sechs Uhr ist die Hauptmahlzeit und besteht aus verschiedenen Sorten von Gemüse und in Butter gebratenen Pfannkuchen. Um neun Uhr trinkt er ein Glas Milch. Konfekt schätzt er sehr, aber sein Arzt hat es ihm verboten.

Ich habe vor, Sharma, dem Sohn des Friseurs, als Friedensangebot ein kleines Geschenk zu machen, und indem ich die Frage ganz allgemein stellte, erkundigte ich mich bei Babaji Rao, welche Dinge bei den ärmeren Schichten willkommen wären.

»Wie wär's mit Betelblättern?«

Er strich sich mit der Hand über den Mund, um ein Lächeln zu verbergen.

»Sie können einem Hindu keine Betelblätter schenken«, erwiderte er. »Er würde sie nicht von Ihnen annehmen, obwohl er sicher versucht wäre, denn sie sind nicht ganz billig. Aber Kardamonkerne oder Nelken wären willkommen, oder ein paar *Pais* (kleine Kupfermünzen).«

»Warum nicht Betelblätter? Es ist doch auch zum Essen?«

»Aber Betelblätter enthalten Wasser. Die anderen Früchte sind trocken.«

»Aha. Und was ist mit Stoff?«

»Ja, das wäre sehr willkommen. Für jemanden wie Narayan zum Beispiel, den Schreiber hier, wären ein Paar Kniestrümpfe oder Socken eine sehr feine Sache.«

Heute nachmittag kam Abdul Haq, um mir eine Unterrichtsstunde zu geben, und ich erzählte ihm, daß ich als Zuschauer bei einem Cricketspiel am Stadtrand einen seiner Freunde mit Namen Ali getroffen hätte. Abduls Interesse war sofort geweckt.

»Wann war das?«

»Irgendwann heute vormittag.«

»Um wieviel Uhr ungefähr?«

»Um ein Uhr ungefähr, glaube ich.«

»Glauben Sie? Wissen Sie es nicht?«

Ich schüttelte den Kopf, etwas amüsiert über seine Unruhe.

»Haben Sie mit ihm gesprochen?«

»Ja.«

»Worüber haben Sie gesprochen?«

»Oh, eigentlich über nichts.«

»Nichts? Aber Sie müssen doch über irgend etwas gesprochen haben.«

»Schon gut, Abdul. Ich werde Ihnen nicht erzählen, worüber wir gesprochen haben.«

»Oh, Sie werden es mir nicht erzählen?«

»Nein, werd' ich nicht.«

Seine Lippen fest zusammengepreßt ließ er, ganz hinten in seiner Kehle, ein verkniffenes Gekicher hören und schlang die Hände in seinem Schoß ineinander. Wie es ihn peinigte! Er raschelte mit seinen Notizen und begann von neuem, mich zu unterrichten, indem er mir einige Fragen auf Hindi stellte. Doch schon bald zielten diese in eine bestimmte Richtung.

»Sind Sie heute spazierengegangen?«

»Ja.«

»Nein«, sagte er auf englisch, »Sie müssen mir auf Hindi immer vollständig antworten – vollständig und wahrheitsgemäß. ›Ja, ich bin heute spazierengegangen.‹ So. Und jetzt sagen Sie es noch einmal.« (Ich sagte es noch einmal.) »So. Haben Sie jemanden getroffen?«

»Ja, ich habe Ali getroffen.«

»Haben Sie mit ihm gesprochen?«

»Ja, ich habe mit ihm gesprochen.«

»Worüber haben Sie mit ihm gesprochen?« Und dann auf englisch: »Und vergessen Sie nicht, sie müssen vollständig und wahrheitsgemäß antworten.«

Aber ich erzählte es ihm nicht.

15. Januar

Über dem Hauptportal des Palastes, das in den marmornen Regierungs- oder Sitzungssaal führt, befindet sich ein Schild mit der Aufschrift »Willkommen«. Es wird erzählt, daß es nach dem Bemalen des Schildes zu einem kleinen Mißverständnis über dessen Bestimmungsort gekommen sei, so daß man es zunächst über das Gefängnistor gehängt habe; nach einiger Zeit wurde allerdings der Irrtum bemerkt und das Schild an den jetzigen Platz befördert.

Auf dieser Seite des Palastes befindet sich ein herrlicher Teich, dessen Wasser plätschernd gegen die weißen Mauern der alten Palastgebäude schwappt. Er ist groß, rund und wird auf der einen Seite von halbkreisförmigen Stufen eingerahmt, die vom staubigen Weg aus steil ins tiefe Wasser führen. Sie ziehen sich einige hundert Yards um das Becken herum; wo sie enden, beginnen die Bäume und beschließen mit buschigem Saum den zweiten Halbkreis des Sees. Zu diesem Teich kommen die Leute wie zu anderen im Umkreis der Stadt, um sich selbst und ihre Kleider zu waschen. In Chhokrapur wird nur eine einzige, weinrote Farbe hergestellt, und ich bin die eintönige Farbgebung der *Saris,* des langen Tuchs, in das sich die Frauen hüllen, langsam müde.

Heute morgen aber bot sich mir ein herrlicher Anblick: Man hatte diese roten Gewänder auf den Stufen zum Trocknen ausgebreitet, zwischen dem Blau des Wassers und dem Blau des Himmels und vor dem Hintergrund weißer Kuppeln und Minarette und leuchtender, immergrüner Bäume. Ich blieb in Gedanken versunken eine geraume Weile dort in der Sonne stehen, während die Männer aus dem Wasser kamen; ihre dünnen, braunen Körper glänzten und glitzerten, und unter dem nassen Lendentuch konnte man die Umrisse ihrer Schenkel sehen. Aber welch kümmerliche Figuren sie alle hatten!

Die Frauen waren über und über mit billigem Schmuck behängt – unzähligen Armreifen aus farbigem Glas und einfachen silbernen Hals- und Fußkettchen. Denn so legen die ärmeren Leute ihre geringen Ersparnisse an: Sie tauschen sie gegen Silberschmuck für ihre Frauen ein. Diese knieten am Ufer und bearbeiteten ihre roten Tücher mit Steinen. Ich sah eine Frau, die ihrem Kind, das zwischen ihren Knien hockte, die Läuse aus dem Haar suchte; sie legte ihm die toten Läuse auf die ausgestreckte Handfläche. Ich sah, wie ein Junge eine Handvoll Erde nahm und dann zum Wasser ging, um sich Gesicht und Hals damit zu reinigen. Ich sah einen alten Mann, der bis zur Taille im Wasser stand und das Gesicht der Sonne zugewandt hatte; er bewegte die Hände vor seiner Brust hin und her, schöpfte Wasser darin und ließ es wie glänzende Perlen durch seine Finger laufen. Babaji Rao, den ich später danach fragte, erzählte mir, daß er der Sonne geopfert habe; das vergossene Wasser stelle den Reis dar, und seine Handbewegungen sollten andeuten, daß er sich mit Sandelöl bemale.

Ähnliche Opfergaben bringt das Oberhaupt jeder Hindufamilie auch den Ahnen dar. Offenbar gilt nach dem Tod eines Menschen sein Haus als unrein, und für die Zeitspanne von vierzehn Tagen wird es von niemandem außer seinen Bewohnern betreten. In den ersten sieben Tagen nach dem Tod bleiben die männlichen Hinterbliebenen des Verstorbenen unrasiert; am siebten Tag aber rasieren sie sich Kopf und Gesicht, und am vierzehnten Tag, wenn das Haus durch solche Rituale gereinigt ist, feiert man ein Fest.

Zum Zeichen der Trauer verschüttet man Wasser, Sesam oder Reis als Opfergaben und trägt anschließend eine weiße Binde um den Arm, und jedes Jahr bleibt der Herr des Hauses für zwei bestimmte Wochen unrasiert. War der Verstorbene alt und hinfällig, kann das Fest, wie Babaji Rao widerstrebend eingestand, eine sehr fröhliche Angelegenheit sein. Sein eigener Vater lebt noch und ist daher für diese Aufgaben verantwortlich; nach seinem Tod muß sie allerdings Babaji Rao übernehmen.

Seine Hoheit und ich waren heute nachmittag zum Tee beim Politischen Berater in Rajgarh geladen. Auf dem Weg dorthin erzählte er mir, Sharma sei sehr ungezogen gewesen und habe bestraft werden müssen. Er habe sich über eine der Wachen vor dem Palast lustig gemacht. Daraufhin habe ihm der König mit dem Rohrstock gedroht.

»Na los«, erwiderte Sharma frech, »Sie haben doch Ihren Rohrstock – warum schlagen Sie mich nicht damit?«

Vielleicht hatte er nicht geglaubt, daß Seine Hoheit es ernst meinte oder dazu fähig war, den Stock zu benutzen; aber er hatte sich geirrt, und beim ersten Hieb flehte er um Gnade.

Ich muß mir die Haare schneiden lassen und fragte, ob Sharma als Sohn eines Friseurs das nicht erledigen könne. Doch der König entgegnete, der Junge sei ein Dummkopf und könne nichts – außer Autos anzugukken und einzudösen. Der Politische Berater mit dem exakten militärischen Schnitt seines dichten, grauen

Haares erinnerte mich später wieder an den Zustand meines eigenen.

»Wer schneidet Ihnen die Haare, Herr Major?« fragte ich ihn.

»Ein Junge namens Rahim. Er macht das nicht schlecht. Er schneidet doch auch Ihnen die Haare, Maharadscha, oder?«

»Ja, er hat sie mir neulich geschnitten«, erwiderte Seine Hoheit, »aber er hat oben alles abgeschnitten. Ich hätte gern Haare wie Sie, Major Sahib. Wenn Sie Ihr Haar wachsen ließen, Major Sahib, würde es Ihnen bis auf die Schultern reichen?«

»Gute Güte!« entfuhr es dem Major, und er verschüttete den Tee auf seiner Hose.

Nach unserer Rückkehr verfaßte ich auf Wunsch des Maharadscha eine Antwort auf den Brief des A.G.G., den mir Seine Hoheit vor ein paar Tagen gezeigt hatte. Seine Hoheit hatte sich selbst schon daran versucht, um dem A.G.G. für sein Versprechen zu danken und ihn gleichzeitig beim Wort zu nehmen. Aber er war aus Sorge darüber, nicht zu wenig und nicht zu viel zu sagen, durcheinandergekommen und hatte mir den unfertigen Brief zum Überarbeiten gegeben. Es war ein rührendes Dokument, äußerst zuvorkommend und »diplomatisch« und kräftig gewürzt mit plumpen Komplimenten. Als nach ungefähr der Hälfte des Briefs das Hauptthema, nämlich die Frage der Ordensverleihung, zur Sprache kam, wurde der A.G.G. plötzlich nur noch mit »Euer Ehren« angeredet. Ich schrieb das Ganze neu, entfernte die meisten Komplimente und alle »Euer Ehren« und schickte es hinunter in den Palast.

Als ich heute abend zum Dinner ins Gästehaus kam, saß Mrs. Bristow, die junge Frau eines Offiziers vom Stützpunkt in Shikaripur, am Feuer und las ein Buch.

»Was kauen Sie denn da?« fragte sie und sah mich an.

»Eine Gewürznelke.«

»Um Himmels willen, hören Sie bloß auf damit! Ich kann das nicht sehen! Zu Hause kauen Sie wohl Kaugummi?«

»Nein, ich mag keinen Kaugummi«, sagte ich.

»Spucken Sie's doch aus!«

»Aber ich mag Nelken.«

»Ich aber nicht. Sowas ist ekelhaft und geht mir auf die Nerven. Los jetzt, spucken Sie's aus!«

»Auf gar keinen Fall.«

»Los jetzt! Ich bin's gewohnt, daß man mir gehorcht!«

»Nun ja, Gehorsam ist eine Pflicht«, erwiderte ich, »aber ich bin Ihnen zu nichts verpflichtet – außer darauf zu achten, daß auch Sie zu essen haben.«

Für einen Augenblick richtete sie den Bannstrahl ihres Auges auf mich (der bei den Untergebenen im Regiment ihres Gatten sicher seine Wirkung nicht verfehlt), aber trotz dieses Manövers blieb meine Nelke, wo sie war.

»Hören Sie«, zischte sie, »ich möchte Ihnen einen guten Rat geben: Werden Sie bloß nicht zum Inder!«

16. Januar

Mrs. Bristow entschuldigte sich heute abend bei mir.

»Was ich gestern zu Ihnen gesagt habe, tut mir leid«, begann sie. »Bitte verzeihen Sie mir. Sie müssen mich scheußlich gefunden haben, aber eigentlich bin ich gar nicht so. Wenn man mich besser kennenlernt, bin ich sehr nett.«

Ich gab ihr zu verstehen, daß ich keineswegs gekränkt sei und hoffentlich auch sie nicht gekränkt habe. Dann fragte sie, ob ich eine Schwester habe und ob sie schön sei. Ich bejahte beides.

»Das dachte ich mir. Sie sind ein ziemlich schöner Mann, wissen Sie. Das wissen Sie doch, oder?« Ich bejahte.

»Nicht, daß ich das bei einem Mann schätze«, schloß sie. »Ich hasse Schönheit bei einem Mann.«

Das war doch immerhin eine sehr hübsche Entschuldigung.

Während des Unterrichts heute morgen fragte mich Abdul auf Hindi:

»Was haben Sie gedacht, als Sie mich gestern gemeinsam mit Ali auf den Stufen jenes Hauses sitzen sahen?« Und dann auf englisch: »Jetzt müssen Sie mir antworten, und es muß eine wahrheitsgemäße Antwort sein.«

Mühsam bastelte ich mir einen Satz zurecht, der, wie ich hoffte, etwa so verstanden werden konnte: »Ich habe mich gefragt, wessen Haus das war.« Ich war jedoch nicht überrascht, als Abdul mich unterbrach.

»Nein, so ist es falsch.«

»Besser kann ich es nicht«, entgegnete ich.

»Versuchen Sie es noch einmal«, sagte er ermutigend.

Ich begann von neuem, doch sogleich unterbrach er mich mit einer unwirschen Handbewegung.

»Was versuchen Sie zu sagen?«

»Ich versuche zu sagen, daß ich mich gefragt habe, wessen Haus das war, Ihres oder Alis.«

»Aber das ist doch die Antwort, die Sie mir zuerst gegeben haben«, sagte Abdul. »Ich will die richtige Antwort.«

»Die richtige Antwort?« fragte ich verwirrt. »Sie haben mich doch gefragt, was ich gedacht habe, als ich Sie und Ali gestern gemeinsam auf den Stufen eines Hauses sitzen sah?«

»Ja?« Abdul beugte sich etwas nach vorne.

»Nun, das ist es, was ich gedacht habe.«

»Aber ich will die richtige und wahrheitsgemäße Antwort«, sagte er. »Sie hätten sagen müssen: ›Ich habe mich gefragt, was Sie beide wohl über mich sagen.‹ Sehen Sie? Auf diese Weise.«

»An so etwas habe ich nie gedacht«, entgegnete ich entrüstet.

Doch das konnte er kaum glauben.

»Nein?« sagte er. »Aber das hätte ich und jeder andere gedacht.«

Ich starrte ihn sprachlos an, worauf er ein verlegenes Kichern hören ließ und die Hände in seinem Schoß verdrehte. Erst nachdem er gegangen war, kam mir der Gedanke, daß er damit offenbar erneut versucht hatte, mir die Antwort auf seine Frage vom Vortag zu entlokken. Wäre ich nämlich so verständig gewesen, wie er es von mir erwartete, hätte mich meine Neugier verzehren müssen, bis ich in Erfahrung gebracht hätte, was er und Ali über mich gesagt hatten. Und er hätte meine Neugier nicht eher befriedigt, bis ich nicht die seine befriedigt und ihm erzählt hätte, was Ali und ich gesagt hatten – natürlich über ihn.

Mrs. Bristow:	»Und Mrs. Montgomery hat Ihnen gefallen?«
Ich:	»Teilweise, nicht rundum.«
Mrs. Bristow:	»Aber Sie *muß* Ihnen doch gefallen! Sie ist eine gute Freundin von mir.«
Ich:	»Da gefällt sie mir schon viel besser.«
Mrs. Bristow:	»Erzählen Sie mir alles über sie und was sie hier gemacht hat. Sind Sie mit ihr auf der Jagd gewesen?«
Ich:	»Ja, einmal – wenn man das eine Jagd nennen will.«
Mrs. Bristow:	»Und haben Sie mittendrin gebeten umzukehren?«
Ich:	»Nein, so nicht. Ich war etwas wundgeritten und müde und habe mich über mich selbst lustig gemacht und vorgegeben, auf dem Heimweg noch etwas vorzuhaben. Aber ich habe nie wirklich darum gebeten umzukehren. «
Mrs. Bristow:	»Was ist sie doch für eine Lügnerin!«

Im Bazar bemerkte ich heute einen Ladenbesitzer, der im Schneidersitz auf dem Treppenabsatz vor seinem

Laden saß und etwas in sein Hauptbuch eintrug. Ein alltäglicher Anblick – trotzdem stimmte irgend etwas nicht, und ich konnte zuerst nicht erkennen, was es war. Dann wurde es mir klar: Worauf ruhte das gewichtige Hauptbuch? Es lag schräg vor seinem Bauch aufgeschlagen vor ihm, ohne daß er es mit der freien Hand oder den Knien stützte. Wie um alles in der Welt wurde es gehalten?

Diese Frage ließ mich einfach nicht los, und ich mußte zurückgehen, um mir das Ganze noch einmal anzusehen. Da saß er und schrieb in aller Ruhe in sein großes Hauptbuch, das scheinbar ohne Stütze in seinem Schoß aufragte. Während ich noch hinstarrte, klappte er es zu und stand auf – und das Geheimnis war gelüftet. Er litt an Elefantiasis der Hoden und hatte das auf Fußballgröße angeschwollene Gewebe als Buchstütze benutzt.

Ich habe Seine Hoheit vor einiger Zeit gefragt, ob er mir erlauben würde, für kurze Zeit zu verreisen, damit ich mir solche Städte wie Delhi, Agra und Benares anschauen könne. Er willigte sofort ein und meinte, ich müsse während meines Aufenthaltes auf jeden Fall mehr von Indien sehen als nur Chhokrapur, damit ich mich später leichter entscheiden könne, zurückzukommen und hier zu leben. Diese großzügige Antwort auf eine Bitte, zu der ich eigentlich gar kein Recht hatte, ermutigte mich, ihn darüber hinaus zu ersuchen, so bald wie möglich reisen zu dürfen, damit ich das angenehm kühle Wetter ausnutzen konnte, das etwa bis Ende Februar oder Anfang März anhält. Auch dies bewilligte er und erzählte, daß er selbst am Monatsende eine einmonatige religiöse Pilgerfahrt unternehmen werde und daß wir zeitgleich reisen sollten. Er sprach so sachlich und entschieden darüber, als sei die gesamte Pilgerfahrt bereits im Detail vorbereitet und so unverrückbar festgelegt wie die Jahreszeiten, so daß ich sehr zufrieden war, wiewohl ich gehört hatte, daß er aus Angst und Unlust nicht gern auf Reisen ging, Chhokrapur nie verließ und jene äußerst wichtige Pilgerreise schon seit einigen Jahren immer wieder aufgeschoben hatte. Und richtig, bereits gestern gab es die ersten Komplikationen. Denn als ich ihn fragte, ob der Abfahrtstag bereits feststehe, erzählte er mir, seine gelehrten Pandits, ohne deren Rat er wohl nicht einmal den Palast verlassen würde, hätten ihm mitgeteilt, daß die einzigen günstigen Reisetage der 31. Januar und der 18. Februar seien.

»Ich muß mich entscheiden, an welchem Tag ich abreisen will«, sagte er.

Das verhieß nichts Gutes. Ich hatte kaum Zweifel, daß er sich für das spätere Datum entscheiden würde, einfach weil es das spätere war, und es wurde schon die ganze Zeit spürbar wärmer. Ich zog meinen Kalender hervor und sah unter beiden Tagen nach.

»Der 31. Januar ist ein Freitag«, sagte ich, »das ist ein ganz besonderer Glückstag.«

»Ein besonderer *Un*glückstag«, entgegnete er schroff.

Das war wenig ermutigend. Doch die Sache war mir einen zweiten Versuch wert.

»In England betrachten wir ihn als Glückstag«, betonte ich. »Wenn er nicht auf den 13. des Monats fällt.«

»Ach ja?« meinte er, zog die Brauen in die Höhe und legte den Kopf auf die Seite. Aber es klang eher höflich als interessiert.

»Außerdem werden wir gutes Reisewetter haben«, fügte ich hinzu.

»Wird es nicht sehr kalt sein?« fragte er.

»Aber nein, überhaupt nicht. Es wird doch jeden Tag wärmer.«

Dummerweise ist es heute kälter geworden, und er hat sich jetzt endültig entschieden, am 18. Februar zu fahren.

Am Spätnachmittag stattete Sharma mir einen Besuch ab. Ich hatte ihn vier Tage lang nicht zu Gesicht bekommen und fragte ihn auf Hindi, warum er mich vernachlässigt habe, verstand aber seine Antwort nicht. Er schien nicht mehr die geringste Angst vor mir zu haben, machte keinerlei Anstalten, den Vorhang über den Türsturz zu hängen, um seinen Freund Narayan in Sichtweite zu haben, und setzte sich sogar neben mich aufs Sofa, während ich ihm auf der Karte meine geplante Reiseroute zeigte.

Ich betrachtete ihn, wie er dasaß, ganz zusammengekauert, seine knochigen Hände auf den Knien, die Fußspitzen nach innen gekehrt. Er hatte sich, wie ich bemerkte, beim Hereinkommen nicht die Schuhe ausgezogen, was, wie man mir gesagt hat, als äußerst unhöflich gilt. Es waren ganz gewöhnliche schwarze Schnürschuhe, aber die Senkel waren entfernt worden, und da er weder Strümpfe noch Socken trug, fragte ich ihn, ob es ihn freuen würde, wenn ich ihm welche gäbe. Aber er meinte, er habe zu Hause jede Menge davon.

»Wer ist schöner als die Götter?« fragte ich und betrachtete seine wilden Augen und seinen Kindermund, und er freute sich und lächelte, wobei seine unterentwickelten und vom Betelsaft verfärbten Zähnchen sichtbar wurden. Ich hatte ihn noch nie ohne Turban gesehen und bat ihn, diesen abzunehmen, was er auch tat. Doch das Resultat war enttäuschend und sogar etwas bestürzend, denn er hatte sehr große Ohren, und sein Kopf war ähnlich unterentwickelt wie seine Zähne. Er hatte kurzes, struppiges Haar, das ihm in die niedrige und enge Stirn fiel. Ich sagte ihm, er solle den Turban wieder aufsetzen.

»Du hast jetzt keine Angst mehr vor mir?« fragte ich, als er wieder schön aussah.

»Nein.«

»Dann sind wir also Freunde?« Er nickte lächelnd.

»Dann gib mir einen Kuß.« Immer noch lächelnd schüttelte er den Kopf. Dann blätterte er nachlässig in einem Buch über indische Architektur, und nachdem er kommentarlos auf einzelne Abbildungen gezeigt hatte, erhob er sich, nahm noch eine Zigarette vom Tisch und schlenderte hinaus.

»Good ... Bye!« sagte er in kindlichem Englisch, als er ging.

18. Januar

Eine fahrende Theatertruppe (allerdings nicht die, zu der Napoleon der Dritte gehört) führte heute, unterstützt von den Göttern Seiner Hoheit, ein Stück für mich auf. Der Maharadscha hatte zunächst das ganze Gästehaus eingeladen, doch ich bat ihn inständig, nur mich allein zusehen zu lassen. Denn schon einmal hatte ich mit den beiden Frauen einer Aufführung beigewohnt, und sie hatten sich so darüber aufgeregt, daß ich mir Notizen machte (besonders Mrs. Bristow: »Warum schreiben Sie bloß diesen ganzen Quatsch auf?«), daß ich schließlich – sehr zum Schaden dieses Tagebuchs – damit aufhören mußte. Er gab meiner Bitte also nach, und so waren Babaji Rao, der Sekretär, sein kleiner Sohn Ram Chandra und ich die einzigen Zuschauer. Natürlich handelte es sich, anders als beim letzten Mal, nicht um eine private Palastaufführung, denn sonst wären die Frauen überhaupt nicht eingeladen worden. Heute spielte sich alles auf einer niedrigen, grob gezimmerten Holzplattform ab, die man hinter dem Palast auf einer freien Fläche in der Nähe der Sonnenuhr errichtet hatte. Eine Segeltuchplane rahmte den Raum ein, ein Teppich diente als Dach. Im Inneren war schon alles vorbereitet. Für uns hatte man einen weißen Wollteppich ausgebreitet, und von der Mitte der Bühne führte ein schmaler Läufer unter dem Vorhang durch bis an den Bühnenrand. Zwischen dem Proszenium vor uns und den Segeltuchwänden zu beiden Seiten hatte man mit Schnüren rote Tücher ausgespannt. Das linke verdeckte das Orchester und die Freunde der Musiker, das andere bildete die Garderobe der Schauspieler.

Vor jedem dieser Vorhänge verbreitete eine Glühbirne auf einem Ständer ihr grelles Licht. Um mir meine Schnürschuhe auszuziehen, brauchte ich entsprechend länger als Babaji Rao und sein Sohn, deren Schuhe keine Senkel hatten. Babaji Rao schlug daher vor, daß ich sie anbehalten könne, wenn ich wolle; allerdings dürften meine Füße dann nicht auf die Schauspieler zeigen. Unter diesen Umständen hielt ich es für sicherer, sie auszuziehen, und wir setzten uns auf den für uns bereitgestellten Diwan, über den man ein Tuch gedeckt hatte. Zwischen zwei flachen Pappsäulen – rosa vor grünem Grund – hing der Bühnenvorhang mit einer Darstellung Wischnus auf seinem Thron, umgeben von seinem Gefolge. Das Orchester, unter anderem offenbar ein Harmonium, Tomtoms und Fideln, rumpelt los, im unregelmäßigen Rhythmus eines jagenden Pulsschlags, der Vorhang hebt sich, und vor uns steht der Theaterdirektor *(Sutradhar)*, mit dem das »orthodoxe Drama« stets beginnt.

Er trägt ein weißes Gewand, einen gelbbraunen Hut und ein Skapular, so daß er einem Priester ähnelt, und er steht auf der linken Seite der Bühne vor einem weiteren Vorhang. Auf diesem ist eine prunkvolle, rosafarbene Straße abgebildet, die fast völlig verlassen und menschenleer daliegt. Die einzige, kaum sichtbare Gestalt, offensichtlich weiblichen Geschlechts, stellt wohl ein Dienstmädchen dar, denn sie lugt aus dem obersten Fenster eines Hauses hinunter. Indes die Musik immer lauter wird, stimmt der Theaterdirektor einen Singsang an und schlägt gleichzeitig zwei kleine Zimbeln unaufhörlich gegeneinander. Damit erfleht er für sein Stück den Segen der Götter. Der Clown *(Bidoushak)* stößt von der anderen Seite zu ihm. Er ist in Lumpen gehüllt und trägt ein Bündel dorniger Zweige, das mit einem weißen Mundtuch festgebunden ist, über dem Gesicht.

Er vollführt einen Tanz, und als er fertig ist, bemerkt der Theaterdirektor:

»Ich bat die Götter um ihren *Segen,* und nun seht, was mir das eingebracht hat!«

Dann wendet er sich an den Clown.

»Was trägst du denn da im Gesicht?«

»Die guten Taten meiner Frau«, antwortet der Clown und entfernt das Zweigbüschel. »Und was hast du hier vor?«

»Ich veranstalte ein Götterdrama.«

»Was! Du veranstaltest eine Götterauktion?«

Dahinter steckt ein armseliges Wortspiel mit dem hier verwendeten Ausdruck in Hindi, und für eine Weile geht das Gespräch auf diesem Niveau weiter.

»Sprichst du Englisch?« fragt der Theaterdirektor.

»Jawohl«, erwidert der Clown.

»Wieviel?«

»Nur ›Jawohl‹.«

Schließlich erhält er den Auftrag, den elefantenköpfigen Gott Ganesh um seinen Segen zu bitten. Dieser wird vor jeder Unternehmung angefleht, denn er besitzt die besondere Fähigkeit, alles Böse fernzuhalten. Daraufhin verschwindet der Clown mit genauen Instruktionen über den Aufenthaltsort des Gottes, und der Direktor singt noch ein wenig, bis ihm das Heraufziehen des Straßenvorhangs seinen Abgang anzeigt und uns den Blick auf Ganesh freigibt. Der Gott sitzt auf einem Thron vor einem Vorhang, auf dem ein Marmorsaal mit rosaroten Säulenstümpfen abgebildet ist.

Ganesh ist entsetzlich häßlich. Er hat einen roten Elefantenkopf (das Symbol großer Weisheit) mit großen menschlichen Ohren, und er trägt einen goldenen Hut. Die rechte Hand hat er erhoben und die linke ausgestreckt wie beim Beten des Rosenkranzes.

Sein Kostüm ist ansonsten rot und an den Schultern und Oberarmen mit Pappschilden verstärkt. Warum man ihn angerufen habe, fragt er den eintretenden Clown. Der Clown erklärt es ihm, Ganesh erteilt seinen Segen, und der Possenreißer kehrt in die verlassene Straße zurück, um dem Theaterdirektor die frohe Botschaft mitzuteilen. Doch Ganeshs Schutz ist nicht ausreichend. Nachdem man den vor allerlei Unbill schützenden Segen erlangt hat, benötigt man noch die Gunst des Erfolgs und der Beredsamkeit für die Schauspieler, und dafür wird nun Saraswati angerufen, die Gattin des Schöpfers Brahma und Göttin der Künste. Sie hat ihren Auftritt in einer Waldszene, reitet auf ihrem Pfau (er besteht aus zwei Teilen, die ihr an Bug und Heck angeheftet sind) und vollführt einen langsamen, freudlosen Tanz.

An ihrem mürrischen, gehässigen Gesichtsausdruck erkannte ich in ihr sofort den jungen Mann wieder, der in der privaten Vorstellung Seiner Hoheit die Gattin der drei Götter gespielt hatte. Und da sie jetzt an ihrem Pfau ebensowenig Gefallen zu finden scheint wie vormals an ihren drei Gatten, ist es vielleicht unmöglich, ihr zu gefallen. Als sie ihren Tanz beendet hat, bittet sie der Direktor respektvoll, seine Schauspieler mit der Gabe der Beredsamkeit zu segnen, und sie gewährt ihm seinen Wunsch, nicht ohne den ziemlich ungnädigen Hinweis, daß sie die Stummen zum Reden bringen könne, von Schauspielern also ganz zu schweigen.

Sie werde nun wieder in den Himmel *(Nak)* zurückkehren, meint sie, worauf der Clown ausruft:

»Was! Sie will in meine Nase *(Nak)* hinein? O nein, wird sie nicht! Ich werd' sie mir zuhalten.« Was er dann auch tut.

Nun wird wieder die verlassene Straße heruntergelassen, und der Direktor kehrt mit seinen Zimbeln und seinem Gesang zurück. Abermals besucht ihn der Clown, der nun ein Schwert über der Schulter trägt und beschreibt, wie er einst einen Löwen in einem Papageienkäfig gefangen habe. Ich weiß nicht mehr, wie das gelang, und es ist ja auch nicht wichtig, denn wie Babaji Rao sagte: Sie machten bloß ein paar Faxen, bis die Haupthandlung des Stücks beginnen konnte. Also erzählt der Clown noch von einem Besuch bei seinem Schwiegervater. Dieser habe ihm ein Zimmer unter dem Dach zugewiesen, und als er nachts nach unten mußte, um sein Wasser abzuschlagen *(peshab karna)*, habe er, da das Haus dunkel und ihm obendrein fremd war, ein Ende seines Turbans am Bettpfosten befestigt und das andere in die Hand genommen, um später wieder zurückzufinden. Dummerweise sei zufällig ein Büffel im Haus gewesen, der den Turban durchgekaut habe, so daß er auf dem Rückweg fehlgegangen und aus Versehen zu seiner Schwiegermutter ins Bett gestiegen sei.

Zu guter Letzt ziehen sich Direktor und Clown zurück, und ein als Tänzerin verkleideter Junge tritt an ihre Stelle. Er streckt die Hände in die Höhe und stampft mit bimmelnden Fußglöckchen langsam und unbeholfen im Kreis um die Bühne, wobei ihn ein schwerer, rosafarbener Rock und mehrere billige gelbe Schleier mit Silberbordüre stark behindern. Ab und an wirft er einen ängstlichen Blick in die Kulissen, ist aber offenbar willens, so lange weiterzustampfen, bis er entweder vor Erschöpfung umfällt oder ihm jemand ein Zeichen gibt, daß er aufhören kann. Endlich tut das jemand, und er tritt mit spürbarer Erleichterung ab, ohne seinen Tanz zu Ende zu bringen.

Damit ist auch das Vorspiel beendet. Im orthodoxen Drama hat es stets die gleiche Form, doch die Dialoge können variieren.

Und nun beginnt das eigentliche Stück. Der Vorhang hebt sich und gibt den Blick auf eine kunstvoll ausgearbeitete Waldlandschaft frei, in der Schiwa, der Zerstörer und Erneuerer, und seine Gattin Parwati hocken. Schiwa trägt einen roten Umhang und auf dem Kopf den Ganges in Gestalt einer Stoffpuppe. Man sagt, daß Schiwa den Strom einstmals umgelenkt habe, als er aus Wischnus Fuß hervorquoll, auf daß er die Erde nicht überflute mit seinen Wassermassen. Schiwa sieht äußerst albern und plemplem aus mit seinem nicht sehr überzeugenden grauen Bart, und er gilt auch wirklich als der einfältigste unter den Hindugöttern. Seine Gemahlin Parwati hingegen ist ein hübscher Jüngling und trägt einen Ring in der Nase. Offenbar hat Schiwa einen Götterrat einberufen, weil es ein Problem zu erörtern gibt, und alsbald erscheinen sie, angekündigt von dem Clown als ihrem Herold: zuerst der Regengott Indra, der »Zeus« der Hindus; dann der Schöpfergott Brahma mit seinen vier Gesichtern, die es ihm erlauben, in alle Richtungen zu schauen; und schließlich Wischnu, der Bewahrer, mit seinem Bogen. Jeder wird von seiner Gattin begleitet; alle knien vor Schiwa nieder, bevor sie sich im Halbkreis ihm zur Rechten und Linken niedersetzen. Als die Versammlung vollständig ist, bittet Schiwa Parwati, mit den Damen einen Spaziergang zu machen und ihnen die Schönheiten des Berges Kylash zu zeigen. Nachdem sie die Frauen losgeworden sind, kommen die Götter zur Sache. Das Problem besteht offenbar darin, daß Schiwa einen seiner dämonischen Jünger ausgeschickt hat, um etwas Asche von einem Scheiterhaufen zu besorgen, und er ist noch nicht zurückgekehrt. Was kann nur vorgefallen sein? Doch kaum ist die Frage ausgesprochen, kommen Flammen und Rauchwolken aus der rechten Kulisse, und der Dämon stürzt unter wütendem Gebrüll und mit gezücktem Schwert hervor und vollführt einen wilden Tanz.

Sein Anblick ist wahrlich furchterregend. Bart und Perücke sind schwarz und zerzaust; rote Streifen laufen quer über seine Stirn, dunkle Ringe umrahmen die Augen, und aus seinem Oberkiefer ragen zwei kleine Stoßzähne. Sein Kostüm ist weniger eindrucksvoll. Es beginnt oben ganz ordentlich mit breiter Schulterpanzerung und einem monströsen Silberhelm, der mit Pfauenfedern geschmückt ist. Darunter jedoch hat sich der gelbe Chiffonstoff, der seinen Oberkörper umhüllt, in ein unübersichtliches Knäuel verwandelt und kommt unter seinem metallenen Gürtel schließlich wie ein Ballerinaröckchen wieder zum Vorschein. Und darunter folgen dann rote Strümpfe, so daß er insgesamt eher aussieht wie der komische Korsar in einer Weihnachtspantomime.

»Warum bringst du mir meine Asche vom Scheiterhaufen erst so spät?« fragt Schiwa gereizt.

»Heute ist keiner gestorben«, versetzt der Dämon. »Ohne Toten gibt es nun mal keinen Scheiterhaufen. Verleih' mir die Gabe, jeden zu vernichten, auf dessen Haupt ich meine Hand lege, dann werden sich derartige Verspätungen in Zukunft nicht mehr wiederholen.«

Jeder andere hätte sich diesen Wunsch eine Weile durch den Kopf gehen lassen, doch Schiwa ist ein einfältiger Gott und sagt bloß:

»Na gut, dein Wunsch sei dir erfüllt; aber denk' dran, daß du deine Gabe mit Vorsicht und nur dann benutzt, wenn du die Asche nicht auf andere Weise bekommen kannst, hast du mich verstanden?«

Die anderen Götter sind dagegen recht bestürzt. Sie finden, daß Schiwa sich wie ein leichtfertiger Dummkopf verhalten hat, und zögern nicht, ihm das zu sagen, nachdem der überaus unzuverlässig wirkende Dämon verschwunden ist. Worauf Schiwa bloß erwidert, es falle ihm nun mal schwer, jemandem eine Bitte abzuschlagen. Dazu weiß offenbar niemand mehr etwas zu sagen, und so gehen alle verlegen ab. Nun erscheinen zwei Männer in Schwarz, die gemeinsam auf der leeren Bühne tanzen. Sie sehen aus wie Scharfrichter in einem Melodram, und wirklich, es sind die Gefolgsleute des Dämons. Es dauert nicht lange, bie er selbst wieder auftritt und sich dem Tanz anschließt, wobei er erneut sein unheilvolles Gebrüll hören läßt. Und nun finden wir unsere heimliche Vermutung bestätigt, daß er nämlich ein echter Erzschurke ist. Seine zerstörerischen Kräfte, so berichtet er seinen Vasallen, habe er sich durch einen Trick verschafft, denn er habe nie ernsthaft versucht, einen Toten zu finden, und wolle seine Waffe nun gegen die Götter selbst richten, um sich zum Weltenherrscher aufzuschwingen. Der Vorhang fällt, als er davoneilt, sein grimmes Werk zu vollbringen; dann geht er wieder auf, und wir erblicken Indra auf seinem Thron.

Bidoushak, der Clown, meldet Indra, die beiden Handlanger des Dämons hätten vorgesprochen und würden draußen warten. Sie werden vorgelassen und erklären kurz und bündig, Indra müsse sofort seinem Thron entsagen, da ihn der Dämon für sich beanspruche. Hochmütig lehnt Indra ab und vollführt, nachdem er auf den einfachen Wollteppich der Vorderbühne herabgestiegen ist, mit jedem von ihnen einen Kriegstanz. Doch noch während der Ausgang der Schlacht in der Schwebe ist, stürzt der Dämon selbst herein, und Indra flüchtet, um der tödlichen Berührung zu entgehen, unverzüglich in die Kulissen. Der Vorhang fällt.

Das nächste Bühnenbild sieht genauso aus, nur daß jetzt Brahma auf seinem Thron sitzt. Der verstörte Indra sucht ihn auf und berichtet, welcher Unfug da im Gange ist und wie er eben nur um Haaresbreite entkommen konnte. Doch noch während sie darüber diskutieren und sich gegenseitig versichern, sie hätten es Schiwa ja gleich gesagt, kommen die beiden Handlanger unangemeldet herein. Nun ist es Brahma, der mit ihnen tanzt, und wieder erscheint der Dämon, bevor der Kampf entschieden ist, und treibt beide Götter vor sich her. Als nächster kommt Wischnu an die Reihe, und die Handlung wiederholt sich. Auch er wird in die Flucht geschlagen. Dann verändert sich die Szene, und wir sind wieder im Wald. Schiwa sitzt unter einem Baum. Er begrüßt den Dämon mit warmen Worten, doch der Dämon schneidet ihm so barsch das Wort ab, daß der alte Herr endlich zur Vernunft kommt.

Er ist furchtbar sauer.

»Du bist mein Schüler, mein Sohn«, sagt er. »Es gehört sich nicht für dich, so mit mir zu sprechen.«

Doch ach! selbst die Götter können offenbar die Herzlosen nicht rühren; der Dämon wird grob, und der arme alte Herr sieht sich gezwungen, sein Schwert zu ziehen, und wird alsbald schmachvoll von der Bühne gescheucht.

Nun tritt seine Gemahlin Parwati auf. Sie sucht ihren Gebieter, wird aber statt seiner (selbst Schiwa war offenbar zu flink für ihn) von dem zurückkehrenden Dämon empfangen, der ihr unsittliche Anträge macht. Sie flieht vor ihrem Verfolger, kehrt jedoch sogleich zurück und betet flüsternd zu Wischnu, er möge ihre Keuschheit bewahren und Schiwa retten. Hätte sie wie wir Wischnus schändliche Niederlage mitangesehen, hätte sie vielleicht andere Maßnahmen ergriffen, um sich zu schützen; so aber entfernt sie sich, anscheinend ganz zufrieden, und Wischnu tritt auf.

Er sagt, man müsse sofort etwas unternehmen, um Parwati zu helfen, und geht ab, um für einen Plan, den er sich ausgedacht hat, die nötigen Vorbereitungen zu treffen. Das dauert nicht lange; er erscheint abermals, nun aber in neuer Gestalt – der eines jungen, wunderschönen Mädchens.

(In Wirklichkeit hat ein anderer Schauspieler die Rolle des verwandelten Wischnu übernommen, nämlich der gehässig dreinschauende Jüngling, der im Vorspiel die Saraswati gespielt hatte, so daß ich das Ganze etwas verwirrend fand. Doch Babaji Rao hatte offenbar nicht die geringsten Schwierigkeiten, dem Stück zu folgen, auch sein Sohn Ram Chandra nicht.)

Wie gerufen kehrt der Dämon zurück und verliebt sich auf den ersten Blick. Der verkleidete Wischnu nimmt seine Schwüre mit unverhohlener Genugtuung entgegen und erwidert, daß auch sie sich stark zu ihm hingezogen fühle und gern mit ihm einen Tanz wagen würde. Dieser Vorschlag trifft jedoch auf hochmütigste Verachtung. Er habe, versetzt der Dämon, nie Tanzen gelernt; er könne nur kämpfen, und sie müsse entweder gegen ihn kämpfen oder ihn heiraten. Doch sie bittet ihn so artig um diesen ersten Gefallen, daß er schließlich nachgibt und, ihr zuliebe, zu tanzen beginnt.

»Das zeigt«, wisperte mir der beleibte Sekretär ins Ohr, »zu welchen Albernheiten ein Mann fähig ist, wenn er glaubt, sich verliebt zu haben.«

Und es war in der Tat ein bemitleidenswerter Anblick, wie der mächtige Dämon, der auf den Götterthron Anspruch erhob, von einem bloßen, wenn auch göttlichen Mädchen getäuscht und zum Tanz eines Menuetts überredet wurde. Er macht seine Sache natürlich sehr schlecht, ahmt ungelenk jede ihrer Handbewegungen, jeden Schritt von ihr nach und ist schließlich so verwirrt, daß er, als sie ihre Hand zum Kopf führt, das gleiche tut, ohne dabei an die ihm von Schiwa verliehenen gefährlichen Kräfte zu denken. Er berührt sich; eine rosa Stichflamme blitzt aus der linken Kulisse, um seine innere Verbrennung anzuzeigen, und laut unter seinen Todesqualen aufheulend stürzt er von der Bühne. Worauf alle übrigen Götter hereinströmen und Wischnu, nun wieder in seiner angestammten Gestalt, zu seiner schlauen List gratulieren, und damit fällt der Schlußvorhang.

»Mein Sohn ist sehr angetan von Ihnen«, sagte Babaji Rao beim Abschied. »Er sagt, Sie seien ein guter Mensch, demnach müssen Sie in Ordnung sein, denn er ist sehr schwer zufriedenzustellen.«

Babaji Rao ist erst um die dreißig, also gar nicht viel älter als ich. Ich war erstaunt, als ich das hörte, denn er wirkt mit seiner Leibesfülle, seiner Brille und dem spärlichen, ergrauenden Haar wie ein Vierzigjähriger, und sein ernstes, etwas pedantisches Gebaren ist ebenfalls das eines weitaus älteren Mannes. Aber das Alter von Indern läßt sich nur sehr schwer schätzen. Ich hatte zum Beispiel immer angenommen, Abdul müsse um die dreißig sein, doch als ich ihn heute nach seinem Alter fragte, antwortete er: »Ich bin viertel vor dreiundzwanzig.«

Die Nachtruhe Seiner Hoheit dauert sechs Stunden und ist in zwei Schichten unterteilt. Er schläft von elf Uhr nachts bis zwei Uhr morgens, dann steht er auf und erledigt sechs Stunden lang Geschäftliches oder schreibt Briefe. Und dann geht er noch einmal von acht bis elf Uhr schlafen.

»Heißt das, daß Sie den Dewan und Babaji Rao um zwei Uhr morgens zu sich rufen?«

Er prustete los und wedelte abwehrend mit der Hand.

»Nein, nein, nein«, sagte er dann, »ich lasse sie um fünf oder sechs Uhr rufen. Aber ich habe sie einmal gefragt, was sie sagen würden, wenn ich sie um zwei Uhr rufen ließe, und der Dewan hat gesagt, ›Sie werden einen Brahmanen auf dem Gewissen haben‹, und Babaji Rao hat gesagt: ›Sie werden mir damit die erste Lektion in Ungehorsam erteilen.‹«

Seine Hoheit hatte auch Mrs. Bristow davon erzählt, daß er mitten in der Nacht zu schreiben pflegt.

»Was denn, Gedichte?« fragte sie, und als er den Kopf schüttelte: »Ach, wie schade! Ich hatte gehofft, Sie würden mal eins für mich schreiben.«

Das tat er dann wirklich (für ihn ist sie das Ideal vollkommener weiblicher Schönheit) und sandte es ihr – ein hübsches Gedichtchen, in dem er unter anderem ihre Augenbraue mit einem gespannten Bogen verglich und ihre Zähne mit den Kernen des Granatapfels.

»Gefällt Ihnen Indien?« fragte mich Mrs. Bristow.

»O ja, ich finde es wundervoll.«

»Und was halten Sie von den Leuten hier?«

»Sie gefallen mir sehr und ich finde sie äußerst interessant.«

»Oh, was sind Sie doch für ein Schwindler! Was war es doch, was Sie neulich über das ›schreckliche anglo-indische Geschwätz‹ gesagt haben?«

»Ach, ich dachte, Sie hätten eben von den Indern und nicht von den Anglo-Indern gesprochen.«

»Von den Indern!? An die denke ich nie.«

»Na gut, aber Sie haben doch ›die Leute hier‹ gesagt.«

»Ich habe natürlich uns gemeint, Dummchen!«

»Ach so. Na, dann fangen wir noch mal von vorn an.«

19. Januar

Abdul Haq hat mir heute ein paar obszöne Postkarten gezeigt.

»Ich habe ein paar Bilder mitgebracht, Mr. Ackerley«, sagte er. »Wünschen Sie sie zu sehen?«

»Was für Bilder, Abdul?«

»Postkarten«, erwiderte er mit gekünsteltem Lächeln. »*Schlimme* Postkarten. Deshalb will ich sie Ihnen nicht zeigen ... es sei denn, Sie wünschen sie zu sehen. Sie verstehen?«

Ich verstand nicht ganz, vor allem wohl deshalb, weil ich aus einem vagen Mißtrauen heraus mein Verhältnis zu Abdul von Anfang an strikt auf den Unterricht beschränkt hatte und daher kaum vorbereitet war auf diesen plötzlichen Wechsel vom Klassenzimmer in den sexgeschwängerten Dunstkreis der Internatstoilette. Es hatte in der Tat schon vorher Anzeichen dafür gegeben, daß ein solcher Wechsel bei der kleinsten Ermutigung meinerseits leicht herbeigeführt werden könnte. Unter den ersten Wendungen, die er mir beigebracht hatte, waren nämlich solche wie »Geschlechtsverkehr haben«, »mit seiner Frau Beilager halten«, »sein Wasser abschlagen« und so weiter, die von verschämtem Gekicher und Geschnaube begleitet wurden. Und obwohl ich ihm für diese praktischen Informationen dankbar war und jene Ausdrücke zu meinen zuerst gelehrten und gelernten rechnen muß, hatte ich sie nie als Abkürzung auf dem Weg zu intimen Vertraulichkeiten genutzt.

»Wo sind sie?« erkundigte ich mich.

»Hier in meiner Rocktasche. Aber ich *möchte* nicht, daß Sie sie sehen. Wenn Sie sagen, daß ich sie Ihnen zeigen soll, dann *muß* ich sie Ihnen zeigen. Sie verstehen? Auf *diese* Weise.«

Nachdem er sich damit klar ausgedrückt hatte, runzelte er leicht die Stirn, zog das Kinn ein (ein spezieller Trick von ihm) und kramte nervös in seinen Papieren.

Ich beobachtete ihn mit großem Vergnügen. Er hatte zum zweiten Mal versucht, meine Neugier zu wecken, und diesmal hatte er klar gewonnen. Schlimme Postkarten waren unwiderstehlich.

»Na los, Abdul, lassen Sie mal sehen.«

Er strahlte mich an und lächelte schmallippig.

»Sie wünschen sie zu sehen?« Ich nickte. »Sind Sie sicher, Mr. Ackerley?« Ich nickte. »Sie werden nicht böse auf mich sein?« Ich schüttelte den Kopf. »Es sind *sehr* schlimme Bilder.« Ich streckte die Hand aus. »Aber ich *zeige* Sie Ihnen nicht, Sie verstehen?« fügte er hinzu und zog ein Päckchen aus der Tasche. »Sie haben es mir befohlen – gegen meinen Willen. Sehen Sie, ich lege sie hier auf den Tisch. Es ist Ihre Entscheidung.«

Ich nahm sie, und er reckte sofort den Hals, um meine Miene beobachten zu können, während ich die Karten betrachtete. Dabei knetete er seine Hände in seinem Schoß und kicherte bei jeder Abbildung, die besonders pornographisch war. Es handelte sich überwiegend um Photos, die, aus den spektakulärsten Blickwinkeln aufgenommen, ausnahmslos äußerst unattraktive, nackte Europäer zeigten, die sich auf konventionelle oder unkonventionelle Weise miteinander vergnügten. Ich hatte sie – oder doch sehr ähnliche – bereits in meiner Schulzeit zu Gesicht bekommen. Damals widerten sie mich an, und ich gab sie ihrem Besitzer schnell zurück, und später, in Paris oder Neapel, war ich ihnen ein zweites Mal begegnet, wo sie mich ebenfalls anwiderten und ich sie kaufte.

Vielleicht unterschieden sie sich, was ihren Gegenstand – den Geschlechtsakt – anging, nur geringfügig von den homoerotischen Skulpturen in den Tempeln von Garha. Aber ihre größere Wirklichkeitsnähe erlaubte es nicht, sie mit der gleichen Distanz zu betrachten, sondern machte sie reißerischer. Die Gestalten, die der Photograph offenbar mit ebensowenig Rücksicht auf körperliche Schönheit ausgesucht hatte wie der Bildhauer in Garha die Formen seiner Figuren, waren hier abstoßend, während sie dort aufgrund ihres Abstands zur Realität lediglich kurios wirkten.

»Sie gefallen Ihnen?« fragte Abdul listig, als ich die letzte umgedreht hatte.

»Sehr interessant«, sagte ich kalt und gab sie ihm zurück.

Ich war ihm gegenüber weit genug gegangen. Ich hatte mich in seiner Gegenwart niederen Gelüsten hingegeben; meine Befriedigung mit ihm zu teilen, war allerdings eine ganz andere Sache.

Eigentlich war mein Bedürfnis nach Freundschaft ebenso groß wie seine Bereitschaft, mir damit zu dienen; aber Abdul kam als mein Freund nicht in Frage.

Am Stadtrand gibt es einen kleinen Markt, und als ich heute nachmittag dort hindurchschlenderte, bekam ich Lust, diese seltsamen, silbrigen Süßigkeiten aus Safran zu probieren, die an einigen Ständen angeboten wurden. In diesem Moment erschien plötzlich Mrs. Bristow und fragte mich, ob ich denn wisse, was ich da tue. Ich klärte sie darüber auf. »Sind Sie verrückt?« rief sie aus. »Wollen Sie sich die Cholera holen? Wenn ja, essen Sie ein paar von diesen Süßigkeiten, und Sie sind in wenigen Stunden tot!«

»Aber es gibt doch eine ganze Menge Leute, die sie essen«, sagte ich. »Werden die alle in ein paar Stunden tot sein?«

»Inder!« schnaubte Mrs. Bristow. »Ist doch egal, welchen Dreck die *ihren* Mägen zumuten. Das ist was völlig anderes. Die dürften mittlerweile ziemlich abgehärtet sein. Aber was der *Inder* verträgt, bringt *Sie* um. Na gut«, als sie meine zweifelnde Miene sah, »Sie brauchen mir ja nicht zu glauben, aber ich *weiß* es. Niemand, *niemand,* der nicht völlig von Sinnen ist, würde im *Traum* daran denken, indische Süßigkeiten auch nur anzurühren!«

Sie sagte dies mit solchem Nachdruck, daß ich mich, durchaus bestürzt und süßigkeitenlos, von ihr hinwegführen ließ.

Sharma ist offenbar sehr ungezogen gewesen. Der Maharadscha hat ihm gestern ein kleines Geschenk von zehn Rupien gemacht und ihn, nachdem er es schweigend entgegengenommen hatte, gefragt:

»Freust du dich denn nicht?«

»Nein«, entgegnete Sharma mürrisch. »Sowas verdirbt mich.«

»Warum gibst du es dann nicht zurück?«

»Das werd' ich. Hier – nehmen Sie es!«

»Also gut. Aber wenn dich Geschenke verderben, warum gibst du mir dann nicht auch all die anderen Dinge zurück, die ich dir geschenkt habe – das Geld, die Kleider und den Schmuck?«

»Das werd' ich. Ich geb' sie alle zurück. Ich werde sie gleich holen.«

»Bring' sie mir morgen früh«, versetzte Seine Hoheit mit der ihm noch verbleibenden Würde und Autorität. »Und nun geh und komm nicht zurück, bevor ich dich rufen lasse.«

»Er ist ein sehr schlechter Junge«, schloß Seine Hoheit verdrießlich, als er seinen Bericht von diesem beklagenswerten Vorfall beendet hatte.

»O nein«, lächelte ich, »er ist eigentlich ein guter Junge; er ist doch noch ein Kind!«

»Er ist ein sehr schlechter Junge«, wiederholte Seine Hoheit und starrte vor sich hin. »Er behauptet, daß Sie, als er kürzlich zu Ihnen kam, versucht hätten, ihn zu –

zu – zu klammern, daß Sie ihn zu Boden geworfen und versucht hätten, ihn zu klammern.«

»Was?« rief ich ziemlich erschrocken aus.

»So hat er es mir erzählt«, sagte Seine Hoheit.

»Das ist eine einzige Lüge!«

»Das habe ich ihm auch gesagt«, erwiderte er und wandte mir seine weit geöffneten Augen zu, die meine eigene Entrüstung höflich widerspiegelten. »Und ich habe ihm gesagt, wenn er diese Lüge vor anderen wiederholen sollte, würde ich ihn zur Hölle schicken. Er ist ein sehr schlechter Junge!«

»Ein *sehr* schlechter Junge!« pflichtete ich ihm heftig bei.

Er hatte offenbar nicht mehr dazu zu sagen, und so rollten wir schweigend eine Weile langsam die leere Straße entlang. Schließlich schien es mir jedoch angebracht, ihm zu erläutern, was sich tatsächlich abgespielt hatte, um Sharma nicht Unrecht zu tun.

»Ich bat ihn um einen Kuß«, sagte ich, »und er wollte nicht. Das war alles. Ich habe ihn nicht einmal angerührt.«

»So etwas dürfen Sie aber nicht machen, Mr. Ackerley«, meinte Seine Hoheit ohne die leiseste Veränderung seines Tonfalls.

»Du lieber Himmel!« entfuhr es mir. »Irgend jemanden *muß* ich doch küssen!«

Seine schmächtige Gestalt schüttelte sich, und er verbarg das Gesicht im Ärmel.

»Das erklärt wohl auch, warum er heute morgen nicht gekommen ist, um mit mir auszureiten?« fragte ich nach einer Pause.

»Hat er gesagt, *daß* er kommen würde?« Seine Stimme war rauh und seine Miene sehr ernst.

»Ja, das hat er. Sollte er aber morgen kommen, will ich vergessen, daß er heute nicht gekommen ist.«

»Ich werde ihm sagen, daß er kommen *muß.«*

»Sagen Sie ihm, daß er kommen *darf«,* sagte ich.

20. Januar

Am frühen Nachmittag bekam ich heute Besuch von Seiner Hoheit und Babaji Rao. Letzterer, der es während der kurzen Zeit meines bisherigen Aufenthalts nie geschafft hat, einigermaßen ordentlich auszusehen, wirkte heute ganz besonders zerzaust und von Sorgen geplagt. Er hatte ein Bündel Papiere in der Hand.

»Wir sind gekommen, um Sie um Ihre Hilfe zu bitten, Mr. Ackerley«, begann Seine Hoheit; und dann brüsk zu Babaji Rao: »Sag ihm, worum es geht.«

Babaji Rao war sichtlich äußerst nervös; er räusperte sich wiederholt und fuhr sich immer wieder über den Kopf. Er erklärte mir in der ihm eigenen, schleppenden Weise, daß »Seine Hoheit, der Maharadscha Sahib« bisher noch mit keinem der angefertigten Entwürfe für den schwierigen Brief an den Generalgouverneur zufrieden sei und daß meine Dienste erneut benötigt würden, um ...

»Gib sie ihm! Gib sie ihm!« unterbrach ihn der König so schroff, daß Babaji Rao die meisten Papiere zu Boden fallen ließ. Er sammelte sie auf und reichte sie mir, und ich hielt ungefähr ein halbes Dutzend

Briefe an den A.G.G in der Hand, die teils in der Schrift Seiner Hoheit, teils in der seines Sekretärs abgefaßt und alle unvollendet waren. Unter ihnen war auch mein eigener Brief, und von allen übrigen getrennt lag der letzte Versuch Seiner Hoheit, der alle bisherigen Versionen zu kombinieren versuchte und außerdem dem Gouverneur dafür dankte, ihn mit Mr. Bramble, dem Architekten, bekanntgemacht zu haben. Wie es schien, hatte er auch diesen Brief nicht beenden können, und Babaji Raos Anregungen waren mehr als nutzlos gewesen.

»Sie werden sie alle lesen«, bedeutete mir Seine Hoheit, »und dann alles, was ich sagen will, in einen Brief bringen, in bestem Englisch. Können Sie das schaffen? Können Sie dieses – Wunder schaffen?«

Ich bejahte dies.

»*Er* kann es nicht«, bemerkte er bitter und deutete auf Babaji Rao, der sich von neuem räusperte. »Gar nichts kann er. Wieviel Zeit brauchen Sie? Zehn Minuten?«

»Wäre eine Stunde zuviel?« fragte ich.

»Nein, das geht. Wenn Sie fertig sind, geben Sie ihn Babaji Rao, und er wird ihn mir ins Gästehaus bringen. Nehmen Sie meinen Brief als Muster.«

Ich hatte ihn bereits überflogen und bemerkt, daß er vieles aus meinem eigenen Brief übernommen, jedoch alle von mir gestrichenen »Euer Ehren« wieder eingefügt hatte, während er Mr. Bramble mit überzogenen Komplimenten überhäufte; einmal wurde dieser sogar ein »Kleinod unter den Menschen« genannt.

»Sie scheinen Ihre Meinung über Mr. Bramble geändert zu haben, Maharadscha Sahib«, sagte ich streng.

»Sie haben mir doch mal erzählt, daß Sie ihn furchtbar langweilig fänden.«

»Aber dem A.G.G. wird das gefallen«, erklärte Seine Hoheit gereizt. »Sie sind sehr große Freunde.«

Damit humpelte er hinaus, gefolgt von seinem Sekretär, der den Vorhang zur Seite hielt, um ihn vorbeizulassen. Während sie zum Gästehaus zurückgingen, hörte ich die Stimme des Königs ein paar knappe Bemerkungen auf Hindi machen, die alles andere als freundlich klangen.

Babaji Raos Stimme war nicht zu hören; er kam jedoch bald darauf zurück und streifte sich die Schuhe ab, während er das Gesicht zur Seite wandte und mir nur ab und zu verstohlene, schüchterne Blicke zuwarf.

»Werde ich Sie stören?« fragte er.

»Aber nein, mein Guter, natürlich nicht.«

»Ich glaube nicht, daß ich Ihnen irgendwie helfen kann, aber fragen Sie mich, wenn Sie Probleme haben. Darf ich mich einen Augenblick auf Ihrem Sofa ausruhen?«

»Ja, tun Sie das.«

Er streckte sich aus und begann seine Brille zu putzen. Seine Füße, die in senffarbenen Socken steckten, zeigten zur Decke. Er ist ein sehr loyaler Untertan und Diener und hätte meine auch nur indirekte Anteilnahme nicht gewollt, da sie ein ungünstiges Licht auf den König hätte werfen können.

Der exakte Wortlaut meines für Seine Hoheit aufgesetzten Briefs ist mir entfallen, aber er folgte im Prinzip seinem Schreibstil und lautete ungefähr so:

»Sehr geehrter Herr, – ich kann Ihnen gar nicht genug dafür danken, daß Sie mich mit Mr. Bramble bekannt gemacht haben. Ich habe selten einen so reizenden und verbindlichen Mann kennengelernt, habe seine Gesellschaft sehr genossen und seine äußerst interessanten Entwürfe mit Anteilnahme betrachtet. Er hat versprochen, für die griechische Villa, deren Bau ich erwäge, eine detaillierte Aufstellung zu machen und mir diese zusammen mit einem Kostenvoranschlag zuzusenden. Wir werden dann überlegen müssen, in welchem Maße der Staat das Vorhaben wird unterstützen können. Das Grundstück, das er in Garha dafür ausgesucht hat, ist ideal, und sollte das Gebäude errichtet werden, bin ich sicher, daß es nach allem, was ich von Mr. Brambles Plänen gesehen habe, für unseren Staat eine wundervolle Bereicherung darstellen würde. Ich habe es sehr bedauert, daß er seinen Aufenthalt nicht verlängern konnte, hoffe aber, daß wir in Verbindung bleiben. * Ich freue mich auf die Photographie, die Sie mir versprochen haben. Wäre es Ihnen recht, wenn ich Ihnen einen Photographen vorbeischicken würde, damit ich auch von Ihrer Familie ein Bild habe? Für die Ausführungen in Ihrem Schreiben bin ich aufrichtig dankbar und setze mein Vertrauen auf Ihre Zusicherungen für die Zukunft, da Sie sich mir gegenüber auch in der Vergangenheit immer als äußerst großzügig und freundlich erwiesen haben. Falls die Schriftstücke, die Ihnen mein Dewan vorgelegt hat, irgend etwas enthalten, das Ihnen erklärungsbedürftig erscheint, wäre es mir jederzeit ein Vergnügen, ihn persönlich zu der von Ihnen gewünschten Zeit bei Ihnen vorbeizuschicken.

Mit den verbindlichsten Grüßen, auch an Lady S. und die Kinder, etc.«

Als ich damit fertig war, übergab ich Babaji Rao den Brief und begleitete ihn zum Gästehaus. Wir fanden Seine Hoheit ins Gespräch mit Mrs. Murphy vertieft, einer stämmigen, gutmütigen Irin, die mit einem der Regimentsärzte in Shikaripur verheiratet war. Sie erzählte gerade, daß eins ihrer Kinder krank sei, und ich hörte ihn voller Anteilnahme sagen:

»Warum haben Sie mir nichts davon gesagt? Ich werde ihm einen Zauberer hinaufschicken.«

»Aber warum denn?« fragte Mrs. Murphy.

»Er schneidet...«

»O nein, gütiger Himmel; so etwas ist es nicht!«

»Nein, nein; er schneidet etwas aus Papier aus, und dann fliegt all das Schlechte weg.«

Seine Hoheit las meinen Brief und erklärte sich damit einverstanden. Am Abend erschien einer seiner Boten und brachte mir einen noch unverschlossenen, fertig adressierten und frankierten Briefumschlag mit seiner eigenen Version. Beigelegt war ein Zettel mit der Frage, ob es so in Ordnung sei. Er schien meinem Wortlaut bis zu dem Sternchen ziemlich exakt gefolgt zu sein, doch von da an ging es so weiter:

»... Für die freundliche Nachricht in Ihrem Brief vom 6. bin ich Ihnen sehr verbunden und setze, Euer Ehren, mein ganzes Vertrauen auf Ihre Zusicherungen für die Zukunft, da sich Euer Ehren mir gegenüber auch in der Vergangenheit immer als äußerst großzügig und freundlich erwiesen haben ... Ich werde mich wirklich über Ihr Bild, das Sie mir zu schicken versprochen haben, sehr freuen ... Zu diesem Zweck würde ich Ihnen, wenn Sie nichts dagegen haben, gerne den Photographen schicken, dessen Adresse Sie mir freundlicherweise vor kurzem zugeschickt haben. Ich habe ihm bereits geschrieben, und falls er zusagt, möchte ich Sie bitten, einmal sich selbst (in stehender Positur) und einmal Ihre ganze Familie photographieren zu lassen.

Er wird die Abzüge dann sowohl an Sie als auch an mich schicken ... Ich hoffe, Euer Ehren werden mit allem einverstanden sein. Da mein langgehegter Wunsch, Mrs. S. als Lady S. anreden zu dürfen, vom Allmächtigen erfüllt worden ist, würde ich nun gern umgehend eine direkte Korrespondenz mit ihr eröffnen. Ich hoffe, Sie werden mir dies gestatten ...«

Ich schrieb ihm ein Billet und teilte ihm mit, es gäbe meines Erachtens an seinem Brief nichts mehr zu verbessern.

21. Januar

Mrs. Bristow und Mrs. Murphy werden morgen abreisen, daher lud uns Seine Hoheit zum Abschiedstee in den Palast von Mahua ein. Auch der Politische Berater sollte kommen, und da Seine Hoheit, um ihn abzuholen, nach Rajgarh fuhr und Mahua auf dem Weg lag, nahm er Mrs. Murphy in seinem Auto mit und überließ es mir, Mrs. Bristow in einem anderen Wagen das

Geleit zu geben. Soll ich Mrs. Bristows Konversation während der Fahrt durch die kühle, duftende Luft wiedergeben? Mit Indien hat sie nichts zu tun – aber das war ja bei ihr ohnehin selten der Fall, und vielleicht sollte ich sie gerade deshalb wiedergeben. Es ist ziemlich unwichtig, mit welcher ihrer Bemerkungen wir anfangen. Nehmen wir doch diese:

»Was für schöne Hände Sie haben! Zu schön für einen Mann. Ich verabscheue es, wenn Männer weibisch wirken.«

»Ja, es sind wirklich schöne Hände«, meinte ich und betrachtete sie. Sie waren ziemlich sauber, und das Nägelkauen hatte ich auch aufgegeben. Ich war ehrlich angetan von ihnen.

»Natürlich sind Sie furchtbar eingebildet«, bemerkte sie. »Wie schade. Ich verabscheue eingebildete Männer.«

»Meinen Sie, was meine Hände angeht?«

»O nein, eingebildet in vielerlei Hinsicht. Ich hab' Sie genau beobachtet. Eigentlich verabscheue ich Sie ziemlich.«

Ich schwieg; was sollte man darauf auch sagen? Und vielleicht war es gut so, denn kurze Zeit später sagte sie:

»Jetzt mag ich Sie sehr. Ich hoffe, Sie haben nichts dagegen, daß ich das sage? Ich habe es mir zum Prinzip gemacht, es den Leuten gleich zu sagen, wenn ich meine Meinung über sie geändert habe. Ich finde, das ist nur fair.«

»Aber warum haben Sie Ihre Meinung geändert?« fragte ich.

»Ich hab' Sie beobachtet. Ja, ich mag Sie jetzt sehr gern. Sie sind ein Schatz. Jetzt müssen Sie mich auch mögen – mögen Sie mich?«

»Doch, ja!« erwiderte ich mit Nachdruck. Aber vielleicht hatte ich übertrieben.

»Na, Sie waren jedenfalls reizend zu mir – weil Sie mir nicht den Hof gemacht haben. Das hat bisher jeder zweite Mann gemacht, dem ich begegnet bin. Aber ich bin nicht eingebildet. Bin ich doch nicht, oder? Ich bin eigentlich sehr nett. Würden Sie merken, wenn Sie mich näher kennenlernten. Sie kennen mich nicht besonders gut, nicht wahr?«

»Gut genug«, entfuhr es mir.

»Sie sind der unverschämteste Kerl, der mir je begegnet ist!« rief sie aus. »Ohne jede Einschränkung!«

Hierauf erlahmte das Gespräch. Dann fing sie wieder an.

»Sie sind mir natürlich zu hoch. Ich verstehe Sie nicht. Ich habe beinah Angst vor Ihnen. Sie sind immer so schweigsam und irgendwie tiefgründig. Ich mag oberflächliche Menschen. Ich verabscheue schweigsame Menschen. Ich bin einer von diesen schrecklichen Menschen, die immer so entsetzlich gute Laune haben, wenn andere niedergeschlagen sind ... Sagen Sie mir – Sie brauchen keine Bedenken zu haben, mir etwas zu erzählen –, hat es jemals eine Frau gegeben, die Sie so richtig vom Sockel gehauen hat?«

»Nein, nie«, antwortete ich und betrachtete einen Schwarm grüner Papageien, der über uns hinwegflatterte.

»Das kommt noch! Warten Sie nur!«

Als wir Mahua erreichten, wurde ich zu Seiner Hoheit gerufen, und wir schlenderten ein wenig auf der Terrasse umher, bevor er nach Rajgarh weiterfuhr.

»Ist der Sohn des Friseurs gestern morgen mit Ihnen ausgeritten?« fragte er.

»Sharma? Nein, ich habe ihn seit Tagen nicht gesehen. Haben Sie es ihm befohlen?«

»Ja. Ich habe es ihm befohlen. Ich habe gesagt: ›Du mußt hingehen und mit dem Sahib ausreiten, wenn er dich ruft.‹ Er ist nicht gekommen?«

»Nein, ist er nicht.«

»Er ist sehr ungehorsam. Ich hatte ihm außerdem befohlen, mir morgens die Beine zu massieren. Sie werden sehr steif. Er ist aber nicht gekommen.«

»Er ist ein ungezogener Junge«, sagte ich lächelnd.

»Er ist ein Ganove!« versetzte Seine Hoheit mit Nachdruck. »Was ist ein Ganove?«

Ich erklärte es ihm.

»Er ist eine echte Plage«, murmelte er düster.

Kurz darauf stieß Mrs. Bristow zu uns, und Seine Hoheit begrüßte sie begeistert und wollte wissen, wo sie ihren Hut gekauft habe. Er war schwarz und hatte Ähnlichkeit mit einem *chapeau bras*, nur daß er in der Mitte höher war.

»Mögen Sie ihn, Maharadscha Sahib?« fragte sie.

»Oh, ich mag, ich mag!« erwiderte er und starrte ihn mit kindlichen Kulleraugen an. »Woher haben Sie ihn? Ich möchte auch so einen für mich!«

Sie lachte und meinte, es sei ein Pariser Modell, aber sie könne sich nicht erinnern, woher sie ihn habe. Er fand das jedoch gar nicht amüsant und warf mir einen sehr ernsten Blick zu.

»Sie müssen mir so einen Hut besorgen, Mr. Ackerley«, sagte er. »Sie müssen nach Paris schreiben und ihn mir beschaffen. Vergessen Sie es nicht. Ich *muß* ihn haben.«

Ich erwiderte, ich würde die Angelegenheit mit Mrs. Bristow besprechen. Er war's zufrieden, stieg wieder in seinen Wagen und fuhr weiter, um den Politischen Berater abzuholen. Aber er kehrte erst spät zurück, allein und in trüber Stimmung.

Er ließ mich rufen, und ich fand ihn in eine Ecke des Autos gekauert. Er wirkte ziemlich bedrückt und sagte nichts, sondern wies nur auf den Sitz neben sich. Ich stieg ein, und wir fuhren zurück nach Chhokrapur.

Eine Zeitlang blieb er stumm. Dann rief er aus:

»Was ist Kritik? Was soll man dazu sagen? Soll man sie erlauben?«

Dann brach es aus ihm heraus. Er hatte dem Politischen Berater gegenüber von seinem Lieblingsprojekt gesprochen, der griechischen Villa. Doch sein Enthusiasmus war auf Kälte und sogar auf Grausamkeit gestoßen. Was das für ein kindischer Plan sei? hatte der Politische Berater wissen wollen. Das sei doch reine Geldverschwendung. Seine Hoheit sei ein alter Mann, und selbst wenn er die Fertigstellung des Gebäudes noch erleben sollte, konnte er nicht damit rechnen, sie lange zu überleben. Und welchen irdischen Nutzen hätte sein Sohn davon, oder überhaupt irgend jemand? Statt Geld für griechische Villen zu verschwenden, sollte er es lieber für nützliche und notwendige Dinge ausgeben – zum Beispiel für das Ausbessern von Straßen. So ungefähr lautete die Kritik des Politischen

Beraters, und sie war ohne Zweifel berechtigt, jedoch ihr harter Ton schien unverzeihlich. Ich sagte etwas in dieser Richtung, was reichlich unüberlegt war, denn es war nie sehr weise, einem Politischen Berater auch nur die geringste Anerkennung zu zollen, und in diesem Moment war dergleichen offensichtlich völlig fehl am Platz. Seine Hoheit verfiel in mißmutiges Schweigen.

Vor uns war eine langsame Prozession von Ochsenwagen in der gleichen Richtung unterwegs. Diese und die Büffelkarren sind abgesehen von Fußgängern die einzigen Verkehrsteilnehmer, denen man hier begegnet. Sie sind jedoch zahlreich und blockieren meist die Straßenmitte. Sobald sie in Sicht kommen, betätigt der Chauffeur die Hupe, und die Wagen schwanken völlig ungeordnet an den rechten und linken Straßenrand und kommen dort zum Stehen. Derweil klettern die Fuhrleute hastig herunter, packen ihre erregten Tiere bei den Hörnern, halten ihre Köpfe fest und versuchen gleichzeitig, einen Salaam zu machen. Die Ochsen haben, weil in diesen Landesteilen nur selten ein Automobil vorbeikommt, schreckliche Angst davor. Sie bleiben just bis zu dem Moment, da der Wagen vorbeifährt, stocksteif stehen und machen dann einen so krampfhaften Satz in Richtung Dschungel, daß sie von ihren Besitzern, die sich an ihre Hörner klammern, kaum gebändigt werden können.

Huup! sagte unser Auto, sobald sie in Sicht kamen.

»Haben Sie immer noch Sorgen?« fragte ich den König sanft.

»Heute bin ich sehr Pessimist.«

Ja, ich hatte ihn enttäuscht, und er wollte mich nicht länger um sich haben.

»Jao! Jao!« (Weiter! Weiter!) murrte er, und das Auto beschleunigte plötzlich mit einem Ruck und flog auf der staubigen Straße dahin. Huup-Huuup! Huup-Huuup! sagte es, und noch bevor die Ochsenbesitzer ihre panischen Tiere unter Kontrolle hatten, ratterten wir mitten in sie hinein, so daß sie in wilder Flucht nach rechts und links losstürmten und ihre beladenen Wägen zu beiden Seiten der Straße in die Gräben kippten. Ich klammerte mich an den Halteriemen neben mir; Seine Hoheit aber lag in seiner Ecke und blickte verdrießlich auf diese kleineren Katastrophen, die wir alsbald in einer dichten Staubwolke hinter uns ließen.

»Was machen Sie nächsten Sonntag, Mr. Ackerley?« fragte Abdul während des Unterrichts heute abend.

»Das weiß ich noch nicht«, antwortete ich vorsichtig.

»Haben Sie den großen Wasserspeicher von Rajgarh schon gesehen?«

»Nein, ich glaube nicht.«

»Das sollten Sie aber. Er ist sehr schön. Ich werde ihn Ihnen zeigen und Ihnen alles auf Hindi erklären. Sie werden sehr gut sprechen lernen auf diese Weise. Der Sonntag ist für mich ein feierlicher Tag, also werde ich Sie begleiten können.«

Ich überlegte, worauf er jetzt wohl wieder hinaus wollte. Vielleicht hatte er in Rajgarh etwas zu erledigen, oder es war vielleicht bloß seine Eitelkeit, denn ich wußte, daß er sich gern mit mir in der Öffentlichkeit zeigte und bei dieser Gelegenheit eine überaus selbstgefällige und hochmütige Miene aufsetzte. Er ging dann, den Regenschirm unterm Arm, stocksteif neben mir her und grüßte würdevoll, wenn wir einen seiner Freunde trafen. Aber ich sagte nichts, und so fuhr er bald darauf fort:

»Sie könnten Seine Hoheit dazu bewegen, Ihnen für diesen Tag ein Auto zu leihen. Für Sie ist das leicht; er wird es Ihnen sofort geben, weil Sie der Sahib sind. Er hat eins, zwei, drei, vier Autos – und Sie müssen ihn um den Daimler bitten, denn der ist am besten. Das kann er Ihnen nicht abschlagen.«

»Ich frage normalerweise Babaji Rao, wenn ich ein Auto brauche«, sagte ich.

»Dann werden Sie *ihn* fragen. Das ist vielleicht besser. Aber sagen Sie nicht, daß *ich* Sie darum gebeten habe, sonst wird er böse auf mich sein. Sie verstehen?«

»Völlig«, erwiderte ich.

»Also was werden Sie sagen?«

»Ich werde sagen«, begann ich und runzelte die Brauen – »ich werde sagen: ›Abdul wüßte gerne, ob Sie mir für den Sonntag ein Auto zur Verfügung stellen können, damit ich ihn nach Rajgarh bringen kann, wo er private Geschäfte zu erledigen hat.‹«

Noch bevor ich den Satz geendet hatte, begann Abdul vor Angst zu schlottern. »Nein, nein!« schrie er und hielt beide Hände schützend vor sich, als müsse er eine unsichtbare Gefahr abwenden. »Das dürfen Sie nicht! Das dürfen Sie wirklich nicht! Er wird sehr böse auf mich sein! Hören Sie, ich werde Ihnen sagen, was Sie sagen müssen. Lauschen Sie mir zu! ›Wieviel Wasserspeicher gibt es hier in der Gegend, Mr. Babaji

Rao?‹ Er wird sie Ihnen dann aufzählen. Dann werden Sie sagen: ›Welcher ist am größten? Ich würde ihn mir gerne ansehen.‹ Er wird Ihnen dann den in Rajgarh nennen, und Sie werden sagen: ›Ich werde ihn mir am Sonntag ansehen. Geben Sie mir bitte einen Wagen. Den Daimler. Und wahrscheinlich werde ich meinen Privatlehrer Abdul mitnehmen.‹ Auf diese Weise. Sie verstehen? Bin ich klar ausgedrückt?«

»Völlig«, erwiderte ich ernst.

»Also wie werden Sie sagen?«

»Mal sehen«, überlegte ich, »wie war das noch mal? ›Mein Privatlehrer Abdul will wissen ... ‹«

»Nein, nein! Nein, nein! Das ist *nicht* die Weise, wie ich es Ihnen gesagt habe!« rief er in heller Aufregung. Dann merkte er, daß ich mich über ihn lustig machte, und er zog das Kinn ein, verknotete die Hände in seinem Schoß und blickte mit einem betretenen Lächeln zu Boden.

23. Januar

Sharma scheint seine schlechte Laune überwunden zu haben. Er kam, wie mir Seine Hoheit erzählt, heute morgen in bester Stimmung in den Palast spaziert.

»Wie geht es dir heute?« fragte der König, wobei er ihn mißtrauisch beäugte.

»Mir geht's sehr gut.«

»Wirst du mir gehorchen?«

»Natürlich. Bin ich nicht immer gehorsam?«

Seine Hoheit überging diese Bemerkung mit dem Schweigen, das sie verdiente.

»Und du wirst meine Geschenke annehmen?«

»Natürlich. Sind wir nicht alle Ihre Bittsteller?«

»Und du wirst mit dem Sahib ausreiten, wenn er dich darum bittet?«

»Ja, gern will ich das.«

Seine Hoheit schlug die Hände zusammen, als wolle er sagen: »Was sagen Sie dazu?«

»Gestern war er für mich wie im Traum«, meinte er, »aber heute – ich weiß nicht.«

In der Abenddämmerung ist Chhokrapur einfach wundervoll. Ich stand heute eine Weile am Teich von Dilkhusha und beobachtete den unmerklichen Übergang vom Tag zur Nacht. Hinter der Wasserfläche ragte der Höhenzug, auf dem mein Haus steht, schwarz und schemenhaft empor, aber der Himmel darüber, der die Zypressen und die zugespitzte Kuppel des Hanumantempels oben auf dem Kamm an den Rändern erleuchtete, war blaßgrün und von einer seltsamen Tiefe, wie die Augen eines geliebten Menschen, in die wir hungrig blicken, weil wir glauben, hier, wo uns das Licht so klar entgegenzuleuchten scheint, endlich die Wahrheit zu finden. Weiter oben, getragen von den Wipfeln der Zypressen, erstrahlte Venus, und gleichzeitig lag sie mir hier zu Füßen, ein blasser, zitternder Seestern unter der silbernen Fläche des Wassers. Ein süßer Staubgeruch füllte die Luft. Die Triller einer Rohrflöte klangen aus der Ferne herüber, und auf der steinernen Umrandung des Sees kam mir ein Knabe mit Turban entgegen, machte einen Salaam, klaubte etwas Erde vom Weg auf und stieg die Stufen hinab, um sich die Hände zu waschen. Ich setzte meinen Weg fort, und im Weitergehen hörte ich ihn, schon außer Sichtweite, vor sich hinsingen, und seine Stimme mischte sich mit dem heiseren Klang der Flöte.

Die Nacht ist immer von eigenartigen Geräuschen erfüllt. Da ist das Pulsieren der Tom-Toms, die in dem einen oder anderen Haus das Hochzeitsfest oder andere Feierlichkeiten bis zum Morgengrauen in Gang halten und vom rasenden Singsang der Musikanten begleitet werden. Und da ist das Geheul der Schakale. Auf der Suche nach Nahrung wagen sich diese Tiere im Schutz der Dunkelheit sogar bis in die Stadt hinein. Ihr Geheul ist dem des Menschen ähnlich; es ist grauenhaft, wie ein gellender Schmerzensschrei.

Bis heute abend hatte ich geglaubt, dieses entsetzliche Wimmern stamme tatsächlich von menschlichen Wesen; allerdings hatte ich vergessen, nach der Ursache zu fragen. Doch als sie heute abend, nicht weit von meinem Haus entfernt, abermals zu heulen begannen, saß gerade Babaji Rao bei mir und erklärte mir, das seien bloß die Stimmen der Schakale.

»Es gab einmal einen sehr einfältigen König«, begann er sogleich in seiner pedantischen Art, indem er sich über die Glatze strich. Und dann erzählte er mir diese Geschichte. »Es gab einmal einen sehr einfältigen König, der, als er vor seinem Palast die Schakale ununterbrochen heulen hörte, seinen Minister fragte: ›Warum schreien sie so – diese armen Tiere?‹ ›Sie frieren‹, antwortete sein findiger Minister, ›und sie rufen nach warmer Kleidung. Die armen Viecher! Sie haben rein gar nichts zum Anziehen, nicht einmal ein Lendentuch, und ist es auch noch so kalt.‹ ›Wieviel wird es kosten, alle Schakale in meinem Reich einzukleiden?‹ fragte sein Gebieter. ›Mindestens zehntausend Rupien‹, erwiderte der findige Minister. ›Sorge dafür, daß es geschieht‹, befahl der einfältige König. Ein paar Tage später hörte er sie jedoch abermals heulen. ›Haben diese Schakale noch keine Kleider bekommen?‹ fragte er. ›Doch, Eure Majestät.‹ ›Warum schreien sie dann noch?‹ ›Sie danken Ihnen für Ihre Wohltat‹, gab der listige Minister zur Antwort.«

25. Januar

Als ich heute morgen zum Postamt ging, sah ich einen mit Binsen und Gras beladenen Elefanten durch das Osttor in die Stadt kommen. Der Maharadscha hält sich keine mehr, und dies war der erste Elefant, den ich in Chhokrapur zu Gesicht bekommen habe. Später erfuhr ich warum: Es ist der Geburtstag des elefantenköpfigen Gottes Ganesh und ein Fastentag. Zu seinem Andenken sollte ein Basar abgehalten werden, und am frühen Nachmittag kam Seine Hoheit, um ihn mit mir zu besuchen.

In meiner Türöffnung tauchte der graubärtige Munshi auf, schnatterte »Maharadscha Sahib! Maharadscha Sahib!« und zeigte auf die Auffahrt. Außer Hashim, dessen hölzerner Gleichmut nur dann weicht, wenn er mit seinem Neugeborenen spielt und ein reizendes, zärtliches Lächeln seine Züge erhellt, geraten alle Bediensteten des Gästehauses bei der Ankunft Seiner Hoheit aus dem Häuschen. Sie bringen ihr Äußeres in Ordnung und nehmen Aufstellung, bereit, sich bis zum Boden zu verneigen. Munshi aber ist immer am meisten aufgeregt und scheint überdies mit der Gabe ausgestattet zu sein, die Ankunft seines königlichen Herrn im voraus zu spüren, denn noch bevor der Wagen unten in der Ebene überhaupt sichtbar wird, kommt er schon aus dem Vorratsraum oder dem Küchenhaus herausgelaufen und starrt in Richtung Palast. Narayan behauptet, daß ihm nicht zu trauen sei und daß sich die Ausgaben des Gästehauses allein dadurch erheblich verringern würden, wenn ich die Schlüssel zum Vorratsraum bei mir tragen würde. Wenn das stimmt, gibt es eine andere Erklärung für die Wachsamkeit des alten Mannes als bloßen Eifer oder Anhänglichkeit. Ich hörte den Wagen vorfahren, setzte meinen Tropenhelm auf und ging dem Maharadscha entgegen.

»Es ist alles aus! Alles aus!« rief er mit tragischer Stimme, als ich auf ihn zuging.

»Was ist aus?« fragte ich beim Einsteigen.

»Napoleon der Dritte. Sein Onkel ist schwer krank. Man sagt, daß er sterben muß.«

Nachdem er dies verkündet hatte, ließ er verzweifelt die Hände in den Schoß sinken und wandte sich ab.

»Ach du liebe Güte! Aber – ist das nicht genau, was Sie wollten?« fragte ich.

»Aber mein Lieber, wenn er *jetzt* stirbt, werde ich den Knaben für immer verlieren! *Was* für eine schlimme Nachricht! Seit ich davon gehört habe, sind mir Singen und Tanzen wie vergällt.«

Ich konnte ihm nicht ganz folgen, und so erklärte er mir, daß den Jungen in Cawnpore zweihundert Meilen von seinem sterbenden Onkel trennten, während es noch einmal zweihundert Meilen waren, die den Onkel von Seiner Hoheit trennten. Falls nun vor dem Hingang des Onkels keine feste Abmachung zustande käme und der Neffe zu diesem Zeitpunkt Seiner Hoheit noch nicht übergeben worden sei, würde er ihm von anderen, skrupellosen Figuren weggeschnappt, die wie Wölfe ständig Ausschau hielten nach solch einem Lekkerbissen.

»Kränkelte schon immer«, bemerkte Seine Hoheit gereizt und meinte den Onkel.

»Naja«, meinte ich, »vielleicht ist Napoleon ja ein braver Neffe, der weiß, was sich gehört, und den armen alten Kerl an seinem Sterbebett besucht. Wenn Sie dann zur gleichen Zeit jemanden dort hinschicken, können Sie das Geschäft doch noch abschließen.«

»*Genau* das hoffe ich auch!« rief der König.

Der Bazar, der rund um den Tempel des Ganesh abgehalten wurde, war eine rein lokale Angelegenheit. Seine Hoheit ließ nicht weit davon auf der Straße anhalten und meinte, ich solle mir alles ansehen und dann zurückkommen.

Der Tempel stand auf einer kleinen Anhöhe und war eigentlich nicht viel mehr als ein Altarschrein, in dem man ein ungefähr zweihundertfünfzig Jahre altes Bildnis des Gottes aufbewahrte, das ich mir nicht ansehen durfte.

Die Anhöhe war von einer Mauer mit einem Tor umgeben, von dem weiße Stufen zum Schrein emporführten. Auf diesen Stufen und auf allen Seiten des Hügels drängten sich Hindus in leuchtend bunten Gewändern, während außerhalb der Mauer und am Toreingang Kaufleute und Straßenhändler ihre Stoffe, Süßigkeiten und Schuhe verkauften. Hier war nicht mehr viel los, aber der Tag ging auch schon zu Ende, und der Schrein war für die Bittsteller bereits seit den frühen Morgenstunden geöffnet gewesen und sollte um acht Uhr geschlossen werden. Es ist ein wichtiges religiöses Ereignis, und am Ende des Tages wird jeder Hindu in Chhokrapur den Schrein aufgesucht und dem Gott geopfert haben. Als Opfergabe dient eine Kokosnuß, die jeder Gläubige mitbringt und vor dem Bildnis zerschlägt; anschließend wird ihm vom Priester eine Girlande aus Ringelblumen um den Hals gehängt.

All das, einschließlich der Sache mit der Kokosnuß, setzte mir Seine Hoheit nach meiner Rückkehr auseinander. Es hatte da einst einen Mönch oder Weisen gegeben, der, wenn ich mich recht erinnere, gegen Indra, den Götterkönig, gekämpft hatte und von ihm besiegt worden war. Jedenfalls war er sehr verstimmt und teilte Indra mit, er werde wegziehen und seine eigene Welt erschaffen, die deutlich besser sein werde als die Indras. Und hätte er erst genügend Menschen erschaffen, würde er zurückkommen und abermals gegen ihn kämpfen. Seine Idee (die er geheimhielt) war es, erwachsene Männer auf Bäumen zu züchten, statt sich mit so langwierigen Dingen wie Liebe, Schwangerschaft und Erziehung aufzuhalten.

Indra lachte ihn aus; doch als er etwas später vom Berge Kylash herabsah und erkannte, was da vor sich ging, war er doch ziemlich beunruhigt. Denn der Weise hatte Wort gehalten und war dabei, Menschen in Plantagen zu züchten. Darauf kamen alle Götter zur Erde herab und flehten ihn an, von seinem Tun abzulassen, wozu er sich schließlich überreden ließ. Von den neuen Menschen war daher außer den Köpfen noch nichts gewachsen, und diese hängen noch immer von den Kokospalmen herab. Und sie werden heute als Symbol für den menschlichen Kopf vor dem Bildnis des elefantenköpfigen Gottes zerschmettert.

28. Januar

Als mich Seine Hoheit heute nachmittag abholte, begrüßte er mich auf die gleiche Weise wie bei unserer letzten Begegnung.

»Es ist alles aus! Alles aus!«

Dieses Mal brauchte er mir nicht zu erklären, worum es ging. »Napoleon der Dritte«, sagte ich.

»Er kommt nicht! Fffft!« Er klatschte einmal in die Hände, um anzudeuten, die Sache sei endgültig gestorben.

Offenbar war ein Bote mit fünfhundert Rupien zu dem Onkel geschickt worden, der, wie man meinte, nun, da er im Sterben lag, mit einem weitaus geringeren Betrag als dem ursprünglich verlangten zufrieden sein würde. Doch der Bote hatte in dem Bemühen, sich bei seinem Gebieter beliebt zu machen, seine Kompetenzen überschritten und alles verloren. In der Hoffnung, Napoleon zu einem noch niedrigeren Preis zu bekommen, hatte er den Onkel zugunsten einer benachbarten Tante übergangen, die ihm versichert hatte, nach dem Gesetz als einzige zum Verkauf des Knaben berechtigt zu sein. Sie würde ihn Seiner Hoheit für vierhundert Rupien überlassen. Unverzüglich eilte sie mit dem Boten zum Bahnhof und fuhr mit ihm nach Cawnpore. Doch bei ihrer Ankunft erfuhren sie von einem weiteren Onkel, der vorübergehend die Aufsicht über die Truppe führte, daß der Junge seltsamerweise gerade abgefahren sei, um ebenjene Tante in ihrem Heimatdorf zu besuchen. Ihre Wege mußten sich gekreuzt haben. Also kehrten sie hastig um. Aber der Junge war nicht da; er war nie dort gewesen, und auch bei seinem kranken Onkel war er nicht. Also reisten sie wieder nach Cawnpore zurück, um dort zu erfahren, daß der Junge für fünfhundert Rupien an eine andere Truppe verkauft worden sei und sich auf dem Weg nach Kalkutta befände.

»Was soll ich tun? Was soll ich tun?« fragte Seine Hoheit.

Ich hatte seiner Geschichte mit zunehmender Verwirrung gelauscht, und am Ende war mir schwach und konfus zumute. Irgendwo in der Mitte der Erzählung, irgendwo zwischen Cawnpore und dem Wohnsitz der schlauen Tante, hatte auch ich den Faden verloren. Doch während ich mir noch die Fragen an Seine Hoheit zurechtlegte, machte er mich auf einen Baum am Straßenrand aufmerksam.

»Sehen Sie diesen Baum?« fragte er. »Er ist sehr selten und heißt ›*Kalap* – Der Baum der Täuschung‹, denn er stand einst auf dem Olymp im Garten des Zeus, und was auch immer sich seine Bittsteller erhofften – Speisen, Geld, Freundschaft, Glückseligkeit – er pflückte es von diesem Baum und gab's ihnen.«

»Aber warum verpflanzen Sie dann nicht einen dieser Bäume in den Hof Ihres Palasts und beten unter seinen Zweigen um die Erfüllung Ihres Herzenswunsches, Majestät?« fragte ich. »Wenn Sie nur ein bißchen dran glauben, schaffen Sie es vielleicht, daß Napoleon der Dritte darauf wächst, wie eine Kokosnuß. Warum versuchen Sie es nicht?«

»Habe ich schon!« rief er. »Ich versuch's ja! Heimlich. Aber nichts passiert ... Gar nichts. Es ist alles – vorbei!«

Doch obwohl seine Worte sehr trübsinnig klangen, schien ihn die Niederlage auf seinem letzten napoleonischen Feldzug weniger erschüttert zu haben, als man es hätte erwarten können, und nach einiger Zeit wurde er tatsächlich wieder ganz munter. Als wir an einem hübschen grasbewachsenen Abhang vorbeikamen, auf dem einige Bäume standen, bemerkte er:

»Wenn es da drüben Griechen und Römer gäbe, würde ich mit ihnen Verstecken spielen.«

Wir waren auf dem Weg nach Chetla, einem Dorf, in dem eine Art Jahrmarkt stattfinden sollte und wo außerdem, wie mir Seine Hoheit erzählte, ein sehr schöner Knabe lebte, der Sohn eines Betelblattpflanzers, und der König wollte meine Meinung über sein Aussehen hören.

Zuerst schauten wir uns den Jungen an. Bald nachdem wir in den Ort hineingekommen waren, hielt der

Wagen an. Einige Männer standen vor ihren Lehmhütten, man schickte nach dem Jungen, und alsbald tauchte er in einem benachbarten Hauseingang auf und lief zu uns herüber. Er war mager und häßlich. Nachdem sie ein wenig geplaudert und zum Abschied die üblichen Grußformeln ausgetauscht hatten, fuhren wir weiter. Seine Hoheit vermied es, mich anzusehen, doch als wir außer Sichtweite waren, blickte er spitzbübisch zu mir herüber und brach in heiseres Gelächter aus.

»Ich hätte ihn nicht wiedererkannt«, sagte er. »Er ist ganz zusammengeschrumpft. Wie war Ihr Eindruck?«

»Sehr enttäuschend«, erwiderte ich.

»*Sehr* enttäuschend«, echote er.

Die wichtigste Einnahmequelle von Chetla ist der Betelblattanbau, wozu der Boden in Chhokrapur nicht geeignet ist. Es ist ein gutes Geschäft, und daher ist Chetla der reichste Ort im Staat. Seine Bewohner sind so wohlhabend und unabhängig, daß Seine Hoheit auf der Suche nach Dienern hier bisher immer die gleiche Antwort erhalten hat: »Warum sollen wir bei Ihnen dienen? Wir haben ja selbst Diener.«

»Sie sind sehr streitlustig und zänkisch«, bemerkte er bitter.

Während er noch sprach, kamen wir an Betelblattplantagen vorbei, die aus großen Feldern bestanden und von bis zu zehn Fuß hohen Zäunen aus Binsen und Bambus umgeben waren; die gleichen Materialien dienten als leichte Überdachung. Ich bat ihn darum, eine Plantage betreten zu dürfen, und er ließ den Wagen anhalten und gab mir seinen Vetter als Führer mit. Vom Eingang der Plantage verlief ein gerader, ungefähr zwei bis drei Fuß breiter Pfad ins Innere der Pflanzung, und im rechten Winkel dazu standen auf beiden Seiten gerade Reihen von Bambusstangen, an denen sich die Pflanzen emporrankten. Die Bambusstäbe standen so dicht, daß gerade noch ein Mann zwischen ihnen hindurchpaßte. Die Luft war kalt und duftete stark, und da die großen, hellgrünen Blätter das Licht färbten, glaubte man, sich unter Wasser zu befinden. Die Pflanzen wuchsen üppig und dicht und brauchten ständig Feuchtigkeit. Mir zuliebe schleppte ein bis auf seinen Lendenschurz nackter Bauer eine wassergefüllte, große irdene *Lutiya* herbei und zeigte mir, wie gewässert wurde. Das war eine einfache und anmutige Angelegenheit. Er nahm das Gefäß auf die linke Schulter, bewegte sich auf einem der schmalen Pfade zwischen den Bambusstangen langsam rückwärts und griff dabei mit der linken Hand, die Handfläche nach oben, in die Gefäßöffnung. Dann kippte er die *Lutiya* nach vorn, das Wasser floß vor ihm heraus, und er verteilte es auf die Betelwurzeln zu beiden Seiten, indem er seine rechte Hand in den Strahl hielt und sie leicht hin- und herbewegte.

Als wir wieder ins Sonnenlicht hinaustraten, schenkte mir ein kleiner Junge ein Häufchen stengelloser Ringelblumenblüten; man hatte ihm aufgetragen, sie in dem Gärtchen, das den Eingang zur Plantage schmückte, für mich zu pflücken. Ich dankte ihm und nahm sie in meine geöffneten Hände, wo ich sie während unseres Jahrmarktbesuchs vorsichtig aufbewahrte. Was ich für die Hauptstraße hielt, war offenbar das Zentrum des Marktes. Stände mit Zuckerzeug und Handelsware säumten den Rinnstein, und um sie herum herrschte dichtes Gedränge, das die Straße verstopfte. Wir taten nichts weiter, als uns mit dem Auto langsam einmal in die eine Richtung und wieder zurück unseren Weg zu bahnen, indem wir die Leute wie Gebüsch zur Seite drückten, das sich hinter uns sofort wieder schloß. Es gab viel Lärm und Gelächter und eine Reihe von Kommentaren, und man bezeigte dem König nicht annähernd so viel Ehrerbietung, wie ihm in den Straßen von Chhokrapur entgegengebracht wurde. Es wirkte jedoch alles recht launig, wenn ich auch die Kommentare der Leute nicht verstehen konnte. Seine Hoheit hatte sich weit zurückgelehnt und hob, ob man ihn grüßte oder nicht, von Zeit zu Zeit beiläufig die Hand und lachte manchmal vor sich hin, wenn etwas besonders Amüsantes passierte – beispielsweise als ein alter Mann von unserem Kotflügel in die Gosse geschubst wurde oder ein Junge sein Gesicht ans Fenster preßte und eine freche Fratze schnitt. Bald hatten wir die Menschenmenge jedoch hinter uns gelassen – wenn man von zwei oder drei Knirpsen absieht, die wie die Kletten seitlich am Auto hingen und die der Vetter des Königs mit einer langen Peitsche, die er immer dabei hatte, um Ziegen, Kühe oder andere Plagegeister zu vertreiben, erst hinunterschnipsen mußte.

»Kann ich diese hübschen Blumen jetzt wegwerfen, Majestät?« fragte ich, als wir Chetla hinter uns gelassen hatten.

»Ja, aber werfen Sie sie in einen Busch, damit man sie nicht zertritt.«

Ich tat, wie er gesagt hatte. Und kurz darauf sagte er leise:

»Bitte nennen Sie mich nicht ›Majestät‹; so hat mich mein lieber Lehrer immer genannt. Ich möchte nicht, daß das sonst noch jemand sagt.«

»Selbstverständlich«, erwiderte ich, »aber ›Maharadscha Sahib‹ ist so ein Zungenbrecher.«

»Dann nennen Sie mich ›Fürst‹.«

»Gut. Und was ist mit ›Mr. Ackerley?‹ Ist das für Sie nicht auch ein ziemlicher Zungenbrecher?«

»Oh, nein«, entgegnete er, »mir gefällt das sehr. Ich werde Ihnen etwas erzählen, aber Sie werden mich für sehr albern halten. Als ich Ihren Namen zum ersten Male hörte, mußte ich an ein Bächlein denken, das über kleine Steine fließt.«

Ich erinnere mich, daß Mrs. Gibbins, als sie vor einem Monat im Gästehaus wohnte, sich darüber beklagte, wie oft ihre Nachtruhe durch die Wächter auf der Veranda gestört würde, wenn diese, über ihr Kohlenbecken gekauert, husteten und ausspuckten oder redeten, im wachen Zustand und im Schlaf. Als sie eines Nachts durch ein Geräusch geweckt wurde, sah sie durch die Türöffnung hinaus und erblickte im Mondlicht »eine seltsame Gestalt – eine hagere Gestalt auf einem ausgemergelten weißen Pferd, die aussah wie der Weiße Ritter in *Alice hinter den Spiegeln*«. Im strengen Tonfall von Befehlsgebern, die es gewohnt sind, daß man ihnen gehorcht, herrschte sie die Wächter dann gewöhnlich an, den Mund zu halten oder zu verschwinden; mir aber gelingt das nicht so gut. Jede

Nacht – und bei schlechtem Wetter manchmal auch tagsüber – wird meine vordere Veranda von merkwürdigen, herrenlosen zerlumpten Gestalten bevölkert. Ein wenig schmutziges Stroh in der Ecke (das tagsüber die Kühe fressen, die auf der Suche nach Futter manchmal in mein Wohnzimmer trotten) dient der Wache des Nachts als Schutz vor dem harten Betonboden. Und da liegen sie dann, wie Mumien in ihre Decken gehüllt, oder sie hocken rauchend um ein Kohlenbecken; die Pfeife geht von Hand zu Hand, ihre hageren Hinterteile hängen nur knapp über dem Boden, der Rücken ist gebeugt, und die Arme baumeln über ihre Knie – wie ein Häufchen durchnäßter Vögel.

Ich spähe hinaus. Außer den Wachen sind da noch zwei Männer, arm und abgezehrt, die sich mit einander zugewandten Gesichtern unter eine Decke kauern, und in der Ecke am anderen Ende hockt eine alte, in ihren rostroten Schal gehüllte Frau mit Ringen an den Zehen und einem Schmuckstück an der Nasenwurzel. Auch sie kauert auf ihren Hacken und raucht, allein, aus einer zerbrochenen Pfeife; zwischen ihren dünnen, braunen, runzeligen Beinen steht ein Kohlenbecken.

Ich spähe zu ihr hinüber. Sie bemerkt das Funkeln meiner Augen hinter dem Fenster und zieht den Schal über ihr Gesicht. Ich ziehe mich zu meinem Buch zurück. Durch die Türritzen dringen der Rauch des Holzkohlenfeuers und das gedämpfte Gespräch der Wachen oder der beiden Männer, die zusammen unter der einen Decke liegen.

Jemand röchelt und röchelt, als würde er gleich ersticken. Die Pfeife wird weitergereicht. Bald wird sie wieder bei ihm landen, er wird wieder röcheln, und man wird gedämpftes Gelächter hören. Ich ziehe mich ins Bett zurück und liege allein unter meiner Decke, während draußen die Pfeife herumgeht...

3. Februar

Napoleon der Dritte ist in Chhokrapur. Er traf gestern nacht ein, unbezahlt und eskortiert. Seine Hoheit behauptet, völlig unschuldig zu sein. Wie konnte er ahnen, daß der Bote so weit gehen und den Jungen entführen würde? Es ist »eine echte Plage«, besonders weil sich der kranke Onkel, dessen Tod jetzt sehr hilfreich wäre, angeblich wieder erholt. Es könnte einen Skandal geben ... gerichtliche Schritte...

Was soll er bloß tun? Er ist »sehr aufgebracht«. Napoleon ist auch »sehr aufgebracht«. Seine Eskorte hatte es nicht leicht mit ihm. Er hat auf dem ganzen Weg von Cawnpore bis hier lautstark protestiert. Er will in Chhokrapur nicht bleiben. Er ist an ständige Abwechslung und ständige Aufregung und große Städte gewöhnt. Er wird in Chhokrapur nicht bleiben. Er wird Ärger machen. Er wird seine Tante dazu bringen, Ärger zu machen. Sie ist schon auf dem Weg hierher. Auch sie ist »sehr aufgebracht«.

Abdul ging heute mit mir spazieren, »um mit mir auf Hindi über die Erscheinungen der Natur zu plaudern – Sie werden sehr gut sprechen lernen auf diese Weise«. Er trug einen enormen, ziemlich schmutzigen braunen

Tropenhelm, auf den er augenscheinlich sehr stolz war, der seine ganze Erscheinung jedoch erheblich reduzierte, weil er fast den gesamten Kopf und Hals verschluckte. Den unentbehrlichen Regenschirm trug er unter dem Arm.

»Ich muß Sie etwas fragen, Mr. Ackerley«, begann er. »Drei Dinge. Versprechen Sie, mir meinen Wunsch zu erfüllen?«

»Nennen Sie ihn, Abdul.«

»Aber Sie müssen ihn in Ihrem Herzen bewahren und dürfen keinem davon erzählen.«

»Das müssen Sie meiner überlegenen Intelligenz überlassen«, sagte ich.

Er lächelte gekünstelt und hub nach kurzem Nachdenken zu einer wortreichen Erklärung an. Würde ich ihm vom Politischen Berater ein Empfehlungsschreiben besorgen, mit dem er sich in einem Nachbarstaat eine bessere Stelle suchen könnte? Besser als die Position eines Schreibers im Forst- und Bergbauministerium mit zwölf Rupien im Monat, die er momentan in Chhokrapur bekleidete?

»Wie soll ich damit mich und meine Familie versorgen?« klagte er. »Das ist unmöglich.«

»Aber aus welchem Grund sollte der Politische Berater eine derartige Bitte erfüllen?« entgegnete ich. »Er kennt Sie nicht, und mich kennt er auch kaum ...«

Doch Abdul hielt sich damit nicht auf. Falls das nicht klappen sollte, gäbe es in Chhokrapur noch zwei Stellen, die er sehr gern haben würde: die einer Schreibkraft im »Kriegsministerium« oder die des Dozenten für Persisch und Urdu in der Schule.

»Aber sind diese Stellen denn frei?« fragte ich.

»O nein, aber die jetzigen Inhaber kann man ja irgendwo anders hin versetzen. Sie brauchen sich nur an Seine Hoheit zu wenden, und er wird das sofort für Sie erledigen. Außerdem ist der Dozent kein guter Mann, überhaupt nicht. Er hätte die Stelle nie bekommen dürfen, aber man hat meine Bewerbung übergangen, weil ich Mohammedaner bin. Aber ich bin für den Posten viel besser geeignet als jeder andere – obwohl ich das natürlich nicht sage, weil ich die Stelle *will*, sondern weil es *wahr* ist. Sie verstehen? Bin ich klar ausgedrückt? Auf diese Weise!«

»Verstehe«, sagte ich. »Und Sie haben keine Skrupel, einen Mann von seinem Posten zu vertreiben, um selbst seine Stelle antreten zu können?«

»Aber er kann doch anderswo einen Posten bekommen. Einen *viel besseren* Posten ... in irgendeinem anderen Staat. Auf *diese* Weise! Deshalb wäre es für ihn von großem Nutzen ...«

»Sie Heuchler! Es kümmert Sie doch nicht die Bohne, ob er dabei verhungert. Nein, mein lieber Abdul, wir werden Ihren Ersatzplan nicht weiter verfolgen und lieber die Sache mit dem Politischen Berater probieren.«

Er kicherte verlegen und zog das Kinn ein.

»Ach, Mr. Ackerley, Sie gehen den Dingen aber auch immer so auf den Grund! Aber wenn Sie mir versprechen, in Chhokrapur zu bleiben, um einen guten, dauerhaften Posten zu suchen, will ich überhaupt nicht mehr von hier fort. Warum tun Sie das nicht? Tun Sie es doch, mir zuliebe.«

Als ich heute vormittag meinen Schlafraum betrat, schreckte ich eine Ratte auf, die auf meinem Toilettentisch hockte. Flugs war sie dahinter verschwunden. Dann herrschte Stille. Ich fragte mich, wohin sie sich wohl verkrochen haben mochte, denn das Möbelstück stand isoliert, und die Ratte war nicht dahinter hervorgekommen. Ich spähte darunter, konnte aber nichts entdecken und kam daher zu dem Schluß, daß sich die Ratte auf halber Höhe zwischen Tisch und Wand befinden mußte. Und weil ich mir nicht erklären konnte, wie sie sich in dieser schwierigen Position halten könnte, lugte ich vorsichtig dahinter.

Da war sie: ein kugelförmiges, dunkles Etwas mit kleinen Knopfaugen, die glänzend aus dem Dunkel zu mir heraufblickten. Sie hielt sich ähnlich wie ein Bergsteiger, der dabei ist, jenes Hindernis zu überwinden, das man wohl einen »Kamin« nennt. Die gespreizten Beinchen klammerten sich auf der einen Seite an die rauhe Wand und auf der anderen ans Holz des Tisches. Es sah ziemlich absurd aus, wie der kleine fette Körper an seinen kurzen, gespreizten Streichholzbeinchen über dem Abgrund hing. Wir starrten uns eine Weile an. Ich hätte gern gesehen, wie sie ihren Abstieg fortsetzte, doch sie schien nicht dazu aufgelegt, sich zu rühren, und da ich sie nicht länger stören wollte, ging ich hinaus.

Am Abend kam Babaji Rao in seiner Tonga heraufgefahren, um sich mit mir zu unterhalten. Ein netter Kerl. Ich habe inzwischen gemerkt, daß seine unstete, wortkarge Art (die mich in Verbindung mit seinem Äußeren anfangs unangenehm berührt hatte) bloß auf sein scheues Wesen zurückzuführen ist, während er, der meine Reserve womöglich als Vorurteil gegenüber dunkelhäutigen Menschen gedeutet hat (oder als jenes Bewußtsein von rassischer Überlegenheit, das der Anglo-Inder ausdünstet), nun ebenfalls hocherfreut ist, sich geirrt zu haben, und mein Freundschaftsangebot bereitwillig angenommen hat. So daß wir beide jetzt wunderbar miteinander auskommen. Auch seinen Tongafahrer kann ich gut leiden, obwohl sich unser Umgang auf den häufigen Austausch eines breiten Grinsens beschränkt. Es ist ein dünner, pockennarbiger Mohammedanerbengel, und er ist außergewöhnlich schmutzig; sein Hals ist dermaßen verdreckt, daß ich Babaji Rao darauf hinweisen mußte. Aber sein Lächeln ist so ansteckend, daß es mich jedes Mal fröhlich stimmt. Auch seine Kleidung – wenn man das so nennen will – ist schlampig und verdreckt; doch auf ein Stück ist er offenbar sehr stolz, und ich habe ihn nie ohne es gesehen. Es ist eine Weste, die er zuletzt überzieht. Irgendwann muß sie einmal sehr schön gewesen sein; mittlerweile sind jedoch nur noch das völlig fettige und fleckige Rückenstück und ein paar Fetzen rosafarbene Seide übriggeblieben, die vorne an den Armlöchern herunterhängen. Man bemerkt also nur von hinten, daß er ein Kleidungsstück mehr trägt, als seine Vorderansicht zu erkennen gibt.

Babaji Rao schüttelte mir die Hand, legte seine schwarze, runde Kappe auf den mittleren Tisch neben der Lampe und setzte sich in der ihm eigenen Haltung mir gegenüber: die Beine weit gespreizt und die Hände auf den Oberschenkeln, mit den Fingern nach innen. Weil er dies auf eine so achtsame Weise tut, habe ich immer das Gefühl, daß er mir nicht gern die Hand gibt und jedesmal froh ist, wenn er es hinter sich hat. Und einmal abgesehen von der Tatsache, daß dies eine für einen Hindu unübliche und daher ungewohnte Begrüßung ist, kann es ihm natürlich auch nicht angenehm sein, die Hand eines Fleischessers berühren zu müssen. Doch im Gespräch ist er mutig und immer bereit, sich – sozusagen im Interesse der Wissenschaft – mit mir über jeden auch noch so unangenehmen Gegenstand zu unterhalten. Und so brachte ich das Gespräch auf eben jenes Thema des Fleischverzehrs, und er erzählte mir von einer bemerkenswerten Begebenheit.

Sein einziger, mittlerweile achtjähriger Sohn Ram Chandra spielte vor zwei Jahren mit ein paar Feuerwerkskörpern, als plötzlich einer von ihnen zu früh explodierte und sein Dhoti Feuer fing. Babaji Rao hatte große Mühe, ihm das brennende Kleidungsstück vom Leib zu reißen, wobei er selbst an beiden Händen Verbrennungen erlitt; dennoch hatte der Kleine an den Oberschenkeln und am Bauch bereits sehr schwere Verletzungen davongetragen.

Natürlich brauchte er sofort medizinische Hilfe, und obwohl Babaji Rao wußte, daß seine Eltern, die nicht in Chhokrapur leben, es lieber gesehen hätten, wenn er der indischen Heilkunde vertraut hätte, holte er den örtlichen indischen Doktor, der die Methoden der europäischen Medizin anwandte. Das Kind war durch den Schock und die Schmerzen sehr geschwächt und konnte außer etwas Reis und Porridge nichts zu sich nehmen. Der Doktor meinte, daß das nicht reichen werde und die nur durch reichhaltigere Nahrung gestärkten Abwehrkräfte äußerst notwendig seien, denn die Wunden mußten ständig eingerieben und frisch verbunden werden, und dieser Vorgang war so schmerzhaft, daß der Kleine bei der geringsten Berührung aufschrie und das Ganze fast zwei Stunden dauerte. Da der Patient keine Milch vertrug, gab der Doktor Babaji Rao den Rat, ihm etwas zu geben, was er vertragen konnte – nämlich »Brands Hühnerbrühe«. Babaji Rao verzog angewidert sein Gesicht, als er diese schauerlichen Worte über die Lippen brachte. Hatte sich jemals ein Sterblicher in einem derart schrecklichen Dilemma befunden? Er hatte nicht gewußt, was er tun sollte. Er konnte noch nicht einmal mehr klar denken. Und er mußte die Sache ganz allein mit seinem Gewissen abmachen, denn er konnte seine Freunde in einer so widerlichen Angelegenheit nicht um Rat fragen, den Premierminister natürlich ausgenommen. Der hatte ohne Umschweife genau das gesagt, was man von ihm erwarten konnte: »Lieber Freund, seien Sie kein Dummkopf! Tun Sie, was der Doktor Ihnen sagt, und machen Sie deswegen nicht so ein Theater!«

Der Premierminister hatte sich nämlich bereits des Vergehens schuldig gemacht, sich mit seinen Neffen zum Essen an einen Tisch zu setzen; und da diese in England zur Schule gegangen waren, mußte man davon ausgehen, daß sie dort Fleisch gegessen hatten – oder daß sie zumindest mit Leuten an einem Tisch gesessen hatten, die Fleisch aßen. Durch seine Tat hatte er sich mit dem gleichen Makel besudelt. Dieser reichte schon aus, es seinen Neffen unmöglich zu machen, Heiratsverträge mit den besten Familien abzuschließen, wozu sie aufgrund ihrer sehr hohen Abstammung eigentlich berechtigt waren. Doch ein solcher Verlust an Ansehen, durch den das Selbstwertgefühl Babaji Raos mit Sicherheit beschädigt worden wäre, hatte beim Premierminister die umgekehrte Wirkung. Weil er durch seine Mahlzeiten in Gesellschaft derer, die Fleisch gegessen hatten, auch seine eigenen Kastenprivilegien eingebüßt hatte, tat er nun in aller Öffentlichkeit, was er privat (wie man vermutete) bereits seit längerem getan hatte – er aß selbst Fleisch. Auch Eier. Er aß sie gern! Obwohl Babaji Rao den Mut des Premierministers heimlich bewunderte, während er seine Vorliebe für Eier beklagte, und obwohl er sich durch dessen entschiedenen Ratschlag vielleicht ein wenig getröstet fühlte, war er außerstande, seinen Rat anzunehmen. Was würden seine Eltern sagen, wenn er gegen ihre Bedenken (denn sie würden es niemals zulassen) Ram Chandra »Brands Hühnerbrühe« einflößte – was immer diese »Brands Brühe« auch enthalten mochte? Was würde ihm sein Sohn später sagen, wenn er erführe, daß er das Opfer einer solchen Ungeheuerlichkeit geworden war? Und doch, andererseits ... Er konnte sich nicht entscheiden.

Fünf oder sechs Tage lang hatte er bereits gezaudert und gehofft, der Gesundheitszustand des Jungen werde sich von allein bessern, ohne daß man zu diesem äußersten Mittel greifen mußte. Doch am Ende hatte der Arzt versichert, er könne für das Leben des Kindes nicht garantieren, wenn man seine Anweisungen nicht befolge. Da gab Babaji Rao nach. Er hatte aber noch immer nicht den Mut, selbst den ersten Schritt zu tun. Es war der Premierminister, der das schreckliche Zeug schließlich kaufte, die Dose öffnete und Ram Chandra die ersten Löffel davon verabreichte. Danach setzten Babaji Rao und seine Frau die Behandlung fort, bis ungefähr neun oder zehn Dosen aufgebraucht waren. »Brands Hühnerbrühe« schien übrigens mit Hühnern weniger zu tun zu haben als das Ei des Premierministers, aber das war ein schwacher Trost. Und sobald der Kleine offiziell nicht mehr in Lebensgefahr schwebte, brach Babaji Rao gegen den Rat des Arztes die Behandlung ab, obwohl sein Sohn immer noch entsetzlich schwach war und sich sehr quälen mußte.

Allmählich jedoch erholte sich das Kind. Dennoch dauerte es vom Tag des Unglücks an fast drei Monate, bis er so weit wiederhergestellt war, daß Babaji Rao, der im Wechsel mit seiner Frau an seinem Bett gewacht hatte, wieder eine ganze Nacht durchschlafen konnte.

Er erzählte mir diese Geschichte voller Unbehagen und Scham. Dann gestand er:

»Ich habe es meinem Vater erst später erzählt, und er war sehr böse mit mir und meinte, ich hätte Unrecht getan.«

»Und was ist mit dem Jungen?« fragte ich. »Weiß er es?«

»Ja, er weiß es«, erwiderte Babaji Rao und starrte auf die Wand. »Und immer wenn er daran denkt, schämt er sich sehr. Er wollte, ich hätte es ihm nicht gegeben, und ich denke jetzt oft, daß ich vielleicht gar kein Recht dazu hatte – seinetwegen. Aber damals haben wir ihm nichts gesagt, so daß er nicht wußte, was er aß. Und ich wünschte, man hätte es auch mir verschwiegen und ohne mein Wissen gehandelt.«

»Aber angenommen, Sie *hätten* ihm damals davon erzählt – hätten ihm gesagt, daß er mit Sicherheit sterben würde, wenn er nichts davon zu sich nähme?«

»Er hätte es nicht gegessen«, sagte Babaji Rao.

5. Februar

Daß ich mit dem Politischen Berater nicht besonders vertraut bin, hat Abdul offenbar entmutigt, denn er scheint jegliches Interesse in dieser Richtung verloren zu haben und liegt mir statt dessen ständig in den Ohren, mich dafür einzusetzen, daß ihn der Maharadscha auf einen besseren Posten befördert. Ich habe ihm nichts versprochen, doch Abdul bedarf der ausdrücklichen Ermunterung nicht. Seine Bitten liefern bereits selbst ein Versprechen mit; dieses leitet sich aus einer jeden Reaktion her, die nicht eindeutig ablehnend genannt werden kann. Es dauerte daher nicht lange, und er begann, mich wegen meiner Unzuverlässigkeit zu rügen. Heute ergab sich allerdings eine Gelegenheit, ein Wort für ihn einzulegen, und ich ergriff sie.

»Wie kommen Sie mit Ihrem Privatlehrer voran?« erkundigte sich Seine Hoheit.

»Recht gut«, sagte ich. »Wenn ich für ihn genausoviel arbeiten würde wie er für mich, käme ich *sehr* schnell voran. Er ist ein begabter Lehrer, und es ist schade, daß er sein Talent auf einem schlecht bezahlten Angestelltenposten vergeudet. Erst gestern erzählte er mir, wie enttäuscht er gewesen sei, als er die frei gewordene Dozentenstelle für Persisch und Urdu an Ihrer Schule nicht bekam. Vielleicht ist da noch Platz für einen zweiten Dozenten? Kann man irgend etwas für ihn tun, mein Fürst?«

»Was bekommt er? Fünfzehn Rupien?«

»Nein, zwölf; und er sagt, es sei schwierig, sich und seine Familie davon zu ernähren.«

»Aber dann muß er eine Petition einreichen«, sagte Seine Hoheit würdevoll. »Warum hat er das noch nicht getan? Sagen Sie ihm, er soll eine schreiben und sie Ihnen geben, und Sie können sie mir geben, und ich gebe sie dem Dewan.«

Als Abdul am Nachmittag kam, war ich etwas müde und wartete deshalb nicht wie sonst, bis er sich an das Thema, das ihn am meisten beschäftigte, auf die ihm eigene, umständliche Weise herangepirscht hatte, sondern erzählte ihm gleich, daß ich mit dem Maharadscha über ihn gesprochen habe. Er wurde sofort ganz kribbelig.

»Und man wird mich auf diesen Posten an der Schule versetzen? Wann? Morgen? Sagen Sie, daß es so ist. Wenn es nicht so ist, sagen Sie mir nichts. Ist es so?«

Ich schüttelte den Kopf.

»Dann sind es schlechte Nachrichten!« jammerte er. »Ich will nichts hören. Sagen Sie mir nichts! O mein Gott! Sie haben versagt. Sie haben nicht Ihr Bestes für mich gegeben. Sie haben nicht gesagt, was ich Ihnen gesagt habe. Sie haben ihn nicht *gepiesackt.* O mein Gott! Es sind schlechte Nachrichten! Dann sagen Sie mir nichts! Ich will nichts hören!« Er begann, hastig in seinem Wörterbuch zu blättern; dann hub er ohne aufzublicken von neuem zu jammern an. »O mein Gott! Was soll ich jetzt nur tun? Bald werden Sie uns verlassen, und ich werde zurückbleiben – und Sie haben nicht Ihr Bestes für mich gegeben. O mein Gott! Aber los jetzt, erzählen Sie, wie ist es gewesen?«

Ich berichtete ihm von unserer Unterhaltung.

»Aber das ist ja gut!« rief er, und sein Gesicht hellte sich auf. »Eine Petition? Dann ist ja alles klar! Ich bekomme die Stelle! Er gibt sie mir! Das sind doch *gute* Nachrichten! Warum haben Sie gesagt, es sind *schlechte* Nachrichten?«

Er war sehr aufgeregt, rückte ganz nah an mich heran und starrte mir ins Gesicht. Irgend etwas aber – vielleicht mein amüsierter Blick – machte ihn plötzlich verlegen, und er wich abrupt zurück, gab sich wieder sittsam und lehrerhaft und begann mit dem Unterricht. Doch sobald unsere Stunde um war, in deren Verlauf er ungewöhnlich häufig geistesabwesend war und Ungeduld über meine Schwerfälligkeit zeigte, fragte er mich, ob ich ihm den Gefallen tun würde, die Petition für ihn aufzusetzen, »in bestmöglichem Englisch und bestmöglicher Manier«, und etwas widerwillig brachte ich folgendes zu Papier:

»Mit der Erlaubnis Eurer Hoheit, des Maharadscha Sahib Bahadur von Chhokrapur, möchte ich, Abdul Haq, hiermit darum ersuchen, mir in der Oberschule eine Anstellung als Lehrer für Persisch und Urdu zu gewähren, denn ich bin in beiden Sprachen gründlich bewandert; oder mich in einer gleichwertigen Position (als Direktor der Vorschule oder als Verwalter des Gästehauses) zu beschäftigen, die Eurer Hoheit angemessen erscheint und mit der eine dauerhafte Stelle und ein Monatsgehalt von fünfundzwanzig Rupien verbunden sind plus soviel extra, wie Eurer Hoheit angebracht und gerechtfertigt erscheint. Ich habe die Ehre, Eurer Hoheit gehorsamster Diener zu sein ...«

Ich las es ihm vor, und er nickte langsam, den Blick auf das Papier geheftet. Sein Schweigen überraschte mich. Er blieb auch noch stumm, während ich den Brief ins reine schrieb – bis ich zu dem Wort »gerechtfertigt« kam. Hier unterbrach er mich, indem er seine magere Hand ausstreckte:

»Bitte fügen Sie hier hinzu – ›Für diesen huldvollen Beweis großer Güte werde ich jeden Tag für Eure Hoheit beten sowie für den Sohn Eurer Hoheit, den Raja Bahadur, sowie für ...‹«

»Nein, Abdul«, sagte ich entschlossen. »Wenn Sie irgend etwas hinzugefügt haben wollen, müssen Sie es selber tun.«

»Aber es schadet nichts, doch?«

»Es ist überflüssig.«

»Aber er ist Hindu. Es wird ihm gefallen.«

»Niemand gibt einen Pfifferling, ob Sie für ihn beten oder nicht«, schnappte ich.

Aber natürlich hatte er recht. Das wurde mir klar, nachdem mein Ärger verflogen war. Er behandelte Seine Hoheit genauso, wie Seine Hoheit den A.G.G. behandelt hatte. Es war so üblich, es war vertretbar, und meine Verärgerung darüber war dumm und schlecht.

Als Babaji Rao abends zu mir heraufkam, grinste mir sein Tonga-wallah noch breiter als sonst entgegen, aber ich war zu überrascht, um darauf reagieren zu können. Der Bursche war weitgehend sauber.

»Was ist denn mit Ihrem Tonga-wallah passiert?« fragte ich. »Ist er in einen der Wasserspeicher gefallen?«

Babaji Rao lächelte.

»Sein Hals ist mir gestern selber aufgefallen, und ich habe zu ihm gesagt: ›Wäschst du dich eigentlich nie?‹ Dann habe ich ihm zwei Pais gegeben. Aber ich war selbst etwas erstaunt, als er heute so sauber war.«

Zwei Pais sind ungefähr ein halber Penny.

»Ein Wunder«, sagte ich. »Was glauben Sie, wie hat er das geschafft?«

»Er hat sich ein Stück Seife gekauft.«

»Und wieviel hat sie ihn gekostet?«

»Zwei Pais.«

Ich fand es sehr brav von dem Jungen, daß er die zwei Pais für ein Stück Seife ausgegeben hatte, denn sein staatlicher Wochenlohn beträgt eine Rupie (ungefähr eineindrittel Shilling), und Babaji Rao, der selbst schlecht bezahlt wird, legt kaum etwas drauf, wie schon bemerkt wurde.

Heute abend brachte ich Babaji Rao auf die Heiratsgebräuche der Hindus zu sprechen, und er erzählte sehr ausführlich davon.

Eine Hinduhochzeit ist, ihm zufolge, in drei Zeremonien unterteilt: Verlöbnis, Hochzeit und Vollzug. Die ersten beiden finden statt, wenn der Junge etwa fünf Jahre alt ist. Ungefähr zu dieser Zeit beginnt der Vater damit, eine Frau für ihn zu suchen. Manchmal wird dies auch durch einen Boten bewerkstelligt, einen professionellen Ehestifter also, der sich im gewünschten Bezirk nach einem ebenbürtigen weiblichen Säugling umsieht, das heißt nach einem Mädchen, das zumindest der gleichen Kaste angehört.

Dieser Gesichtspunkt ist der wichtigste. Normalerweise handelt es sich wohl um zwei benachbarte Familien, die sich gegenseitig gut kennen und in dieser Frage vielleicht schon einig sind, so daß ein Bote entweder nicht notwendig oder eine bloße Formalität ist. Fehlt allerdings diese Vertrautheit, werden gewisse Nachforschungen notwendig.

Entweder betrachtet man hierfür die Informationen des Boten als ausreichend, oder man hält es außerdem für wünschenswert, die mögliche Braut selbst zu inspizieren. Jedenfalls ist klar, daß Liebe bei dieser Transaktion keine Rolle spielt. Wenn sich also die Familie des Jungen vergewissert hat, daß es sich bei dem Mädchen um einen interessanten und brauchbaren Artikel handelt, daß sie gesund ist an Leib und Seele und im Vollbesitz ihrer geistigen Kräfte, dann haben sie alles in Erfahrung gebracht, was sie wissen wollen. Allerdings sei das, wie Babaji Rao betonte, in seinen etwas fortschrittlicheren Kreisen inzwischen anders; hier verlange man gewöhnlich eine Photographie, und wenn diese ausbleibt, macht ein *seriöses* Familienmitglied – der Vater oder ältere Bruder (der jüngere gilt nicht als *seriös*) – der jungen Dame einen Besuch und erstattet über ihre Erscheinung zu Hause Bericht. Sind die Berichte beider Seiten zufriedenstellend ausgefallen, wird daraufhin der Brautvater das Horoskop des zukünftigen Bräutigams sehen wollen, um zu prüfen, ob es günstig ist und mit dem seiner Tochter in Einklang steht. Und wenn irgend etwas nicht stimmt, wenn ihm ein früher Tod vorausgesagt ist oder wenn sein Horoskop, und sei es an sich auch noch so makellos, in der Konjunktion mit dem gleichfalls günstigen Horoskop des Mädchens eine unfruchtbare oder unglückliche Verbindung vorhersagt, ist die Heirat gestorben. Allen Hindus wird bei der Geburt ein Horoskop gestellt, außer bei den niedrigsten Kasten, Straßenfegern und Flickschustern, die die Dienste eines Pandits normalerweise nicht bezahlen können und daher von einem Tag zum nächsten durchs Leben gehen müssen, ohne zu wissen, was ihnen bevorsteht.

Harmonieren aber beide Horoskope miteinander, ist die Ehe damit besiegelt, wobei der eigentliche Heiratsantrag immer von der Seite des Mädchens kommt. Nun findet die Verlobungszeremonie statt. Verheiratet wird das Paar erst später. Das heiratsfähige Alter ist in ganz Indien unterschiedlich; in Chhokrapur sollte der Junge jedoch zehn Jahre oder älter sein und das Mädchen mindestens sieben.

»Aber in meinen Kreisen, die wir als fortschrittlicher empfinden«, meinte Babaji Rao, »sollte die Braut mindestens vierzehn sein.«

An dem für diese zweite Zeremonie festgelegten Tag begibt sich der Bräutigam zusammen mit seiner Familie und großer Begleitung zum Haus des Brautvaters. Er betritt es jedoch nicht in Begleitung. Die Festgemeinde bleibt in einiger Entfernung davor stehen, und er geht allein und mit leeren Händen weiter, denn dem Brauch nach muß es so aussehen, daß er als Bettler kommt und man ihm das Mädchen aus Mildtätigkeit zur Frau gibt. Und daher ist es kaum verwunderlich, daß viele dieser Kinder erst in ihrer Pubertät jene mildtätigen Gaben richtig einschätzen können, deren Nutzen und Gebrauch sie zum Zeitpunkt des Beschenktwerdens noch nicht kennen konnten. Erst später beginnen sie an der Unfehlbarkeit der Horoskope zu zweifeln und entwickeln für den Rest ihres Lebens eine bestimmte Einstellung zum Thema Mildtätigkeit, die man vermutlich in keiner der heiligen Wedas finden wird. Narayan beispielsweise liebt seine Frau keineswegs; »sie ist viel häßlich«, klagt er. Doch der Premierminister, der kürzlich über die körperliche Schönheit des Menschen sprach, behauptete, ihr gar keinen Wert beizumessen. Sie sei unwichtig. Im übrigen gebe es ein indisches Sprichwort, das da lautet: »Ein schönes Weib ist ihres Gatten schlimmster Feind.« Nichtsdestotrotz gab er zu, sich noch ein bis zwei Jahre, nachdem seine Eltern ihn verheiratet hatten, an der Reizlosigkeit seiner Frau gestoßen zu haben. »Aber ich habe aus einer üblen Sache das Beste gemacht, und jetzt merke ich, daß es eigentlich gar keine so üble Sache war, sondern eine gute Sache, denn sie ist mir eine hervorragende Hausfrau, und wir sind sehr glücklich miteinander.«

»Außerdem hat sie mich nicht im Pantoffel«, fügte er hinzu. Dann besann er sich kurz und verbesserte: »Unterm Pantoffel.«

Doch zurück zum Thema. Im Hause der Braut erwartet den Bräutigam eine große Gesellschaft, und man weist ihm für sich und seine Freunde ein anderes Haus zu, weil sie ein paar Tage bleiben und feiern müssen. All dies geschieht meist im Frühjahr, der für Hochzeiten günstigsten Jahreszeit.

Die eigentliche Zeremonie ist ziemlich kompliziert. Wenn ich mich recht erinnere, sitzt das Paar auf dem Boden, und der amtierende Pandit entzündet ein heiliges Feuer zwischen ihnen. Dann erheben und vereinigen sie sich – das heißt, ihre Gewänder werden durch ein geweihtes Stück Tuch zusammengeknotet, unter dem man ihre Hände ineinanderlegt. Danach gehen sie in jeweils sieben Schritten dreimal um das heilige Feuer herum, wiederholen Gebete und singen Lieder aus den Wedas. Damit ist die Zeremonie beendet. Sie sind jetzt Mann und Frau, und er nimmt sie mit zu sich nach Hause, wo sie ein paar Tage bleibt, um seine Verwandten kennenzulernen. Die Ehe wird natürlich nicht vollzogen. Das ist noch einmal eine völlig andere Angelegenheit, die sich je nach Ermessen der Eltern ein Jahr, drei Jahre oder fünf Jahre später ereignet. Handelt es sich um eine Hochzeit in den unteren Schichten, so ist die Ehefrau völlig frei und kann gehen, wohin sie will (wiewohl sie wahrscheinlich ihr Gesicht vor fremden oder ungebührlichen Blicken auf der Straße verschleiern wird). Kommt die Ehefrau hingegen aus den oberen Schichten, verschwindet sie, nach der Zeremonie des Vollzugs der Ehe, in die *Purdah* und ist außer für ihren Ehemann, ihre engsten Verwandten und ihre Freundinnen ihr Leben lang für niemanden mehr zu sehen.

»Und vorausgesetzt, daß keiner von beiden eine grundsätzliche Antipathie oder physischen Ekel empfindet, wird sich die Liebe«, bemerkte Babaji Rao wohlgefällig, »ganz von selbst einstellen.«

Für diejenigen in Indien, bei denen sich die Liebe nicht einstellen will, gibt es die Möglichkeit der Scheidung und Neuordnung ihres Lebens nicht. Hindus dürfen jedoch, wenn sie wollen, mehr als eine Ehefrau haben. Da allerdings eine Hochzeit sehr teuer ist und häufig die Ersparnisse eines ganzen Lebens verschlingt, ist Polygamie in der Regel praktisch unmöglich, und so macht man, wie im Fall des Premierministers, das Beste aus einer üblen Sache. Ob Courage und fürsorglicher Umgang, wie in seinem Fall, gewöhnlich belohnt werden und vertrautes Miteinander Zufriedenheit erzeugt, kann ich nicht sagen, denn Hindus sprechen Babaji Rao zufolge ungern über ihre häuslichen Angelegenheiten, besonders wenn sich diese nicht sehr harmonisch gestalten. Es ist daher schwierig zu sagen, ob das hinduistische System der Ehe ebensoviel Unglück erzeugt wie unser eigenes, in dem sich der Mann für gewöhnlich selbst seine Frau auswählt und nur selten das Beste aus einer üblen Sache zu machen versucht, solange sich das Scheidungsrecht so biegen läßt, daß er Erlösung findet.

8. Februar

Ihre Hoheit, die Maharani Sahib, hat gestern im Palast von Garha eine Tochter zur Welt gebracht. Ich erfuhr es von Abdul, den ich heute morgen auf meinem Weg zur Post an die Hauswand des Doktors gelehnt stehen sah. Ich war hocherfreut, weil ich daran dachte, was das bedeuteten mußte: Sicher standen nun alle möglichen Feiern und Festlichkeiten ins Haus, und jedermann würde fröhlich und aufgeräumt sein. Seine Hoheit war seit zwei Tagen nicht in meiner Nähe gewesen – man vermutete einen Anflug von Fieber; ich hatte jedoch zum Frühstück die briefliche Nachricht erhalten, ihn um drei Uhr zu erwarten. Gegen zwei erschien der Premierminister in Begleitung Babaji Raos im Gästehaus. Er trug ein rosafarbenes Scheitelkäppchen aus Seide. Nachdem er eine Viertelstunde über seine eigene Gesundheit geplaudert hatte, setzte er eine Hornbrille auf, breitete seine massige Gestalt auf einem Sofa aus und begann eine indische Zeitung zu lesen. Er sah aus wie ein Fesselballon.

Seiner Gewohnheit gemäß las er halblaut vor sich hin und gestikulierte dabei von Zeit zu Zeit mit seiner kleinen, wohlgeformten Hand, während Babaji Rao und ich uns andächtig schweigend an den entgegengesetzten Seiten des Tisches gegenübersaßen.

Als der Dewan schließlich eine Seite umblätterte, wagte ich eine Frage:

»Stimmt es, daß das Königshaus Zuwachs bekommen hat?«

»Ganz recht«, erwiderte er, ohne aufzublicken. »Seiner Hoheit wurde gestern abend eine Tochter geboren. Warum fragen Sie?«

»Ich wollte ganz sicher sein, bevor ich ihm gratuliere.«

»Eine *Tochter* habe ich gesagt«, versetzte er und fixierte mich über seine Brille hinweg.

»Ja, aber...«, begann ich.

»Da gibt's nichts zu gratulieren!« schloß er ziemlich schroff und konzentrierte sich wieder auf seine Lektüre.

»Dann ist Seine Hoheit also enttäuscht?« fragte ich nach einer Pause schüchtern nach.

»Natürlich ist er enttäuscht! Wären Sie oder jeder andere nicht auch enttäuscht? Das ist ein Grund für tröstliche Worte, nicht für Gratulationen.«

»Aber es gibt doch einen gewissen Bedarf an Töchtern«, hub ich nochmals an, während all die interessanten Festlichkeiten, auf die ich gehofft hatte, in immer weitere Ferne rückten. Doch als sei ihm dieses kindische Argument nur allzu gut bekannt, fiel er mir mit seiner leicht erregbaren Fistelstimme heftig ins Wort.

»Mein lieber Herr, das ist doch kein Trost für den Vater! Mögen die Nachbarn eines Mannes auch mit Töchtern geschlagen sein, ihm selbst soll doch bitte eine solch nutzlose und teure Last erspart bleiben. *Das* ist die Einstellung des Inders. Und warum sollte sich jemand gar Töchter *wünschen?* Was für einen Nutzen haben sie, wenn man sie ernährt, erzieht und kleidet, nur damit sie später in den Besitz eines anderen übergehen? Eltern können doch nie das Gefühl haben, daß eine Tochter wirklich ihnen gehört. Da ist immer die Gewißheit, daß die Zeit kommen wird, wo man einen Mann dafür bezahlen muß, daß er sie heiratet und mitnimmt. Bei unseren Söhnen ist das freilich anders. Sie sind ein Teil von uns. All unsere Hoffnung auf Glück in dieser Welt und in der nächsten setzen wir auf sie, und wenn sie heiraten, holen sie ihre Braut unter unser Dach, so wie wir und unsere Väter es vor ihnen getan haben.«

»Aber Seine Hoheit hat doch schon einen Sohn«, sagte ich.

»Ja, einen. Aber wie kann sich ein Mann sicher fühlen mit einem einzigen Sohn? Bedenken Sie, wie sehr es allein von ihm abhängt, uns hier zu versorgen und zu unterstützen und uns hernach durch seine Gebete Frieden und Glückseligkeit einzutragen. *Ein* Sohn ist nicht genug.«

»Es wird also keine Festlichkeiten geben?« fragte ich niedergeschlagen.

»Ganz bestimmt nicht!« erwiderte der Premierminister. Und nachdem er seine Zeitung noch ein paar Minuten weitergelesen und ein oder zwei Mal deutlich hörbar einen Wind hatte entweichen lassen, murmelte er schläfrig: »Ich habe heute meine gewohnte Mittagsruhe nicht gehabt; entschuldigen Sie, wenn ich ein wenig schlafe.«

Babaji Rao hatte zu unserem Gespräch nichts beigetragen, sondern nur dagesessen und gekichert und sich mißbilligend das Kinn gerieben. Seine sanfte, bedächtige und sorgfältige Art zu denken hat gegen die wuchtige Entschiedenheit und schwungvolle Redegewalt des Premierministers keine Chance, und offenbar ist er von dessen kühnen Ideen zugleich erheitert und leicht schockiert, denn sie sind für seine eigenen, fortschrittlicheren Kreise eindeutig zu extrem.

Bald darauf kam Seine Hoheit hereingehumpelt und führte mit Babaji Rao ein kurzes und mir unverständliches Gespräch über irgendein rätselhaftes Angebot, das jener dem Premierminister zur Begutachtung vorlegen sollte. Seiner Hoheit war augenscheinlich sehr daran gelegen, daß der Premierminister das Angebot annehme. Die Angelegenheit war sogar so wichtig, daß Babaji Rao sie heute nicht unterbreiten durfte, da der heutige Tag ein Freitag ist. Nachdem diese Sache geregelt war, winkte mir Seine Hoheit, ihm meinen Arm zu leihen, und ging mit mir zum Wagen zurück. Er klagte darüber, daß er so steif sei und überall große Schmerzen habe, und machte überhaupt einen düsteren Eindruck.

»Wie faßt man einen Entschluß?« rief er verdrießlich aus, nachdem wir eine Weile gefahren waren. »Wie entscheidet man sich? *Das* ist es, was ich wissen will.«

»Geht es um etwas Bestimmtes?« fragte ich.

»Meine Reise. Fahre ich nicht, vernachlässige ich meine Pflichten. Aber wenn ich fahre, könnte ich doch unterwegs krank werden, denn meine Gesundheit ist ruiniert, und das könnte eine verhängnisvolle Verspätung bedeuten. Vielleicht müßte ich sogar mittendrin umkehren, was einen sehr schlechten Eindruck machen würde. Was soll ich tun?«

»Sie müssen natürlich fahren«, erwiderte ich hastig, denn ich merkte, daß meine eigene Reise gefährdet war. »Sie wissen selbst, wie wichtig es ist, daß Sie diese Pilgerfahrt antreten, und deshalb müssen Sie sich entscheiden, jetzt zu fahren und es hinter sich zu bringen. Und wirklich, Fürst, ich finde Ihren Gesundheitszustand gar nicht so schlecht. Morgen geht es Ihnen bestimmt schon besser.«

»Meine Beine werden so steif«, klagte er bedrückt und dann, nach einer Pause: »Ich verstehe das nicht. Wir werden geboren und genießen das Leben – und dann müssen wir sterben. Warum müssen wir sterben? Niemand *will* sterben.«

»Vielleicht; aber macht es nicht eine ganze Menge aus, daß wir nicht wissen, wann wir sterben müssen?« entgegnete ich. »Denn im Normalfall ahnen wir doch nichts von unserem Tod. Wir wissen nur, daß er irgendwann irgendwie eintreten wird – vielleicht ohne daß wir etwas davon merken. Also ist es dumm, sich darauf vorbereiten zu wollen.«

»Warum haben sie den Zaren erschossen?« fragte Seine Hoheit betrübt. »So einen netten, schwachen Mann.«

»Das war's ja«, versetzte ich grantig. »Er war schwach und unentschlossen. Er konnte sich nicht entscheiden.«

Für eine Weile fuhren wir schweigend weiter. Dann bemerkte Seine Hoheit plötzlich:

»Ich habe gestern eine Tochter bekommen.«

»Ich weiß«, sagte ich. »Ich hatte vor, Ihnen zu gratulieren, aber der Premierminister meint, das sei eher ein Anlaß für tröstliche Worte.«

»Nein, nein, Sie *dürfen* mir gratulieren. Ich freue mich darüber. Ich hatte mir eine Tochter gewünscht.«

»Aber sind sie alles in allem nicht eher eine Plage?«

»*Ganz* genau! Eine *echte* Plage.«

Ich zog mein Taschentuch hervor und wischte mir unter dem Kragen den Schweiß ab. Es war sehr heiß.

Zu heiß, um der Frage nachzugehen, warum Seine Hoheit sich eine Plage wünschte. Ich hatte allerdings den Verdacht, daß ihm das alles in Wirklichkeit ziemlich egal war und er sich weiter keine Gedanken darüber gemacht hatte. Etwas später schien sich mein Verdacht zu bestätigen. Der Premierminister war bei unserer Rückkehr immer noch im Gästehaus. Er stand auf den Stufen und unterhielt sich mit Babaji Rao. Seine Hoheit winkte ihn vom Wagen aus zu sich heran.

»Sie wissen«, fragte er matt, »daß mir gestern nacht in Garha eine Tochter geboren wurde?«

»Ja, ja, habe ich gehört.«

»Ich freue mich sehr darüber«, murmelte Seine Hoheit düster. »Ich hatte mir eine Tochter gewünscht.« Dann, nach einer Pause: »Sind Sie *sicher,* daß es eine Tochter war?«

Der Heilige Faden wird, so berichtet Babaji Rao, aus drei Fäden geflochten, die selbst wieder aus drei miteinander verflochtenen Fädchen bestehen, und diese sind alle an einer Stelle zu einem kleinen, heiligen Knoten verknüpft. Der Faden ist ein Symbol der großen hinduistischen Dreieinigkeit, Brahma, Wischnu und Schiwa, den wichtigsten Personen des einen ewigen Wesens Brăhma. Und wenn ein Brahmane den Faden geweiht und gesegnet hat, wachsen ihm damit Kräfte der geistigen Erneuerung und Reinigung zu.

Nur die Angehörigen der drei obersten Kasten dürfen ihn tragen. Sie bekommen ihn anläßlich ihres Initiationsritus im Alter von ungefähr zehn Jahren feierlich angelegt. Bis zu diesem Zeitpunkt dürfen sie weder beten noch an irgendeinem Gottesdienst teilnehmen. Gleich nach ihrer Investitur haben sie jedoch das Anrecht auf den Titel »Zum zweiten Mal Geborener«, und ihr religiöses und spirituelles Leben beginnt.

Dieses Leben teilte man früher in vier Abschnitte oder Zustände ein: »Lediger Schüler der Religion«, »Ehemann mit Hausstand«, »Einsiedler« und »Allen weltlichen Dingen Entsagender«, ein Zustand, in dem sogar der Heilige Faden abgelegt wurde. Ursprünglich verließ also der Knabe, wer er auch immer war, nach seiner Investitur sofort das Elternhaus und zog für ein paar Jahre als lediger Schüler in das Haus eines Lehrmeisters in Sachen Religion. Dort leistete er als Entgelt für seine Unterweisung jeden Dienst, der von ihm verlangt wurde: bettelte in der Stadt um Almosen, bestellte den Boden oder hütete das Vieh; denn man hielt die Unterweisung für etwas allzu Erhabenes, als daß man sie mit Geld hätte erwerben können. Nach Abschluß seiner religiösen Ausbildung kehrte er nach Hause zurück, um zu heiraten und den zweiten Lebensabschnitt zu beginnen. Heute aber, da eine frühe Heirat zur Regel geworden ist, findet die Zeremonie der Investitur oft zur selben Zeit statt wie die Hochzeit, so daß der Junge das Elternhaus gar nicht mehr verläßt.

Allerdings tut er so als ob. Er ergreift einen Stock und ein kleines Proviantbündel und macht sich reisefertig.

»Wohin gehst du?« fragen seine Eltern.

»Zu meinem Lehrer nach Benares«, erwidert das Kind.

»Bitte geh nicht bis nach Benares«, sagen sie. »Bleib' bei uns, wir werden dir hier einen Lehrer suchen.« Und damit übergeben sie ihn dem Priester, der die Riten vollzogen hat.

Man trägt den Heiligen Faden um den Hals. Allerdings wird er für verschiedene religiöse Zeremonien immer wieder anders getragen, je nachdem, ob man sich auf die Anbetung der Götter, der Vorfahren oder der Heiligen vorbereitet. Ist der Natur Tribut zu zollen, wickelt man ihn um das Ohr, denn der Hindu hockt sich sogar zum Urinieren hin, und sollte der baumelnde Faden seine Genitalien berühren, wäre er besudelt, und ein neuer müßte besorgt und geweiht werden. Und wenn der Hindu nicht selbst ein Brahmane und daher in der Lage ist, den Faden zu weihen, wird das Ganze ziemlich teuer.

Sieht man also einen Hindu aus dem Dschungel treten, meist in Begleitung eines Freundes, mit seinem kleinen, wassergefüllten *Lota* aus Messing in der Hand und dem Heiligen Faden hinterm Ohr, dann weiß man, was er dort zu erledigen hatte.

9. Februar

»Heute bin ich unheilig, wissen Sie«, bemerkte Seine Hoheit, als wir uns am Nachmittag trafen.

»Unheilig? Warum?«

»Wegen der Geburt meiner Tochter.«

Er erklärte mir, daß eine Familie für bestimmte Zeit nach der Geburt oder dem Tod eines Mitglieds als unheilig oder unrein gelte. Der Zeitraum sei je nach Kaste verschieden; einem Brahmanen hafte das Stigma zehn Tage an, einem Krieger zwölf, einem Händler vierzehn und einem Arbeiter einen vollen Monat lang. In dieser Zeit würden die heimgesuchten Häuser gemieden, da sich angeblich sogar durch den indirekten Kontakt mit den Bewohnern die Besudelung verbreite.

»Wenn daher«, sagte Seine Hoheit würdevoll, »meine Tochter einen Tag später geboren worden wäre, hätte ich meine Pilgerfahrt nicht antreten können, denn die zwölf Tage hätten den achtzehnten eingeschlossen, den einzig günstigen Abfahrtstag. Aber es ist schon so ein großes Unglück. Niemand kommt in meine Nähe oder bedient mich: ›Sie sind unheilig!‹ sagen sie alle.«

Er warf einen trübsinnigen Blick auf die vorbeiziehende Landschaft und fügte dann mit einem Hauch von Bitterkeit hinzu:

»Meine Diener sind natürlich hocherfreut. Ständig beten sie für eine Geburt oder einen Todesfall, damit sie faulenzen können. Sie denken an nichts anderes.«

Ich mußte bei dem Gedanken an Sharma, mit dem ich mich momentan nicht treffe, laut auflachen. Zweifellos genoß er das Ganze in vollen Zügen und ließ sich's wohl sein.

»Und sie gehen wohl auch so weit, daß sie sich Geburten und Todesfälle einfach ausdenken?« vermutete ich.

»*Ganz* genau! Das machen sie alle.«

»Was geschieht, wenn ein Kind tot geboren wird?«

erkundigte ich mich. »Zählt das als Geburt *und* Tod oder als keins von beiden?«

Aber er wußte auf diese schwierige und vielleicht etwas frivole Frage keine Antwort.

Vor ein paar Tagen las ich im *Pioneer* von einem Mordfall, in den ein Brahmane und ein Chamar verstrickt waren.

»Zu welcher Kaste gehören die Chamar?« fragte ich Babaji Rao, der neben mir saß. »Ist es eine Untergruppe Ihrer Kaste?«

Ein schriller Schrei des Entzückens schallte vom Sofa herüber, auf dem sich der Dewan ausgestreckt hatte. »Wenn ich das zu ihm gesagt hätte, wäre er tödlich beleidigt«, rief er. »Aber weil Sie es sind, lächelt er nur.«

Der Sekretär hatte tatsächlich ein gequältes Lächeln aufgesetzt.

»O je!« sagte ich. »Ist es die unterste Kaste?«

»Nicht ganz«, sagte Babaji Rao tapfer. »Aber es ist *eine* der untersten, die Kaste der Flickschuster.«

Abdul wird zu einer ziemlichen Plage. Es macht ihn zusehends nervös, daß sich unser Verhältnis auf das rein Schulische beschränkt, und er versucht ständig, eine gleichermaßen intime wie öffentlich zur Schau getragene Freundschaft daraus zu machen.

Zuerst schien er damit zufrieden zu sein, wenn ich mit ihm spazierenging. Es verschaffte ihm große Genugtuung, wenn er mich vor die Häuser seiner mohammedanischen Freunde führen konnte oder durch den Basar, den meistbevölkerten Teil der Stadt.

Wenn die Menge besonders dicht war, pflegte er ein Stück vor mir her zu gehen und den Leuten hochmütig zuzurufen, mir Platz zu machen. Oder er stubste sie mit seinem Schirmstock. Und einmal packte er einen unaufmerksamen Bauern sogar an der Schulter und zerrte ihn rüde beiseite, um mir den Weg frei zu machen – das hätte er mit Sicherheit nie gewagt, wenn es meine Anwesenheit nicht in den Augen der Leute irgendwie gerechtfertigt hätte. Natürlich waren mir solche Praktiken äußerst unangenehm und zuwider, und ich mußte ihn ständig dafür zurechtweisen. Aber auch davon abgesehen kann ich diese Ausflüge, auf denen wir »auf Hindi über die Erscheinungen der Natur plaudern«, nicht genießen, weil Abdul nur mit seinen eigenen Angelegenheiten beschäftigt ist und immerfort neue Pläne ausheckt, wie er sich meiner bedienen kann. Ich werfe ihm das keineswegs vor. Als Engländer und Freund Seiner Hoheit habe ich Einfluß, und man würde ihn bestimmt für einen Dummkopf halten, wenn er nicht das Beste für sich herausholen würde, solange er als mein Lehrer dazu in der Lage ist. Aber es wird trotzdem allmählich langweilig.

Ich sollte allerdings zu seinen Gunsten hinzufügen, daß er mich nie um Geld angebettelt hat, obwohl er das leicht tun könnte; sein Gehalt nimmt er mit immerhin durchschnittlichem Anstand entgegen.

Ich hatte Babaji Rao vorher gefragt, wieviel ich ihm bezahlen sollte, da er mich immer wegen meiner Verschwendungssucht tadelt. Ich bat ihn also, mir eine großzügig bemessene Summe zu nennen, und er meinte, daß acht Rupien pro Monat völlig ausreichten; also bekam Abdul zehn. Er nimmt sie, wie gesagt, kommentarlos entgegen, und wenn sein Verhalten auch andeutet, daß es hätte schwerlich noch weniger sein können, so bittet er mich jedenfalls nicht ausdrücklich um mehr.

Sein neuester Wunsch, vorgebracht immer im Wechsel mit Fragen nach seiner Petition, ist die Bitte, mich zu sich nach Hause zum Dinner einladen zu dürfen.

»Ich gebe für meine Freunde ein Fest«, sagte er, »und ich habe ihnen versprochen, daß Sie auch da sein werden, Mr. Ackerley. Werden Sie mein Fest mit Ihrer Gegenwart beehren?«

Ich sträube mich gegen Abduls Einladungen. Ich kann nicht anders. Ich mißtraue seinen Motiven zu sehr. Das soll nicht heißen, daß ich ihm jede echte Zuneigung zu mir abspreche. Er scheint mich zu mögen, das schon. Aber ich bin nicht froh darüber, denn seine Zuneigung ist zu eng mit seinem Eigeninteresse verknüpft. Ich griff also zu irgendwelchen Ausreden, die aber alle nicht sehr gut waren, wie er mir prompt demonstrierte. Indisches Essen sei nicht gut für europäische Mägen, behauptete ich; es könnte mir schlecht bekommen. Aber, so versicherte er eiligst, er würde mir englische Gerichte vorsetzen, was immer ich gerne esse; ich würde bei ihm genau das gleiche Essen bekommen wie im Gästehaus. Dann wandte ich ein, ich sei sowieso nicht frei, seine Einladung anzunehmen, da ich nie wüßte, wann Seine Hoheit mich am Abend bei sich haben wollte. Wiewohl dies der Wahrheit weitaus weniger entsprach, erschien mir dieses Argument gewichtiger als mein voriges. Aber er legte seine mangelnde Stichhaltigkeit sofort und mit erbarmungsloser Hartnäckigkeit bloß. Wenn ich bei den Sahibs in Rajgarh zu Abend essen konnte, konnte ich auch bei ihm zu Abend essen. Das war mit Seiner Hoheit leicht zu vereinbaren. Ich war der Sahib und konnte tun und lassen, was ich wollte. Aber vielleicht wollte ich ja gar nicht? (Natürlich wollte ich nicht, war aber zu höflich, das zu sagen.) Außerdem, setzte er nach, müsse das Fest keineswegs am Abend, sondern könne auch morgens oder nachmittags stattfinden, wenn mir das lieber wäre. Und ich bräuchte auch nicht lange zu bleiben, nur so lange, um eine Kleinigkeit zu essen und zu trinken und mir sein Haus anzusehen und seinen Sohn und seine Katze. Er wolle mir all diese Dinge zeigen; wie konnte ich ihm das abschlagen?

»Sie sind mein Freund, und ich möchte Ihnen Ehre erweisen«, sagte er. »Also müssen Sie mein Fest mit Ihrer Gegenwart beehren, weil wir Freunde sind. Sie verstehen? Auf *diese* Weise. Also ich habe Ihre Erlaubnis? Sie beehren mich? Ja, ich glaube, das tun Sie.«

»Ich werde es mir überlegen«, entgegnete ich schwach.

»Aus welchem Grund aber? Ach, Mr. Ackerley, was soll ich meinen Freunden erzählen, wenn Sie mein Fest nicht mit Ihrer Gegenwart beehren? Denn ich habe ihnen allen erzählt, daß Sie mein Fest bestimmt mit Ihrer Gegenwart beehren werden, weil Sie mich lieben. Nun werden sie sagen, daß Sie mich nicht lieben.«

»Und damit werden sie ganz recht haben«, erwiderte ich lächelnd, denn ich hatte das Gefühl, daß ich dieser rapide wachsenden Vertraulichkeit ein Ende setzen mußte, bevor sie wer weiß wohin führte.

»Wie das?« fragte er wie verdutzt. »Sie lieben mich nicht?«

»Nein, Abdul, ich liebe Sie nicht.«

Er war höchst beunruhigt.

»Ah, Gentleman, aber das ist nicht gut! Wenn ich Sie liebe, dann müssen Sie mich auch lieben!«

»Warum?«

»Indische Regel.«

»Blödsinn!« sagte ich.

Er verzog das Gesicht zu einem gekünstelten Lächeln und fuhr dann kopfschüttelnd fort:

»Ah, dann habe ich mich getäuscht. Ich bin sehr beschämt. Ich sagte mir: ›Der Sahib liebt mich und wird mein Fest mit seiner Gegenwart beehren.‹ Das habe ich so meiner Frau gesagt und meiner Mutter und meinem kleinen Sohn. Was soll ich ihnen nun sagen?«

»Ich hab' keine Ahnung«, entgegnete ich ziemlich gereizt.

»Ich werde sehr beschämt sein vor ihnen. Was kann ich tun, damit Sie mich lieben?«

Er sah mich flehend an, und ich wußte nicht, wieviel von all dem ehrlich war und wieviel Humbug.

»Hören Sie, Abdul«, sagte ich. »Ich bin nicht besonders versessen auf Feste oder Parties, aber ich werde irgendwann einmal vorbeikommen und in Ihrem Haus mit Ihnen allein in Ruhe eine Tasse Tee trinken.«

»Und ich darf meine Freunde nicht einladen?«

»Ich würde lieber allein kommen.«

»Aber warum darf ich meine Freunde nicht einladen, Mr. Ackerley?« erkundigte er sich, mit einem dreisten Grinsen.

»Oh, englische Regel!« versetzte ich.

Er schien einen Moment darüber nachzudenken. Dann machte er das Beste daraus:

»Vielen Dank, Mr. Ackerley, vielen Dank. Und wann wird das sein?«

»Irgendwann einmal«, sagte ich.

Aber man kann Abdul nicht ausweichen. Er kennt kein Erbarmen. Mein Versprechen ist inzwischen etwa eine Woche alt, und er liegt mir seitdem pausenlos in den Ohren damit, wobei er seine Taktik je nach meiner Stimmung variiert. Reagiere ich auf eine direkte Attacke gereizt, schleicht er sich schlau unter dem Deckmäntelchen des Unterrichts an mich heran. Ich habe in mein Vokabelheft Wendungen eintragen müssen wie »beehren«, »Fest«, »Versprechen«, »untreu« und »Lügner«. Außerdem mußte ich Übersetzungen auswendig lernen für Sätze wie »Können Sie heute vorbeikommen?« oder »Sie haben mich enttäuscht«. Und es ist erstaunlich, wie sehr dergleichen ein sensibles Gemüt treffen und die Nerven zermürben kann. Als Angestellter einer Einrichtung wie der Inquisition hätte Abdul unbezahlbare Dienste geleistet. Ich habe versprochen, am 11. zum Tee bei ihm vorbeizukommen.

Am Abend besuchte mich Babaji Rao und erzählte mir, nach anfänglichem Räuspern, von der gesellschaftlichen Stellung der indischen Frau. Es sei rein theoretisch richtig, meinte er, daß sie, alles in allem, eine völlig untergeordnete Rolle spiele. Man betrachte sie als das Instrument, das dem Manne den Sohn beschere, dessen Gebete für seinen Seelenfrieden nach dem Tode so unentbehrlich sind. Doch in Wirklichkeit besitze die Ehefrau in einem indischen Haushalt oft einigen Einfluß und sogar Autorität; ja, gelegentlich habe sie die eigentliche Macht im Haus und herrsche über ihren Mann und die Kinder. Wie dem auch sei, wohl hauptsächlich aufgrund ihrer beträchtlichen »instrumentellen« Bedeutung empfinde man die Gemeinschaft zwischen Mann und Frau als fast ebenso heilig und privat wie die zwischen einem Sterblichen und Gott. Bis vor kurzem habe ein Mann in Gegenwart einer dritten Person weder seine Frau angeredet, noch habe er sich im Gespräch direkt über sie geäußert. Doch da eine solche Regel sehr unpraktisch sei, werde sie mittlerweile etwas weniger streng gehandhabt, und ein Mann rede daher durchaus mit seiner Frau, wenn enge Verwandte wie Mutter oder Bruder oder vertraute Bedienstete wie eine Amme oder Gesellschafterin zugegen seien.

Ich hörte diesem Vortrag mit großer Aufmerksamkeit zu, und plötzlich kam mir der Gedanke, daß er mit der ausdrücklichen Absicht gekommen war, nach Möglichkeit jedweden schlechten Eindruck zu korrigieren, den der Premierminister vorgestern bei mir hinterlassen haben mochte. Jedenfalls sah ihm ein so gewissenhaftes Vorgehen sehr ähnlich, und ich war froh, auf diese Weise das private Innenleben des indischen Haushalts im sanften Licht seiner pflichttreuen orthodoxen Haltung kennengelernt zu haben, besonders nach dem einigermaßen deprimierenden Eindruck, den die Gleichgültigkeit Seiner Hoheit, der Zynismus des Premierministers und Narayans Unzufriedenheit auf mich gemacht hatten.

Aber viel hatte er nicht erzählt. Nur, daß die Ehe das Ziel, der Anfang und das Ende im Leben einer Frau war, und sie ihr Liebe, Respekt und geistige Weiterentwicklung bescheren konnte. Über die frühen Jahre der Vernachlässigung und Eintönigkeit, auf die bereits die Art, in der man die Tochter des Maharadscha auf dieser Welt empfangen hatte, nur allzu deutlich hinwies, redete er nicht. Auch sprach er nicht einmal theoretisch von der Möglichkeit, daß die Inderin in ihrem Witwendasein noch einmal auf Glück und Zufriedenheit hoffen durfte. Denn eine indische Witwe darf nicht wieder heiraten, und falls ihr jugendlicher Bräutigam, wie es nicht selten geschieht, vor der Zeremonie des ehelichen Vollzugs einer der vielen in Indien so weit verbreiteten Epidemien zum Opfer fällt, ist sie dazu verdammt, für den Rest ihres Lebens um den zu trauern, an den sie sich vielleicht nicht einmal mehr erinnern kann. Sie ist dazu verurteilt, sich lebenslänglich zu Hause abzurackern, und man kann sich die Einsamkeit und Undankbarkeit eines solchen Daseins leicht vorstellen. Wie nach ihrer Geburt will niemand sie haben, doch nun ist obendrein die Chance dahin, sie loszuwerden. Hätte sie ein Kind gehabt, wären ihr aus den Trümmern ihres gescheiterten Lebens noch ein Rest von Sinn und ein gewisser Kontakt zur Außenwelt geblieben. So aber liegt ihre einzige Aufgabe in der Befolgung jener Riten, die für den Seelenfrieden ihres verstorbenen Gatten erforderlich sind und die eigentlich ihr ungeborener Sohn hätte ausführen sollen.

Ich wollte Babaji Rao nach seiner eigenen Ehe fragen, war aber durch all die Formfragen etwas gehemmt. Aber er konnte doch wohl nichts dagegen haben, wenn ich mich erkundigte, wie alt er zum Zeitpunkt seiner Heirat gewesen war? Ich freute mich, als er meine Frage ohne ein Zeichen von Unbehagen aufnahm. Seine frühen Jahre seien, was das Heiraten anging, ziemlich tragisch verlaufen, sagte er, denn seine beiden ersten Frauen seien jeweils vor der Zeremonie des Ehevollzugs gestorben, und so sei er seine jetzige, erfolgreiche Verbindung (es war seine dritte) erst im späten Alter von einundzwanzig Jahren eingegangen. Zwischen diesen drei Eheschließungen lag jeweils ein Zeitraum von vier Jahren; er mußte beim ersten Mal also zwölf oder dreizehn gewesen sein. Ich fragte ihn, ob diese frühen Verluste ihn sehr getroffen hätten, und er meinte, der erste habe ihn nicht mehr berührt als der Tod einer entfernten Bekannten, doch beim Tod seiner zweiten Frau sei das anders gewesen. Mehr sagte er nicht, und ich respektierte seine offenbar immer noch schmerzhafte Erinnerung daran, denn ich hatte noch im Ohr, wie Seine Hoheit mit dem traurigen Angedenken an die verstorbene Mrs. Bramble umgesprungen war. Allerdings deutete ich vorsichtig an, daß es im Hinblick auf seine abergläubischen Landsleute für ihn wohl ziemlich schwierig war, mit so einer Vergangenheit eine dritte *gute* Partie zu machen. Er pflichtete mir im Prinzip bei, fügte jedoch hinzu, er habe eigentlich keinerlei Schwierigkeiten gehabt. Zugegeben, er hatte seine jetzige Frau vor der Hochzeit nicht gesehen. Aber seine Tante hatte sie in Augenschein genommen, und ihrem Bericht wie auch den Erzählungen des ihm bereits bekannten Bruders hatte er entnommen, daß sie intelligent und sogar gebildet war.

Das war für ihn das Wesentliche, wichtiger noch als Schönheit; und seine Erwartungen wurden nicht nur völlig erfüllt, sondern sie war obendrein auch noch schön – ein erfreulicher Vorzug, den seine Tante offenbar nicht für wichtig genug erachtet hatte, um ihn in ihrem Bericht zu erwähnen.

10. Februar

Abdul gab mir heute seine Abschrift der Petition, die ich für ihn vor einigen Tagen aufgesetzt hatte, und bat mich, sie Seiner Hoheit »in bestmöglicher Manier« zu überreichen. Darauf begann er mir genauestens zu erläutern, was er unter der bestmöglichen Manier verstand, und eine Art Rede zu entwerfen, die ich dabei zu seinen Gunsten halten sollte, bis ich die Geduld verlor und ihm sagte, er solle seine Petition besser selbst überreichen. Gegen vier Uhr hörten wir den Wagen vorfahren, und ich ging hinaus und erzählte dem Maharadscha, daß Abdul ihm seine Petition überreichen wolle.

»Sagen Sie ihm, daß ich ihn anhören werde, wenn wir zurückkommen«, erwiderte Seine Hoheit, änderte seine Entscheidung jedoch sogleich und rief mir nach: »Ich werde ihn jetzt anhören.«

Ich ließ Abdul holen und setzte mich ins Auto. Er näherte sich mit großer Unterwürfigkeit, indem er mit seinen Begrüßungsformeln schon in einiger Entfernung begann und dann – die Petition zwischen beiden geöffneten Handflächen vor sein Gesicht haltend – in leisem, trostlosen Tonfall einen wahren Redeschwall hervorbrachte, in dem das Wort »Huzoor« (Erhabener) häufig vorkam. Nicht ein einziges Mal hob er dabei seinen Blick zum königlichen Antlitz. Als er ungefähr zwei Minuten lang ununterbrochen geredet hatte, warf Seine Hoheit plötzlich eine Frage dazwischen und erhielt daraufhin eine Antwort, die ihn offenbar ungemein befriedigte, denn »Achcha! Achcha!« (gut) hervorstoßend lehnte er sich in seinen Sitz zurück und schnippte mit einer triumphierenden Bewegung die Asche von seiner Zigarette. Währenddessen ging Abduls Rede immer weiter; er hatte seine Hände, die nun frei waren, da er die Petition befehlsgemäß ins Auto hatte fallen lassen, vor sich ausgestreckt und seine Augen zum Himmel gerichtet, so daß er, wie ich annahm, wohl gerade sagte, er wolle als Dank für diesen huldvollen Beweis von Güte für die Seele Seiner Hoheit beten sowie für die Seele des Raja Bahadur sowie ... Aber Seine Hoheit hatte genug gehört. Auf ein Wort von ihm wendete der Wagen, und die Tür wurde Abdul vor der Nase zugeschlagen; aber er setzte sein Flehen und seine Gebete durch das geöffnete Fenster fort, indem er flink neben dem wendenden Auto herlief und ihm sogar solange folgte, bis er nicht mehr mitkam und schließlich, immer noch jammernd, zurückblieb. Seine Hoheit sah mich mit halbgeschlossenen Augen an.

»Man kann vor seinem Diener nicht den Helden spielen«, bemerkte er.

»Und das soll heißen, Fürst?«

»Ich habe bis zu diesem Gespräch nicht gewußt, wer er war. Nun hat er es mir gesagt. Ich habe als Knabe seinen Vater sehr gut gekannt...« Er begann zu kichern.

»Ja?« fragte ich ermutigend.

»Oh, fragen Sie mich nicht! Fragen Sie mich nicht!« kicherte er und verbarg sein Gesicht im Ärmel.

»Werden Sie ihm helfen?« erkundigte ich mich später.

»Ja, ja. Ich werde ihn schon erledigen«, gab er zurück – eine Bemerkung, die ich nach anfänglichem Mißtrauen zu Abduls Gunsten auslegte.

Kurz darauf teilte er mir mit, daß heute der Tag des Basant sei, der Tag des Frühlings. In dieser Provinz feiert man dieses Ereignis heutzutage kaum noch, aber in anderen Teilen Indiens ist es eins der ausgelassensten Feste: Jeder ist fröhlich, legt ein gelbes Gewand an und betet zu Mahadeo, dem Gott der Liebe. Gelb sei die Basantfarbe, erklärte er, und wenn das Oberhaupt der Rajput ein Fest gebe, sei alles gelb: nicht nur die Teppiche, Kleider und Blumen, sondern sogar das Essen. Während wir weiterfuhren, sah ich in den Straßen von Chhokrapur ziemlich viel Gelb. Ich fragte ihn, ob es bei uns denn gar keine Feier geben sollte, und er sagte, er habe angeordnet, daß Napoleon der Dritte heute abend im Palast tanzt, und ich müsse kommen und zuschauen und ganz ehrlich sagen, was ich von ihm hielte. Er werde ganz in Gelb gekleidet sein. Am nächsten Abend aber müsse ich wiederkommen und ihn nackt tanzen sehen und ganz ehrlich sagen, was ich von ihm hielte.

Ich erwiderte, das käme mir alles sehr gelegen, und fragte, wie sich der junge Mann denn einlebe. Offenbar überhaupt nicht. Nicht genug damit, daß seine Angehörigen sich nicht zu benehmen wußten (der zweite Onkel-Vormund war inzwischen in Chhokrapur eingetroffen, um Ärger zu machen, während sich der erste leider immer noch ans Leben klammerte). Auch Napoleon selbst war äußerst unzufrieden. Ja, er würde sogar den Staat am Montag verlassen, wahrscheinlich für immer; deshalb war seine Hoheit so sehr darauf bedacht, daß ich ihn mir sofort ansah. Zumindest *drohte* er damit, niemals wiederzukommen, es sei denn, Seine Hoheit schenke ihm fünfhundert Rupien und zahle ihm das Monatsgehalt von fünfzig Rupien, das ihm versprochen worden sei. Bei Erfüllung dieser Forderungen werde er zu Seiner Hoheit zurückkehren, sobald dieser von seiner Pilgerfahrt zurück sei. Natürlich steckten die Tanten und Onkel dahinter; sie setzten dem Jungen heimlich zu und verdürben ihn. Seine Hoheit hatte entgegnet, das sei ihm zu teuer; er werde Napoleon entweder die einmalige Summe von fünfhundert Rupien oder fünfzig Rupien monatlich zahlen, die ab Ende des Jahres gekürzt werden könnten – und dieses Angebot war abgelehnt worden. Was sollte Seine Hoheit also tun? Er konnte sich nicht entscheiden.

»Was soll ich tun?« rief er klagend.

»Sie sollen hart bleiben«, sagte ich.

Aber er wollte den Jungen nicht verlieren – für dessen Zukunft er bereits Pläne geschmiedet hatte. Er hatte beschlossen, daß Napoleon Anwalt werden solle und ich ihn bei meiner Rückkehr nach England mitnehmen müsse, um ihn dort in diesem Beruf ausbilden zu lassen. Und jedes Jahr solle ich ihn für ein paar Monate nach Chhokrapur zurückbringen, damit sich Seine Hoheit selbst von seinen Fortschritten überzeugen konnte.

»Natürlich kann er kaum lesen und schreiben«, setzte er hinzu.

Ich nickte ernst.

»Ist er intelligent?«

»*Sehr* intelligent. *Sehr.* Er hat große … *Entscheidung.* Da schäme ich mich richtig.«

Doch Napoleon der Dritte war nur ein Ärgernis von vielen. Da war zum Beispiel der spirituelle Lehrer Seiner Hoheit, der schon dreißig Jahre lang bei ihm war und den er nicht entbehren konnte. Auch er verlangte Geld. Wenn Seine Hoheit ihm nicht achthundert Rupien gebe, müsse er den Staat verlassen, sonst würde er Hungers sterben …

»Wie die Wölfe!« knurrte Seine Hoheit und machte eine Handbewegung. »Sie sind wie die Wölfe … Wölfe!«

»Schrecklich!« bekräftigte ich. »Aber da Sie nun schon gehetzt werden, muß ich in das allgemeine Geheul einstimmen und Sie fragen, ob es nicht an der Zeit wäre – da ich nun schon seit über sieben Wochen hier bin –, mir ein Monatsgehalt auszuzahlen, oder sogar zwei?«

Diese Bemerkung schien ihn zu amüsieren und stellte seine frühere gute Laune wieder her.

Als ich vor kurzem mit Abdul spazierenging, fiel mir plötzlich auf, daß die Straßen in Chhokrapur keine Namen und die Häuser keine Nummern haben. Ich fragte ihn, wie man einen Brief adressiere, und er erklärte, man gebe entweder das Viertel an (zum Beispiel das Talaiya-Viertel: die Gegend um das kleine Wasserreservoir) oder man beschreibe die Lage des Hauses im Verhältnis zu anderen Häusern und öffentlichen Gebäuden. Seine eigene Adresse laute zum Beispiel: Beim Kotwali, neben dem Haus von Baldeo Deni.

Dann zeigte er mir die Moschee, in der er, in weiße Gewänder gehüllt, fünfmal am Tag seine Gebete spricht. Abduls Gott weilt in Gestalt eines brennenden Lichts im siebten Himmel, und Abdul setzt großes Vertrauen in Ihn, da Er häufig seine Bitten erfüllt. Hat Er Abdul nicht, bei verschiedenen Gelegenheiten, ein Weib, einen Sohn und sogar eine Summe Geldes geschenkt, und hatte Abdul nicht für all diese Segnungen gebetet? Natürlich hat Er nicht alle Gebete Abduls erhört – aber Abdul ist ja schließlich auch nicht Sein Privatlehrer.

Die Kutsche kam heute abend gegen neun Uhr und brachte mich hinunter in den Palast, wo der hübsche Junge mit dem einzelnen Ohrring vortrat, um mich zu empfangen. Ich habe von Narayan erfahren, daß er Bundi heißt.

»Bund'gi Bundi«, sagte ich.

»Bund'gi« bedeutet »Ich verneige mich vor dir« und ist daher nicht die passende Anrede für einen Diener. Er schien sehr erfreut.

Als ich das Theater betrat, war die Musik in vollem Gange, und Seine Hoheit, der dicht an der Tür seines Privatgemachs, deren Riedvorhang zur Seite gezogen war, Platz genommen hatte, winkte mir, mich mit dem Rücken zu ihm auf den einzelnen Stuhl zu setzen, den man vor den Teppich gestellt hatte. Auf der Bühne stand nur ein Thron, und auf diesem saß, wie mir Seine Hoheit bedeutete (indem er verschämt losprustete, als ich zu ihm hinübersah, um meine Vermutung zu bestätigen) – auf dem Thron saß Napoleon der Dritte.

Er war winzig und dunkelhäutig, hatte sehr große Augen und strahlte eine kühle Gelassenheit aus. Eine weiße Linie zierte seine Stirn, eine einzelne Perle seine Nase, und seine Wangen hatte man in kräftigem Scharlachrot bemalt. Ob der echte Napoleon der Dritte mit dieser Beschreibung tatsächlich irgendwelche Ähnlichkeit hat, kann ich nicht sagen. Sollte ich in meiner Jugend je ein Bildnis dieses Monarchen zu Gesicht bekommen haben, kann ich mich jedenfalls nicht mehr daran erinnern, und gleiches gilt, wie ich annehme, für Seine Hoheit.

Er trug die Basantfarbe. Seine Kleidung bestand aus einem gelben Seidengewand mit hoher Taille und reicher Verzierung, das über und über mit Goldlamé besprenkelt war, sowie aus einem Kopfschmuck, der an die aufgehende Sonne erinnerte.

Nach einiger Zeit begann er zu tanzen, und er tanzte sehr hübsch, mit zitternden, kaum wahrnehmbaren Bewegungen von Kopf und Händen, wie ein Vögelchen, das mit den Flügeln flattert; dabei löste sich das

Goldlamé von seinem herumwirbelnden Gewand und umgab ihn wie eine glitzernde Staubwolke.

Seine Stimme allerdings, mit der er seinen Tanz singend begleitete, war mißtönend und klang ziemlich mürrisch. Nach kurzer Zeit verlor ich das Interesse und wandte meine Aufmerksamkeit einem sehr alten Greis zu, der mit gekreuzten Beinen neben dem Teppich saß. Er war in ein weiches, cremefarbenes Tuch gehüllt, das von seinem Kopf in wundervollen Falten herabwallte. Ein leuchtend roter Kashmirschal hing locker über seine mageren Schultern, und der Kranz aus Jasminblüten um seinen Hals hing ihm bis auf die nackte braune Brust. Das abgehärmte, graubärtige Gesicht wirkte, eingerahmt von seinem Gewand, besonders eindrucksvoll, und die Augen, die zu dem tanzenden Gott aufblickten, waren voll sanfter Güte.

Noch während der Tanz andauerte, konnte Seine Hoheit nicht mehr an sich halten und rief:

»Was halten Sie von ihm? Was halten Sie von ihm?« Gemeint war natürlich Napoleon der Dritte.

»Oh, mein Fürst!« erwiderte ich, »er ist ein bronzener Ganymed!«

Wolkenbrüche japsenden Gelächters folgten diesem Geistesblitz.

»Und wo ist der Adler? Wo ist der Adler?« kreischte er und klatschte in die Hände.

»Wer wüßte das besser als Sie, oh Zeus«, gab ich zurück, »da Sie ihn doch nach Cawnpore schickten, um sich den kleinen Knaben zu schnappen!«

Dann mußte ich gehen. Ich dachte, er würde erstikken; seine durch die Betelblätter verfärbte Zunge flatterte ihm aus dem Mund wie ein Stück rotes Flanell, die Musik brach ab, und sogar Napoleon der Dritte kam zum Stillstand, angesteckt von der königlichen Heiterkeit.

11. Februar

Heute ging ich mit Abdul zu ihm nach Hause. Das Haus war niedrig und hatte eine unregelmäßige, weißgetünchte Fassade mit einem Portal, über dem sich ein Fenster befand. Das Portal war bestenfalls fünf Fuß hoch und wurde von zwei schweren, unlackierten Holztüren verschlossen, die mit Nägeln beschlagen waren und schief in den Angeln hingen. Das Fenster, hinter dem, wie er sagte, seine Frau und Mutter wohnten, war mit Sackleinen verhängt. Das Haus hockte auf der Straße wie ein blinder Bettler. Abdul klopfte laut an die Tür, worauf ein Mann seinen Kopf herausstreckte, uns forschend ansah und wieder verschwand. Das sei, erklärte mir Abdul, sein Schwager. Er wohne bei ihm und habe für den besonderen Anlaß freundlicherweise seine Dienste zur Verfügung gestellt. Er sei hineingegangen, damit die Frauen vor mir gewarnt waren und sich verbergen konnten. Dies dauerte nicht lange, und ein Ruf aus dem Inneren bedeutete uns, daß die Luft rein war, und so traten wir ein.

Die niedrige Eingangstür führte in drei kleine, dunkle Zimmer, die ziemlich kahl und leer waren; sie wirkten, als seien sie aus Lehm gemacht. Die Durchgänge zwischen ihnen waren sogar noch niedriger als der Straßeneingang, so daß ich mich weit hinabbücken mußte, um in den dahinterliegenden kleinen Hof zu gelangen. Er war derart verkrautet und vernachlässigt, daß die Mauern und Häuser auf der anderen Seite bereits in sich zusammengefallen waren. Außer einem Welpen, der sich sofort auf den Rücken rollte, war nichts darin zu entdecken. Abdul ignorierte den Hund, drückte sich an ihm vorbei und führte mich nach links ein paar steinerne Stufen hinauf, die man an die Hauswand gemauert hatte und die uns aufs Dach führten, das sich über den drei Räumen befand, die wir zuvor durchquert hatten. Damit hatten wir unser Ziel erreicht.

Vor mir lag der größere Teil des Hauses, das Abdul bewohnte. Es war ein niedriges, einstöckiges Gebäude mit zwei Türen. Eine davon war mit einem Vorhang verhangen und führte offenbar in den Raum, in den man kurz zuvor die beiden Frauen gepfercht hatte – den Raum, dessen Fenster mit Sackleinwand verhängt war. Die andere Tür stand offen und führte allem Anschein nach in die Küche.

Den kleineren Teil des Gebäudes bildete eine winzige Behausung, nicht mehr als fünf Fuß im Quadrat. Sie ragte völlig isoliert an einer Ecke des Daches empor und glich einem hochkant stehenden Schuhkarton ohne Deckel. Dies war Abduls Sitz- und Schlafraum. Der Eingang war offen, und eine verblichene und drekkige rote Stoffzunge leckte über die Schwelle.

Hinter diesem Schuhkarton erhob sich ein niedriges, offenes Türmchen, das man über sehr enge, leiterähnliche Stufen erreichte und dem auf der anderen Seite des Daches eine ähnliche Konstruktion gegenüberstand. Diese Türmchen, so Abdul, wurden entweder als Vorratskammern oder als Schlafplätze im Freien für den Sommer genutzt – sie waren für ein *Charpai* gerade groß genug.

Es war sehr heiß in der grellen Sonne auf dem Dach, und ich war froh, als Abdul mich einlud, in sein Zimmer zu treten. Ich streifte die Schuhe ab und kroch wie eine Fliege über die rote Zunge. Der Raum enthielt keinerlei Möbel. Er war so klein, daß man darin weder stehen noch sich der Länge nach ausstrecken konnte. Auf dem Boden war ein weißes Laken ausgebreitet, auf das ich mich hinkauerte, indem ich Abduls Haltung, so gut ich konnte, nachahmte. Wir füllten den Raum völlig aus.

Doch obwohl er so winzig war, beherbergte er Abduls gesamten weltlichen Besitz. Dieser hing entweder an zahlreichen Nägeln an der Wand oder war säuberlich an den Seiten entlang aufgestapelt. Nie habe ich eine außergewöhnlichere Sammlung gesehen. Es war, als habe er in seinem ganzen Leben niemals etwas weggeworfen, und sei es noch so wertlos oder unbrauchbar. Leere Dosen und Schachteln, ausgetretene Schuhe, Überreste von Socken und anderen Kleidungsstücken, Bücher und Teile von Büchern – all dies war fein säuberlich aufgeschichtet und wurde gekrönt von einem eingetopften Baumwollbäumchen. An der Wand hingen Almanache und Photographien, ein Hut, ein Messer ohne Klinge, ein Handschuh, ein paar Glasscherben und kaputte Metallteile und ähnliches mehr, was weder von Nutzen sein noch als Schmuck dienen konnte. Dieser Raum war in gewisser Weise wie Abdul selbst, wie sein Geist: klein, schäbig, ordentlich, unangenehm und angefüllt mit allem möglichen Müll. Es roch nach Schimmel.

»Ihr Bäumchen sieht tot aus«, sagte ich.

»Ja«, meinte er, »es ist tot.«

Dann stellte er mir seinen Sohn vor, den der Schwager geholt und vor uns auf das rote Tuch gesetzt hatte. Es war ein kräftiger und recht hübscher kleiner Kerl von etwa fünf Jahren, mit aufgeblähtem Bauch und einem sehr großen, von einem *Tarbusch* gekrönten Kopf.

Abdul bot mir auf einem Tablett Zigaretten, Gewürze und Duftwasser an. Von den drei Duftflakons enthielt einer ein braunes, klebriges Wasser indischer Herkunft, ein anderer ein billiges französisches Parfum, das er in Kalkutta gekauft hatte. Die dritte Flasche war wie ein schlankes Würstchen geformt und enthielt eine durchsichtige Flüssigkeit. Ich nahm sie neugierig in die Hand.

»Ist dies gut?« fragte ich ihn.

»Nicht sehr«, antwortete er.

»Wie macht man es auf?«

»Niemand kann öffnen«, war seine Antwort. »Nur mein Vater, und er ist tot.«

Sein Vater war schon seit zwei Jahren tot, aber ich ließ mich nicht entmutigen, bis ich bemerkte, daß die Glaspfropfen in den schmalen Messinghälsen zu beiden Seiten des Flakons zu kurz abgebrochen worden waren. Ich gab ihm die Flasche zurück und fragte mich, warum er sie seinen Gästen anbot, wenn sie doch nur von seinem Vater (der ja tot war) geöffnet werden konnte. Freilich wirkte sie sehr geheimnisvoll und bedeutend zwischen den übrigen Flaschen. Nachdem ich meine Hände etwas mit dem indischen Duft eingerieben hatte, zeigte er mir einige seiner Schätze – billige, grellbunte Teller aus Mekka, Medina und Jerusalem sowie ein paar »heilige Bücher«, die gut verschnürt an Nägeln von der Decke herabhingen. Außerdem zeigte er mir ein altes Familienphoto, auf dem er als kleiner Junge zu sehen war, obwohl es so verblichen war, daß man kaum etwas darauf erkennen konnte.

»Das bin ich in meiner Hübschigkeit«, meinte er dazu.

Als damit die Attraktionen des Zimmers erschöpft waren, rief er seinen Schwager, der mit Abduls Sohn und zwei weiteren Zuschauern draußen herumlungerte, und beauftragte ihn damit, das Konfekt zu holen. Innerhalb kurzer Zeit trug man die Süßigkeiten auf Untertassen mit einem Tablett herein. Sie wurden von einem Fliegenschwarm angekündigt und begleitet; die Nachhut bildete eine Katze von der räudigsten und finstersten Sorte. Sie war mit halb verdeckten Schwären übersät, und ihr fast unbehaarter Schwanz war steif und verdreht wie ein dickes, hartes Tau.

Abdul begrüßte sie liebevoll.

»Ich habe Ihnen ja erzählt, daß ich eine Katze habe«, sagte er.

Angewidert beäugte ich das elende Geschöpf, das den Raum zum Glück nicht betrat. Es setzte sich auf das rote Tuch an die Schwelle und linste kurzsichtig und unter fast geschlossenen, geröteten Augenlidern zu den vor uns ausgebreiteten Süßigkeiten herüber. Diese waren in der Mehrzahl senffarben oder blaßgrau und wirkten eher wie jene Brotkügelchen unterschiedlicher Größe, die die schmuddeligen Finger von Schuljungen zurechtkneten, um sie ihren Mitschülern über den Tisch hinweg zuzuschnipsen. Das Konfekt war mit etwas Zucker und dünnem, klebrigen Silberlamé bedeckt (ebenfalls eßbar, sagte Abdul), das im Luftzug leicht hin- und herflatterte. Er reichte mir einen Löffel und versuchte mit dem seinen die Fliegen zu verscheuchen, die die Süßigkeiten so hartnäckig umschwärmten, als wollten sie eher sterben, als sich davon vertreiben zu lassen. Ich für meinen Teil konnte ihren Enthusiasmus nicht nachempfinden. Aber ich bohrte meinen Löffel vorsichtig in die Mitte eines der Häufchen und wählte mit einer Sorgfalt, die vielleicht etwas unfein erscheinen mochte, drei der kleinsten Kügelchen, die ich finden konnte.

Sie waren nicht größer als Erbsen. Ich schluckte sie herunter und zweifelte in Erinnerung an Mrs. Bristows unheilvolle Prophezeiung von vor einem Monat kaum noch daran, daß ich innerhalb kürzester Zeit an Cholera sterben würde.

Abdul, der mich beobachtete, protestierte lauthals gegen meine Bescheidenheit und Höflichkeit und wollte mir weitere und größere Süßigkeiten aufdrängen, die ich jedoch standhaft ablehnte.

Er war sehr bestürzt. Wenn ich mir aus indischem Konfekt nichts mache, könne er mir auch ein paar englische Kuchenstücke anbieten, die er in Kalkutta gekauft habe. Aber ich berief mich auf mein noch nicht lang zurückliegendes Mittagessen, denn ich erinnerte mich, daß sein letzter Aufenthalt in Kalkutta schon über sechs

Monate zurücklag. Unglücklich blickte er auf das beladene Tablett. Er habe gehofft, sagte er, daß wir uns das ganze Konfekt brüderlich teilen würden. Er sei sehr enttäuscht. Und tatsächlich sah er so bedrückt aus, daß ich fragte, ob ich nicht – mit seinem Einverständnis – einen Teil der Sachen mit nach Hause nehmen und später essen dürfe, da ich momentan nichts hinunterbrächte.

Er fand die Idee ausgezeichnet; seine Laune besserte sich sofort, und er beauftragte seinen Sohn damit, die Süßigkeiten einzupacken, damit ich sie mitnehmen konnte. Doch der Junge kam nach kurzer Zeit zurück und meldete, daß sie leider nichts finden könnten, um das Konfekt einzuwickeln. Worauf Abdul, der sich immer zu helfen weiß, sein schmutziges Schnupftuch aus der Tasche zog und seinem Sohn zuwarf. Anschließend bestellte er gegen meinen Wunsch Tee, den man uns bereits mit Milch und Zucker vermischt in einem Kessel hereinbrachte. Weil er aber offenbar nicht mit kochendem Wasser aufgebrüht worden war, schwammen so viele Teeblätter darin herum, daß er nur tröpfchenweise aus der Tülle drang und zurückging, um durch ein Sieb gegossen zu werden. Als man ihn schließlich wieder hereintrug, ließ ich mir ein Glas davon einschenken, um Abdul etwas dafür zu entschädigen, daß ich sein Essen abgelehnt hatte; aber er war ekelhaft süß und lauwarm, und ich trank nicht viel davon. Kurz darauf verabschiedete ich mich und ging, in der Hand das in Abduls Schnupftuch eingewickelte Konfekt.

Ich werde diese Süßigkeiten ein bis zwei Tage deutlich sichtbar auf einem Teller in meinem Wohnraum liegenlassen und ab und zu ein paar von ihnen wegschmeißen, so daß er glauben mag, sie würden nach und nach verzehrt. Er hat gesagt, er fände keine Worte für seinen Stolz und seine Genugtuung darüber, daß ich ihn zu Hause besucht habe, und er fügte hinzu, daß ihn dieses Haus monatlich zwei Rupien Miete koste.

Seit er mir vor ein paar Tagen seine Unentschlossenheit offenbarte, hat mich Seine Hoheit auf die bevorstehende Pilgerfahrt nicht mehr angesprochen. Seine gelegentlichen Andeutungen in dieser Richtung lassen darauf schließen, daß er sich resigniert in das Unvermeidliche geschickt hat. Und obwohl er weiterhin über seinen schlechten Gesundheitszustand klagt, scheint festzustehen, daß er in vier Tagen aufbricht. Es liegt wohl an mir selbst, daß ich nicht mehr darüber weiß. Weil wir nach dem ursprünglichen Plan gleichzeitig auf Reisen gehen wollten, hatte ich ihn natürlich bei der Stange zu halten versucht, weil ich glaubte, mit meinen Reiseplänen von ihm abhängig zu sein. Und da mein Drängen in dem Maße zugenommen hat, in dem er sich sträubte, glaubt er nun zweifellos, ich nähme keinen Anteil mehr an seinen Angelegenheiten, und spricht das Thema nicht mehr an. Die zahlreichen Empfehlungsschreiben, Einladungen und dergleichen lassen es allerdings nun als gesichert erscheinen, daß ich, unabhängig von seinen Plänen, am neunzehnten nach Benares aufbrechen werde, ganz egal, ob er seine Pilgerfahrt nun antritt oder nicht. Während unserer heutigen Autofahrt sprach ich ihn daher behutsam darauf an, um herauszufinden, ob er der Sache nun etwas zuversichtlicher entgegensah. Er tat es nicht. Er wirkte sehr trübsinnig und erklärte, seine Gesundheit habe sich nicht gebessert, und von der Medizin, die ihm die Ärzte verabreichten, tränten ihm die Augen. Ich fragte ihn nach dem eigentlichen Ziel seiner Pilgerfahrt, und er erklärte mir, daß er an gewissen heiligen Stätten gewisse religiöse Riten zu vollziehen verpflichtet sei, um für die Seelen seiner Vorfahren Erlösung zu erwirken. Falls er seiner Pflicht nicht nachkäme, drohe ihm dafür zwar keine spezielle Strafe, doch die Seelen müßten dann bis in alle Ewigkeit auf ihre Erlösung warten. Und obendrein würde ihm sein Versäumnis als böse Verfehlung angerechnet und mit anderen bösen Verfehlungen, die er außerdem auf dem Konto haben mochte, dafür sorgen, daß er in die Hölle käme, so daß er den Zyklus seiner Wiedergeburten bis zur erneuten Einverleibung in den Weltgeist nur mit großen Verspätungen würde durchlaufen können.

»Was bedeutet ›Hölle‹?« fragte ich.

»Hölle bedeutet Feuer und Blut, Fleisch, Knochen, Kot, Urin und Schlangen und Drachen, die einen fressen wollen!« verkündete er und brachte jede Zutat dieses unappetitlichen Gebräus geradezu genußvoll über die Lippen, während er sich mit der Hand aufs Knie schlug. Ich mußte kichern.

»Gute Güte!« sagte ich.

»Und Eiter!« ergänzte er genießerisch, und seine eingefallenen Lippen weiteten sich, als er mir das Wort entgegenspie. Dann kicherte er selber, allerdings auf recht übellaunige Weise.

»Macht doch nichts«, beruhigte ich ihn. »Man bleibt ja nicht ewig dort. Man wird doch wiedergeboren, oder?«

»Ja«, antwortete er, »als Schwein oder Esel. Dann geht's zurück in die Hölle. Danach als Schlange; danach als Insekt...«

Er war ganz eindeutig nicht in bester Verfassung.

»Aber man kann doch immer wieder hoffen?« fragte ich aufmunternd.

»Ja, nach Millionen und Abermillionen von Wiedergeburten bekommt man noch einmal eine menschliche Gestalt und hat eine zweite Chance.«

»Läuft man bei all dem eigentlich jemals seinen vernachlässigten Vorfahren über den Weg?«

»Vielleicht durch Zufall. Es ist aber nicht sehr wahrscheinlich. Nur große Liebe kann Menschen wieder zusammenführen. So daß zwei Freunde ihren Weg gemeinsam fortsetzen dürfen, oder auch ein Vater und sein Sohn, oder ein Bruder und seine Schwester, wenn es große Liebe gab zwischen ihnen.«

13. Februar

Mittlerweile stattet mir Narayan, der junge Schreiber des Gästehauses, jeden Morgen und manchmal auch am späten Nachmittag einen Besuch ab.

»Ich darf hinein kommen?« erkundigt sich seine leise Stimme von der Tür her, und ich lächele ihn einladend an und deute auf den Stuhl mir gegenüber. Er ist ein hübscher Bursche mit sehr sanften Augen unter einer hohen, intelligenten Stirn. Die untere Hälfte seines Gesichts ist weniger wohlgeraten; seine Lippen sind zu dick, sein seidiger, schwarzer Schnurrbart ist ziemlich ungepflegt, und seine Zähne haben sich durch das Kauen von Betelblättern unangenehm verfärbt. Er ist jedoch makellos sauber und trägt seinen *Dhoti,* der immer aus feinstem Musselin ist, mit so viel Anmut, wie ich es noch bei keinem anderen Hindu gesehen habe: Er fällt ihm nämlich fast bis auf die Füße herab. An seinen nackten Füßen trägt er altmodische Schnallenschuhe, die ihm gut stehen und gleichzeitig sehr praktisch sind, da sie ja so häufig abgestreift werden müssen. Und seine lange, ölige, blauschwarze Haarlocke stopft er unter eine runde schwarze Kappe, wie Babaji Rao sie trägt. Seine Haltung ist gesetzt und würdevoll, da er sich der Überlegenheit seiner Kaste bewußt ist, und er benimmt sich zurückhaltend, rücksichtsvoll und aufmerksam.

Er ist mir als Übersetzer oft von großem Nutzen, wenn ich kleinere Wünsche habe oder Habibs Eifer etwas bremsen muß. (Dieser kleinere der beiden Mohammedanerjungen scheint sich selbst zu meinem Leibdiener auserkoren zu haben.) Doch wiewohl Narayan sicher weiß, daß ich ihn brauche, nutzt er diese Tatsache nicht aus, wie Abdul es tut, sondern bleibt immer höflich und respektvoll.

Ich weiß nicht, warum er so oft zu mir hereinkommt. Tut er es, um sein Englisch zu verbessern oder sein Wissen zu erweitern (Europäer »sind so Weisheit«), verliert er wohl jedesmal wieder den Mut, denn er spricht selten ein Wort, sondern sitzt nur da, sehr scheu und stumm, die Hände im Schoß und den Blick auf den Boden gerichtet.

Ich habe versucht, ihn in ein Gespräch zu verwikkeln, nehme aber an, daß er Hemmungen hat, weil er weiß, daß sein Englisch unzulänglich ist. Zwar fällt es ihm nicht schwer, meine Fragen zu verstehen und sie zu beantworten, aber er scheint außerstande zu sein, eigene zu formulieren. Dennoch sind seine Sprachkenntnisse ausreichend, so begrenzt sie auch sind. Seine Aussprache ist reizend, und er hat einen leichten, melodischen, ja fast zärtlichen Tonfall. Mittlerweile lasse ich mich durch ihn kaum noch in meiner Arbeit unterbrechen. Er macht einen Salaam, und unsere Hände berühren sich; ich biete ihm einen Stuhl und eine Zigarette an, die er sich ohne meine Aufforderung nicht nehmen würde, und widme mich wieder meiner Arbeit. Ab und zu treffen sich unsere Blicke, und er erwidert mein Lächeln mit schüchternem Blick, den er dann sofort wieder senkt. Und er sitzt da und raucht oder kaut Betel oder tut gar nichts, bis ihn jemand ruft oder er meint, gehen zu müssen.

»Jetzt ich werde gehen«, sagt er sanft, so daß es halb wie eine Frage, halb wie eine Feststellung klingt. Ich nicke ihm lächelnd zu, und er verschwindet mit einem Salaam.

Ich habe hier viele Formen der Begrüßung beobachtet. Die häufigste besteht darin, sich die Fingerspitzen einer Hand oder beider Hände kurz an die Stirn zu führen. Dies ist eine Verkürzung der ursprünglichen Geste, bei der man sich Erde aufs Haupt streut, eine Geste, die von einigen unterwürfigen Bauern immer noch ausgeführt wird, indem sie die Stirn auf den Boden legen. Es gibt zahlreiche Abwandlungen davon; der Premierminister legt, wenn er den Maharadscha trifft, lediglich seine Hand flach an die Stirn. Narayans Salaam ist am reizendsten: Er legt beide Hände, wie in unserer Gebetshaltung, direkt unterhalb des Kinns aneinander, bewegt sie leise hin und her, lächelt scheu, und die schlichte Geste füllt sich mit Liebe.

Als er mich heute besuchte, bot er mir seine kleine Silberdose mit Betelblättern an, bevor er sich selbst daraus bediente. Ich hatte noch nie eins probiert und war neugierig darauf, es zu versuchen, obwohl ich den Mundgeruch nicht mochte, den die Blätter bei anderen verursachen. Nach kurzem Kauen mußte ich es wieder ausspucken, denn es schmeckte ekelhaft – ölig und bitter. Narayan amüsierte sich köstlich und deutete auf mich und dann auf seinen Mund. Sein Lachen klang ganz leicht und hell – es war freier und offener als Babaji Raos halb unterdrücktes Wiehern oder Abduls Gekicher oder das japsende Prusten Seiner Hoheit.

Ich ging zum Spiegel, um meinen Mund zu untersuchen, und war entzückt, daß Zunge und Zähne knallrot waren.

Wie schade, dachte ich, daß Mrs. Bristow nicht mehr hier ist! Welch ein Lächeln hätte ich ihr geschenkt! Aber jeden Moment mußte ja Babaji Rao auftauchen, denn er hatte sich mit mir zum Spazierengehen verabredet, und so konnte ich mein knallrotes Lächeln an ihm ausprobieren.

Ich erzählte Narayan von meiner Verabredung, und er fragte, ob er uns begleiten könne. Ich schüttelte den

Kopf, da ich mir einen vertraulichen Umgang der beiden nicht vorstellen konnte; Narayan ist zwar aus einer wesentlich höheren Kaste, gleichzeitig aber Babaji Raos Untergebener. Doch Narayan sah hierin offenbar keinerlei Schwierigkeiten. Er legte beide Hände vor seinem Gesicht aneinander und sagte mit bittender Stimme:

»O ja. Bitte!«

»Warum willst du denn mitkommen?« fragte ich im Spaß.

»Ich möchte.«

»Aber warum möchtest du?«

»Ich möchte.«

»Ja, aber *warum*?«

»Ein – fach.«

»Aber es muß doch einen Grund geben.«

»Kein Grund. Ich möchte.«

»Also«, sagte ich, »das wird nicht reichen. Wenn du mir einen Grund nennen kannst – nur einen ganz kleinen Grund – nehme ich dich mit, sonst nicht.«

Doch obwohl er angestrengt zu Boden starrte, schien er keinen Grund finden zu können. Als also Babaji Rao eintraf, sagte ich zu ihm:

»Narayan möchte uns begleiten, aber er sagt nicht warum. Sollen wir ihn mitnehmen?«

»Aber natürlich. Mit Vergnügen!« erwiderte Babaji Rao.

Doch vielleicht hatte ich meinen Spaß zu weit getrieben, und Narayan glaubte jetzt, er sei unerwünscht, denn nachdem ihm nun endlich gestattet worden war, uns zu begleiten, zögerte er, und ich mußte ihn an die

Hand nehmen und mitziehen. Als wir aufbrachen, fielen mir auf dem Tisch die Überreste von Abduls Süßigkeiten ins Auge, und ich erkundigte mich bei Babaji Rao, ob ich sie seinem mohammedanischen Tonga-wallah anbieten könne. Der Junge würde sich sicher sehr darüber freuen, meinte er, und so wickelte ich sie in ein Stück Papier und steckte sie ein.

»Sehen Sie mal«, meinte ich zu Babaji Rao, da es ihm nicht aufgefallen war, »ich werde jetzt wirklich zum Inder.« Und ich zeigte ihm meine roten Zähne.

Er lächelte. »Werden Sie nur nicht krank«, war alles, was er sagte.

Während wir die Straße nach Deori entlanggingen, fragte ich ihn nach all den kleinen Schreinen, die überall in der Gegend verstreut standen, und er erklärte mir, daß sie an *Suttees* erinnerten – treue Ehefrauen, die sich auf dem Scheiterhaufen ihres verstorbenen Mannes bei lebendigem Leibe hatten verbrennen lassen. Diese Sitte war vor noch nicht allzu langer Zeit in den höchsten Kasten gang und gäbe. Wenn sie keine kleinen Kinder hatte (die Gemeinde wollte sich natürlich keine Waisenkinder aufbürden), folgte die treue Ehefrau ihrem Mann sogar bis ins Feuer und wurde anschließend als Göttin verehrt. Und man hielt eine derartige Treue und Hingabe für so erstrebenswert, daß es für den Fall, daß eine Witwe den Flammen zu entkommen suchte, nur die eine Erklärung gab – daß sie nämlich *keine* treue Ehefrau gewesen war, und dann wurde sie dementsprechend geächtet und ausgestoßen. Starb gar ein König, so folgten ihm manchmal nicht nur seine Frauen, sondern auch die Dienerschaft und sein ganzer Hausstand ins Feuer, damit er auch in der nächsten Welt auf das Gewohnte nicht zu verzichten brauchte. Wachen, die mit Speeren bewaffnet waren, umstanden diese gigantischen Scheiterhaufen und trieben jeden in die Flammen zurück, der zu fliehen versuchte. Mittlerweile ist die Sitte der *Suttee* durch die indische Strafgesetzgebung verboten und findet, bis auf äußerst seltene und vereinzelte Fälle von Fanatismus, nicht mehr statt. Der ihr zugrundeliegende Glaube hat sich jedoch nicht verändert, so daß es durchaus möglich ist, daß diese Sitte allmählich wieder auflebt, wenn die britische Oberherrschaft nicht mehr besteht. Bedenkt man, wie wenig eine Hinduwitwe heutzutage um ihr Leben zu beneiden ist, vor allem, wenn sie kinderlos und selbst noch ein Kind ist, erscheint es kaum weniger grausam, ihr zu erlauben, ihrem Leben auf diese Weise ein Ende zu setzen, als sie zu zwingen, es in ewiger Askese und Trauer hinzubringen.

Narayan trug zu unserer Unterhaltung nichts bei. Er ging still neben mir her, und als wir die Stadt und Babaji Raos Haus erreicht hatten, verabschiedete er sich von uns. Ich fragte Babaji Rao, was er von ihm halte, und er erwiderte, er sei ein guter Junge. Aber er schien sich über ihr Verhältnis zueinander nicht äußern zu wollen. Er stimmte mir allerdings zu, daß sich Narayan wohl niedrigeren Kasten überlegen fühlte und also auch, jedenfalls in dieser Hinsicht, seinem Vorgesetzten Babaji Rao. Und während Narayan eine Einladung Babaji Raos zum Essen in seinem Haus nicht annehmen könnte, wäre es letzterem durchaus möglich, Narayan aufzusuchen und bei ihm zu essen (obwohl ihm dies aufgrund seines höheren Ranges unbehaglich wäre), und er würde es auch tun.

Wir hatten inzwischen Babaji Raos Haus betreten und in seinem Arbeitszimmer im Erdgeschoß Platz genommen, einem karg eingerichteten Raum, der einen Schreibtisch, ein paar wacklige Stühle, einige Bücher und an den Wänden zahlreiche Almanache und Photos enthielt – und mir kam plötzlich der Gedanke, daß es vielleicht falsch von mir gewesen war, Abduls Süßigkeiten mit ins Haus zu bringen.

»Haben Sie etwas dagegen?« fragte ich.

»Nein. Warum sollte ich?«

»Ich habe sie angefaßt.«

»Das macht nichts. Aber hätte es sich um gekochtes Fleisch gehandelt, hätte ich sie nicht genommen.«

Als sein kleiner Sohn Ram Chandra ins Zimmer kam, fragte Babaji Rao ihn zum Scherz, ob er die Süßigkeiten essen würde, und das Kind antwortete, nein, würde er nicht, denn sie kämen ja von einem Europäer. Später leistete ich mir leider einen schweren Schnitzer. Während wir uns unterhielten, wurde ich von einem Moskito in die Hand gestochen, und ich schlug danach und tötete ihn. Als ich aufblickte, hatte Babaji Rao die Brauen gerunzelt.

»Ach Herrje! Tut mir leid!« rief ich. »Hab' nicht dran gedacht!«

»Das macht nichts«, sagte er und wich meinem Blick aus.

Aber natürlich machte es etwas. Es mag Lebewesen geben, die man aus diesem oder jenem Grunde töten darf, ohne daß dies als bloße Mutwilligkeit erscheint: eine Schlange zum Beispiel, oder eine Ratte oder ein aufdringliches Insekt. Dem würde Babaji Rao, denke ich, wohl zustimmen. Aber er müßte schon sehr in Bedrängnis sein, bevor er so ein Tier selbst töten würde, und weil er so empfindsam ist, kann er auch anderen nicht dabei zusehen.

14. Februar

Und Habib. Er läßt sich einfach nicht ignorieren und aus dieser Darstellung heraushalten. Indem ich zurückblicke, stelle ich fest, daß er sich von Anfang an mit jener hartnäckigen Anhänglichkeit an mich gehalten hat, die schließlich darin endete, daß er mein Kammerdiener wurde. Ich habe ihn nicht eingestellt. Ich habe ihn nicht gewollt. Und ich weiß nicht, ob er aus eigenem Antrieb von mir Besitz ergriffen hat, ob er dazu abkommandiert wurde oder ob die übrigen Dutzend Diener den Dummkopf einfach zurückließen wie ein Stück Holz, das bei Ebbe am Strand liegen bleibt, als sie sich nach der ersten Aufregung und dem Wirbel um meine Ankunft aus einem ungewohnt aktiven Dasein wieder träge unter den *Neem*-Baum zurückzogen, um ihren jäh unterbrochenen Schlummer fortzusetzen. Jedenfalls ist soviel inzwischen klar: Er gehört zu mir. Es ist ungefähr einen Monat her, daß ich ihn eines Morgens zum ersten Mal richtig wahrnahm und ihn nicht mehr nur als bloßes Hindernis in meinem Blickfeld empfand. Ich war gerade aufgestanden und kämmte mir am Toilettentisch die Haare, als hinter mir ein schweres Atmen vernehmbar wurde und ich im Spiegel einen kleinen, dunkelhäutigen Jungen von etwa zwölf Jahren erblickte, mit wulstigen braunen Lippen, Augen wie glänzenden Karamelbonbons und sehr schmutzigen Füßen.

Er machte das Bett. Das heißt, er beklopfte das Kissen mit einer Hand, die zu meiner Überraschung keine Flecken hinterließ, und legte die Decke, die ich gerade zurückgeschlagen hatte, aufs Bett zurück, um sie an den Seiten festzustecken. Dann nahm er ein Paar saubere Schuhe vom Boden auf und wollte sich mit ihnen davonmachen. Aber ich rief ihn mit seinem, wie ich damals glaubte, einzigen Namen zurück (»He, Junge!«), packte die Matratze an einer Ecke und warf das ganze Gelumpe auf den Boden.

Dies war keine besonders kluge Aktion. Das wurde mir klar, sobald ich an seinem leeren Gesichtsausdruck erkannte, daß ich nun erklären mußte – wenn ich es denn konnte –, warum ich das getan hatte.

Und warum hatte ich es getan? Was machte es schon aus, ob das Bett gelüftet und die Matratze gewendet wurde oder nicht? Zweifellos war mein Bett seit meiner Ankunft so gemacht worden, und ich hatte darin geschlafen, ohne mich im geringsten unwohl zu fühlen. Aber von zu Hause war ich so daran gewöhnt, daß mein Bettzeug jeden Morgen gewendet und gelüftet wurde, daß diese Prozedur für mich inzwischen zum unentbehrlichen Bestandteil des Bettenmachens geworden war, während sie für mein Wohlbefinden in Wirklichkeit gar keinen Unterschied machte. Eine

Erklärung für mein merkwürdiges Verhalten war jedoch offensichtlich notwendig, und mir erschien es am besten, alles wieder aufzusammeln und das Bett noch einmal selber zu machen. Als ich fertig war, sah es lange nicht so ordentlich aus wie vorher; ich warf Habib trotzdem einen hoffnungsvollen Blick zu. Er machte ein völlig verständnisloses Gesicht.

»Hast du's begriffen?« fragte ich auf Hindi.

Seine dicken Lippen öffneten sich ein wenig und klebten dann wieder aufeinander.

»Ach, ist ja auch egal!« rief ich gereizt in dem Gefühl, mich ziemlich lächerlich gemacht zu haben. »Los, geh! Jao!« Und damit wandte ich mich wieder dem Toilettentisch zu. Er hingegen blieb wie angewurzelt stehen und blickte forschend zwischen mir und dem Bett hin und her, so daß ich den Vorhang zur Seite ziehen und ihm den Ausgang zeigen mußte, bevor er endlich abzog, indem er mich weiter über die Schulter hinweg anstarrte.

Nach diesem Vorfall fiel mir auf, daß ich von allen Bediensteten auf ihn am meisten angewiesen war, da das wenige, was man für mich tat, von ihm erledigt wurde.

Waren mir die Zigaretten ausgegangen und wollte ich auf diesen Mißstand, den sonst niemand bemerkt hätte, aufmerksam machen, indem ich die Dose mit der Aufschrift »Gold Flake« in die Mitte der Veranda stellte, war es Habib, der – zwischen dem Leersein und dem Ausgesetztsein dieses Objektes einen Zusammenhang vermutend – sie zu mir zurückbrachte, um mir durch Handzeichen zu entlocken, warum sie just dort abgestellt worden war, wo er sie entdeckt hatte. Am Ende des ersten Monats gab ich ihm zwei Rupien.

Und seitdem folgt er mir wie ein Schatten. Bekleidet mit einem langen, schäbigen pflaumenblauen Mantel, den er bis zum Hals zuknöpft, und einem staubigen schwarzen Käppchen, das unter seinem Kinn zugebunden war, beschäftigt er sich von morgens bis abends mit dem Aufräumen meines Zimmers. In meinem ganzen Leben hat sich noch niemand so sehr um mich gekümmert.

Sobald ich ein Streichholz in meinen Aschenbecher fallen lasse, kommt er hereingetrapst, nimmt es heraus und trägt es zum Abfallhaufen. Freilich nicht ohne meine Erlaubnis. Er unternimmt nichts, bevor er nicht mein zustimmendes Nicken empfangen hat. Er hält mir das Streichholz fast unter die Nase. Ich versuche angestrengt, meine Lektion für Abdul zu lernen, und tue so, als bemerkte ich nichts. Völlig zwecklos.

»Sahib!« mahnt er leise oder manchmal auch »Huzoor!« – eine sehr respektvolle Form der Anrede, die meines Wissens normalerweise Königen vorbehalten ist.

Ich werfe ihm einen ungehaltenen Blick zu. Er schwenkt das Streichholz in Richtung Tür. Die Geste ist vielsagend:

»Ist es Ihr Wille, daß dieses Streichholz weggeworfen wird und damit für immer verloren ist?«

»Ja doch – gütiger Himmel!«

Glücklich und zufrieden geht er hinaus, und ich lerne weiter meine Lektion, indem ich die neuen Wörter auf ein Blatt Papier schreibe und sie dann auswendig lerne. Wäre dieses Streichholz Abduls Streichholz gewesen, denke ich bei mir, hätte er vielleicht nicht erlaubt, es wegzuwerfen. Oder er hätte diese Frage zumindest sorgfältiger erwogen. Konnte man dieses Streichholz denn nicht noch anderweitig verwenden? Als Zahnstocher oder als Nagel, um daran leichte Gegenstände wie hübsche, leere Streichholzschachteln an die Wand zu hängen? Oder könnte man es nicht an einem Fadenende vor der Katze hin- und herbaumeln lassen? Ohne Zweifel, so denke ich bei mir, besitzt Abdul eine kleine Blechdose, in der er seine abgebrannten Streichhölzer sammelt. Als ich meine Vokabeln im Kopf habe, zerreiße ich das Papier und werfe es, da es keinen Papierkorb gibt, achtlos neben mir auf den Boden. Sogleich kommt Habib hereingetrapst, hebt die Papierfetzen sorgfältig auf und hält sie mir unter die Nase.

»Huzoor!«

»Ach, *verschwinde* endlich!« stöhne ich.

Aber es ist alles völlig zwecklos. Ich habe ihn angebettelt und ihm befohlen, sowohl durch Narayan als auch durch Babaji Rao, meinen Aschenbecher in Ruhe zu lassen, aber es ist alles völlig zwecklos. Er wird nach wie vor ungefähr dreißigmal am Tag geleert und anschließend am Türvorhang abgewischt, so daß ich jetzt immer schon hastig alles wieder herausklaube, was ich aus Versehen hineingelegt habe. Das Bett wird immer noch genauso wie zu Beginn gemacht, und im Haus ist seit einem vollen Monat weder gefegt noch Staub gewischt worden, so daß ich beim Hin- und Herlaufen kleine Staubwolken aufwirbele. Auf meinen Büchern und Papieren liegt eine dicke Schicht Lampenruß und Zigarettenasche, und der Toilettentisch ist übersät mit Rattenkötteln. Während ich diese staubige Stätte tiefer Trostlosigkeit trübsinnig betrachte, kommt der treue Habib hereingetrapst, um dem Aschenbecher das neueste Streichholz zu entnehmen. Klagend blicke ich ihn an. Dann muß ich lächeln – er sieht so absurd aus –, und im Gegenzug öffnen sich seine dicken Lippen und entblößen blendend weiße Zähne, während er mir das lästige, das unordentliche Streichholz entgegenstreckt:

»Huzoor!«

15. Februar

Die Pilgerfahrt Seiner Hoheit ist um einen Monat verschoben worden. Er nennt gesundheitliche Gründe, und außerdem sei es zu kalt. Ich für meinen Teil finde es unangenehm warm. Es sei eine *große Enttäuschung* für ihn. Und vielleicht ist das sogar wahr, doch ich vermute, daß seine Enttäuschung eher darauf zurückzuführen ist, daß er Napoleon dem Dritten und mir damals, als seine eigene Abreise unabwendbar schien, für den Zeitraum seiner Abwesenheit Urlaub gab. Napoleon der Dritte ist schon weg, und ich breche am Mittwoch auf, er selbst bleibt nun hier. Vielleicht geht es ihm wirklich nicht gut, aber wahrscheinlich handelt es sich nur um einen Anfall jenes nervösen Leidens, für das er immer dann, wenn seine Pilgerfahrt nach Gaya ansteht, besonders empfänglich ist. Sein Befinden macht ihm wirklich zu schaffen, und er konsultiert jeden Arzt, der ihm in die Quere kommt. Selten aber nimmt er die ihm dann verschriebene Medizin auch ein, denn es ist entweder nicht die gleiche Medizin, die der vorherige Arzt empfahl, oder es *ist* die gleiche, oder aber seine Pandits raten ihm davon ab, oder der Mond steht im achten Tierkreis, oder aus einem anderen Grund. Die meisten Freunde, die er hierher einlädt, sind Militärärzte, und momentan haben wir hier einen Mann vom I.M.S., Captain Drood, der zusammen mit seiner Gattin im Gästehaus wohnt. Sie sind ungewöhnlich angenehme Anglo-Inder, die mit dem kleinen Mann sehr nett und geduldig umgehen. Man braucht Geduld.

Captain Drood untersuchte ihn kürzlich und erzählte mir, daß der Maharadscha an *locomotor ataxia* leide und daß er ihm etwas verschrieben habe, das er im örtlichen Krankenhaus bekommen könne. Doch der Maharadscha brachte ihm das Rezept am nächsten Tag zurück. Er hatte es sich im Krankenhaus erläutern lassen und das Medikament wiedererkannt. Es war das gleiche Rezept, das ihm vor kurzem von einem Arzt aus Allahabad zugeschickt worden war. Es enthielt Kaliumjodid, das sehr unangenehme Nebenwirkungen habe; seine Augen tränten davon. Konnte der Doktor Sahib nicht das Kaliumjodid durch etwas anderes ersetzen? Zum Beispiel durch *nux vomica*? Captain Drood erklärte ihm, daß *nux vomica* in seinem besonderen Fall nichts nütze. Seine Hoheit nannte die verschiedensten anderen Mittel. Könnte er nicht irgendeines von denen bekommen – alles, nur nicht dieses entsetzliche Kaliumjodid? Doch Captain Drood, der den Maharadscha zum ersten Mal behandelte, blieb auf dem Wege der

Vernunft. Man könnte höchstens, sagte er, die vorgeschriebene Menge an Kaliumjodid etwas verringern. Und sollten die Augen Seiner Hoheit trotzdem noch tränen, könnte man dem durch größere Abstände zwischen den Einnahmen begegnen.

Mit diesem Zugeständnis humpelte der Maharadscha anscheinend beruhigt davon. Doch am nächsten Tag erfuhr Captain Drood, daß der hiesige Arzt, ein Hindu, der europäische Heilmethoden praktiziert, das Kaliumjodid ganz weggelassen und durch etwas anderes ersetzt hatte – niemand schien zu wissen, wodurch. Drood war sehr gekränkt – zweifellos in seiner Berufsehre –, aber er gab vor, um die Gesundheit des Maharadscha in den Händen »dieser verdammten skrupellosen Pandits« sehr besorgt zu sein, und bekundete seine Entschlossenheit, mit dem kleinen König »ein ernstes Wörtchen« zu reden. Doch dies »ernste Wörtchen« wurde durch eine plötzliche Zwischenfrage des Maharadscha jäh abgewürgt. Dieser hatte schon eine Weile unaufmerksam gewirkt und wollte nun wissen, ob sich der Doktor Sahib (der eine leichte Glatze bekam) oben auf dem Kopf rasiere.

Denn im Grunde hatte Seine Hoheit von Captain Drood bereits alles bekommen, was er eigentlich wollte – die ärztliche Auskunft, daß der Gesundheitszustand des Maharadscha es nicht erlaube, eine Pilgerfahrt nach Gaya anzutreten. Auch Mrs. Drood stellte ihre Fähigkeiten in den Dienst der guten Sache, einen erneuten Aufschub zuwegezubringen. Seine Hoheit liebt sie innig. Wie häufig bei kräftigen, rot- und pausbäckigen Frauen hat auch sie ein liebenswertes und herzliches Gemüt. Aber das ist nicht der Grund für seine Zuneigung, sondern daß sie ihm seine Zukunft aus den Karten liest. Das wird ihm nie langweilig, das ist seine unweigerliche Forderung an alle seine weiblichen Gäste, und er ist immer höchst überrascht, wenn eine erwidert, sie wisse gar nicht, wie man so etwas mache – ganz so, als habe er immer geglaubt, dies sei eine Begabung, die allen Frauen des Abendlandes eigen sei. Auch Mrs. Drood berief sich auf ihre Unkenntnis der Wahrsagerei, als er sie zuerst darum gebeten hatte. Seine Hoheit bat sie jedoch so inständig, es wenigstens zu versuchen, daß sie nachgab und sich mit Hilfe des wenigen, dessen sie sich noch erinnerte, ein System überlegte, das inzwischen offenbar nicht nur Seine Hoheit, sondern auch sie selbst in Bann geschlagen hat. Sie gestattet ihm zwei bis drei Wünsche pro Tag (die Herz Neun ist die Wunschkarte), und während sie ihm nach einem bestimmten Muster die Karten legt, sitzt er mit geschlossenen Augen und sehr ernster Miene an ihrer Seite und wünscht, mit voller Konzentration.

Was wünscht er sich wohl? Vielleicht Gesundheit, Freundschaft oder ewiges Leben; eine Vision des Himmels oder die Revision der Erde; den Kunstsinn der alten Griechen oder die Macht der römischen Kaiser – oder die Rückkehr Napoleons des Dritten.

Manchmal bekommt er seine Herz Neun und ist zufrieden und dankbar. Geschieht dies aber nicht, wird er unruhig. Doch meist gelingt es Mrs. Drood, ihm einen Ersatz anzubieten. Wird die Herz Neun selbst nicht aufgedeckt, dann vielleicht eine Karte, die ihr nahe kommt – die Sieben, Acht oder Zehn. Und dann erzählt sie ihm, daß zwar sein Wunsch offenbar noch nicht *komplett* in Erfüllung gehe, sich aber zumindest teilweise verwirklichen werde.

»Wieviel *Annas*?« ruft er, denn er zögert nie, ein Omen zu seinen Gunsten umzudeuten, so wie er damals den Wagen wenden ließ, um den Schwarzbock auf die rechte Seite zu kriegen. Wenn die Herz Neun die volle Anzahl bedeutet (auf eine Rupie kommen sechzehn *Annas*), wofür steht dann die Herz Acht? Wieviel *Annas?*

Sie hilft ihm; seine Chancen stehen nie schlechter als zehn *Annas.* Und selbst wenn ihm, was unweigerlich vorkommt, beim Mischen die Karten hinpurzeln (denn das Mischen will ihm auch nach ständigem Üben nicht gelingen), verliert sie nie die Geduld, sondern erkennt noch in den Karten, die zu Boden gefallen sind, ein gutes Omen.

Er kam immer dann zum Wünschen zu Mrs. Drood, wenn der Mond im siebten Tierkreis stand, denn dies war für ihn eine sehr günstige Zeit – aber nur drei Tage lang. Dann war der Mond im achten Tierkreis, womit, wie er ihr erklärte, eine für ihn derart ungünstige Phase begann, daß er sehr schlecht beraten wäre, sich seine Zukunft in dieser Zeit vorhersagen zu lassen. Er konnte sich jedoch nicht beherrschen und erschien auch in dieser widrigen Zeit mit der ängstlichen Bitte, sie möge ihm doch einen Wunsch gestatten, bloß *einen!*

»Natürlich, Maharadscha Sahib«, erwiderte sie sogleich. »Und wenn die Herz Neun nicht aufgedeckt wird, schieben wir es auf den Mond, der die Karten durcheinanderbringt.«

»*Ganz* genau! Das ist *sehr* richtig!« pflichtete er ihr mit blitzschnell wiedererlangtem Selbstvertrauen bei und warf mir einen Blick zu, so als wolle er sagen: »Haben Sie das gehört? Welcher *Scharfsinn*!«

Das Auftauchen oder Nichtauftauchen der Wunschkarte ist zwar besonders wichtig, aber damit ist die Angelegenheit keineswegs erschöpft. Auch die Anordnung der ausgelegten Karten ist höchst aufschlußreich, und eine der häufigsten Fragen Seiner Hoheit betrifft seine künftige Gesundheit. Mrs. Drood sorgt dafür, daß es immer nur gute Neuigkeiten gibt, obwohl sie mir eines Tages mit einer Ernsthaftigkeit, die der seinen gleichkam, mitteilte, die Karten hätten deutlich auf eine baldige schwere Krankheit hingewiesen. Da ich mich selbst inzwischen von seiner ängstlichen Suche nach dem Mungo habe anstecken lassen und bei unseren Ausfahrten entweder erleichtert oder bedrückt bin, je nachdem, ob wir einen gesichtet haben oder nicht, darf ich das nicht weiter kommentieren. Auf jeden Fall ist seine Pilgerfahrt nun auf März verschoben worden. Das Stethoskop und die Karten haben den Ausschlag gegeben, zusammen mit seiner Abneigung und gegen den Rat der Pandits und Babaji Raos, der für seinen Transport bereits umfangreiche Vorbereitungen getroffen hatte. Und Seine Hoheit ist »sehr enttäuscht«.

Wenn Habib eine Plage ist, ist Abdul ein regelrechter Alpdruck.

Seit letzter Woche bin ich so tief in seine Angelegenheiten verstrickt, daß ich nicht weiß, wie ich mich daraus befreien soll. Er hängt mir am Hals wie ein Mühlstein, und die Tatsache, daß ich ihm sozusagen erlaubt habe, dort zu hängen, macht es mir nicht leichter, sein Gewicht mit stoischer Gelassenheit zu tragen, jetzt, wo ich es nicht mehr abschütteln kann. Nachdem er dem Maharadscha seine Petition überreicht hatte, schrieb ich ihm auf Abduls Bitte einen weiteren Brief, um seine Eingabe zu unterstützen und meine Hoffnung zu äußern, Seine Hoheit möge sein Versprechen nicht vergessen und Abdul die Verwaltung des Gästehauses übertragen, für fünfundzwanzig Rupien monatlich und sobald wie möglich.

Ich wählte diesen Posten unter Abduls übrigen Vorschlägen aus, weil ich glaubte, er würde die Interessen anderer am wenigsten verletzen, und weil außerdem das Gästehaus in Anbetracht der Rechnungen, die den Dewan jedes Vierteljahr aufs neue zur Verzweiflung bringen, dringend der Aufsicht bedarf. Narayan behauptet, die Verschwendung gehe zum größten Teil auf die Diebstähle des ehrwürdigen Munshi zurück, der die Schlüssel zur Vorratskammer hat und sich daher in der glänzenden Lage befindet, sich selbst, seine Angehörigen und Freunde, den Arzt und den Chef der Verwaltung mit allem zu versorgen, was diese sich nur wünschen. Und so, sagt Narayan, verschwinden der Portwein und der Whisky, die Zigaretten und die Obstkonserven von Fortnum & Mason. Der Verwaltungschef ist rein formell der Oberaufseher, doch er ist Babaji Rao zufolge zu beschäftigt und Narayan zufolge zu schlau, um diesem Amt seine ungeteilte Aufmerksamkeit zu widmen. Man ist ständig auf der Suche nach neuen Vorschlägen, wie die horrenden Ausgaben reduziert werden könnten, und eines Tages kam man auf die Idee, daß ich das Ganze als eine meiner Aufgaben mit übernehmen solle. Doch als ich meine Kampagne gegen die Verschwendung damit begann, auf die Obstkonserven von Fortnum & Mason (die ich übrigens nicht mag) zu verzichten, bezeichnete man mich als einen allzu radikalen Wirtschafter und befreite mich höflich von der Last meines neuen Amtes. Daher hielt ich die Anstellung Abduls als amtierenden Verwalter für eine gute Idee. Seine Hoheit erzählte mir am gleichen Nachmittag, er habe alles arrangiert und Abdul für zwanzig Rupien im Monat ab sofort zum Verwalter auf Probe ernannt. Abdul war von dieser Nachricht nicht so erfreut, wie ich erwartet hatte.

»Aha, auf *Probe*!« entgegnete er. »*Schlau* sind sie. Man wird mir nicht erlauben, sie zufriedenzustellen, und wenn Sie uns erstmal verlassen haben, werden sie mich hinauswerfen! Ich weiß schon!«

Dennoch dankte er mir, bevor er ging, und reichte mir die Hand.

Aber seine Versetzung ließ auf sich warten, und so sprach ich Babaji Rao darauf an und erfuhr, daß Abdul seine Petition auf dem üblichen Weg dem Dewan überreichen müsse, und der Dewan werde ihr dann auf Anweisung des Maharadscha zustimmen. Aber der Dewan war Abdul nicht geheuer. Konnte die Angelegenheit nicht über Babaji Rao geregelt werden? Und würde ich in jedem Fall die Petition für ihn aufsetzen? Ich hatte jedoch die ganze Sache ziemlich satt, weil sie immer mehr Unterrichtsstunden in Anspruch nahm, und sagte ihm, er müsse den Rest nun selber erledigen.

Doch so einfach sollte ich nicht davonkommen. Am 13. erfuhr ich zu meinem Kummer, daß genau das eingetreten war, was ich hatte vermeiden wollen: Narayan sollte das Gästehaus verlassen, um Abdul Platz zu machen.

Das hätte nun kein Unglück bedeuten müssen, da sich Narayan, wie ich wußte, selbst verändern wollte. Der Posten, auf den er versetzt werden sollte, war jedoch schlechter als sein bisheriger. Und ich hatte das Gefühl, daß sich sein Verhalten mir gegenüber von da ab veränderte. Ich hatte sein Vertrauen gehabt und seinen Respekt genossen; nun aber schien er mich zu meiden. Am Abend vor Abduls Eingabe sprachen Babaji Rao und ich auf meiner vorderen Veranda über dieses Kuddelmuddel, und Narayan, der zuvor mit Sharma unter dem *Neem*-Baum neben der Küche gesessen hatte, kam herüber, um sich von Babaji Rao ein Papier abzeichnen zu lassen. Er machte einen Salaam und erwiderte mein Lächeln, und ich fragte ihn, ob er Lust habe, mit uns spazierenzugehen. Er bejahte dies, doch als wir ein paar Minuten später aufbrachen, war er zu seinem Platz unter dem *Neem*-Baum zurückgekehrt. Er hatte das Gesicht abgewandt und tat, wie mir schien, als sehe er uns nicht; sein Freund Sharma hingegen beobachtete mich. Darüber war ich sehr unglücklich und schrieb Babaji Rao noch in dieser Nacht, daß es mich sehr erleichtern würde, wenn er versuchen könnte, beim Dewan alles wieder rückgängig zu machen, so daß Abdul – mit einer Gehaltsaufbesserung von acht Rupien – auf seinem alten Posten bliebe, bis sich für Narayan etwas Passendes gefunden hätte. Er antwortete mir sehr zuvorkommend, daß er sein Bestes versuchen werde, obwohl er die Antwort des Dewan fürchte, und bat mich, Narayan um sieben Uhr morgens, bevor der Dewan Hof hielt, zu ihm zu bestellen, so daß er ihn nach seinen Wünschen fragen konnte. Aber Narayan mußte sich am Morgen übergeben und konnte seine Verabredung nicht einhalten. Babaji Rao erzählte mir allerdings gestern nachmittag zu meiner großen Erleichterung, daß er alles so habe regeln können, wie ich es vorgeschlagen habe. Der Dewan sei sehr verärgert gewesen, habe aber trotzdem zugestimmt, und nun müsse ein bißchen Theater gespielt werden: Abduls Vorgesetzter würde vorgeben, sich über ihn geärgert zu haben, und ihm dann mitteilen, ihn eigentlich doch noch nicht entbehren zu können. Die Petition müsse dennoch vom Dewan begutachtet werden, aber er werde »acht Rupien Gehaltsaufbesserung« draufschreiben, und damit sei die Sache erledigt.

16. Februar

»Wann brechen Sie zu Ihrer Reise auf?« fragte Seine Hoheit heute nachmittag, als wir losfahren wollten. »Fahren Sie am Donnerstag?«

»Nein, mein Fürst«, erwiderte ich fest, »Sie haben mir erlaubt, am Mittwoch zu fahren.«

Er neigte den Kopf etwas zur Seite und zog die Augenbrauen hoch, so als wolle er andeuten, daß ihn ein Gefühl des Erstaunens überkomme, er aber zu höflich sei, diesem Gefühl offen Ausdruck zu verleihen.

»Und Sie werden ... weg sein ... zwei Wochen lang?« erkundigte er sich und warf mir einen raschen Blick zu.

»Zwei Wochen!« rief ich etwas ungehalten. »Fürst, Sie wissen doch ganz genau, daß wir uns darauf geeinigt hatten, daß ...«

»Wie lange wird es also dauern?« unterbrach er mich.

»Sie sagten, ich könne einen Monat lang fortbleiben, solange, wie Sie für Ihre Wallfahrt brauchen würden«, gab ich starrsinnig zurück, während ich mich gleichzeitig schuldig fühlte und mir herzlos vorkam. Abermals gab er, ohne mich dabei anzusehen, durch eine Kopfbewegung und hochgezogene Augenbrauen seinem Erstaunen Ausdruck; dann berührte er mich am Ärmel und sagte sanft:

»Bleiben Sie nicht länger fort als drei Wochen. Ich kann Sie nicht entbehren.«

Wir erreichten Chetla. Der Maharadscha bekam Betelblätter und Früchte geschenkt und gewährte demselben jungen Betelblattpflanzer eine Audienz, dessen körperlicher Verfall uns bei unserem ersten Besuch so sehr enttäuscht hatte. Er war in Schwierigkeiten.

Irgendein Bösewicht, ein Verwandter, bestritt seinen Anspruch auf ein bestimmtes Stück Land und hatte gedroht, den Jungen umzubringen, wenn er nicht nachgäbe. Seine Hoheit hörte seiner Geschichte nur oberflächlich zu, wies ihn an, den Fall vor das Zivilgericht in Chhokrapur zu bringen, und befahl dann seinem Chauffeur weiterzufahren. Wir waren uns wieder darin einig, daß der junge Mann wirklich sehr enttäuschend sei, und Seine Hoheit bemerkte mit einem Glucksen, er könne sich *wirklich nicht* vorstellen, wie der es *angestellt* habe, so dünn zu werden. Nachdem wir eine Weile schweigend weitergefahren waren, fragte er:

»Trinkt man in England den Urin von Kühen oder irgendwelchen anderen Tieren?«

Ich hätte noch nie gehört, daß dort jemand dergleichen täte, erwiderte ich.

»Wieso? Tun Sie's?« fragte ich ihn.

»Oh, ja«, antwortete er. »Das *muß* ich. Alle Hindus müssen die fünf Erzeugnisse der Kuh zu sich nehmen. Das ist unsere Religion.«

»Welche fünf Erzeugnisse sind dies?« wollte ich wissen.

»Urin, Mist, Milch, Quark und Butter.«

»Was ist mit Schweiß?« fragte ich. »Ist das nicht auch ein Erzeugnis?«

»Unheilig!« versetzte er und klopfte sich mit der Hand aufs Knie.

»Und Speichel? Was ist mit Speichel?«

»Unheilig!« wiederholte er und klopfte sich abermals aufs Knie. »Das Maul der Kuh ist unheilig und wird niemals verehrt.«

»Ist jede Kuh gleich gut?« fragte ich. »Oder muß es eine bestimmte Kuh sein, wie beim Franzosen ein bestimmter Frosch?«

»Nein, jede Kuh geht.«

»Diese Kühe da, zum Beispiel?« Ich deutete auf einige magere Exemplare auf einem vorbeiziehenden Feld.

»Das sind Bauernkühe«, sagte er mit einem verächtlichen Lächeln.

»Und wie oft nehmen Sie diese fünf Erzeugnisse zu sich, Fürst?« forschte ich nach.

»Täglich; in kleinen Mengen. Das *muß* ich.« Dann begann er zu kichern. »Mist und Urin sind *sehr* heilig«, fügte er hinzu.

»Der Urin der Kuh soll auch Heilkräfte haben, nicht wahr? Ich habe gehört, daß er in fast allen indischen Medikamenten enthalten ist.«

»Das stimmt genau«, erwiderte er. Und nach einer Pause: »Ich mag ihn *sehr*. Ich trinke ihn wie Wasser.«

Ich fragte ihn, warum die Kuh mehr verehrt werde als alle anderen Tiere, und er sagte, daß man in ihr die Weltmutter sehe und daß sie neben dem Löwen, dem Pfau, der Schwarzbiene, dem Sekretärsvogel, dem schwarzen Kolibri und dem vollkommenen Leib von Mann oder Frau als Ort des Unbekannten gelte. Er

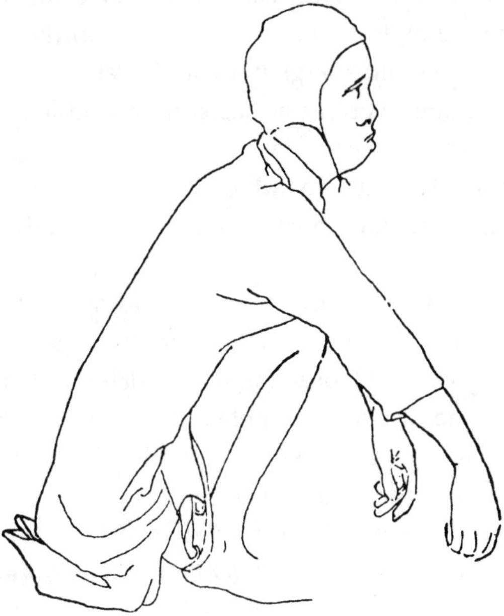

könne sich diese Auswahl ebensowenig erklären wie die Tatsache, daß Mais, Zwiebeln, Sellerie und Spinat unheilig seien oder daß die Katze heilig sei, der Hund jedoch nicht, aber so sei es eben.

Als wir durch die Ausläufer von Chetla kamen, zeigte ich Seiner Hoheit einen jener primitiven Baumschreine, die man hier häufig sieht, und fragte ihn, was sie zu bedeuten hätten. Es sind kleine runde Plattformen aus tonverkleideten Ziegeln, die einfach um einen Baumstamm herumgebaut werden. Oben drauf befindet sich der eigentliche Schrein, ein kleiner Ton- oder Lehmbukkel, innen ausgehöhlt, damit eine Reliquie hineinpaßt. Man baue sie, erzählte er, um die Geister der Verstorbenen – *genii loci* vielleicht – zu besänftigen, denn die seien oft wild und gefährlich. Eier und Kokosmilch würden ihnen geopfert. Sie seien jedoch bloß das Machwerk dummer und abergläubischer Bauern, von denen viele Dämonen verehrten, sagte er verächtlich.

Als ich mich heute abend zum Dinner umzog und nichts außer meinen Socken anhatte, kam Habib herein.

Ich schnauzte ihn an, und er verschwand. Ich habe versucht, ihm beizubringen, daß er bei zugezogenem Vorhang jedesmal klopfen muß, um sich vor dem Eintreten meine Erlaubnis zu holen. Aber er kommt jedes Mal herein, ohne anzuklopfen, wird jedes Mal angeschnauzt, um jedes Mal zu verschwinden. Während ich mich in Ruhe weiter anzog, fragte ich mich, was er wohl gewollt hatte und wo er abgeblieben war, ob er das Haus verlassen hatte oder nebenan wartete. Ich horchte, konnte aber nichts hören. Ich war mir trotzdem sicher, daß er das Haus nicht verlassen hatte, ohne seine Mission – was immer es war – erfüllt zu haben. Es würde ihm nicht in den Sinn kommen, wegzugehen und später wiederzukommen. Nachdem ich meine Hosen angezogen hatte, spähte ich ins Nebenzimmer. Es war leer. Dann sah ich auf die hintere Veranda hinaus. Da stand er im Dunkel und polierte etwas mit einem Tuch. Ich warf ihm einen strengen Blick zu. Seine dicken Lippen zitterten nervös, klebten aneinander und öffneten sich dann, als wollten sie ihre Bereitschaft andeuten, ein Lächeln zu erwidern.

»Was willst du?« fragte ich auf Hindi.

Er hielt den Gegenstand, den er polierte, ans Licht. Es war eine Sprudelflasche.

Mit einem resignierten Seufzer ging ich zurück, um mich weiter anzuziehen. Eine Sprudelflasche wird jeden Abend auf meinen Schlafzimmertisch gestellt, und ich wußte, daß Habib geduldig auf eine günstige Gelegenheit wartete, sie an ihren gewohnten Platz zu stellen. Ich könnte Stunden in meinem Schlafraum verbringen; er würde auf der Veranda bleiben, still mit dem Tuch die Flasche polieren und auf seine Gelegenheit warten. Sie irgendwo anders hinzustellen – das ging nicht. Sie wurde jedes Mal auf den Schlafzimmertisch gestellt; auf den Schlafzimmertisch gehörte sie folglich auch heute. Als ich mit dem Ankleiden fast fertig war, ging ich für einen Moment ins Badezimmer, und als ich zurückkam, stand die Sodawasserflasche auf dem Schlafzimmertisch, und Habib war verschwunden.

Narayans Brechanfall von gestern morgen hat seine innere Verstimmung noch nicht kuriert. Am Abend traf ich ihn und erkundigte mich nach seinem Befinden.

»Ich habe einen Schmerz in meinem Bauch«, sagte er.

Also holte ich Captain Drood, um ihn zu untersuchen. Drood fragte ihn, was er esse, und Narayan nannte Reis, Milch und Brot. Also warnte ihn der Doktor für ein oder zwei Tage vor Brot und gab ihm etwas Rizinusöl, wonach er sich besser fühlte. Er besuchte mich heute abend nach dem Dinner.

»Ist Sharma böse auf mich?« fragte ich ihn. »Oder bin ich böse auf Sharma?«

»Ich weiß nicht.«

»Doch, du weißt es. Sag es mir.«

»Er ist nicht böse auf Sie.«

»Nun, ich bin ihm auch nicht böse.«

»Er denkt das«, sagte Narayan. »Er sagt mir gestern, ›Der Sahib ist böse auf mich.‹«

»Ich mag ihn sehr gern«, betonte ich. »Sagst du ihm das?«

»Ja, ich sage ihm.«

»Du warst vor kurzem böse auf mich.«

»Nein, ich war nicht böse.«

»Ein bißchen. Dochdoch, ein bißchen.«

»Nein. Sie sind meine große Bruder, und ich bin Ihre kleine Bruder.«

18. Februar

Armer Abdul! Am Nachmittag jenes Tages, an dem er dem Dewan seine Petition überreichen sollte, der Dewan »acht Rupien Gehaltsaufbesserung draufschreiben würde« »und damit basta« – an jenem Tag kam er zur gewohnten Zeit zu mir ins Haus.

Er war sichtlich nicht in seiner gewöhnlichen Verfassung. Er wirkte gedämpft, fahrig und sonderbar; irgend etwas war eindeutig schiefgelaufen. Er begrüßte mich mit einer mechanischen Handbewegung, setzte sich an den Tisch und begann ohne ein weiteres Wort, seine Bücher und Papiere zu ordnen.

»Mr. Ackerley«, sagte er endlich mit bebender Stimme, »ich möchte, daß Sie wissen, daß *nichts* geschehen ist. Ihr Empfehlungsschreiben – Ihr *nachdrückliches* Empfehlungsschreiben – hat zu nichts geführt. Aber fragen Sie mich nicht darüber! Reden Sie nicht mehr darüber! Wir werden niemals mehr davon sprechen.«

Und das taten wir auch nicht – an diesem Nachmittag. Er zog das Kinn ein, runzelte die Stirn und konzentrierte sich angestrengt auf seine Bücher. Zum ersten Mal seit Wochen bekam ich wieder eine volle Stunde Unterricht. Als sie zu Ende war, stellte er mir meine Aufgaben für die nächste Stunde, klemmte sich seine Sachen unter den Arm, machte einen steifen Bückling und verschwand.

Doch als er gestern nachmittag erschien, war er unrasiert und schien nicht besonders gut geschlafen zu haben.

»Wenn ich Ihnen etwas erzähle, Mr. Ackerley«, begann er sofort, »geben Sie mir dann Ihr feierliches Versprechen, mit keinem Menschen darüber zu sprechen?«

»Was ist los, Abdul?« fragte ich, und sofort füllten sich seine Augen mit Tränen, und seine Stimme wurde heiser. Sein Vorgesetzter hatte sich darüber geärgert, daß Abdul nicht mit ihm gesprochen hatte. Es hatte eine Szene gegeben, in deren Verlauf der Vorgesetzte gesagt hatte, daß Abdul in betrügerischer, heimtückischer Absicht gehandelt habe, auf seinem Posten unabkömmlich sei und sich beim Dewan auf jeden Fall entschuldigen müsse, da dieser seinetwegen erheblichen Ärger gehabt habe. Abduls Stimme zitterte. Es war furchtbar gewesen.

»Du bist ein schlechter Mensch, ein böser Mensch!« hatte der Dewan geschrien. »Ich werde Dir nicht einen Pais mehr geben, sondern für Deine Entlassung sorgen, wenn ich noch einmal von Dir höre!« Es hatte noch mehr dergleichen gegeben, und dann habe der Dewan ihn hinausgeworfen, wobei er gedroht habe, ihn umbringen zu lassen, wenn er mir oder sonst jemandem auch nur ein Wörtchen davon verriete.

Ich konnte ein Lächeln nicht unterdrücken. Das »bißchen Theater«, von dem Babaji Rao gesprochen hatte, war offenbar mit einigem Enthusiasmus in Szene gesetzt worden. Aber Abdul hatte mich beobachtet.

»Ah, Sie freuen sich, Mr. Ackerley?« sagte er und lächelte gekünstelt.

Ich beeilte mich, diesen Eindruck zu korrigieren, ohne jedoch die Verschwörung zu verraten. Ich sei einfach nicht übermäßig besorgt über diese Geschichte, sagte ich zu ihm. Der Maharadscha habe ihm monatlich zwanzig Rupien versprochen, und die werde er früher oder später auch bekommen. Doch dürfe er nicht erwarten, daß man ihm die Verwaltung des Gästehauses übertragen werde, bevor für Narayan etwas Passendes gefunden worden sei. Aber der Schock saß zu tief. Der Dewan hasse ihn, entgegnete er, und werde versuchen, ihm zu schaden. Er sei Mohammedaner, sie seien Hindus, und daher haßten sie ihn. Ich hätte nichts für ihn getan, nichts. Es sei alles aus, und das mindeste, was ich für ihn tun könne, sei, ihm über den Politischen Berater einen guten Posten in einem anderen Staat zu verschaffen.

Er sah mich flehend an. Vor Angst und Selbstmitleid war er ganz außer sich; das Weiß und Braun seiner Augen schienen ineinandergelaufen zu sein. Ich konnte ihn nicht leiden, aber ich beruhigte ihn, so gut ich konnte, und versprach, ich würde, falls sich bei meiner Rückkehr noch nichts getan hätte, an Seine Hoheit schreiben und ihn fragen, warum sein Versprechen noch nicht erfüllt worden sei. Das schien ihn etwas zu trösten, und er ging, nachdem er seine erste Bitte noch einmal wiederholt hatte:

»Und ich habe Ihr Versprechen, daß Sie von all dem keinem Menschen etwas erzählen? Das würde sehr schlecht für mich sein, Gentleman, sehr gefährlich für mich!«

An Unterricht war die ganze Zeit nicht zu denken gewesen.

Heute war er hingegen wieder ganz der Alte. Es sei unsere vorletzte Stunde vor meiner Abfahrt, meinte er, und er habe daher einige Bitten an mich. Zunächst einmal wolle er, daß ich ihm, wie versprochen, das Empfehlungsschreiben des Politischen Beraters verschaffe – und dann brauche er auch von mir so ein Schreiben.

Ich schüttelte den Kopf. Ich würde bis zu meiner Rückkehr nichts weiter unternehmen. Er müsse Geduld haben – und jetzt würden wir mit dem Unterricht fortfahren.

Das taten wir auch, einige Minuten lang. Dann räusperte er sich und begann von neuem, in kurzen, dürren Sätzen, während er an seinen Unterlagen herumfingerte und sie hin- und herschob.

»Verstehen Sie, Mr. Ackerley, Sie haben versagt. Sie haben eine Empfehlung ausgesprochen, eine *nachdrückliche* Empfehlung, aber es ist nichts dabei herausgekommen. Der Dewan hat Sie besiegt, und das ist eine Beleidigung für Sie – und für das ganze englische Volk! Verstehen Sie?«

Mit einem schlauen Lächeln sah er auf, um die Wirkung seiner Worte zu beobachten. Ich lachte.

»Hören Sie her, Abdul«, sagte ich. »Sie haben es eigentlich mir zu verdanken, daß Sie den Posten als Verwalter des Gästehauses nicht bekommen haben.« Und ich erklärte ihm, was passiert war.

Aber er konnte sich darauf offenbar keinen Reim machen.

»Warum haben Sie mir das nicht gesagt?« fragte er verwirrt. »Sie haben mir nicht Ihr Herz geöffnet.«

»Na gut, jedenfalls wissen Sie jetzt Bescheid, und ich glaube, es wird Zeit, daß Sie gehen.«

»Mr. Narayan hat Sie gebeten, das zu tun«, sagte er nachdenklich, während er seine Bücher zusammenpackte. »Ist es wahr? Ich glaube schon.«

Ich gab ihm zehn Rupien zusätzlich zu seinem Gehalt.

»Vielen Dank, Mr. Ackerley; und morgen komme ich für unsere letzte Unterrichtsstunde um die gleiche Zeit.«

»Nein, Abdul, die heutige war die letzte bis zu meiner Rückkehr. Ich werde morgen zu viel zu tun haben, um mich mit Ihnen treffen zu können.«

Das paßte jedoch keineswegs in seinen Plan. Ich hatte noch keine seiner Bitten gewährt.

»Dann werde ich ein paar Übungen für Sie vorbereiten, an denen Sie auf der Reise arbeiten können. Ich bringe sie Ihnen heute abend um neun vorbei.« Ich schüttelte den Kopf. »Ah, Sie wünschen nicht? Dann komme ich um fünf und gehe mit Ihnen spazieren. Sie gehen oft mit Mr. Narayan um fünf Uhr spazieren, also ist es eine gute Zeit.«

»Nein, Abdul«, beharrte ich. »Ich will Sie vor meiner Rückkehr nicht mehr sehen.«

»Ah, Mr. Ackerley, und was wird aus mir, wenn Sie weg sind? Wollen Sie mir nicht noch ein paar Minuten Ihrer kostbaren Zeit gewähren und einen Empfehlungsbrief für mich schreiben – jetzt – vor meinen Augen? Ich werde es Ihnen diktieren, und dann wird es ein sehr guter Brief – der allerbeste.«

»*Nein,* Abdul«, sagte ich.

Er griff nach seinen Büchern.

»Sehr wohl, Mr. Ackerley. Ich will Sie nicht zu lange weilen. Sie werden mir von unterwegs schreiben?«

»Vielleicht«, sagte ich.

»Nur ›vielleicht?‹ Ah, Mr. Ackerley, das ist nicht gut, Gentleman . . .«

»Na gut«, sagte ich schwach, »ich schreibe Ihnen.«

»Ah, vielen Dank, Mr. Ackerley. Wie oft werden Sie mir schreiben? Zweimal pro Woche?«

»Mindestens zweimal pro Woche.« Ich gähnte.

»Und Sie werden in den Briefen Ihre zukünftigen Adressen angeben? So daß ich Ihnen antworten kann, wenn ich möchte? Sie werden schreiben ›Ich bin hier‹ – dann schreiben Sie ihre gegenwärtige Adresse auf – ›bis‹ – dann geben Sie das Datum an – ›und dann fahre ich weiter nach . . .‹«

Er ist wirklich der lästigste Mensch, der mir je begegnet ist.

Captain Drood und seine Frau haben uns gestern morgen verlassen. Am Vorabend hatte Seine Hoheit ihnen im Gästehaus einen Abschiedsbesuch gemacht und Mrs. Drood einen herrlichen, in Grün und Gold gewebten Musselinstoff geschenkt. Seine Gesundheit und Laune hatten sich bereits erheblich gebessert. Wäre er zu seiner Pilgerfahrt aufgebrochen, so erzählte er, hätte er seinen Schnurrbart abnehmen und sich den gesamten Kopf bis auf die Augenbrauen kahlrasieren lassen müssen.

»Hätte ich das nicht getan«, sagte er, »hätte ich den Priestern die doppelten Gebühren bezahlen müssen!«

»Oh, ich hätte Sie zu gern so gesehen, Maharadscha Sahib«, rief Mrs. Drood schelmisch. Er kicherte in seinen Ärmel und wedelte abwehrend mit der Hand.

»Ich wäre Ihnen nicht unter die Augen getreten«, sagte er.

Sie war begeistert von ihrem Musselinstoff, und als er ihr erzählte, er habe einen ganz ähnlichen Galarock aus grünem und goldenem Brokat, bettelte sie, seinen Putz und Schmuck sehen zu dürfen, und sogleich schickte er Hashim mit dem Wagen fort, um einen Teil seiner Garderobe aus dem Palast herbeizuschaffen. Es waren wirklich wundervolle Sachen: Halsketten und Broschen aus Edelsteinen; herrliche, kunstvoll gesäumte Mäntel aus prächtigem Brokat mit den dazu passenden Turbanen, besetzt mit Juwelen und mit Federn verziert. Die Juwelen seien alle indischer Herkunft, die Gewänder jedoch in Paris gefertigt, erzählte er. Mrs. Drood geriet bei ihrem Anblick in Verzückung, und auch ihr Mann bewunderte sie sehr. Seine Hoheit hatte die ganze Zeit schweigend zugesehen, und als sie sich sattgesehen hatten und ihre begeisterten Ausrufe abgeebbt waren, wischte er all diese Dinge mit einer leichten Handbewegung zur Seite.

»Ich mag sie nicht«, sagte er leise. »Ich mag *Menschen.*«

Es ist Vollmond. Als ich heute abend mein Haus verließ, um zum Dinner ins Gästehaus zu gehen, sah ich Narayan und Sharma auf den Stufen der Veranda nebeneinander sitzen. Aber als ich näherkam, erhob sich Sharma, ging zur Vorratskammer, wo Hashim stand, und versteckte sich hinter dessen Rücken. Narayan erhob sich ebenfalls, lief jedoch nicht fort.

»Sharma!« rief ich, als ich die Stufen erreicht hatte. Es kam keine Antwort, und weder Hashim noch Narayan gaben einen Laut von sich.

»Sharma!« wiederholte ich, und diesmal stimmten die beiden mit ein. Sharma kam hinter Hashims Rükken hervor und blieb im Mondlicht unbeweglich stehen.

»Salaam!« sagte ich und grüßte.

»Salaam!« sagte der Junge und berührte seine Stirn.

Ich ging hinein.

ZWEITER TEIL

9. März

Heute abend gegen fünf Uhr bin ich zurückgekommen. Weil ich mit der Nachricht an Babaji Rao wegen meiner Ankunftszeit in Dipra zu lange gezögert hatte, war kein Wagen zur Stelle, um mich abzuholen. Am Bahnhof stand jedoch ein Lastwagen, der nach Chhokrapur fahren sollte, und so lud ich mein Gepäck und mich selbst auf dieses Gefährt.

Der Laster war bereits voller schläfriger Inder mit ihren Bündeln und Messingschüsselchen. Der Fahrer hatte mir den Beifahrersitz angeboten, und da saß ich nun, müde und schlaff nach einer heißen und stickigen Zugreise, und wartete auf die Abfahrt.

Bis dahin dauerte es noch eine Stunde. Ein hagerer Mann im gelben Turban und einem verschlissenen europäischen Anzug trat herzu und sprach mich an. Er hatte das Gespräch dadurch eingefädelt, daß er seine großen Zähne entblößte, die so gelb waren wie sein Turban; ich hatte darauf jedoch nicht reagiert. Er sprach Englisch.

»Entschuldigen Sie, Sir. Sie wollen nach Chhokrapur?«

Ich nickte schwach und gelangweilt, denn ich wußte bereits, was kommen würde.

»Sie sind dort beschäftigt?«

»Ja.«

»Sind Sie vielleicht der Dewan des Staates?«

»Nein.«

»Aha. Wie sind Sie denn beschäftigt?«

»Privat.«

Eine Schweißperle kullerte meine Nase hinunter und tropfte auf den Diplomatenkoffer, den ich auf meinen Knien hielt. Die braunen Augen inspizierten mich und mein Gepäck abermals und blickten dann versonnen zum Bahnhof hinüber.

»Sie sind Soldat?«

»Nein.«

»Vielleicht in der politischen Abteilung?«

»Nein.«

»Ah, dann wohl Beamter?«

»Nein.«

Er lächelte schwach. Das war ja nun wirklich äußerst interessant. Wer *konnte* dieser Engländer bloß sein? Nach einer Weile versuchte er es von neuem. Er war sicher, mich schon einmal irgendwo getroffen oder zumindest gesehen zu haben.

»Wo?« fragte ich und betrachtete den Lastwagenfahrer, der sich mit einigen Mitfahrern und Zuschauern im Streit über die Handkurbel befand, auf die der Motor nicht angesprochen hatte.

»In Benares?« riet der Mann im gelben Turban.

Ich warf ihm einen raschen Blick zu und fragte mich, ob ich ihn tatsächlich in Benares gesehen hatte. Das überzeugte ihn, richtig geraten zu haben. Ja natürlich, in Benares, er war ganz sicher und erinnerte sich genau, wir hatten uns unterhalten, und ich hatte ihm von meiner Tätigkeit erzählt, nur habe er unglücklicherweise vergessen, worum genau es sich gehandelt habe.

»Wann war das?« fragte ich schläfrig.

Irgendwann zwischen 1927 und 1929, mutmaßte er lächelnd und war bestürzt, als ich entgegnete, ich sei erst einmal in Benares gewesen und dann nur für drei Tage und das erst vor drei Wochen. Um ihm zu zeigen, daß ich ihm nichts nachtrug, fragte ich ihn anschließend, wohin *er* denn fahre, welcher Tätigkeit er nachgehe, welches Gehalt er bekäme, ob er verheiratet sei und wieviel Kinder er habe, und nachdem ich ihm ohne die geringste Schwierigkeit all diese Informationen entlockt hatte, sagte ich, ich wünsche zu schlafen, und er sagte, er wünsche sein Wasser abzuschlagen, und wir trennten uns in bestem Einvernehmen. Etwas später kam der Lastwagenbesitzer, dessen Augen eine eher vertikale denn horizontale Form hatten, um höchstselbst das Fahrgeld einzusammeln; denn niemand war so einfältig zu glauben, daß eine Summe Geldes ohne Veränderungen durch die Hände von Angestellten wandern würde. Ich verlangte eine Fahrkarte bis nach Rajgarh, da es möglich war, daß ich dem Wagen des Maharadascha unterwegs begegnete, und erfuhr, daß sie drei Rupien kosten sollte. Ich schmunzelte verächtlich. Eigentlich hatte ich keine Ahnung, wie teuer die Fahrt tatsächlich war, aber es ist so üblich, daß man immer zuviel abgeknöpft bekommt. Inzwischen war der Mensch im gelben Turban wieder aufgetaucht und konnte mir mitteilen, daß der korrekte Preis eineinhalb Rupien betrug. Ich bat ihn also, sich beim Lastwagenbesitzer zu erkundigen, warum man von mir das Doppelte verlangte.

»Der Sahib besetzt zwei Plätze«, war die schlichte Antwort.

»Der Sahib hat nicht um zwei Plätze gebeten«, entgegnete ich lächelnd und gab ihm eineinhalb Rupien.

Der Besitzer und der ihn begleitende Fahrer lächelten gelassen zurück; sie hatten es nicht geschafft, mich auszurauben, aber sie waren mir deswegen nicht böse. Danach stellte man in allgemeinem Einvernehmen fest, daß nun nichts mehr zu tun oder zu sagen blieb und wir genausogut losfahren könnten. Es war 2:45 Uhr nachmittags, und ich sah keinen Grund, warum wir nicht schon eine Dreiviertelstunde früher hätten starten können. Dann sagte der Fahrer, ihm sei warm und er wolle sich aus der Pumpe um die Ecke einen Schluck Wasser besorgen. Diese Ankündigung erregte allgemeines Mißfallen. Diejenigen, die gedöst hatten, wurden wieder lebendig und schlossen sich mit ihrem Protest dem allgemeinen Sturm der Entrüstung an. Die nächsten zehn Minuten verbrachte man mit der Diskussion über die Frage, ob der Lastwagenfahrer noch genügend Zeit hatte, sich aus der Pumpe um die Ecke einen Schluck Wasser zu besorgen. Auch der Mann im gelben Turban, der mir erklärte, was vor sich ging, gab seine Stimme ab. Schließlich fügte sich der Fahrer. Der Motor wurde angeworfen, und wir fuhren ab. Fünf Minuten später erschien in einer Staubwolke einer der Wagen des Maharadscha. Ich ließ den Lastwagen anhalten, kletterte hinaus und verbrachte mit Hilfe des Chauffeurs einige Minuten vergeblich damit, meine eineinhalb Rupien zurückzuverlangen. Das Geld war mir ziemlich egal, doch es war die übliche Prozedur.

Dann setzte der Lastwagen seinen Weg fort.

Man übergab mir ein Billett Seiner Hoheit.

»Lieber Freund! – Entzückt zu hören, daß Sie heute kommen. Schicke Wagen. Napoleon der III. soll zur gleichen Zeit in Dipra ankommen. Falls nicht zu umständlich, können Sie sie auch noch mitbringen – und mir einen Gefallen tun.«

Wir fuhren durch die Gluthitze zum Bahnhof zurück und holten Erkundigungen ein. Ja, die Reisegesellschaft, die Seine Hoheit erwartete, sei angekommen. Sie waren auf dem Lastwagen, aus dem ich gerade ausgestiegen war.

Der Chauffeur blieb bei dieser Nachricht völlig ungerührt, und ich befand mich zu diesem Zeitpunkt bereits im Zustand indischer Resignation. Also kehrten wir wortlos um und machten uns an die Verfolgung des Lastwagens. Wir fanden ihn nicht weit von der Stelle, an der ich ihn verlassen hatte. Er hatte eine Panne.

Napoleon der Dritte saß auf einem Haufen staubiger Decken im Inneren des Wagens, eingekeilt zwischen den Knien seiner Tante und denen seines Onkels. Er trug einen gelben Mantel, eine rosafarbene Baumwollhose und einige silberne Armreifen und Ringe. Doch er war sehr schmuddelig, und seine entzündeten Augen waren großzügig mit einer dicken, schwarzen Paste beschmiert. Wir befreiten ihn und seinen Onkel aus dem Lastwagen und stopften beide mit ihrem Gepäck auf den Rücksitz des Wagens. Die Tante, die ihr Gesicht sorgsam verhüllt hielt, ließen wir, wo sie war.

Als ich mich gewaschen und umgezogen hatte, kam Babaji Rao bei mir vorbei. Nachdem wir uns einige Zeit über meinen Urlaub und die Pilgerfahrt Seiner Hoheit unterhalten hatten, die nun am 17. beginnen soll, sagte er, er sei durstig, und rief zur Küche hinüber, ihm ein

Lota Wasser zu bringen. Narayan brachte es ihm und verschwand wieder.

Babaji Rao ging zum Trinken auf die Veranda hinaus, und nachdem er wieder hereingetreten war, erläuterte er, es gäbe viele Leute in Chhokrapur, die vielleicht darüber *reden* würden, wenn er in meinem Haus Wasser tränke. Ihm selber mache es nicht viel aus; er habe während seiner Zeit im St. John's College in Agra häufig im Beisein von Europäern gegessen und getrunken. Trotzdem sei es besser, vorsichtig zu sein. Natürlich sei er für seinen Teil nur in solch außergewöhnlichen Fällen tolerant. Von einem Angehörigen einer niedrigeren Kaste würde er niemals etwas Eßbares entgegennehmen oder gar mit ihm essen. Auch würde er niemandem außer einem Brahmanen oder einem Angehörigen seiner eigenen Kaste erlauben, sein Essen zuzubereiten. Ich fragte ihn, wie es dann käme, daß Seine Hoheit im Palast einen mohammedanischen Koch beschäftige. Babaji Rao erklärte, daß jener nicht wirklich *koche,* sondern den Hinduköchen lediglich *zeige,* wie sie kochen sollten. Er dürfe die Küche nicht einmal betreten und gebe seine Anweisungen von draußen, durch ein Loch in der Wand.

Nach dem Abendessen sandte mir Seine Hoheit die Kutsche mit den gescheckten Hengsten herauf, um mich abzuholen und zum Palast hinunter zu bringen.

Es war ein warmer, windstiller Abend. Dunstwolken zogen über den Halbmond hinweg, und der süße Geruch von *Sajna* schwängerte die Luft. Seine Hoheit hatte sich vor dem Palast auf einem *Charpai* zusammengerollt. Man hatte einen verwitterten Segeltuchzaun um ihn aufgestellt und so einen abgeschlossenen Bereich geschaffen. Neben ihm standen mein Stuhl und die üblichen Tischchen, und in einem Becken auf dem Boden glühte die Kohle durch ihre zartgraue Aschehülle. Offenbar war es ihm noch nicht warm genug; mir aber klebte das Hemd am Rücken. Wir plauderten über dieses und jenes, während hinter ihm dann und wann weißgekleidete Diener auftauchten, bleiche Gestalten, die durch das Dunkel schwebten. Einer von ihnen brachte eine Hookah. Ich erwähnte, gehört zu haben, daß er nun in Kürze zu seiner Pilgerfahrt aufbrechen wolle. Er fragte ziemlich scharf, wer mir das mitgeteilt habe, ganz so, als sei ein Vertrauensbruch vorgefallen, und gestand dann mit einem Seufzer, diesmal werde er wohl kaum darum herumkommen.

»Alle sagen, ich muß fahren, also...« Er zuckte resigniert mit den Achseln. Allerdings täte es ihm sehr leid, jetzt fahren zu müssen, denn bald werde das jährliche *Holi*-Fest beginnen, und dann gäbe es in Garha einen großen Jahrmarkt, der ungefähr zwei Wochen dauern werde und den er mir habe zeigen wollen. Er fahre jedes Jahr in der Zeit des *Holi* dorthin und halte sich mit seinem Gefolge im Palast von Garha auf, während die geladenen Gäste und Freunde in Zelten wohnten. Es sei ein sehr wichtiges Fest, und die Leute kämen aus der ganzen Provinz und sogar aus einigen indischen Großstädten, um zu kaufen und zu verkaufen, und es gäbe immer viel Interessantes und alle denkbaren Arten der Unterhaltung.

Aber dieses Jahr könne er wegen seiner Pilgerreise nicht hinfahren, was eine echte Plage sei, und wenn auch Babaji Rao für einen Tagesausflug sicher mit mir hinfahren werde, sei es ohne seine persönliche Schirmherrschaft doch nur eine halbe Sache.

Außerdem habe er bereits zwei sehr alte und enge Freunde, Captain Daly und Miss Trend, eingeladen, das *Holi*-Fest mit ihm zu feiern. Und nun müsse er ihnen schreiben und absagen.

Ich pflichtete ihm bei, daß dies für uns beide sehr enttäuschend und ein großes Unglück sei, und fragte ihn, ob er seine Reise nicht noch um einen Monat verschieben könne. Er klatschte in die Hände, wie um zu sagen, es sei hoffnungslos.

»Wenn ich jetzt nicht gehe, kann ich bis zum nächsten Jahr nicht mehr fahren. Bald ist es zu heiß, und danach kommt der Regen.«

»Dann verschieben Sie es doch auf nächstes Jahr«, schlug ich vor, »und lassen Sie uns nach Garha fahren und uns amüsieren.«

»Ah, ich würde das sehr gern tun.«

»Dann ist es abgemacht. Denn Sie sind König und können tun, was Sie wollen.«

Doch er schüttelte trübsinnig den Kopf.

»Ich muß fahren.«

Dann wechselte er das Thema. Er erzählte mir, daß Mr. Bramble ihm während meiner Abwesenheit noch einmal einen Besuch abgestattet habe, daß die geschätzten Kosten für die griechische Villa jedoch zu hoch seien und daher die Villa, an die er sein ganzes Herz gehängt habe, auf einen griechischen Pavillon mit zwei Räumen zurückgestutzt worden sei, der tausend Pfund kosten und etwa da errichtet werden solle, wo wir uns jetzt befänden. Ich blickte um mich, um mir seine Lage zu vergegenwärtigen.

»Dann wird er zwischen dem hinteren Säulenvorbau des Palasts und diesem unfertigen Gebäude hinter mir stehen?« fragte ich und sah an einer eingerüsteten dunklen Steinmasse hinauf. »Was ist das überhaupt? Ein Tempel?«

»Ja, ein Tempel.«

»Was für ein Tempel?« wollte ich wissen.

Seine Hoheit streifte die Sandalen ab, ließ die Beine von der Bettkante baumeln und zog seine Zehen durch den dicken, warmen Staub.

»Oh – bloß ein – bloß ein normaler Tempel«, erwiderte er.

»Aber dieser hier ist größer als alle, die ich in der Stadt gesehen habe. Soll es die Kathedrale werden?«

»*Ganz* genau!« stellte er mit einem Anflug von Würde fest. »Es ist meine Kathedrale – und auch meine Privatkapelle«, fügte er hinzu.

»Wie lange wird schon daran gebaut?« fragte ich.

Er gab eine geraume Weile keine Antwort, und als ich durch das Dunkel zu ihm hinüberspähte, sah ich, daß er vor Lachen bebte.

»Dreißig Jahre!« prustete er schließlich und versank wieder im Lachkrampf.

11. März

Narayan erzählt mir, er sei bei meiner Abreise sehr unglücklich gewesen und beim Anblick meines leeren Hauses jedesmal noch trauriger geworden. Er habe an jenem Tag nichts essen können, und als Sharma ihn gefragt habe:

»Warum ißt du nichts? Ist es, weil der Sahib weggefahren ist?« habe er geantwortet:

»Nein; ich habe einen Schmerz in meinem Bauch.«

»Trotzdem hast du mich, solange ich hier war, nur selten besucht«, entgegnete ich zweifelnd.

»Aber Mr. Babaji Rao war bei Ihnen immer, oder die Türen waren zu, und ich hatte Angst, Sie sind mir böse.«

Dies erzählte er mir am gestrigen Tag und blieb drei Stunden bei mir. Beim Abschied nahm er meine Hände in die seinen.

»Sharma schüchtern«, sagte er. »Aber ich weiß nicht, warum er ist schüchtern bei Ihnen.«

Ich wollte wissen, wie es käme, daß er als Brahmane einen Freund aus der Kaste der Friseure haben könne.

»Das macht nichts«, erwiderte er.

»Darfst du Essen von ihm annehmen?«

»Nein, ich darf nicht.«

»Betel?«

»Ja, ich darf.«

»Warum hast du dir ihn als Freund ausgesucht?«

Aber er lachte nur leise und als ich es zum dritten Mal wiederholt hatte, meinte er:

»Er kam aus der gleichen Klasse.«

Während meiner Abwesenheit schrieb mir Babaji Rao, daß Abdul in dienstlichem Auftrag nach Sarwar geschickt worden sei, ein Stützpunkt, der kurz vor Chhokrapur lag, und daß er hoffe, noch vor meiner Rückkehr wieder zurück zu sein. Falls er aber aufgehalten werde (»was Sie, wie ich glaube«, schrieb Babaji Rao, »wahrscheinlich begrüßen werden«), bäte er mich, ihn für ein paar Tage zu entschuldigen. Babaji Rao hatte ganz recht; meine Sehnsucht, Abdul nie mehr wieder zu sehen, machte mir die Vorstellung leichter, ihn für immer in Sarwar zu wissen. So war ich nicht gerade angenehm überrascht, als er mir heute während des Mittagessens gemeldet wurde. Hashim führte ihn herein. Er war ganz in Weiß gekleidet und wirkte wie aus dem Ei gepellt, aber niedergeschlagen.

»Guten Tag, Mr. Ackerley.«

»Guten Tag, Abdul.«

»Ich weile Sie hoffentlich nicht zu lange?«

»Bitte nehmen Sie Platz.«

Er lehnte seinen Regenschirm gegen die Wand und setzte sich.

»Hatten Sie eine schöne Reise?« fragte er abrupt.

»Ja sehr, danke.«

»Und Sie sind vorgestern zurückgekommen, oder nicht wahr?« Ich nickte. »Aber Sie haben mich nicht über Ihre Rückkehr unterrichtet? Ich denke, Sie haben nicht gewünscht, daß ich es weiß, oder nicht wahr? Habe ich recht? Ich glaube schon.«

»Ich dachte, Sie seien in Sarwar«, entgegnete ich.

»Aber Sie haben keinen Menschen gefragt? Mr. Babaji Rao hätte es Ihnen gesagt, oder Mr. Narayan.

Aber ich glaube, Sie wünschten nicht, mich zu sehen?« Er ließ seinen Kopf etwas zur Seite fallen und verzog die Mundwinkel zu einem schlauen Lächeln. »Und *vielen* Dank, Mr. Ackerley – *vielen, vielen* Dank – für die *vielen* Briefe, die Sie *versprochen* hatten, mir zu schreiben von Ihrer Reise.«

Er räusperte sich, denn seine Stimme wurde heiser. Dann zog er das Kinn ein und starrte in seinen Schoß. Dann warf er mir einen raschen Blick zu und sah mich lächeln. Sofort begannen seine Lippen zu zittern.

»Sie freuen sich, Mr. Ackerley? Ich glaube schon. Sie freuen sich über mein Unglück. Aha. Ich verstehe. Jeder haßt mich und will mich ins Unglück stürzen, aber ich sage mir, ›Mr. Ackerley wird mich nicht vergessen; er hat mir sein Versprechen gegeben, und er liebt mich in seinem Herzen.‹ Aber ich hatte unrecht, ja? Ich glaube, Sie wünschen mir gar nicht zu helfen. Sie versprechen viele Dinge, und wenn dann nichts geschieht, machen Sie sich lustig und freuen sich. Ich glaube schon. Oder nicht wahr?«

»Hören Sie, Abdul«, sagte ich. »Ich möchte klarstellen, daß ich Ihnen nicht geschrieben habe, weil ich nicht an Sie gedacht habe, aber daß ich Sie weder hasse noch Ihnen irgend etwas Böses wünsche. Ich habe vor meiner Abfahrt mein Bestes für Sie getan, und ich habe gesagt, daß ich das nach meiner Rückkehr von neuem versuchen würde. Also Schluß jetzt mit diesem Unsinn.«

Seine Miene hellte sich sofort auf.

»Ah, Mr. Ackerley, dann hassen Sie mich gar nicht und wollen mich nicht im Stich lassen? Ah, Mr. Ackerley, ich bin glücklich! Aber was soll ich tun? Sie hassen mich und wollen mich nach Sarwar schicken…«

»Ich dachte, Sie waren schon in Sarwar.«

»Ja, war ich, aber das war gar nichts. Jetzt sagen sie, ich soll dorthin versetzt werden und da im Amt arbeiten. Sie sind sehr böse auf mich, also schicken sie mich fort.«

»Das ist doch absurd«, entgegnete ich verärgert. »Sie sind mein Lehrer. Sie können Sie nicht einfach ohne meine Erlaubnis fortschicken.«

»Ich glaube es auch; aber sie sagen das so«, versetzte Abdul schlau.

Ich fragte ihn, ob er während meiner Abwesenheit sein Gehalt bekommen habe, und er bejahte – die üblichen zwölf Rupien, ohne Erhöhung. Aber er wolle nicht, daß ich deswegen noch etwas unternähme. Ihm sei alles egal, solange ich ihn nicht hasse und wegschicke. Der Dewan hasse ihn, und sein Vorgesetzter hasse ihn; das sei alles, was meine nachdrückliche Empfehlung und die Versprechen Seiner Hoheit erreicht hätten, aber…

»Reden Sie nicht mehr davon! Lassen Sie nur! Was macht es schon? Ich bin ein armer Mann und kann nicht meine Familie nähren. Aber was macht das schon? Jeder haßt mich und will mir schaden. Aber was macht das schon? Lassen Sie nur…«

Ich entgegnete, es sei alles Unsinn, was er da rede, daß alle ihn haßten und ihm schaden wollten, doch dem widersprach er mit verwirrter, zitternder Stimme. In meiner Abwesenheit seien ganz plötzlich zwei Advokaten verstorben, und er sei zweimal zum Dewan gegangen und habe darum gebeten, ihren Posten übertragen zu bekommen – wozu er, wie ich fand, einigen Mut aufgebracht haben mußte. Und das sei nicht das gleiche, wie um eine Gehaltserhöhung zu bitten, erklärte er mir. Die Existenz eines Advokaten ist nämlich unsicher und hängt einzig von seinen persönlichen Fähigkeiten ab. Doch der Dewan habe praktisch zu ihm gesagt, daß er ihm eine freie Stelle auch dann nicht geben würde, wenn sich in ganz Chhokrapur sonst niemand für den Posten fände. Abgesehen von allem anderen hielt ich dies für sehr dumm vom Dewan, denn Abdul wäre sicher ein ausgezeichneter Anwalt, wenn er den Richter ebenso »lange weilen« würde, wie er es bei mir tat.

Aber vielleicht ist ja der Dewan der Richter.

Heute nachmittag saß ich auf meiner Veranda und beobachtete die hiesigen Eichhörnchen. Sie sind klein, gelbbraun und haben auf dem Rücken von Kopf bis Schwanz vier dunkelbraune Streifen. Jeder Baum ist voll von ihnen, und was für ein Spektakel sie veranstalten, wenn sie zanken und von Zweig zu Zweig fliegen oder die Baumstämme hoch- und runtersausen!

Launenhafte Energiebündel! Zwei von ihnen kämpften miteinander, wohl in bitterem Ernst, indem der eine den anderen von hinten ansprang, als dieser zum Abendbrot gerade ganz friedlich etwas Ochsenmist verzehrte. Was für eine Rauferei! Wie ein Feuerrad wirbelten sie wieder und wieder im Kreis herum, so daß man nicht sagen konnte, wo ein Eichhörnchen anfing und das andere aufhörte. Nachdem er seinem entrüsteten Opfer mindestens akute Verdauungsprobleme beschert hatte, trat der Angreifer hastig den Rückzug an und floh in langen Sätzen zu einem nahegelegenen Baumstamm. Hübsche, rastlose, boshafte kleine Geschöpfe, unersättlich und haltlos; als Eltern nachlässig, da bin ich sicher, und als Kinder frech und verdorben.

Abdul kreuzte heute nachmittag erneut bei mir auf, diesmal in äußerster Verzweiflung. Man hatte ihm den vernichtenden Schlag versetzt. Sein Vorgesetzter hatte ihn angewiesen, sich ab morgen für einen einmonatigen Aufenthalt in Sarwar bereitzuhalten.

Was sollte er tun? Ich bedeutete ihm, zu gehen und sich nicht aufzuregen, denn ich wolle dafür sorgen, daß man ihn nicht nach Sarwar schickte. Tatsächlich aber machte ich mir selbst Sorgen – und war ziemlich verärgert. Etwas später kam Babaji Rao, und mein ganzer Ärger entlud sich auf ihn.

Falls die Art und Weise, in der man Abdul mißhandele, noch zu jenem »Theater« gehöre, daß sein Vorgesetzter ihm habe vorspielen sollen, sei es nun wirklich genug, erklärte ich. Obwohl ich von dem Vorgesetzten nicht erwarten könne, mich zu Rate zu ziehen, bevor er seinem Untergebenen Befehle erteile, hätte ich meines Erachtens doch zumindest ein Anrecht darauf, benachrichtigt zu werden, bevor man mich meines Lehrers beraube. Und da Abdul mich nicht in offiziellem Auftrag aufgesucht habe, sei dies nicht geschehen. Außerdem sei die versprochene Gehaltserhöhung, die ich nach wie vor unterstütze, noch nicht in Kraft getreten. Ich erklärte, daß ich bedauere, mich jemals zugunsten von Abdul eingemischt zu haben, doch da ich einmal damit begonnen hätte, müsse ich die Sache nun auch zu Ende führen. Ob ich mich nun am besten selbst an den Dewan wenden sollte?

»Das wäre vielleicht das beste«, meinte Babaji Rao, indem er auf den Teppich starrte. Er versprach, in der Zwischenzeit an den Beamten zu schreiben und ihn zu bitten, Abdul, wenn möglich, nicht fortzuschicken. Anschließend sprachen wir kurz über die Pilgerfahrt Seiner Hoheit, und ich bedauerte, daß sie gerade jetzt stattfinden müsse. Ich schlug behutsam vor, Seine Hoheit dazu zu überreden, sie abermals zu verschieben, so daß wir alle nach Garha fahren und uns dort amüsieren könnten.

Nun war es Babaji Rao, der verärgert war.

Er wandte sich ziemlich hitzig gegen meine selbstsüchtigen Wünsche und erklärte, daß die religiösen Pflichten Seiner Hoheit mit solchen Dingen wie den Festlichkeiten in Garha nicht zu vergleichen seien – ja, mit nichts sonst in seinem Leben; daß er sie schon vor Jahren hätte erfüllen müssen, daß Seine Hoheit aber nicht sehr kräftig sei und die Pilgerfahrt leider wegen seines schlechten Gesundheitszustandes (hier hustete er) mehr als einmal habe verschoben werden müssen; daß Seine Hoheit nun aber auf gar keinen Fall länger warten wolle und selbstverständlich nicht daran dächte, eine so lebenswichtige Angelegenheit aus vergleichsweise trivialen Gründen hinauszuschieben.

Nachdem er geendet hatte, machte ich mit dem Photoapparat, den mir eine Dame in Rajgarh geliehen hatte, ein Bild von ihm.

Als ich Seine Hoheit heute abend traf, hatte er Halsschmerzen und sah mit seinem Halstuch aus weißem Musselin etwas trübselig aus. Ich sah darin ein gutes Omen, besser als jeder Mungo, und erzählte ihm, was ich zu Babaji Rao gesagt und was jener so hitzig darauf erwidert hatte.

»*Mir* droht er auch«, kicherte der kleine Mann. »Ich habe richtig Angst vor ihm.«

Doch mit einem Mal setzte er ein ernstes Gesicht auf und sagte, er würde zwar lieber mit mir nach Garha fahren, aber sein Gewissen weise ihn in die entgegengesetzte Richtung. Er habe die Pflicht zu fahren. Außerdem seien für den Transport und die Übernachtung schon alle Vorbereitungen getroffen, da man ihn und seine Gefolgschaft in Sonderzügen befördern müsse.

Ich wollte wissen, wieviel Leute ihn denn begleiten würden. Fünfundsiebzig, sagte er – Wachen, Pandits, Köche, Wasserträger, Wäscher, Diener und Friseure usw. eingeschlossen. Und alle seien unentbehrlich.

12. März

Pünktlich zur verabredeten Zeit erschien Abdul, um mir eine Stunde Unterricht zu erteilen. Seine Versetzung nach Sarwar war zurückgezogen worden, daher war er bei bester Laune und wünschte mir seine Dankbarkeit zu zeigen, indem er mir ein Fest ausrichtete. Würde ich sein Fest mit meiner Gegenwart beehren? Ich verneinte. Das mache nichts, dann würde er eben vorbeikommen und mich abends, wenn ich mit dem Schreiben fertig war, zu einem Spaziergang abholen, und wir würden gehen, wohin ich nur wollte, und nur Urdu sprechen, so daß ich die Sprache bald *sehr* gut beherrschen würde.

»Nein, Abdul«, sagte ich, »eine Stunde am Tag ist wirklich genug.«

»Sehr wohl«, erwiderte er. »Ich will Sie nicht zu lange weilen. Dann werde ich eben, immer wenn ich Lust habe, bei Ihnen am Abend vorbeikommen, und wir werden nicht *ein* Wort Urdu sprechen.«

»Ich *meinte* damit«, sagte ich, »daß eine Stunde am Tag mit *Ihnen* wirklich genug ist.«

Das schien ihn zu amüsieren, denn er steckte seine Nase ins Buch und kicherte.

Am späteren Nachmittag suchte ich den Dewan auf. Er lebt in einem großen Bungalow, der von jenem schönen Garten umgeben ist, den man mir nach meiner Ankunft in Chhokrapur (fast) mit als erstes gezeigt hatte. Er liegt hinter den Tennisplätzen am Rand der »Stadt«. Der Dewan spielt selbst häufig Tennis, manchmal in braunen Lederpantoffeln, *Dhoti* und heraushängendem Hemd, manchmal in europäischen Flanellhosen, in die er das Hemd hineinsteckt. Er ist außergewöhnlich fett und möchte auf diese Weise abnehmen. Gleichzeitig sorgt er sich aber um sein Herz und hat Angst, es zu überfordern, so daß der Arzt, der ganz in der Nähe wohnt, entweder mitspielen oder sich unter den Zuschauern befinden muß. Sie spielen alle kein besonders energisches Tennis.

Auf der Veranda trieben sich einige Diener herum, und ich schickte einen von ihnen hinein, um zu fragen, ob der Dewan zu sprechen sei.

Etwas später kam er herausgewatschelt und entschuldigte sich für die kleine Verspätung; man habe ihm gerade eine Massage verabreicht.

»Wie nett von Ihnen vorbeizukommen«, sagte er mit einer Stimme, die vor Höflichkeit nur so übersprudelte. »Wirklich nett! Bin entzückt! Bitte sich zu setzen.«

Ich gehorchte, und er ließ sich auf einen großen, schweren Stuhl neben mir nieder, rieb sich mit seinen kleinen, braunen Händen die Knie und stieß helle, vergnügte, kurzatmige Rufe aus. Ein Diener trat herzu und zog ihm die Sandalen an.

Wir unterhielten uns eine Weile über Nichtigkeiten, und dann brachte ich das Gespräch auf den eigentlichen Grund meines Besuchs – die Art, in der man Abdul behandelt hatte. Zweifellos hatte er darauf gewartet, denn sobald ich darum bat, mir in etwa seine Sicht der Dinge darzulegen, breitete er mit seiner hohen, leicht ungeduldigen Stimme alles ohne zu zögern vor mir aus. Er sei natürlich gern bereit, meinem Wunsche nachzukommen und Abduls Vorgesetzten anzuweisen, sein Gehalt um acht Rupien monatlich zu erhöhen. Das werde für Abdul jedoch sehr schlimme Folgen haben, da er gleich nach meiner Abreise seinen Job verlieren würde. Sein Vorgesetzter würde ihn entlassen, und kein anderer Beamter würde ihn einstellen. Er (der Dewan) habe all dies Seiner Hoheit erzählt, und Seine Hoheit habe geantwortet: »Aber Sie müssen das für Abdul tun. Was wird Mr. Ackerley sonst sagen?« Nun, er sei gerne bereit, es zu tun. Ihm selber sei es ganz egal. Er brauche bloß einen Zettel zu unterschreiben, und das könne ja jeder. Ich bräuchte es nur zu sagen, und Abdul erhielte sofort ein Gehalt von monatlich zwanzig Rupien, aber es werde ihn am Ende ruinieren. Wie laute mein Wunsch? Bitte, ihm Anweisungen zu geben.

Aber dies, sagte ich bestürzt, wäre Abdul gegenüber eine große Ungerechtigkeit, die er als Dewan sicher verhindern würde.

Was er tun würde, gab er mir jedoch klipp und klar zu verstehen – klipp und klar und völlig unverblümt. Wie er redete! Es ist mir völlig unmöglich, seinen rasanten Redeschwall wiederzugeben, der schrill wurde, als er betonte, daß er grundsätzlich – und ausnahmslos – so verfahre, und diese nachdrücklichen Worte mit abrupten Bewegungen seiner kleinen Hände unterstrich.

Er würde es *nicht* verhindern. Er könnte vielleicht, aber er würde es nicht. Er mische sich nie in die Angelegenheiten seiner Beamten. Es seien gute Leute. Er habe sie sorgfältig ausgesucht, ohne irgend jemanden zu begünstigen, und das nur mit dem einen Ziel: der Leistungsfähigkeit des Staates. Und so lange diese gesichert sei, sei er zufrieden und stelle keine Fragen.

Effizienz – das sei alles, was ihn kümmere: die Effizienz jeder Abteilung, die sich mit der aller übrigen zur Effizienz des Ganzen verbinde. Seine Beamten seien ihm persönlich dafür verantwortlich. Sie hätten Vollmacht, ihre jeweiligen Abteilungen so zu organisieren und zu leiten, wie sie es für richtig hielten. Solange sie Effizienz produzierten, mische er sich nicht ein. Manchmal schlage er ihnen selbst einen neuen Mitarbeiter vor, doch wenn sie ihm sagten, sie wollten ihn nicht, erwidere er sofort: »Gut, dann nicht.«

Die Empfehlung käme aber in diesem Fall vom König selbst, entgegnete ich, und er habe als Dewan eines monarchischen Staates, ganz abgesehen von der Frage des Gehorsams, im Prinzip doch dafür zu sorgen, daß die Wünsche des Königs respektiert und seine Versprechen erfüllt würden. Amüsiert bestritt er dies jedoch. Seine Hoheit, meinte er, habe ihn ermächtigt, diesen Staat so zu führen, wie er es für richtig halte, solange er ihm über alle seine Vorhaben Bericht erstatte. Und diese Anordnung befolge er treu und loyal. Er sei nun seit neun Jahren Dewan, und nicht einmal Seine Hoheit kenne die Verwaltung des Staates und seine Probleme besser als er. Es könne ihm niemand mehr etwas vormachen, und daher lasse er sich auch von niemandem etwas befehlen. Sollte Seine Hoheit nicht mit ihm zufrieden sein, könnte er sich jederzeit einen neuen Dewan suchen. Dies werde allerdings nicht geschehen. Einmal habe er sein Amt niedergelegt, aber er sei beinah sofort wieder zurückgerufen worden. Seine Hoheit könne nicht auf ihn verzichten. Und was wäre wohl aus dem Staat geworden, wenn er sich nach den Empfehlungen Seiner Hoheit gerichtet hätte? Dutzendmal am Tag kreuzten irgendwelche Leute mit Versprechen Seiner Hoheit bei ihm auf; aber alles, was er ihnen sagte, sei: »Mein lieber Junge – verschwinde.«

»Das heißt also«, fragte ich, »daß die Versprechen Seiner Hoheit und meine Unterstützung Abdul nicht nur nicht voranbringen, sondern ihn, falls wir sie aufrechterhalten, ruinieren werden?«

Der Dewan bekräftigte dies mit unerschütterlicher Gelassenheit.

Schlechter als jetzt könnten die Dinge für Abdul aber kaum stehen, entgegnete ich. Sogar ohne Gehaltserhöhung habe er nämlich offenbar die Gunst seines Vorgesetzten verspielt und werde nun von diesem schikaniert. Dies bestritt der Dewan. Natürlich habe sich der Beamte darüber geärgert, daß Abdul hinter seinem Rücken aktiv geworden sei. Doch das wäre bald vergessen – es sei denn, Abdul bekäme die Gehaltserhöhung.

Voller Verwunderung hörte ich ihm zu – überrascht von seiner Intelligenz und Kaltschnäuzigkeit, die gewürzt war mit einem Anflug von Überheblichkeit. Ich hatte mich an meine einzigartige, respektgebietende Rolle als »Der Sahib« so gewöhnt, daß ich diese Reaktion als letzte erwartet hatte. Allmählich konnte ich Abduls Angst, Babaji Raos Bewunderung und die Abneigung des Politischen Beraters diesem Mann gegenüber ein wenig verstehen, und mir wurde klar, warum er mich praktisch ignoriert hatte. Wie bei allen Europäern hatte er auch bei mir damit gerechnet, daß ich mich einmischen würde; ich *hatte* mich eingemischt, und nun war aus seinen Worten eine gewisse persönliche Feindseligkeit herauszuhören, die ich bedauerte, denn ich hatte kein Interesse daran, mir Feinde zu schaffen.

Obwohl auch er einige Male versucht gewesen sei, jemanden zu begünstigen, fuhr er fort, habe er dieser Versuchung nie nachgegeben. Ich bat ihn dennoch, mir zu glauben, daß ich weder aus diesem Grund gehandelt hatte noch weil ich Abdul besonders mochte. Ich hatte mich lediglich in seine Lage versetzt. Abdul habe in mir, was man verstehen müsse, die einmalige Möglichkeit gesehen, sich Vorteile zu sichern, und ich hätte ihm erlaubt, mich zu benutzen. Es täte mir inzwischen sehr leid, mich so verhalten zu haben, aber früher oder später würden wir fast alle einmal etwas falsch einschätzen und anderen dadurch Ärger und Kummer verursachen, häufig auch uns selbst. Sobald man sich einmal auf etwas eingelassen habe, sei es schwer, einen Rückzieher zu machen. Genauso wie Abdul versucht habe, möglichst viel aus mir herauszuholen, könnte ich mein Verhältnis zu Seiner Hoheit nutzen, um diesen gleichfalls auszubeuten; man hielte mich vielleicht sogar für einen Dummkopf, da ich das nicht täte. Ich hatte Abduls Sache allerdings nicht aus bloßer Einfältigkeit unterstützt. Wäre er in meinen Augen ein Dummkopf, hätte ich mich niemals eingemischt. Er schien mir hingegen fleißig und fähig zu sein, schlecht bezahlt und einer Gehaltsaufbesserung wert. Könnte sein Vorgesetzter daher nicht, ganz unabhängig von Versprechen und Eingaben und ohne sich unter Druck gesetzt oder in einer unangenehmen Lage zu fühlen, Abduls Gehalt aufgrund seines Fleißes und seiner Verdienste erhöhen, wenn schon nicht auf zwanzig, dann doch um den Betrag, der ihm selbst angemessen erschiene?

Aber der Dewan gab nicht nach. Abdul verdiene keine Erhöhung, meinte er. Trotzdem würde er den Beamten anweisen, sein Gehalt zu erhöhen, wenn das mein Wunsch sei.

Ich erhob mich. Eineinhalb Stunden hatte ich mit ihm zugebracht, und es war klar, daß ich den Rest meines Lebens mit ihm hätte verbringen können, ohne einen Schritt weiterzukommen. Es täte mir leid, sagte ich, aber man solle die Dinge wohl besser auf sich beruhen lassen. Ob ich demnächst einmal vorbeikommen könne, um mit meinem geliehenen Photoapparat ein Bild von ihm zu machen?

Die Wirkung dieser Frage war ganz außerordentlich. Nachdem er sich zuvor widerspenstig, höflich diktatorisch und nicht eben zuvorkommend gezeigt hatte, wirkte er plötzlich verschämt und schüchtern und begann, sich leise kichernd den Bauch glattzustreichen.

»Hocherfreut! Vielen Dank, Danke! Ja gern. Jederzeit. Vielen Dank!«

Und als mich Babaji Rao etwas später besuchte, überbrachte er mir vom Dewan die Nachricht, daß dieser es sich überlegt habe und bereit sei, Abduls Gehalt (wegen seiner Verdienste) mit seinem Segen um drei Rupien erhöhen zu lassen. Aber jede weitere Erhöhung hätte seinen Segen nicht.

Seine Hoheit hat erfahren, daß in Gaya eine Seuche ausgebrochen ist, was ein *großes Unglück* sei, da es eine erneute Verschiebung der Pilgerfahrt bedeuten könne. Er hat einen Boten hingeschickt, um das Ausmaß der Epidemie erkunden und den Ernst der Lage feststellen zu lassen. Seine Halsschmerzen haben inzwischen nachgelassen. Babaji Rao, der mir diese Neuigkeiten zusammen mit der Mitteilung des Dewan überbrachte, rieb sich allerdings etwas unwirsch die Stirn. Es gebe in Gaya jedes Jahr um diese Zeit eine leichte Seuche; die Reiseroute Seiner Hoheit führe ihn jedoch nicht in die Nähe des betroffenen Gebietes.

14. März

Narayan verbrachte gestern fast den ganzen Abend mit mir und gab mir Betel zu kauen. Er trägt die in Musselin eingeschlagenen Blätter in einer Schnupftabaksdose bei sich. Auf meiner Reise habe ich ziemlich viel Betel gekaut, da es mir von den verschiedenen Händlern in Benares, Agra und Delhi, bei denen ich verschiedene Dinge kaufte, angeboten wurde, und ich habe allmählich Gefallen daran gefunden.

Ich fragte Narayan, welchen Gott im Pantheon der Hindus er verehre, worauf er mir Krischna nannte, den dunklen Heldengott.

Er sei von allen Hindugöttern der beliebteste, erzählte er, obwohl auch alle anderen ihre Anhängerschaft hätten. Ich wollte wissen, wie und wann er ihm huldige, und er erwiderte, daß er vor dem Mittagessen um zwölf Uhr Opfergaben aus Reis, Sandelholz und *Dhal* (Hülsenfrüchten) vor ein Abbild Krischnas streue, das bei ihm zu Hause stehe.

»Welche Gebete sprichst du?« fragte ich ihn.

»Gedichte.«

»Und bittest du ihn um bestimmte Dinge?«

»Ja, um ein besseres Gehirn und einen gesunden Körper.«

Später kam Sharma den Berg herauf, um nach ihm zu suchen, und wir konnten den Jungen dazu bewegen, hereinzukommen und sich zu uns zu setzen. Er wirkte sehr nervös und ließ kein Auge von seinem Freund.

Es sei schade, meinte ich, daß sie kein europäisches Essen zu sich nähmen, sonst könnten wir alle gemeinsam zu Abend essen. Aber Narayan sagte, in Wirklichkeit würde Sharma heimlich alle möglichen verbotenen Dinge essen und trinken, wie zum Beispiel Fleisch und Eier, Kuchen, kandierte Früchte und abgestandenen Portwein. Er würde es nie zugeben, es sei aber trotzdem wahr.

»Er ist ein Dummjunge!« bemerkte er und brachte mit diesen Worten seinen ganzen Abscheu vor der bloßen Vorstellung, so etwas zu tun, zum Ausdruck. Aber so seien alle Hindus aus den niedrigen Kasten: Sie äßen Fleisch und auch sonst alles, was sie kriegen könnten – sie seien alle gleich. Und mit einer einzigen verächtlichen Handbewegung verwarf er seinen Freund neben sich, den schönen Sharma, den Liebling des Königs, und jene derben Landarbeiter da draußen, die mit dem Bau der Garage beschäftigt waren.

Sharma hatte natürlich nicht die leiseste Ahnung, was da über ihn gesagt wurde. Beim Abendessen leisteten mir beide Gesellschaft. Und obwohl ich Sharma mit Schokolade und kandierten Früchten in Versuchung führen wollte, was Narayan und Hashim äußerst amüsant fanden, wollte er nichts nehmen. Nach dem Essen kam die Kutsche, um mich in den Palast zu bringen, und die beiden Jungen fuhren bis in die Stadt hinunter mit.

»Was ist Sünde?« begrüßte mich Seine Hoheit, als ich seinen umzäunten Privatbereich betrat und mich vor ihm verneigte. Ich war da nicht besonders beschlagen, verstand auch den Hintergrund seiner Frage nicht und brachte nur ein paar maßlos öde Bemerkungen über das Übertreten christlicher Moralprinzipien zuwege, die ihn sehr gelangweilt haben müssen.

»Wieso fragen Sie?« erkundigte ich mich, als ich merkte, daß seine Lebensgeister sanken und ich dafür verantwortlich war.

»Es ist diese Pilgerfahrt«, antwortete er. »Ich hatte einen schlimmen Tag! Sie sagen, wenn ich nicht fahre, ist es Sünde.«

»Wer sagt das?« wollte ich wissen.

»Meine Priester – und Babaji Rao.«

»Aber ich dachte, in Gaya sei eine Seuche ausgebrochen?«

»Das glaube ich auch«, meinte er und steckte sich ein Betelblatt in den Mund. »Aber mein Bote kann keine eindeutigen Informationen bekommen.«

»Nun, Sie sind gesund und haben gutes Wetter und dazu einen bunten Jahrmarkt in Garha und den Wunsch, ihn zu genießen, und gute Freunde, mit denen Sie ihn genießen können. Ich finde, es wäre eine Sünde, wenn Sie Ihre Pilgerfahrt tatsächlich antreten würden.«

Das war der Rat, den er viel lieber hören wollte. Er zog die Knie hoch, hielt sie fest umklammert und schaukelte auf seinem Hintern sachte hin und her. Eine kleine, seltsame, unwirkliche Gestalt: barhäuptig, in eine dunkelrote Toga gehüllt und im Mondlicht auf seinem Hintern schaukelnd.

»Den ganzen Tag lang«, sagte er, »gab es eine Schlacht zwischen meinem Gewissen und meiner Neigung. Aber ich muß fahren.«

Tagsüber habe eine Art Konferenz stattgefunden, erzählte er mir, auf der endgültig entschieden werden sollte, ob er die Pilgerfahrt unternehmen werde oder nicht. Im ersten Fall müßten nämlich bis morgen mittag die entsprechenden Rituale, Rasuren und Reinigungen, begonnen haben, und von diesem Moment an gäbe es kein Zurück. Die Konferenz habe nichts entschieden, sei aber sehr anstrengend gewesen. Die Priester hätten ihn fast zerrissen, als er einen leichten Anflug von Zögerlichkeit gezeigt habe. Sie hätte einstimmig ihr Mißfallen zum Ausdruck gebracht, und was Babaji Rao anginge – Babaji sei *furchtbar* gewesen. Vor allem wohl, denke ich, aus akuter Nervosität darüber, zum zweiten Mal innerhalb eines Monats im letzten Augenblick seine sämtlichen Vereinbarungen für Sonderzüge und spezielle Unterkünfte annullieren zu müssen, hatte er dem kleinen Mann regelrecht eingeheizt, ihm von Pflicht gepredigt, sich ausführlich über Sünde und ewige Bestrafung verbreitet (was nicht sehr viel Eindruck machte) und ihn wegen seiner Wankelmütigkeit getadelt, die sie beide noch der Verachtung und Lächerlichkeit preisgeben werde.

Diese letzte Warnung ging sicher nicht spurlos an Seiner Hoheit vorüber, aber dann hatte der Dewan seinen Auftritt gehabt, pragmatisch, skeptisch und spöttisch, und hatte dem König gesagt, er möge doch genau das tun, was er tun wolle und all die anderen überhaupt nicht beachten.

»Sie sind alle irre!« habe er gerufen und eine verächtliche Handbewegung in Richtung Opposition gemacht, »und was Babaji Rao angeht, das ist der irrste von allen!«

Seine Hoheit japste vor heiserem Gelächter, als er das wiederholte. Und so, meinte er, plötzlich wieder ganz ernst, sei der Streit den ganzen Tag fortgegangen – und ich konnte mir gut vorstellen, wie seine dünne, kleine Gestalt, zusammengeschrumpft, aber hellwach, in ihrer Mitte saß, Betel kaute und von Zeit zu Zeit eine kränkelnde Entschlußkraft bekundete, seine Pflicht zu tun, während er im gleichen Atemzug den Dewan anstachelte.

»Aber natürlich *muß* ich fahren«, betonte er, als sei die ganze Stadt dazu entschlossen, ihn daran zu hindern, und dann beförderte er einen hellroten Strahl in den Spucknapf neben sich.

Der Anflug von Resignation in seinen Worten war mir unverständlich, denn seine Stimme klang so ganz anders. Und ich machte meinen zweiten Fehler an diesem Abend. Ich drängte ihn nochmals, die Reise zu verschieben.

»Der Dewan«, sagte ich, »ist auf jeden Fall der einzig vernünftige unter ihnen. Und was den Vorwurf der Lächerlichkeit angeht – niemand wird es wagen, über Sie zu lachen. Welchen Nutzen hat es, König zu sein, wenn man jeder beliebigen plötzlichen Laune nicht nachgeben kann?«

Aber er drohte mir traurig mit dem Finger.

»Sie sollten so etwas nicht sagen«, meinte er. »Denn heute ist Freitag, und einen Rat, den man an einem Freitag erhält, sollte man niemals befolgen, da er mit Sicherheit schlimme Folgen hat. Also müssen Sie sagen: ›Fahren Sie, Maharadscha! Fahren Sie! Sie *müs-*

sen fahren!‹ – und morgen dann, wer weiß ...?« Er drehte die Handflächen nach oben.

Dennoch war ich, als ich ihn verließ, meiner Sache noch nicht sicher. Es konnte Babaji Rao immer noch gelingen, ihn zur Einhaltung jener Rituale zu bewegen, nach denen es kein Zurück gab. Und so sandte ich ihm heute morgen vor dem Frühstück, als ich von meinem Ausritt zurückkam, folgenden Brief in den Palast:

»Mein König, ich habe heute morgen einen Mungo gesehen. Er schlich in Richtung Garha, war offenbar in großer Eile und schien vor sich hin zu lächeln. Was hat das zu bedeuten?«

Die Antwort war enttäuschend:

»Ich kann es nicht erklären, außer daß ich heute den ganzen Tag in Angst und Sorge verbracht habe. Ich weiß nicht, ob ich nun fahren werde oder nicht ...«

Später jedoch kam Babaji Rao auf einen Besuch vorbei und sah aus, als habe *er* den Tag ebenfalls in Angst und Sorge verbracht.

»Sie haben Ihren Willen bekommen«, sagte er mit abweisender Stimme. »Man hat die Fahrt Seiner Hoheit verschoben.«

»Das ist eine gute Nachricht!« erwiderte ich.

»Ich dachte mir schon, daß Sie das sagen würden«, bemerkte er ziemlich kühl. »Wir haben da nicht den gleichen Standpunkt.«

Und noch später kam ein weiteres Billett aus dem Palast:

»Teurer Freund, – es hat sich entschieden. Ich breche nicht auf zu meiner Reise. Ich bin sehr müde.«

17. März

Heute abend saßen Narayan und Sharma vor dem Abendessen bei mir. Ich fragte Narayan, was er von den Mohammedanern halte, die im Gästehaus arbeiten, und er meinte, Hashim sei der einzige gute Mann unter ihnen. Der Koch sei ein Dieb, und was Munshi angehe, der sei alt und sehr schlau. Aber Hashim sei ein guter Mann.

»Warum ist Hashim ein guter Mann?« wollte ich wissen.

»Wenn er hört heimliche Gespräch, er sagt nichts. Andere Leute hören und sagen alles, alles. Ich mag nicht. Das ist schlecht.«

Ich lächelte, aber er blieb ernst.

»Nicht gut«, wiederholte er. »Ich mag nicht.«

Sie hatten beide noch etwas in der Stadt zu erledigen und konnten mir daher beim Abendessen keine Gesellschaft leisten. Sie wollten aber später wiederkommen und mit mir zum Palast hinunterfahren. Als ich fertig war, traf ich sie auf meiner Veranda, wo sie auf mich warteten, zusammen mit einem jungen Mann namens Prasad.

Ich hatte ihn schon vor einigen Monaten kennengelernt, als Seine Hoheit ihn mir probeweise als Begleiter heraufschickte. Aber ich mochte ihn überhaupt nicht. Er war eitel, und sein Benehmen war genauso schlecht wie sein Englisch, daß er angeblich beherrschte: Weder zog er beim Betreten meines Hauses die Schuhe aus noch wartete er, bis ich ihm einen Platz oder eine Zigarette anbot; und da er außerdem noch häßlich war, teilte ich Seiner Hoheit mit, daß ich Prasad nie mehr wiedersehen wolle.

Ich war daher überrascht, ihn zusammen mit Narayan und Sharma auf meiner Veranda anzutreffen. Er sagte, er sei in der Kutsche heraufgekommen und wolle damit auch wieder hinunterfahren. Darauf setzte er sich nach vorn neben den Kutscher auf den Bock. Alle drei wirkten allerdings irgendwie unruhig, und obwohl Prasad unterwegs seine Späßchen machte und Narayan plötzlich den Hut vom Kopf riß, ihn selbst aufprobierte und dann so tat, als wolle er ihn in einen Teich werfen, wurden seine Spielereien nicht gut aufgenommen. Narayan war verärgert und Sharma beunruhigt und wachsam. Nachdem Prasad uns in der Nähe des Palasts verlassen hatte, fragte ich Narayan, was er von ihm halte.

»Er ist sehr schlimm Mann!« verkündete er in äußerst strengem Ton. »Er stehlt Ihre Zigaretten heute abend. Neun Zigaretten. Ich sage ihm, er sehr schlimm Mann – wenn er fragt, Sie geben ihm. Ich sage ihm, leg zurück, aber er sagt Nein, ich will nicht; also ich sage ihm, ich erzähle Ihnen, damit Sie nicht denken, *wir* nehmen.«

Der Hindu errichtet niemals einen Bogen; er bevorzugt die rechteckige Form, bei der ein waagerechter Steinblock auf senkrechten Stützpfeilern ruht. Dann wird nämlich nur in einer Richtung Druck ausgeübt – nach unten.

Der Mohammedaner errichtet Bogen, aber der Hindu verachtet sie. Es entsteht Druck in zwei Richtungen, nach unten und nach außen, und der Hindu hält das für selbstzerstörerisch.

»Der Bogen findet niemals Schlaf«, sagt er.

Ich mußte daran denken, als ich heute abend bei Seiner Hoheit saß und den Eingang zu seiner unvollendeten »Kathedrale« betrachtete. Anschließend wandte ich meine Aufmerksamkeit dem wuchtigen Rückportal seines Palasts zu.

»Wie würden Sie so etwas nennen?« fragte er mich, als er meinen Blick bemerkte.

»Meinen Sie in architektonischer Hinsicht?«

»Ja.« Es entstand eine erwartungsvolle Pause, während ich den häßlichen, stuckverzierten Vorbau genauer betrachtete, der offenbar erst vor kurzem angebaut worden war und von zwei dicken, pseudo-georgianischen Säulen in rosa Tünche getragen wurde.

»Na ja«, meinte ich, »ich würde sagen, es ist – weiß der Himmel!«

Er krähte vor Vergnügen.

»Ja, ja! *Ganz* genau! Es ist ein ›Weiß der Himmel‹!«

Er erklärte mir, er habe das Ganze auf Wunsch zweier alter Männer, die hier zu schlafen pflegten, über der Palasttreppe errichten lassen. Es habe hier früher kein Vordach gegeben, und sie seien im Schlaf dem Regen schutzlos preisgegeben gewesen. Also seien sie eines Tages zu ihm gekommen und hätten gefragt: »Können wir für die Nacht ein Dach bekommen?«

Aus diesem Grund habe er das »Weiß der Himmel« bauen lassen, und als es fast fertig war – er klatschte in die Hände – starben die beiden alten Männer.

»Einer war achtzig«, schloß er, »und der andere fünfundachtzig.«

Die Geschichte amüsierte ihn dermaßen, daß er fast erstickte.

»Wer waren sie?« fragte ich.

Er wurde wieder ernst und erwiderte mit einem Anflug von Würde:

»Der eine war mein Hofmaler und der andere war der Poeta Lorelatus.«

»Laureatus?« schlug ich vor. Wir klärten diese Frage. »Aber warum hatten sie sich denn zum Schlafen überhaupt die Palasttreppe ausgesucht, wo sie mit großer Wahrscheinlichkeit vom Regen durchnäßt werden würden?«

»Das haben sie sich nicht ausgesucht«, erwiderte er. »Ich habe es ihnen befohlen. Wußten Sie nicht, daß ich alte Männer mag und immer einige von ihnen in meiner Nähe habe, damit wir uns nachts, wenn ich aufwache, Witze erzählen können? Und dies ist die Stelle, wo sie schlafen. Alte Männer und Knaben – die mag ich sehr.«

20. März

Gestern abend fuhren wir nach Garha. Ich saß hinten zwischen Narayan und Sharma; Hashim und Habib saßen vorn beim Chauffeur. Auf der Hochebene war es kühl, aber als die Straße in die Senken zwischen die Hügel hinabführte, war die Luft warm. Ein seltsames, wildes Land, dachte ich ... und seltsame, wilde Begleiter. Ich legte Sharma meinen Arm um die Schulter, und er wurde sofort nervös und wachsam. Aber als er sah, daß mein anderer Arm auf Narayans Schulter lag, hatte er nichts dagegen und erlaubte mir später, seine Hand zu fassen. Wir kamen spät an, umrundeten das große Wasserreservoir, an dessen Ufer der Palast der Königin lag, und fuhren über den Markt, der sich linkerhand bis hin zu den berühmten sieben Tempeln erstreckte. Auf dem Platz drängten sich bereits die Stände und Buden, die jetzt dunkel und still dalagen, denn die Besitzer schliefen an ihren Kohlenfeuern.

Nach ungefähr einer Meile führte rechts ein neu gebauter Weg von der Hauptstraße weg zu unserem Lager, das unter Bäumen lag.

Sharma fühlte sich heute morgen nicht wohl. Er hatte eine leichte Erkältung, und seine Ferse war dort aufgescheuert, wo ihn die neuen Schuhe gedrückt hatten.

»Sein Körper sehr viel Kummer; sehr ... faul«, versuchte Narayan zu erklären, und ich schloß daraus, daß sein Freund sich etwas steif und zerschlagen fühlte. Er erzählte mir dies beim Frühstück, nachdem er zuerst scheu am Zelteingang gezögert und auf meine Einladung gewartet hatte, sich zu mir zu setzen – ganz so, als seien alle meine früheren Einladungen und Genehmigungen für diese und alle zukünftigen Gelegenheiten völlig ohne Belang. Für diese Zögerlichkeit ist einerseits ganz sicher die Empfindsamkeit eines sanften, furchtsamen Gemüts verantwortlich; andererseits ist sie auf die strenge Einhaltung seiner eigenen Küchenrituale zurückzuführen. Ich habe ihn drei oder vier Mal gebeten, sich zu mir zu setzen, während ich mein Abendessen zu mir nahm. Damit war für ihn aber offenbar noch kein Präzedenzfall geschaffen, und außerdem gab ihm das mit Sicherheit keinen Anhaltspunkt dafür, wie ich es mit dem Frühstück hielt. Darüber hinaus muß man seine eigenen Empfindlichkeiten berücksichtigen. Es muß ihn doch abstoßen, wenn er mich Dinge essen sieht, die er gelernt hat, ungenießbar zu finden, und während ich mir mein pochiertes Ei in den Mund schob, fragte ich mich, was er jetzt wohl dachte und was sein Vater sagen würde, wenn er wüßte, daß sein Sohn zum Augenzeugen einer derart abgrundtiefen Verworfenheit geworden war. Später erschien der kranke Sharma barhäuptig am Ort des Geschehens, und als ich mit dem Essen fertig war, reichte Habib Zigaretten herum. Aber Narayan sah das gar nicht gern – ein Diener des Sahib bot einem Geschöpf wie Sharma, das aus einer niedrigen Kaste stammte, Zigaretten an! Verärgert stieß er ein scharfes »Nein!« aus, entnahm der Dose eine Zigarette und reichte sie eigenhändig seinem Freund hinüber.

Sharma beklagte sich ein wenig über seine wunde Ferse, und so gab ich ihm mit Hilfe von Narayan zu verstehen, daß ich ihm etwas Jod geben könne, wenn er mich zu meinem Zelt begleite. Nachdem er mit einem fragenden Blick Narayans Rat eingeholt hatte, stimmte er zu, und gemeinsam überquerten wir den mit Kieselsteinen bestreuten Platz. Sharma lief über den großen Zeh und trottete wie ein Tier neben mir her. Er bewegt sich nicht mit Anmut und Würde wie Narayan, sondern trottet mit hängendem Kopf und langen, schlurfenden

Schritten einher. Als wir mein Zelt erreicht hatten, hob ich meinen Diplomatenkoffer hoch, um das Jod herauszuholen. Er war aber nicht richtig verschlossen; der Deckel sprang auf, und der gesamte Inhalt lag auf dem Boden verstreut. Für einen Augenblick betrachtete ich das Ganze mit gespielter Bestürzung. Dann blickte ich zu Sharma herüber.

Er beobachtete mich ehrfürchtig, mit einer Art furchtsamen Mitgefühls. Seine Miene schien zu sagen: Wie wird der Sahib angesichts einer solchen Katastrophe reagieren? Heimtückisches Diplomatenköfferchen! Der Sahib wird bestimmt sehr böse werden! Sharmas Bestürzung war so augenfällig, daß ich laut auflachte. Sofort lachte auch er mit kindlicher Erleichterung und kniete sich auf den Boden, um die verstreuten Sachen wieder aufzusammeln. Er fand verschiedene Dinge, die seine Neugier erregten: eine Postkarte von einem steinernen Buddha und eine kleine rote Pakkung mit Rasierklingen. Letztere fand er sehr geheimnisvoll und spannend. Was war das? Ich erklärte es ihm; wir mußten wieder beide lachen, und ich zog ihn an seinem dünnen Zöpfchen, das oben von seinem kugelrunden Kopf wie ein kurzes Stück Schnur herabhing. Ich hörte später, er habe der versammelten Mannschaft in der Küche berichtet, daß dem Sahib alles aus der Tasche auf den Boden gefallen sei und er nur vor Lachen gebrüllt habe.

Am späteren Morgen ging ich mit Narayan über den Markt und sah mir die Waren an. Bis auf ein paar einfache Messingarbeiten aus der hiesigen Gegend und ein paar aufwendigere und kunstvollere Stücke aus Ahmedabad und Benares gab es nichts, was besonders interessant gewesen wäre. Ansonsten sah man das übliche Zeug: indische Süßigkeiten und Lebensmittel, Kurzwaren, Stoffe und Billigschmuck, zumeist aus Japan oder Europa. Und schließlich waren da auch ein paar primitive Karussells und ein Tanzbär.

Einer der Gemischtwarenläden verkaufte einige Grammophone, und der Ladenbesitzer spielte uns eine indische Schallplatte vor, die uns nicht besonders gefiel.

Obwohl der Jahrmarkt noch nicht in vollem Gange war, wälzte sich eine große Menschenmenge durch die engen Gassen zwischen den Ständen, unter ihnen ein oder zwei Europäer, die ich nicht kannte und die wahrscheinlich für einen Tag von Rajgarh heraufgekommen waren. Es war sehr heiß, und nach kurzer Zeit hatten wir vom Markt genug und spazierten am Stadtrand entlang. Wir spähten in den Innenhof des Grabmals, das dem Großvater Seiner Hoheit gewidmet war und an dessen Eingang jene hübsche Pflanze wächst, die ich bereits erwähnt habe. Es ist der Oleander *(Kanel)*, eine giftige, immergrüne Pflanze mit leuchtend roten oder weißen Blüten und ledrigen, speerähnlichen Blättern. Ich erinnerte mich an das, was angeblich dem Großvater Seiner Hoheit zugestoßen war, und fragte mich, ob die Wahl wohl mit Absicht auf diese Pflanze gefallen war, um die Erinnerung an ihn frisch und grün zu halten.

Das Grab, so berichtet mir Babaji Rao, enthält nichts außer einem Ölbild des Verstorbenen, seinem Bett und

Kopfkissen, seinen Sandalen und einem Rest seiner Asche.

Anschließend schlenderten wir um den Palast herum und sahen einen Mann, der mit einem kleinen Jungen spielte. Es war, wie Narayan sagte, der Raja Bahadur, der Sohn Seiner Hoheit, ein hübscher kleiner Kerl, mit Rock und Hose aus Seide und einer schwarzen runden Kappe bekleidet, die blau bestickt war. Er war jedoch sehr scheu und wollte nicht mit mir sprechen oder mir die Hand geben. Ja, er hatte große Angst vor meiner merkwürdigen Erscheinung, der seltsam weißen Haut und dem seltsam weißen Hut, und versteckte sein Gesicht an der Brust des Mannes, als wolle er anfangen zu weinen. Sharma erhielt nach unserer Rückkehr einen ausführlichen Bericht über unsere Erlebnisse und war sehr betrübt darüber, daß er beim Abspielen des Grammophons nicht dabei gewesen war.

Seine Hoheit stattete uns heute nachmittag einen Besuch ab und humpelte mit Babaji Rao und mir zwischen den Zelten herum. Er trug einen sehr eleganten und neuen langen Überrock aus weißer Seide mit wunderschönen Stickereien in Blau und Silber.

Das Lager ist fertig und auf den Empfang von Captain Daly und Miss Trend vorbereitet, die für morgen erwartet werden. Es besteht aus sechs glockenförmigen Gruppenzelten mit beidseitigen Eingängen und einem großen Eßzelt. Seine Hoheit inspizierte alles schweigend und fragte zunächst mich und dann Babaji Rao, wie es uns gefalle. Ich erwiderte, daß ich mich hier sehr wohl fühle und alles ganz prima fände, und Babaji Rao echote meine Zufriedenheit mit allem.

»Nun, ich bin *nicht* zufrieden; ich bin *überhaupt* nicht zufrieden«, verkündete Seine Hoheit prompt und begann Babaji Rao mit herzloser Häme herunterzuputzen. Von mir, meinte er, könne man nichts anderes erwarten, da ich mich ja »in der Politik« nicht auskenne. Babaji Rao aber – war das wirklich alles, was er in all den Jahren gelernt hatte? Konnte er allen Ernstes dastehen, sich diese Dinger ansehen und behaupten, daß er zufrieden sei? Dann war er ein Dummkopf! Was hatte er sich wohl dabei gedacht? Hatte er keine Augen im Kopf? Für manche Leute mochte diese Art der Unterbringung ja angehen, aber doch nicht für so wichtige, so einflußreiche Leute wie Captain Daly und Miss Trend.

»Was werden meine Gäste sagen«, rief er aus, »wenn sie diese ... diese ... Schweizerhäuschen sehen? Miss Trend wird sofort abfahren. ›Und *dafür* haben Sie mich hergebeten, Maharadscha?‹ wird sie zu mir sagen. Sie wird sehr verärgert sein. Sie wird mich aufessen! Sie wird uns alle aufessen!«

Er versetzte dem unglücklichen Babaji Rao mit seinem Stock einen Stoß und befahl, sofort größere Zelte aufzustellen.

Ich konnte es nicht ertragen, daß der arme Mann vor meinen Augen abgekanzelt wurde, und gab daher zu bedenken, daß Seine Hoheit besser gleich einen Palast bauen solle, wenn die neuen Gäste so wählerisch seien, weil ihnen sowieso nichts anderes gut genug sein werde, und das setzte seiner Schimpfkanonade ein Ende.

Dann ließ er Hashim holen und teilte ihm mit, er würde ihm, sollte er sich nicht aufmerksam um die Wünsche seiner Gäste kümmern und sollte sich jemand über ihn beschweren, die Nase abschneiden.

Dann ließ er den Koch holen, drohte ihm mit seinem Stock und sagte, wenn er nicht besser kochen werde, als er jemals zuvor gekocht habe, werde er ihn enthaupten und seinen Kopf im Palast auf seinen Schlafzimmertisch stellen. In Wirklichkeit war er bester Laune, und als er im ganzen Lager für helle Aufregung gesorgt hatte, stemmte er eine Hand ins Kreuz und stapfte davon, um einer gewissen Miss Potter, einer Missionarin, die offenbar gerade von irgendwoher eingetroffen war und ihr Zelt dicht hinter unserem Lager aufgeschlagen hatte, einen Besuch abzustatten. Ein schmächtiger indischer Junge, ohne Zweifel ein frisch Bekehrter, beobachtete uns, als wir näherkamen, und rief seine Herrin, welche sogleich erschien. Miss Potter war eine große Frau mit gutmütigen Zügen. Sie befahl dem Bekehrten, ein paar Stühle für uns herauszutragen, und trat vor, uns zu begrüßen. Seine Hoheit war jedoch nicht in Stimmung für irgendwelche Präliminarien. Er eröffnete sofort das Feuer.

»Miss Potter – wo ist Gott?«

»Er ist«, erwiderte Miss Potter mit Würde, »überall.«

»Aber, meine liebe Jungfrau!« rief Seine Hoheit aus und warf sich energisch auf einen der Stühle. »Was nützt das *mir*?«

22. März

»Nur Schwachköpfe achten auf Kastenunterschiede!« erklärte der Dewan gestern nachmittag – eine Bemerkung, die seinen Jünger Babaji Rao betreten zu Boden blicken ließ. Sie waren beide in unser Lager gekommen, um Captain Daly und Miss Trend zu besuchen, die der Dewan offenbar besonders schätzt, und wir saßen alle in einer Runde vor dem Eßzelt.

Wir waren auf indische Heiratssitten zu sprechen gekommen, und Miss Trend hatte gesagt, angesichts der enormen Mitgiften, die Hindus aufbringen müßten, um ihre Töchter verheiraten zu können, sei es kaum zu verwundern, daß so viele Mädchen ihre Geburt nicht lange überlebten. Der Dewan vertrat jedoch die Ansicht, daß diese Praxis des Kindsmordes nicht so sehr auf die finanziellen Schwierigkeiten als auf Kastenstolz zurückzuführen sei. Hindufamilien der obersten Kasten hätten die größten Schwierigkeiten gehabt, ihre weiblichen Nachkommen an Personen zu verheiraten, die sie für geeignet hielten; und unter Eignung sei ihre Eignung als Schwiegersohn oder, in geringerem Maße, als Schwager zu verstehen gewesen. Ihre Eignung als Ehemann war belanglos. Wie konnte man jemanden ausfindig machen, der gut genug war, daß man ihm den Titel *Susra* oder *Sala* (Schwiegersohn oder Schwager) verleihen konnte? Diese Frage sei derart umstritten gewesen, daß die Wörter inzwischen eine verächtliche und abfällige Bedeutung erhalten hätten. Hindus, intelligente Hindus, achteten heutzutage jedoch immer weniger auf Kastenunterschiede.

»Nur Schwachköpfe achten auf Kastenunterschiede!« bekräftigte er.

Doch mit den Schwachköpfen seien auch die Probleme bestehen geblieben, und er selbst, so gestand er ein, habe mit ihnen zu kämpfen.

»Ich habe das Pech, der allerhöchsten Familie der Brahmanen anzugehören«, sagte er, »und da ich meine Neffen zur Ausbildung nach England schicke, sagen meine Leute zu mir: ›Du bist kein guter Brahmane. Du schickst deine Neffen nach England, und dann ißt du mit ihnen. Wir wollen nichts mehr mit dir zu tun haben.‹ ›Gut, meine Lieben‹, sage ich, ›dann verschwindet. Wenn ihr nichts mit mir zu tun haben wollt, will ich mit euch auch nichts mehr zu tun haben. Verschwindet!‹«

Nun aber sei die Zeit gekommen, seine Nichten zu verheiraten, und er habe damit die größten Schwierigkeiten. Seine eigenen Worte würden nun gegen ihn gewendet. »Du wolltest früher nichts mit uns zu tun haben«, sagen seine alten Bekannten, »warum willst du es jetzt?«

Das sei ein großes Problem, und obwohl er, wie er bekannte, von der Idee nicht sehr angetan sei, sei er wohl gezwungen, sie außerhalb seiner Kaste zu verheiraten.

»Nur Schwachköpfe achten auf Kastenunterschiede!« murmelte der etwas schwerfällige Babaji Rao kichernd, aber da war der Dewan bereits beim nächsten Punkt. Wegen seiner Neffen, erklärte er gerade, mache er sich keine Sorgen; einer von ihnen sei auch schon mit einem nepalesischen Mädchen verheiratet.

»Die Mädchen aus Nepal«, bemerkte er, »sind sehr gut. Sie sind weiß und werden nicht alt. Ganz selten über fünfzig.«

Später meinte der Dewan in einem anderen Zusammenhang, daß er sehr feste Überzeugungen vertrete, die jedoch allesamt auf Fakten basierten. Er liebte Fakten. Wenn ihm also vor zwanzig Jahren jemand erzählt hätte, daß der Mensch einmal fliegen würde, hätte er ihm geantwortet: »Verschwinden Sie, guter Mann. Sie sind ein Schwachkopf.«

Jetzt aber, wo es ein Faktum sei, würde er sagen: »Na gut; das stimmt. Sie haben mich überzeugt.«

Momentan macht ihm die Seele zu schaffen. Er habe bisher angenommen, daß jedes Lebewesen eine Seele habe; es sei keine Überzeugung gewesen, aber er habe zu dieser Annahme geneigt. Nun habe ihm Babaji Rao aber vom Regenwurm erzählt – daß er, wenn man ihn mittendurch schneide, in beiden Hälften weiterlebe. Ist also die Seele teilbar? Oder hat man zwei Seelen? Oder mehr als zwei? Niemand habe ihm darauf bisher eine überzeugende Antwort geben können, und daher weigere er sich, dazu eine Meinung zu haben, denn er könne es nicht leiden, wenn er seine Ansichten ändern müsse. Wenn er einmal eine Meinung habe, bleibe er dabei, und daher vertrete er keine Meinung, die er möglicherweise wieder aufgeben müsse. Einmal in seinem Leben, er saß damals als junger, politisch interessierter Mann im Stadtrat von Delhi, einmal sei er gezwungen worden, seine Ansichten innerhalb von zwanzig Minuten dreimal zu ändern, und da habe er sich gefragt:

»Was also bist du denn eigentlich? Du bist nur ein sehr kleines Etwas auf dieser Welt.« Seitdem seine Selbstachtung diesen Schock erlitten hatte, habe er jedoch keine Überzeugung je ändern müssen.

Er empfinde keinen Haß, behauptet er. Haß sei Schwäche. Miss Trend betonte, sie halte es für richtig, schlechte Menschen zu hassen. Worauf der Dewan jedoch entgegnete, wenn man ihm erzähle, daß X böse sei, würde er antworten:

»Gut, dann ist er eben böse. Das ist seine Sache. Es interessiert mich nicht. Was kümmert es mich, ob er schlecht ist? Warum sollte ich ihn hassen? Warum sollte ich mir diese Mühe machen? Wenn ich ihn hasse, hasse ich mich, denn damit zerstöre ich mich selbst. Haß ist Hitze. Er brennt und verzehrt. Warum soll ich brennen und meinen Körper verzehren und mein Blut erhitzen, weil X böse ist?«

»Aber«, meinte Miss Trend, »ob Sie ihn nun hassen oder nicht, es ist Ihre Bürgerpflicht, seinetwegen etwas zu unternehmen. Sie werden ihm sagen müssen, daß er böse ist, und sie müssen versuchen, ihn zu bessern.«

»Warum das?« fragte der Dewan scharf. »Wenn ich ihm sage, daß er böse ist, mache ich ihn mir vielleicht zum Feind, und er wird mich hassen und mir schaden. Das ist unsinnig. Wenn ich durch den Dschungel gehe und einen großen Löwen sehe, der auf mich zukommt, warum sollte ich ihn hassen, das arme Vieh? Es ist seine Art, auf Menschen Jagd zu machen und sie zu fressen. Er braucht Blut, und hier« (er zeigte auf seinen enormen Bauch) »ist ein Vorrat an Blut. Wenn er mich nicht frißt, wird er vielleicht nicht überleben. Es ist notwendig, daß er mich frißt. Und wenn ich nicht gefressen werden will, muß ich den Löwen erschießen. Aber hassen werde ich ihn nicht. Und wenn ich kein Gewehr habe, werde ich gefressen – ohne böse Absicht. Aber ich will nicht von ihm gefressen werden, also tue ich, was ich kann, um mir zu helfen. Ich werde nicht sagen: ›Du bist ein böser Kerl, denn du willst mich zerreißen und verwunden‹, sondern ich werde sagen: ›Guter Mann, warum kommst du zu mir? Ich bin nicht der einzige Mensch auf dieser Welt.‹ Und wenn jemand bei mir ist, werde ich auf ihn zeigen und sagen: ›Geh zu dem Mann dort drüben; komm nicht zu mir.‹«

»Angenommen, die andere Person ist Ihre Frau?« fragte Captain Daly. »Werden Sie ihm die zuerst anbieten?«

»Aber sicher«, rief der Dewan mit schriller Stimme. »Ich würde sie schützend vor mich halten.«

»Sie sind eindeutig kein Philanthrop«, lachte Miss Trend.

»Aber sicher bin ich ein Philanthrop«, widersprach der Dewan, ohne zu zögern, »denn ich habe jemandem geholfen auf dieser Welt – auch wenn zufällig ich selbst dieser jemand bin.«

Als mich Narayan heute besuchte, sah er sehr unglücklich und ungepflegt aus; sein Haar war zerzaust und sein Hemd dreckig.

»Wie geht es dir?« fragte ich ihn.

»Sehr schlecht«, erwiderte er und blickte starr zu Boden.

»Was ist los?«

»Maharadscha Sahib sehr böse auf mich. Mich schickt hierher. Sagt, ich nicht mehr schlafe in Neu *Bakhri* bei Sharma.«

Ich fragte, was vorgefallen sei, er sank jedoch einfach auf einen Stuhl und starrte aufs Tischtuch. Dann bat er mich, bitte Seiner Hoheit nichts zu verraten, und begann zu erzählen.

»Sharma hat in *Bakhri* für ihn und mir kein Bett, also er sagt zu *Tahsildar* (dem Abteilungsleiter), er soll Bett geben, und *Tahsildar* sagt *Jama'dar* (der Hauptmann der Wache). Aber *Jama'dar* nicht gibt, also Sharma sagt Maharadscha Sahib, daß *Jama'dar* gibt nicht Bett; also Maharadscha Sahib sehr böse und sagt, ihn bestrafen, also er bestrafen.«

Ich fragte ihn, wie der *Jama'dar* bestraft worden sei, und erfuhr, ein höherer Beamter habe ihm zwei Ohrfeigen verabreicht, eine auf jede Wange. Ohrfeigen sind hier eine anerkannte Form der Bestrafung. Die Behörden oder deren Beauftragte teilen sie in der Öffentlichkeit aus, und sie sollen eher beschämen als schmerzen. Wegen dieser Schläge lief der *Jama'dar* nun aber heulend zum Dewan, bei dem er in Diensten steht. Der Dewan schrieb daraufhin dem Maharadscha, Sharma sei ein schlechter Mensch und habe seinen *Jama'dar* bestraft, er sei hochmütig und frech, und es sei an der Zeit, ihn in die Schranken zu weisen.

Diesen Brief las der Maharadscha Sharma vor, worauf dieser entgegnete: »Sie haben mir befohlen, *Jama'dar* bestrafen zu lassen, und das habe ich getan.« Also ließ der Maharadscha den Dewan zu sich rufen, und dieser beschimpfte Sharma vor seinen Augen. Er sei ein böser Mensch und setze ständig falsche Gerüchte in die Welt; er (der Dewan) werde ihm »den Schuh geben«. Nachdem der Dewan gegangen war, weinte Sharma und wollte nichts mehr essen; er habe getan, was man ihm befohlen habe, sagte er, was habe er also falsch gemacht? Der Maharadscha sagte: »Du mußt essen.« Doch er wollte nicht. »Also Maharadscha Sahib ruft Dewan noch einmal und sagt: ›Liebe Sharma!‹ Also Dewan sagt zu ihm: ›Du bist ein Junge, und ich bin dein Dewan. Ich bin dein Vater und deine Mutter. Wenn ich hart sage zu dir, Entschuldigung.‹«

Sharma war also besänftigt und aß wieder. Doch später ging er nach draußen und erzählte Narayan, dummerweise in Gegenwart von anderen, daß der Dewan ihn um Verzeihung gebeten und »Entschuldigung« gesagt habe. Narayan hatte ihn für diese Indiskretion geschlagen. Er habe ihn mehrmals und auf viele Stellen geschlagen, so daß Sharma wieder zu weinen begonnen habe. Ich äußerte mein Bedauern über diese harte Behandlung, doch Narayan meinte: »Er ist ein Dummjunge.« Es sei seine Pflicht gewesen, ihn zu schlagen, genauso wie es meine Pflicht sei, *ihn* (Narayan) zu schlagen, wenn er im Unrecht sei. Doch nun sei das Unglück sowieso geschehen.

Am Abend ging nämlich einer der Männer, die Sharmas Erzählung mitangehört hatten, zum Maharadscha und teilte ihm mit, Narayan »erzählt einen Bericht«, daß der Dewan sich bei Sharma, dem Sohn des Friseurs, entschuldigt habe, daß der Dewan Sharma zu Füßen gefallen sei und ihn angefleht habe, ihm zu vergeben. Dieser Mann war der »Wohltaten-Mann« Seiner Hoheit und Narayans Feind, und seine Geschichte wurde von zwei Verbündeten gestützt, und er wußte im Flüsterton noch mehr zu erzählen, beispielsweise daß Narayan ein Dieb sei und sein Haus mit Dingen einrichte, die er aus dem Gästehaus gestohlen habe, und daß sein Einfluß auf Sharma schlecht und verderblich sei.

Daraufhin schickte Seine Hoheit in der Nacht einen Diener zum Neuen *Bakhri*, um Narayan und Sharma auszuspionieren, während sie zusammen im Bett lagen. Er sollte in Erfahrung bringen, was sie dort trieben und worüber sie sprachen. Im Laufe der Nacht erschien er zwei oder drei Mal, lauerte im Schatten und beobachtete sie. Aber Narayan schlief, und nur Sharma sah ihn. Und als Seine Hoheit am Morgen von seinem Diener einen enttäuschenden Bericht erhalten hatte, ließ er Narayan holen und beschuldigte ihn wegen jener anderen Geschichte, aber Narayan bestritt alles.

»Ich habe nicht so etwas gesagt«, antwortete er und erzählte, was sich wirklich abgespielt hatte. Seine Hoheit weigerte sich jedoch, ihm zu glauben, und sagte, er sei ein Lügner, dem man die Zunge herausschneiden müsse. Sein Vater und sein Bruder seien gute Leute, doch er sei ein schlechter Mensch und müsse das Neue *Bakhri* sofort verlassen. Man werde ihn bei der Rückkehr nach Chhokrapur bestrafen.

Narayan beteuerte abermals seine Unschuld und sagte:

»Ich habe nicht das gesagt, aber *wenn* ich das gesagt habe, Sie sind mein Herr, und ich bin ein armer Junge – bitte Entschuldigung.«

Aber Seine Hoheit schickte ihn fort.

Und Sharma war in den Palast gegangen, um für ihn einzutreten. Seine Hoheit hatte jedoch nur gesagt:

»Für jedes gute Wort, das du über ihn sagst, werde ich ihm etwas Schlechtes antun. Sag ihm, er soll sich von mir fernhalten, und gib ihm zwei Schläge.«

Aber Sharma hatte gesagt:

»Er ist mein Freund.«

Also hatte Narayan den Neuen *Bakhri* verlassen. Auf dem Weg hierher war er seinem Feind begegnet und hatte ihm Vorwürfe gemacht. Worauf ihm sein Feind erwidert hatte:

»Ich habe nicht das gesagt.«

Also hatte Narayan ihn stehenlassen und war zu den Zelten gegangen und hatte geweint.

»Warum weinst du?« hatte Hashim gefragt.

»Weil ich habe ein kleines Fieber«, hatte er geantwortet.

Und dann war er zu mir gekommen.

»Ich schäme mich so«, sagte er. »Ich will sterben.«

Während wir noch miteinander sprachen, kam ein Diener, der Narayan etwas Essen von Sharma brachte, aber Narayan schickte es zurück.

»Warum ißt du nicht?« fragte ich ihn.

»Mein Bauch ist voll mit Ängstlich«, erwiderte er.

Sharma hatte versprochen, ihn aufzusuchen, wenn er kommen könne, ohne gesehen zu werden, und bald darauf schlich er mit besorgter und schuldbewußter Miene ins Zelt. Er reichte mir eine schlaffe Hand, ließ sich hinter Narayan schwer auf einen Stuhl plumpsen und starrte wie ein Kind unsicher vor sich hin. Eine

Zeitlang wechselten sie weder ein Wort noch irgendein Zeichen; schließlich stellte ihm Narayan, ohne den Kopf zu wenden, eine leise Frage, und nach kurzer Unterhaltung schlich Sharma wieder hinaus.

»Was ist mein Fehler?« fragte mich Narayan.

»Vielleicht bist du zu ehrlich«, sagte ich lächelnd.

»Es ist eine gute Politik?«

»Die beste, sagt man.«

»Dann was ist Problem?«

Nach einer Pause meinte er:

»Ich habe kein Schmeichelei. Ich sage die Wahrheit immer, immer. Wenn Sie fragen mir: ›Er ist ein guter Mann?‹ dann ich sage Ihnen, was ich denke. Ich sage Ihnen: ›*Sie* ein guter Mann.‹ So ich denke. Aber wenn ich denke, Sie ein schlechter Mann, dann ich sage Ihnen.«

Bevor er ging, bat er mich nochmals, nichts von dem zu erzählen, worüber wir gesprochen hatten.

»Heute«, sagte ich, »traust du wohl niemandem mehr, nicht wahr?«

»Ah, Entschuldigung!« murmelte er.

24. März

Als ich heute gegen halb acht von meinem morgendlichen Ausritt zurückkam, erwartete mich im Lager wie üblich Habib, um meine Reitgerte und meine Handschuhe in Empfang zu nehmen und sie auf den Tisch im Zelt zu legen, das ich sowieso gerade betreten wollte. Sobald sie wieder an ihrem gewohnten Platz liegen, verschwindet er. Es ist einer seiner vielen und unentbehrlichen Dienste, die er stets gewissenhaft versieht, und daher nahm ich keine besondere Notiz von ihm.

»Sahib«, sagte er, ohne sich zu bewegen. Konversation zu machen gehörte eigentlich nicht zu seiner Routine, und so sah ich überrascht zu ihm hinunter.

Tränen strömten ihm über die Wangen.

»Was ist denn los mit dir?« fragte ich ihn.

Er gab keine Antwort, und da ich glaubte, er habe sich bloß mit dem anderen Mohammedanerjungen gerauft, ging ich ins Zelt.

Später teilte mir Hashim mit, daß das Frühstück fertig sei, und ich fragte ihn, was mit Habib losgewesen sei.

»Er ist ein sehr schlechter Junge«, erklärte Hashim streng. »Er hat Ihre Kamera kaputtgemacht.«

Das waren in der Tat schlechte Nachrichten, denn die Kamera gehört nicht mir. Eine Dame in Rajgarh hatte sie mir freundlicherweise geliehen. Vielleicht hatte man in Chhokrapur niemals zuvor eine Kamera gesehen, auf jeden Fall erfreue ich mich, seit sie sich in meinem Besitz befindet, ungemeiner Beliebtheit und habe eine Menge neuer Besucher empfangen müssen. Babaji Raos Diener, der Kutscher des Dewan, der Koch Seiner Hoheit – alle möglichen kuriosen jungen Männer haben mir »einen Besuch abgestattet« – das heißt, sie haben sich scheu um mein Zelt herumgedrückt und rote oder weiße Zähne aufblitzen lassen, und wenn ich sie fragte, was sie denn wollten, gaben sie artig ihrer Sehnsucht Ausdruck, doch einmal photographiert zu werden. Da ich allerdings vorausgesehen hatte, daß die

Kamera in Habibs Händen Schaden nehmen würde, hatte ich ihm verboten, sie anzufassen.

Ich untersuchte sie und sah sogleich, was er damit angestellt hatte. Ich hatte mit diesem Film erst ein Bild gemacht und auf »2« weitergedreht; jetzt stand die Anzeige jedoch auf »Ende«, und die Schraube war verbogen und klemmte. Es war völlig klar, was passiert war.

Während meines Ausritts mußte er den Apparat in die Hand genommen und hinten durch das rote Fensterchen die Zahl »2« gesehen haben. Er hatte die Schraube gedreht, und die »2« war verschwunden. Noch ein paar Drehungen, und die »3« war erschienen.

Ein Heidenspaß! Nach der »3« hatte er noch »4«, »5« und »6« an dem roten Fensterchen vorbeigeschickt, aber die »7« hatte lange auf sich warten lassen, und es hatte sich schließlich herausgestellt, daß sie gar nicht existierte. Statt dessen war da dieses Wort »Ende«, das er ganz sicher nicht verstanden hatte. Entweder weil er die kleinen Nummern nochmal vorüberlaufen sehen wollte oder weil es ihm klüger schien, die Kamera in ihrem ursprünglichen Zustand zu hinterlassen, hatte er versucht, die Spule zurückzudrehen, und zu seiner Bestürzung feststellen müssen, daß sich die Schraube nicht in diese Richtung drehen ließ. Er hatte es mit Gewalt versucht, bis sie verbogen war, jedoch hinter dem roten Fensterchen hatte sich nichts gerührt. Schließlich hatte er die Kamera in Panik fallen lassen und war zum Koch gerannt, um ihm alles zu erzählen, und der hatte ihm ein paar Ohrfeigen verpaßt.

In kürzester Zeit hatte sich die Nachricht von Habibs schändlicher Tat im ganzen Lager herumgesprochen, und um mein Zelt versammelten sich furchtsame und mitfühlende Ratgeber.

»Er muß bestraft werden!« skandierte der Koch.

»Soll ich ihn prügeln?« fragte Hashim.

»Ich habe doch Ihnen gesagt, er ist nicht gar gekocht«, meinte Narayan.

Aber ich sagte, ich ließe nicht zu, daß er geprügelt würde; man solle ihm lediglich einschärfen, mein Zelt unter keinen Umständen jemals wieder zu betreten, da ihn sonst eine derartige Tracht erwarte, wie sie sich sein kindliches Gemüt niemals hätte träumen lassen. Den Rest des Tages verbrachte er wie Achilles schmollend in seinem Zelt, doch als ich abends zum Palast hinunterging, um Seine Hoheit zu besuchen, sah ich ihn mit einem Freund zusammen zwischen den Büschen. Er schleuderte Steine auf eine Horde von »Affen der Schande«.

Seine Hoheit klagte, er fühle sich nicht ganz wohl.

»Narayan scheint es auch nicht sehr gut zu gehen«, bemerkte ich.

»Narayan! Was hat er?«

»Er hat viel geweint und scheint ziemlich unglücklich zu sein.«

»Er ist ein sehr schlechter Mensch«, sagte Seine Hoheit. »Ich habe ihn fortgeschickt aus meinem Palast. Hat er Ihnen das nicht erzählt?«

»Er sagte, daß Sie sehr böse auf ihn seien, Fürst.«

»Was hat er sonst gesagt?« fragte er schnell und richtete seine hervorquellenden Augen auf mich.

»Ich bin nicht weiter in ihn gedrungen.«

»Er ist sehr böse gewesen«, fuhr Seine Hoheit fort und nickte heftig. »Ich mußte ihn bestrafen. Er ist ein Lügner. Er hat sehr oft gelogen, und er hat mit dem Sohn des Friseurs Unfug getrieben.«

»Ich bin sehr überrascht, das zu hören«, entgegnete ich.

»Ich auch. Er ist der Enkel meines alten Arztes, den ich sehr liebte, und ich wollte ihm zuliebe freundlich zu Narayan sein. Aber ich kann diese schlimmen Berichte über ihn nicht einfach übersehen.«

»Ich persönlich finde immer, daß er ein außergewöhnlich aufrichtiger Junge ist«, erwiderte ich. »Wirklich, ich kann nicht glauben, daß er Sie belogen hat, Fürst. Ich hätte gedacht, daß Sie, schon wenn Sie ihn ansehen, erkennen könnten, wie aufrichtig er ist. Finden Sie nicht auch, daß er sehr feine Züge hat?«

Seine Hoheit zog höflich die Augenbrauen hoch.

»Ich habe ihn mir nie genau angesehen«, sagte er.

Der Dewan stritt heute im Gespräch mit uns hitzig ab, jemals gesagt zu haben, daß er seine Frau opfern würde, um sein eigenes Leben zu retten. Selbstverständlich müsse er sein Bestes tun, sie zu retten, betonte er. Er müsse sein Leben für sie oder jedes andere Familienmitglied opfern – es sei ganz unmöglich, daß er etwas anderes gedacht oder geäußert habe. Miss Trend erklärte, dann wolle sie daran auch nicht zweifeln, und sie sei sehr froh zu hören, daß den Frauen im hinduistischen Lebensplan endlich ein gewisser Wert beigemessen werde. Und er stimmte ihr darin zu, daß der Mangel an Interesse bei der Geburt weiblicher Säuglinge sehr betrüblich sei.

Doch er bestritt, daß diese frühen Gefühle der Enttäuschung und Gleichgültigkeit von Dauer seien.

»Wir beten unsere Töchter an«, sagte er. »Wir berühren ihre Füße. Sie dagegen unsere nicht. Wir dürfen sie nicht darum bitten – das wäre eine skandalöse, eine schändliche Bitte. Auch können wir sie nicht mit irgendwelchen niederen Arbeiten beauftragen.«

Narayan sagte mir heute abend:

»Ich mag Sie sehr. Sie geben mir fünfzehn Rupien im Monat, und dann ich komme und bleibe mit Ihnen immer. Statt Ihr Freund bin ich Ihr Diener.«

Ich fragte ihn, wie sich dann sein Verhalten mir gegenüber ändern würde, und er erwiderte, er würde sich in meiner Gegenwart nicht mehr setzen, noch würde er lächeln oder gemeinsam mit mir lachen. Er wollte wissen, ob er ein Photo von mir haben könne, und ich gab ihm eins. Er fand es sehr schön und meinte, er würde es gern küssen.

»Ihr Gesicht ist gut und etwas schön. Sie sind dünn, mit ohne Bauch und eine Brust wie ein Kampf-Mann.«

Er wisse nicht, was er tun werde, wenn ich nach England zurückginge. Er würde mein Bild nehmen und zu ihm sprechen, aber es würde nicht antworten.

Ich hatte keine Zigarette mehr für ihn, also bot ich ihm die an, die ich gerade rauchte, aber er sagte, er könne sie nicht annehmen, denn sie war in meinem Mund gewesen.

25. März

Heute war *Holi*-Tag, der wichtigste Tag des *Holi*-Festes, das, soweit ich das von Babaji Rao in Erfahrung bringen konnte, nach einem Mädchen namens Holikar benannt ist, das eine Anhängerin des Teufels Madhu war. Sie war vor Feuer gefeit, und so verschwor sie sich mit ihrem Vater, den Bruder in die Flammen zu tragen und zu verbrennen, weil er Krischna verehrte.

Es war nicht das erste Mal, daß die beiden versuchten, den jungen Mann zu vernichten, aber Krischna hatte bisher immer einen Weg gefunden, Madhu, dessen Werkzeug sie waren, zu überlisten. Und auch dieses Mal war er um eine Lösung nicht verlegen und schaffte es, den Zauberschutz von der Schwester auf den Bruder zu übertragen, so daß nicht er, sondern die böse Holikar verbrannte.

Holi findet also zu Ehren Krischnas statt. Das Fest wird bei Vollmond gefeiert und war früher Anlaß zu den wildesten Exzessen. Die Feiernden steigerten sich durch Musik, Tanz und *Bhung* (den berauschenden Saft des Hanfs) in eine derartige Raserei hinein, daß sie sich die Kleider vom Leib rissen und nackt durch die Straßen tanzten, zotige Lieder sangen, unanständige Bilder herumzeigten und sich zum Schluß wahllos einander in die Arme warfen. Die britische Herrschaft ermunterte derartige Lustbarkeiten nicht, und so ist das Interesse daran mittlerweile zum großen Teil erloschen. Es ist trotzdem immer noch eine höchst sonderbare Angelegenheit. Babaji Rao erklärte mir, die entscheidende Grundidee sei die des »Miteinander«. Am *Holi*-Tag gehen Hindus aus, um sich mit ihren Freunden und Feinden zu treffen und sie alle zu umarmen; alte Streitigkeiten werden beigelegt und Übeltaten verziehen. Darüber hinaus verschwinden jegliche sozialen Unterschiede, die nicht auf Kastengrenzen beruhen. Alle Menschen sind gleich und dürfen im Namen der Freundschaft auch so behandelt werden.

Dies bietet natürlich die Gelegenheit, sich zahlreiche Freiheiten herauszunehmen, die an jedem anderen Tag als respektlos empfunden und bestraft würden. Ein Angestellter darf seinen Arbeitgeber im Scherz kneifen oder ihm einen Klaps geben, und letzterer darf sich nicht darüber ärgern. Allerdings darf er zurückschlagen, und während dem Angreifer nur ein einziger Kneifer oder Klaps zusteht, kann der Angegriffene so viele austeilen, wie er möchte. Nur muß in allem die gute Laune herrschen, und Kneifer und Gekniffener müssen sich im Frieden trennen. Die einzige Möglichkeit, dieser Art von Bruderliebe zu entgehen, besteht darin, sich nicht vor die Tür zu wagen, und Captain Daly, Miss Trend und Seine Hoheit, der im Zelt herrliche Kaschmirtücher und seidene Musselinstoffe begutachtete, die ein Kaufmann aus Benares vor ihm ausgebreitet hatte, rieten mir daher, nicht zum Markt hinunterzugehen. Doch ich war neugierig auf das Fest und bat Babaji Rao, mich zu begleiten.

»Selbstverständlich«, erwiderte er und strahlte mich durch seine Brillengläser glücklich an. »Aber ich übernehme keine Verantwortung für das, was Ihnen möglicherweise zustößt.«

»Was *könnte* mir denn zustoßen?« fragte ich. Er meinte, sie würden mich wahrscheinlich mit buntem Pulver bewerfen.

»Die machen Sie so bunt wie einen Regenbogen!« japste Seine Hoheit. »Sie sollten ihn nicht mitnehmen, Babaji Rao.«

»Lassen Sie ihn doch gehen! Lassen Sie ihn doch gehen, wenn er will!« rief der Dewan, der mittlerweile sehr freundlich zu mir ist. »Sie werden ihm nichts Böses tun.«

»Wollen Sie es wagen mitzukommen?« fragte Babaji Rao.

»Sobald ich mir meinen ältesten Anzug angezogen habe.«

Wir fuhren im Auto des Dewan hinunter. Es wurde mit großem Jubel begrüßt und vor dem Palast, wo das Fest stattfand, von einer Meute Hindus angehalten.

Der auf drei Seiten ummauerte Hof war zum Brechen voll. Kleine Jungen hatten sich auf den Mauern und auf dem Dach niedergelassen und hingen wie Äffchen an den Minaretten, und in der Mitte war eine Art Tanz im Gange.

»Sollen wir aussteigen?« fragte ich Babaji Rao und starrte etwas nervös auf die grölende Meute vor dem Autofenster, aber die Antwort kam von draußen. Ein Hindu, den ich nur mit Mühe als den obersten Buchhalter des Dewan erkannte, hatte sich durch die Menge bereits einen Weg zu uns gebahnt und die Tür geöffnet. Sein Gesicht war mit rotem Pulver beschmiert, ebenso wie die übrigen Gesichter um uns herum. Er war, wie ich erfuhr, der Zeremonienmeister, und ihm folgte ein

Assistent mit einem Messingtablett, auf dem sich zwei riesige Pulverhaufen befanden, der eine leuchtend rot und der andere silbrig, wie die Schuppen eines Fischchens.

»Kommen Sie raus aus dem Auto«, schrie der Z.M., »oder wir zerren Sie raus!«

Die Entscheidung zwischen diesen beiden Möglichkeiten fiel nicht schwer, und Babaji Rao und ich stiegen aus. Der Dewan blieb sitzen.

»Kommen Sie raus, Dewan Sahib!« rief der Z.M., aber der Dewan rührte sich nicht.

»Ihr habt ja zwei Opfer«, lachte er schrill, »und das dürfte doch wohl reichen!«

Ich war nicht allzu überrascht, daß niemand auf seiner Teilnahme bestand. Obwohl man demjenigen, der sich während des *Holi*-Festes Freiheiten herausnimmt, nichts nachtragen darf, bin ich sehr im Zweifel, ob ich versucht hätte, mich mit dem Dewan für einen Tag auf eine Stufe zu stellen und ihm auf die Zehen zu steigen, wenn ich den Rest des Jahres hätte unter ihm stehen müssen. Wie auch immer, niemand belästigte ihn, und er verschwand nach kurzer Zeit. Wir taten es ihm in gewisser Weise gleich. Kaum waren wir ausgestiegen, da steckte der Z.M. seinen Daumen in das rote Pulver, das *Gulal* genannt wird, und drückte ihn uns fest gegen die Stirn. Das war das Zeichen der Freundschaft, und die Höflichkeit verlangte es, daß wir sein Kompliment auf die gleiche Weise erwiderten, obwohl auf seinem Gesicht schon kein Platz mehr dafür war. Andere Daumen wurden in das Zeug hineingetaucht und uns auf die Stirn gedrückt, und ich tauchte und tupfte wie wild zurück. Dann nahm sich der Z.M. eine Handvoll und warf sie mir ins Gesicht, und da ihm das Resultat offenbar gefiel, leerte er das ganze Tablett schließlich über unseren Köpfen aus. Darauf umringte uns die Menge; beschmierte, lachende Gesichter drückten sich an mich, braune Arme umarmten mich, zogen mich mit, schoben mich von hinten und rieben noch mehr Pulver in meine Haare und Kleider.

»Er ist ein sehr guter Mann!« rief eine Stimme. »Gebt dem Sahib mehr!«

Babaji Rao, dessen Brillengläser wie rote Untertassen aussahen, hielt sich an meinem Ärmel fest, und vor uns tanzte und johlte ein dünner nackter Mann mit pupurroter Perücke, Lendenlatz und Glöckchen an den Füßen. Der Grundidee des Festes eingedenk, lächelte ich ihm durch den roten Pulverdunst etwas verschwommen entgegen, bis mich plötzlich ein Wasserschwall ins Gesicht traf.

»Nein! Nein! Kein Wasser!« kreischte Babaji Rao mit entwaffnendem Gekicher, aber seine Stimme ging im Gejohle und Gelächter unter, und nachdem man uns zur Mitte des Hofes auf eine freigehaltene Stelle gedrängt hatte, ergoß sich violett gefärbtes Wasser aus einem Schlauch über uns beide.

Dadurch liefen die Farben sehr schön ineinander, und als wir von Kopf bis Fuß eingeschmiert und durchnäßt waren und nicht mehr nasser werden konnten, ließ man uns zugunsten neuer Opfer stehen. Wir blieben noch eine Weile und sahen zu, wie diese eine ähnliche Behandlung erfuhren. Schließlich wurde ein etwas geistloses Spiel gespielt, in dem ein mit Stangen bewaffneter Trupp Männer eine Truppe Frauen angriff, die ebenfalls mit Stangen bewaffnet war und ein rätselhaftes Bündel verteidigte, das von einem Querbalken hing. Ich hatte eigentlich vorgehabt, Babaji Rao zu fragen, ob dies etwas mit der Legende von Holikar zu tun habe und ob das *Gulal* das Feuer darstellen solle, aber meine Neugier hatte sich etwas abgekühlt. Als wir zum Lager zurückkamen, war Seine Hoheit noch immer damit beschäftigt, Seiden- und Brokatstoffe zu betrachten. Da ich dachte, es würde ihn amüsieren, mich zu sehen, ging ich vor dem Umziehen hinein und sagte, ich sei ebenfalls ein Stück Brokat und ob er mich nicht kaufen wolle?

Er stieß einen Entsetzensschrei hervor, brach in schrilles Gelächter aus und verbarg das Gesicht in den Händen.

»Gehen Sie weg!« kreischte er. »Gehen Sie weg! Gehen Sie weg!«

Am Abend erzählte mir Miss Trend, daß sie die Maharani besucht habe. Offenbar ist es Europäerinnen erlaubt, indische Frauen zu besuchen, und sie werden nicht selten dazu eingeladen. Sie erzählte, die Maharani sei ein bezaubernd hübsches Mädchen von nicht einmal zwanzig Jahren, und es sei ganz schrecklich, sich die Einsamkeit und Eintönigkeit ihres Lebens vorzustellen und wie sie in diesen Palast eingeschlossen sei, mit keiner anderen Gesellschaft als ihren Frauen. Besuch habe sie nur selten, auch der Maharadscha mache sich rar, und den könne ja man ohnehin nicht gerade als romantisch bezeichnen. Sie hatte sich rührend und wie ein Kind über den Besuch von Miss Trend gefreut und all ihre Gewänder und ihren Schmuck hervorgeholt, da sie beides außer ihren Frauen selten jemandem vorführen konnte.

26. März

Unsere Heimreise war für heute angesetzt. Seine Hoheit sollte sehr früh am Morgen, der einzig günstigen Zeit, abfahren, doch man mußte den Aufbruch verschieben, und nun sollen wir noch einmal vier oder fünf Tage länger bleiben.

Ich bin darüber nicht sehr erfreut, denn im Zelt wird es langsam ungemütlich heiß, und im Eßzelt, das nur eine einfache Plane als Dach hat, muß ich während des Mittagessens meinen Hut tragen.

Die Ursache dieser Verschiebung ist der kleine Prinz, der die Pocken hat.

So hat es mir zumindest gestern nachmittag der Dewan erzählt. Doch Seine Hoheit war heute abend anderer Meinung.

»Es sind Masern«, befand er.

»Ach ja? Aber das ist ja besser, oder?« fragte ich.

»Sie sagen, es ist dasselbe«, erwiderte er verdrießlich. »Es ist eine echte Plage, denn nach heute abend kann ich Sie ein paar Tage lang nicht sehen.«

»Wegen der Ansteckungsgefahr?« fragte ich.

Er schüttelte sich vor Lachen.

»Nein, nein. Aber ich darf mich nicht rasieren oder meinen Hut aufsetzen oder meine Schuhe tragen.«

Das gehört offenbar zu einem Ritual, denn über die Pocken, die es angeblich in drei Formen gibt, herrscht eine tausendarmige Göttin namens Devi. Das Heilmittel gegen die Krankheit liegt in ihren tausend Händen. Gewisse einfältige Leute auf dem flachen Land glauben, daß sie es ist, die die Krankheit hervorruft; andere meinen, daß sie selbst die Krankheit *ist,* und erlauben nicht, die Leichen der Opfer zu verbrennen, da Devi sonst mit verbrannt würde, wiewohl das unter den gegebenen Umständen doch das beste wäre. Aufgeklärtere Leute, wie die im Umkreis Seiner Hoheit, sind jedoch der Meinung, daß ihre Kräfte rein heilender Natur sind. Es ist den Ärzten daher nicht erlaubt, den Patienten zu berühren, denn damit würde eine gewisse Skepsis zum Ausdruck gebracht und vielleicht auch die berufliche Etikette verletzt. Zudem wäre es ein Sakrileg, denn der Körper des Patienten wird als heilig betrachtet – ein Haus, das bereit ist, die Göttin zu empfangen. Also dürfen nur die Mutter und die Pflegerinnen den Kranken berühren und ihn für die göttliche Visite oder Heimsuchung vorbereiten. Der Vater, barhäuptig, unrasiert und barfuß, pilgert inzwischen zu sämtlichen Tempeln der Göttin in der Umgebung und fleht sie um Hilfe an.

Ich saß heute nachmittag auf einem Stuhl im Hof des Palastes und wartete auf Babaji Rao, der wegen irgendwelcher Angelegenheiten hineingegangen war, als der beleibte Hindudoktor die Räume der Königin verließ.

»Wie geht es dem Kind?« fragte ich, als er zu mir herüberwatschelte.

»Viel besser«, meinte er. »Es sind bloß Hitzebläschen, und er hat kein Fieber.«

»Woher wissen Sie, daß er kein Fieber hat?« fragte ich schlau.

»Ich mache es so«, erklärte er. »Ich befehle der Pflegerin, ihre Hand auf den Leib des Kindes zu legen und sie dort liegenzulassen. Dann fühle ich der Schwester die Hand und finde so heraus, wieviel Hitze der Patient übertragen hat.«

Am späteren Abend kam der Politische Berater nach Garha, und der Dewan entschuldigte die Abwesenheit des Maharadscha damit, daß der kleine Prinz die Pocken habe und Seine Hoheit seinen Gast daher nicht persönlich empfangen könne.

»Man hält es für Masern, nicht Pocken«, verbesserte Babaji Rao.

»Pocken«, wiederholte der Dewan mit Nachdruck.

»Es sind Hitzebläschen«, flötete der beleibte Arzt aus dem Hintergrund.

»Wie dem auch sei«, schloß der Dewan entschieden, »wir gehen davon aus, es sind die Pocken, und Ihre Hoheiten befolgen die Riten.«

Ein Engländer, der in meinem Hotel in Delhi an meinem Tisch saß, erzählte mir, er habe sich innerhalb von vierundzwanzig Stunden nach seiner Ankunft in Indien mit Pocken angesteckt, und zwar durch drekkige Bettücher im Hotel ... in Bombay. Angesichts seiner makellosen Erscheinung drückte ich ihm meine Verwunderung aus, und er meinte, er teile meine Verwunderung. Er hatte auch geglaubt, für den Rest seines

Lebens wie ein Greyerzer Käse herumlaufen zu müssen.

Ich habe das ... Hotel während meines Aufenthalts in Bombay selbst einige Male aufgesucht, doch ohne Gesundheitsschäden davonzutragen. Die einzige Beobachtung an diesem Ort, die ich festgehalten habe, ist eine Notiz über einen indischen Soldaten in Khakiuniform, der Gamaschen, aber weder Schuhe, noch Strümpfe trug und den ich eines Tages beobachtete, als er sich mit dem Mann an der Rezeption unterhielt. Er zog für einen Moment meine Aufmerksamkeit auf sich, weil er einen Bleistift fallen ließ, auf den er jedoch, anstatt sich danach zu bücken und ihn aufzuheben, nur einen kurzen Blick warf, um ihn dann geschickt mit den Zehen aufzunehmen; und ohne sein Gespräch zu unterbrechen oder die lässige Haltung, in der er am Tresen lehnte, zu verändern, hob er den Fuß und ergriff den Stift wieder mit seiner herabhängenden Hand.

Captain Daly und Miss Trend sind abgefahren, und da der Dewan dem Lager, in dem ich nun allein herrsche, nicht den üblichen Besuch abgestattet hat, ging ich am Abend zu seinem Haus hinunter, um ihn zu sehen. In seinen Gemächern war er nicht, doch ich entdeckte ihn bald in geringer Entfernung, wo er sich auf einer hohen, hölzernen Plattform niedergelassen hatte. Es führten Stufen hinauf, und ein großer Baldachin aus Leinwand schützte den Dewan vor der Sonnenhitze. Vor ihm stand ein einfacher Tisch mit einer schwarzen Blechdose sowie einigen Büchern und Papieren.

Aber er war weder mit Lesen noch mit Schreiben beschäftigt. Vielmehr saß er vollkommen regungslos da; eine Perlenschnur lag in seiner Hand. Er erblickte mich jedoch sogleich, hievte seine massige Gestalt aus dem Stuhl und watschelte zur obersten Treppenstufe, um mich zu begrüßen.

»Kommen Sie rauf, Mr. Ackerley, kommen Sie rauf! Wie nett von Ihnen! Sehr erfreut!«

Er schien entzückt. Wir unterhielten uns ein wenig über die Krankheit des Prinzen, und der Dewan erklärte, Devi sei seine Familiengöttin, doch sein privater Gott sei Mahadeo (der Große Gott) oder Schiwa.

Schiwa hat zahllose Erscheinungsformen, wird aber vor allem in einer Gestalt verehrt, nämlich dem phallischen Symbol der Zeugungs- und Schaffenskraft – jenen schlichten, aufrecht stehenden Steinen, die *Lingams* genannt werden und über ganz Indien verstreut stehen. Doch der Dewan betonte, er verehre den *Lingam* nicht, denn er glaube weder an Mahadeo noch sonst irgendeinen Gott, sondern nur an den Gedanken der Pflicht und an den der guten Tat. Er bemerkte, wie ich auf die Perlenschnur auf seinem Tisch blickte, und gab zu, daß das sicher einen sehr inkonsequenten Eindruck mache. Doch wenn er sie herbete, was er häufig tue, wenn er sich Sorgen mache oder nichts zu tun habe, dann denke er nicht an Gott, sondern wiederhole nur eine vertraute Formel, und das sei tröstlich und beruhigend. Seine Hoheit trage auch eine Perlenschnur bei sich, die er gewöhnlich bete, wenn er von einer Reise zurückkomme, und er sei sehr ungehalten, wenn man ihn dabei störe. Anschließend kamen wir auf das Thema Freundschaft zu sprechen. Das sei, befand er, eigentlich nur etwas für die Jugend. Eine Freundschaft müsse leidenschaftlich sein, wenn auch nicht unbedingt in sexueller Hinsicht. Und nur Jungen seien zu einer solchen Leidenschaft und solchem Enthusiasmus fähig. Er selbst sei in seiner Jugend voller Leidenschaft gewesen, und der Freund, den er aus dieser Zeit habe, sei ihm immer noch treu ergeben.

»Ich war als Junge ziemlich attraktiv«, bemerkte er, »auch wenn heute niemand mehr etwas Attraktives an mir entdecken kann.«

Doch das beste Verhältnis habe immer zwischen ihm und seinem Bruder bestanden und bestehe auch weiterhin.

»Wir sind wie ein Mensch«, sagte er, »und wenn er stirbt, liegt mir nichts mehr am Leben.«

Jetzt lasse er sich nur noch behutsam auf neue Freundschaften ein. Er sei vorsichtig und schüchtern. Er habe sich mit mir anfreunden wollen, jedoch eine ähnliche Reserve auf meiner Seite erkennen müssen. Deshalb hätten wir uns nicht gut verstanden und würden uns vielleicht niemals gut verstehen.

Ich sagte, es habe wohl andere Gründe gegeben, die uns getrennt hätten: daß er mich als einen Eindringling und Wichtigtuer betrachtet habe. Er gab zu, daß er befürchtet habe, ich würde mich überall einmischen. Jetzt sei jedoch klar, daß ich nichts dergleichen im Sinn habe, und dafür danke er mir.

»Was kann ich für Sie tun, Mr. Ackerley? Ich möchte gern etwas für Sie tun, hier oder in Chhokrapur.«

Er sei froh, daß wir nun Freunde seien. Er habe immer das Gefühl gehabt, daß es so sein sollte und daß ihn mehr mit mir verbinde als mit Captain Daly, aber:

»Ich bin wie ein junges Mädchen«, sagte er verschämt. »Man muß mich umwerben.«

28. März

Es wird jeden Tag spürbar wärmer. Nach der Rückkehr von meinem allmorgendlichen Ausritt gegen acht Uhr gehe ich selten vor fünf Uhr wieder hinaus, sondern sitze in meinem Zelt, lese oder schreibe und bin dabei die ganze Zeit in Schweiß gebadet. Gestern bezog sich der Himmel plötzlich mit schweren Wolken, und ein starker, heißer Wind kam auf. Er hat sich seitdem nicht gelegt und führt gelegentlich einen Tornado mit sich, der zwar zweifellos eine Miniaturausgabe ist, aber nervtötende Launen hat. Während ich dasitze und schwitze, wird im nahen Dschungel plötzlich ein stürmisches Zischen hörbar, und eine wirbelnde Windhose fährt wie ein wildes Biest ins Lager und kreiselt wütend vor meinem Zelt.

Sie tut das, um allen Staub und sämtliche welken Blätter der Umgebung in sich aufzusaugen, und sobald sie nicht mehr aufnehmen kann, rast sie auf mein Zelt zu, wirbelt explosionsartig hindurch, reißt dabei meine gesamten Habseligkeiten durch den gegenüberliegenden Zeltausgang mit sich und läßt ihren Staub und all ihr welkes Laub zurück. Ich wünsche mir dann die tausend Arme der Göttin Devi, grapsche nach meinen davonfliegenden Sachen und versuche, wenigstens etwas zu retten.

Das hat sich in den letzten Stunden dreimal wiederholt, und ich entdecke so langsam eine gewisse Absicht hinter der Art, mit der diese Wirbelwinde immer wieder auf mein Zelt zuhalten. Allmählich neige ich immer mehr der Meinung der Dorfbewohner zu, die sie nämlich für Teufel halten und große Ehrfurcht vor ihnen haben.

Mehr als ich gestern abend von der Königin zu Gesicht bekam, werde ich wohl nie sehen. Sie war, als Teil einer Prozession und zu Fuß, auf dem Weg zu einem der Tempel, um für die Gesundung ihres Sohnes zu beten. Aber natürlich war sie nicht sichtbar. Sie schritt einher, verborgen von roten Vorhängen, die von einem Baldachin herabhingen, den vier Männer an Stangen auf ihren Schultern trugen; vor ihr gingen Musikanten, und ihre Dienerinnen folgten hinterdrein.

Wenn ein Tempel entweiht worden ist, darf man ihn mit Schuhen betreten. Der Dewan sagt allerdings, er ziehe seine Schuhe niemals aus, ob die Tempel nun entweiht seien oder nicht. Er sagt: »Guter Mann, wenn Sie wollen, daß ich meine Schuhe ausziehe, werde ich Ihren Tempel nicht betreten.« Dann lassen sie ihn hinein, denn sie möchten, daß man ihre Tempel besichtigt. Wenn ein Tempel jedoch noch benutzt wird, fügte er hinzu, versuche er erst gar nicht, hineinzugehen.

Ich ließ Narayan wissen, daß ihm sein Schnurrbart meines Erachtens nicht besonders gut stehe und daß er ihn abnehmen solle. Aber er erwiderte, es sei eine indische Regel, daß ein junger Hindu seine Oberlippe bis zum Tod seines Vaters nicht rasieren darf.

Heute nachmittag saß ich wieder vor dem Palast und wartete auf Babaji Rao, der hineingegangen war, um mit dem Dewan zu sprechen. Als er schließlich wieder heraustrat, wurde er vom Dewan, dem Doktor und einem alten Priester begleitet.

»Hat man dem Raja seine Medizin verabreicht und ihn gebadet?« fragte der Dewan den Arzt.

»Nein«, antwortete dieser.

»Warum nicht?«

»Ihre Hoheit und ihre Priester wünschten nicht, daß diese Dinge geschehen.«

»Aber diese Dinge müssen geschehen!« schrie der Dewan. »Ich habe Sie damit *beauftragt!* Veranlassen Sie sofort, daß das geschieht!« Dann wandte er sich an den Priester. »Das Kind hat keine Pocken.« Der Greis schüttelte betrübt den Kopf. »Ich sage, das Kind *hat* keine Pocken! Wir sind davon ausgegangen, weil es bequemer war, aber es hat *nicht* die Pocken und muß seine Medizin und ein Bad bekommen!«

Mit gespielter Strenge drohte er dem Arzt mit seinem Stock.

»Wenn Sie meine Befehle nicht ausführen, setzt es Schläge!« sagte er.

»Reicht Ihre Macht denn sogar bis in die medizinische Abteilung, Dewan Sahib?« fragte ich amüsiert.

»Sie reicht überall hin«, entgegnete er kurz.

Während der Dewan Babaji Rao und mich zu den Offiziersquartieren begleitete, sprach er wieder von sich und meinte, er habe die großartige Gabe, Dinge aus seinen Gedanken zu verbannen. Er gibt einen Befehl und vergißt, sobald er sich anderen Dingen zuwendet, diese Anordnung völlig – bis zu dem Moment, wo sie umgesetzt werden soll. Dann erst fällt sie ihm wieder ein. Sogar mit persönlichen Problemen könne man auf diese Weise verfahren.

»Wenn sie lösbar sind, dann löse sie und vergiß sie. Lassen sie sich aber nicht lösen, dann – vergiß sie.«

Am Ende des Tages verbannt er daher alles Störende aus seinen Gedanken und spielt Bridge. Er liebt Bridge und versäumt seinen abendlichen Robber niemals; sein Partner sei natürlich der Arzt.

»Ich habe mein Spiel nur ein einziges Mal versäumt, und zwar als zwölf Gefangene aus dem Gefängnis ausgebrochen waren. An diesem Abend habe ich nicht Karten gespielt. Ich hätte gerne gespielt, aber ich hielt es für meine Pflicht, es in einem so ernsten Moment zu unterlassen.«

Er kommt also sehr gut mit sich zurecht. Und er kommt auch sehr gut mit Seiner Hoheit zurecht.

Bevor er auch nur die kleinste Angelegenheit in Angriff nimmt, bittet er Seine Hoheit stets um Erlaubnis, und seine Hoheit erteilt sie ihm jedes Mal.

»In meine Anordnungen wird selten eingegriffen, doch wenn Seine Hoheit sagt: ›Dewan, ich habe vor, Ihre Anordnung umzuwerfen. Was meinen Sie dazu?‹ dann betrachte ich mir meine Anordnung und sage: ›Aber selbstverständich, werfen Sie sie um.‹«

Seine Hoheit, betonte er, sei ein sehr kluger Mann. Er lege großen Wert auf Wahrheit und auf Ehrlichkeit, und man müsse deshalb immer sagen, was man denke, und dürfe ihm nie irgendwelche Geschichten über andere zutragen, denn er habe die unangenehme Angewohnheit, einen mit dem Gegenstand solcher Geschichten zu konfrontieren. Ich hatte Schwierigkeiten, diese Aussage mit Narayans Behandlung in Einklang zu bringen, aber ich sagte nichts.

»Er gibt sich oft den Anschein, ein Schwachkopf zu sein«, schloß der Dewan. »Das ist eine seiner Taktiken. Lassen Sie sich nicht davon einwickeln. Er weiß über alles, was geschieht, Bescheid. Sie können zum Beispiel sicher sein, er weiß sehr genau, daß Sie gerade mit Babaji Rao und mir spazierengehen.«

Sein Selbstvertrauen amüsierte mich, denn Seine Hoheit spielt seit kurzem mit dem Gedanken, ihn seiner Verantwortung als Dewan zu entheben, und hat die Angelegenheit mit mir besprochen.

Der Dewan hat offenbar eine Gehaltserhöhung verlangt, und Seine Hoheit ist darüber verärgert und möchte ihn los sein.

»Er redet zuviel«, hatte der kleine Mann geknurrt.

Doch als hätte er meine Gedanken gelesen, kam der Dewan von sich aus auf genau diese Frage zu sprechen. Er sagte, daß er kein reicher Mann sei, daß er zusätzlich zu seinem Gehalt von eintausend Rupien monatlich ein privates Einkommen von lediglich viertausend Rupien im Jahr habe und daß das immer noch mehr sei, als er benötige.

»Ich habe so viel Geld, daß ich nicht weiß, was ich damit tun soll. Was tun damit? Was tun damit? Ich weiß es nicht. Trotzdem will ich immer mehr.«

Er verglich sich (nicht sehr überzeugend, wie ich fand) mit dem Bettler, der sich nicht erhob, als Alexander der Große vorbeiritt.

»Warum erhebst du dich nicht, wenn der Kaiser vorbeikommt?« fragte Alexander eher amüsiert als verärgert.

»Warum sollte ich mich erheben? Ich bin selbst ein Kaiser.«

»Oho, ein Kaiser, ja? Wo ist denn dann deine Armee?«

»Wo sind andererseits meine Feinde?«

»Gut, aber deine Schatzkammer – wieviel ist drin?«

»Wieviel brauche ich denn schon?«

Auch er, erklärte der Dewan, brauche nicht viel, und sein Gehalt sei weitaus mehr, als er benötige. Während seiner ersten sechs Jahre als Dewan habe er nur die Hälfte davon bekommen – fünfhundert Rupien, und sogar das sei zusammen mit seinem privaten Einkommen mehr gewesen, als er hätte verbrauchen können. Doch als sein Vertrag nach sechs Jahren abgelaufen war, habe er geglaubt, Anspruch auf mehr zu haben, obwohl er das Geld nicht benötigte, und er habe eine Erhöhung auf tausend Rupien verlangt, die abgelehnt wurde. Also habe er sein Rücktrittsgesuch eingereicht, und das sei angenommen worden.

Dann habe Seine Hoheit ihm eine Namensliste gegeben und ihn gebeten, seinen Nachfolger zu nominieren. Dieser Bitte sei er getreulich nachgekommen, habe aber gleichzeitig prophezeit, daß sein Nachfolger ihn nicht in gleichem Maße zufriedenstellen könne und man ihn früher oder später zurückrufen werde.

Dann sei er zu seinem Wohnsitz in Lucknow zurückgekehrt und habe sich wieder seinen literarischen Arbeiten gewidmet.

Neun Monate später habe ihn Seine Hoheit, wie er es vorausgesagt hatte, zurückgerufen. Doch unglücklicherweise wollte er nun nicht mehr umziehen; er schlägt schnell Wurzeln und mag es nicht, wenn er gestört wird. Und so hatte er Seiner Hoheit mitgeteilt, er sei eher abgeneigt. Allerdings mit folgendem Hinweis: Wenn Seine Hoheit ihm *befehlen* würde zurückzukehren, könne er sich als in der Entscheidung nicht mehr frei betrachten. Der Befehl war erteilt worden, und er war nach Chhokrapur zurückgekehrt, um seine Pflichten als Dewan wiederaufzunehmen, auf der Grundlage eines Dreijahresvertrags und für monatlich tausend Rupien. Doch nun seien die drei Jahre um, und er habe Seiner Hoheit mitgeteilt, er verlange fünfzehnhundert Rupien im Monat, falls man ihn für eine weitere Amtszeit verpflichten wolle.

»Ich brauche es nicht«, rief er, »aber ich bin es wert, und deshalb muß ich es haben.«

Wieder ist seine Bedingung abgelehnt worden; wieder hat er sein Rücktrittsgesuch eingereicht, wieder sind ungefähr zehn neue Kandidaten für das Amt des Dewan genannt worden, und wieder hat man den Dewan gebeten, seinen Nachfolger zu benennen.

Doch dieses Mal hat er erwidert: »Sie sind alle zu nichts nutze. Niemand kann mich ersetzen. Und wenn Seine Hoheit Gott selbst berufen wollte – ich werde Ihnen von Ihm abraten. Er kann Ihnen nicht so gute Dienste leisten, wie ich es kann, denn Er hat nicht diese neun Jahre *besonderer* Erfahrung mit den Problemen dieses Staates und den Problemen Ihres komplizierten Charakters. Ich bin der einzige Nachfolger für mich, den ich ehrlich empfehlen kann, und ich habe für Sie einen Wert von fünfzehnhundert Rupien monatlich, und der Staat kann sich diese Ausgabe ohne weiteres leisten – das kann ich als Dewan am besten beurteilen.«

Bisher hat er die Gehaltserhöhung noch nicht bekommen. Seine Hoheit hat sich noch nicht entschieden. Doch ich glaube, es bestehen kaum Zweifel darüber, was geschehen wird.

29. März

Ich habe Babaji Rao heute gefragt, ob es wahr sei, daß ein junger Hindu seinen Schnurrbart zu Lebzeiten seines Vaters nicht abrasieren darf. Das sei ganz richtig, meinte er.

»Gibt das Anlaß zu Witzeleien oder gehässigen Bemerkungen, wenn es in der Familie Streit gibt?« fragte ich. »Ich meine, würde ein wütender Sohn zu seinem Vater sagen: ›Je früher ich eine glatte Oberlippe habe, desto besser!‹«

Babaji Rao stimmte dem mit einem gewissen Unbehagen zu. So etwas sei vielleicht schon möglich, doch in der Regel stritten Kinder nicht mit ihren Eltern.

Er saß mit mir im Lager, und ich fragte ihn, ob er nicht etwas eisgekühltes Wasser trinken wolle.

»Aber«, sagte ich hastig, als es mir wieder einfiel, »ich vermute, Sie können das gar nicht annehmen, oder?«

»Vielleicht hast *du* etwas da?« erkundigte er sich bei Narayan, der Brahmane ist. Narayan nickte.

Kurz darauf brachte jemand vom Küchenpersonal einen Krug Wasser, und Babaji Rao trank.

»Aber aus wessen Händen nehmen Sie Wasser an?« sagte ich. »Der Mann war kein Brahmane. Gehört er zu Ihrer Kaste?«

»Nein«, antwortete Babaji Rao, »aber ich kenne ihn, und er gehört zu einer Kaste, von der ich Wasser annehmen darf.«

»O je«, seufzte ich, »was für einen Wirrwarr Sie hierzulande aus dem Leben gemacht haben!«

Doch er entgegnete lächelnd, daß ich es sei, der einen Wirrwarr aus seinem Leben gemacht habe – was heißen solle, daß ich für einen sehr ernsten Vorfall in seinem Haus indirekt verantwortlich sei. Sein mohammedanischer Tonga-wallah, mit dem ich grinsend Konversation treibe, habe seinem hinduistischen Diener ein messingnes *Lota* (ein kleines Gefäß für Wasser) aus der Hand gerissen. So etwas sei noch nie dagewesen. Die Berührung mache unrein, und wenn das Objekt der Berührung aus Messing sei, müsse es im Feuer gereinigt werden. War es aus *Phul* oder irgendeinem anderen, nicht hitzebeständigen Material, mußte man es wegwerfen. Er selbst habe den schändlichen Vorfall nicht miterlebt, doch seine Frau sei dabeigewesen und habe sich sehr darüber aufgeregt. Und was, glaubte ich, habe der Tonga-wallah wohl zu seiner Entschuldigung vorgebracht? Er habe gesagt, sein Herr Babaji Rao werde nichts dagegen haben, da er ja seine Prinzipien selber so lax handhabe und im Hause eines Europäers Wasser trinke!

Nachdem wir uns darüber verständigt hatten, daß die Aussage des Jungen natürlich nicht wahr sei, da Babaji Rao doch sein Wasser immer mit auf die

Veranda hinausnimmt und dort trinkt, gestatteten wir uns, diese kleine Szene von ihrer komischen Seite zu betrachten, und ich fragte ihn, wie lange seiner Meinung nach jener lähmende Zustand der indischen Gesellschaft, der dieser Szene zugrunde lag, noch Bestand haben werde. Jeder intelligente Inder, erwiderte er, strebe selbstverständlich nach Frieden, Gemeinschaftssinn und gesellschaftlichen Reformen, und man *habe* auch schon Fortschritte gemacht, doch dieser Prozeß sei notwendigerweise schwierig und langsam. Ich wollte hören, welche Beispiele er mir für diesen Fortschritt nennen könne – den kleinsten Hinweis darauf, daß es zwischen Mohammedanern und Hindus zu einer Versöhnung komme. Er entgegnete, es sei einem Hindu inzwischen möglich, von einem Mohammedaner Betel anzunehmen. Das sei ganz sicher immerhin etwas, meinte ich, doch meines Erachtens habe ein intelligenter und wahrheitsliebender Mensch wie er doch auch die Aufgabe, diese Bewegung aktiv zu unterstützen, nicht unbedingt in der Öffentlichkeit, aber doch im eigenen Hause, wo die Nächstenliebe anfängt. Er hätte zum Beispiel gerade in der Angelegenheit des Tonga-wallah mit gutem Beispiel vorangehen können, indem er, nun, sagen wir, selbst aus dem verunreinigten Gefäß getrunken hätte, oder? Hatte nicht auch der Dewan ein Ei gegessen?

Doch Babaji Rao entgegnete, dieser Weg habe ihm nicht offen gestanden, denn was seine Küche angehe, betreffe außer ihm noch andere. Wenn ihn beispielsweise sein Vater und seine Mutter besuchten und bei ihm äßen, gingen sie stillschweigend davon aus, daß sein Geschirr auf die orthodoxe Weise benutzt werde. Man dürfe dieses Vertrauen auf keinen Fall mißbrauchen; das wäre hinterhältig und nicht fair.

»Aber ich habe ja gar nicht gemeint, daß Sie jemanden hintergehen sollen«, sagte ich, »sondern daß Sie in diesem Fall an Ihre Eltern schreiben und ihnen mitteilen sollten, daß Ihr Kochgeschirr *nicht* auf die orthodoxe Weise benutzt worden sei und daß sie daher in Zukunft, falls sie Bedenken hätten, Ihr Geschirr zu benutzen, besser ihr eigenes mitbringen sollten.«

Babaji Rao lächelte mißbilligend.

»So etwas würde ich nie wagen«, erklärte er.

Am späteren Nachmittag gingen wir hinunter, um den Dewan aufzusuchen, und kamen gerade rechtzeitig, um zu sehen, wie er seine abendliche Leibesübung, einen Lauf, beendete. Er trug seine kleine rosafarbene Kappe, ein kragenloses Hemd, das über seinen *Dhoti* hing, eine Weste und Lederpantoffeln an den bloßen Füßen, und er kam uns mit einem energischen Schwung entgegengewatschelt, der allerdings nie wirklich in einen Lauf überging; dabei schwenkte er fortwährend seinen Stock und brabbelte vor sich hin. Sportliche Anstrengungen seien eigentlich seine Sache nicht, meinte er, doch sie täten ihm gut. Er habe einen Hang zum Faulenzen, und das sei auch der Grund, daß er Dewan des Staates bleibe. Etwas in ihm sei ganz zufrieden damit hierzubleiben, allerdings sei ihm die Arbeit eigentlich gleichgültig; sie bedeute ihm nichts, und da er über eigene Mittel verfüge, könne er sie jederzeit aufgeben. Doch dazu sei er zu faul. Wenn ihm seine Position aber durch irgendwelche Umstände gegen seinen Willen genommen würde, wäre er sehr dankbar.

Sein eigentlicher Wunsch – ja, sein Traum – sei es, Schauspieler zu sein, auch wenn dies in Indien nicht als ernstzunehmender und respektabler Beruf gelte – was im übrigen nicht der Grund sei, der ihn davon abhalte, ihn auszuüben. Er würde besonders gern in seinen eigenen Dramen auftreten. Er habe schon einige Stücke verfaßt.

Hier mischte sich Babaji Rao in die Unterhaltung, der normalerweise ein respektvolles Schweigen bewahrt, wenn der Dewan uns begleitet. Er äußerte ebenfalls Unzufriedenheit mit seinem Leben. Auch er hätte gern mehr Muße, um an seinen philosophischen Schriften zu arbeiten. Doch leider sei er finanziell nicht unabhängig wie der Dewan. Überdies, so stellten beide einmütig fest, sähen sie sich auch durch ihre Zuneigung für Seine Hoheit verhindert, ihn zu verlassen. Immerhin fänden sie beide dann und wann ein wenig Muße für ihre privaten Interessen.

»Er ist dabei, meine Biographie zu schreiben«, erklärte der Dewan und deutete auf seinen Freund. Was ihn selbst angehe, fuhr er fort, so seien seine Dienstpflichten, wiewohl nicht sonderlich anstrengend, momentan alles, was ihm der Arzt erlaube.

Seine Nerven machten ihm sehr zu schaffen ... Vor längerer Zeit habe er sich einmal überarbeitet und in einem Jahr drei Bücher geschrieben. Dadurch sei er derartig mit den Nerven fertig gewesen, daß der Arzt ihm befohlen habe, das »Leben eines Schwachkopfs« zu führen. Und das habe er seitdem getan.

»In den ersten sechs Wochen habe ich noch nicht einmal *gedacht*!« setzte er hinzu.

Ich fragte ihn, welche Symptome er gehabt habe, und er erwiderte:

»Erstens: Wenn ich mich so nach vorn beugte, hatte ich das Gefühl, vornüber aufs Gesicht zu fallen. Ich bin nie wirklich hingefallen, aber das Gefühl war da. Zweitens war da so eine Schläfrigkeit in meinen Augen ... so ein Stechen. Ein bißchen ist noch da, aber es ist fast völlig weg. Drittens ... Welches war das dritte Symptom?« fragte er seinen Biographen. Sie dachten einen Moment darüber nach.

»Ich habe es vergessen«, sagte der Dewan endlich. »Aber es waren jedenfalls drei.«

»Sie müssen in Ihrem Tagebuch nachschauen«, murmelte Babaji Rao.

Heute ist Samstag, der Tag, der ebenso wie der Dienstag vor allem Hanuman gewidmet ist, dem affenköpfigen Gott der Körperkraft. Einer seiner Schreine befindet sich in der Nähe des Lagers und hatte heute den ganzen Tag über viele Besucher, unter ihnen auch Narayan. Während sich die Gläubigen ihm näherten, um ihn anzubeten, streiften sie ihre Schuhe ab, schritten einmal barfuß um den Schrein herum, verbeugten sich oder knieten nieder und berührten mit der Stirn den Boden. Einige brachten Kokosnüsse und zerschlugen sie vor dem Abbild, einer gräßlichen Figur, die zinnoberrot angemalt und mit einer Keule bewaffnet war. Ich war sehr überrascht, daß auch unser mohammedanischer Koch an dieser Götzenverehrung teilnahm, die der Koran strikt verbietet. Er brachte eine Kokosnuß, die er vor dem Bildnis zerbrach, und nachdem er die Milch geopfert hatte, nahm er die Stücke wieder mit in die Küche, um Puddings und Toffee daraus zu machen. Dieser Anblick sei keineswegs ungewöhnlich, meinte Narayan. Viele Mohammedaner, die in diesem Staat lebten, hätten die hinduistischen Gebräuche angenommen. So lasse beispielsweise Hashim seinem Baby ein Zöpfchen auf dem Kopf wachsen. Ich hielt dies für ein weitaus besseres Vorzeichen des zukünftigen Fortschritts als die von Babaji Rao angeführte angebliche Überparteilichkeit des Betelblatts.

Als ich in der Dämmerung ins Lager zurückkehrte, kam mir Narayan auf dem Weg entgegen. Wie anmutig er in seinen weißen Musselinkleidern aussah: Die Ärmel seines lockeren Hemdes bauschten sich an den Handgelenken, und die langen Bänder seines Turbans wehten hinter ihm her. Als er näherkam, fuhr der Wind in seinen *Dhoti* und schmiegte den weichen Stoff an seinen Schenkel; dann, als er um eine Wegkrümmung bog, faßte ein sanfter Windstoß das Gewand von hinten, wehte es zur Seite und entblößte für einen Augenblick ein schlankes, braunes Bein. Ich nahm seine Hand und führte ihn in mein Zelt, und er erzählte mir, daß Seine Hoheit ihn eingeladen habe, ins Neue *Bakhri* zurückzukehren, daß er sich aber davor fürchte, weil man ihm sicher geringschätzig begegnen werde. Aber das sei sowieso ziemlich egal, da er gern bei mir wäre.

»Ich will Sie sehr lieb haben«, sagte er.

»Du meinst, du hast mich sehr lieb.«

»Ich will.«

»Warum tust du es dann nicht?«

»Sie werden nach England gehen, und ich werde traurig sein. Aber Sie werden nicht traurig sein. Ich bin nur ein Junge, und ich werde traurig sein.«

Als er sich erhob, um zu gehen, bat er mich, ihn dieses Mal nicht wie gewöhnlich zum Marktplatz zu begleiten, wo er Sharma trifft, sondern ihn heute abend allein zurückgehen zu lassen; dann, bevor ich noch antworten konnte, lachte er plötzlich leise und zog mich hinter sich her. Und auf dem dunklen Weg, im Schatten der Bäume, hob er sein Gesicht und küßte mich auf die Wange. Ich erwiderte seinen Kuß, aber er zuckte sofort zurück:

»Nicht der Mund! Sie essen Fleisch! Sie essen Fleisch!«

»Ja, und gleich werde ich dich essen«, sagte ich und küßte ihn abermals auf die Lippen, und dieses Mal zuckte er nicht zurück.

30. März

Heute machten wir unseren zweiten Versuch, Garha zu verlassen. Um drei Uhr hatten wir alle fertig gepackt und waren zur Abfahrt bereit, als der *Tahsildar* auf einem blaßgrünen Fahrrad vorgefahren kam, um uns mitzuteilen, daß Seine Hoheit einen Furunkel auf einem Schulterblatt habe und wir noch zwei weitere Tage bleiben müßten.

Wir packten alle wieder aus. Später kam Babaji Rao zum Lager herauf. Er sah mir meine Gereiztheit an.

»Sie haben keine gute Laune?« riet er.

»Es ist wohl unmöglich, daß jemand gute Laune hat, nachdem er bei 40 Grad im Schatten einen großen Reisekoffer packen und wieder auspacken mußte.«

Er erwiderte nichts, dieser sanfte, anständige Kerl – und ich mußte plötzlich an jene frühere Begebenheit denken, wo er es war, der über die Zaudereien Seiner Hoheit verstimmt gewesen war und ich mich so herzlos über seine Enttäuschung hinweggesetzt hatte.

Am Abend saßen wir mit dem Dewan zusammen, und ich fragte ihn, wie dieses komplizierte Geflecht von Vorschriften und Gesetzen für das Essen und Trinken eigentlich entstanden sei. Er erwiderte, es stamme aus frühester Zeit, als man aus Angst vor Gift niedergeschrieben habe, daß »ein Arier Essen und Getränke aus den Händen eines Ariers empfangen *muß* oder von irgend jemand anderem empfangen *darf,* dem er vertraut«. Aus dieser Stimmungslage hätten sich die heutigen komplizierten Kastengesetze entwickelt, die es, grob gesprochen, einem Hindu erlaubten, Wasser von jedem Hindu außer einem Straßenkehrer anzunehmen, Obst und trockene Lebensmittel von jedem Hindu, jedoch gekochtes Essen nur von Angehörigen seiner eigenen oder einer höheren Kaste. Was Mohammedaner angehe, meinte er, so sei klar, daß ihre Berührung natürlich verunreinige; von denen könne man überhaupt nichts annehmen. »Außer Betel«, krähte ich fröhlich dazwischen, indem ich Babaji Raos einziges Beispiel für die Versöhnung beider Rassen anführte. Doch dies wies der Dewan sofort zurück. Man könne von einem Mohammedaner nicht einmal Betel annehmen, meinte er. Babaji Rao murmelte zaghaft, daß es zwischen dem von einem Mohammedaner *zubereiteten* und dem lediglich von ihm *überreichten* Betelblatt einen Unterschied gäbe.

»Da gibt's keinen Unterschied«, schnarrte der Dewan knapp, und Babaji Rao versank wieder in sein Schweigen, aus dem er so leichtfertig aufgetaucht war.

Ich wollte wissen, was an der Berührung eines Mohammedaners oder Europäers so giftig sei, und der Dewan antwortete, es liege daran, daß sie Fleisch äßen und sich nicht gründlich genug wüschen. Wenn beispielsweise seine Frau für kurze Zeit aus der Küche ginge, um ihm etwas zu holen, würde sie sich sorgfältig die Hände waschen, bevor sie zurückkehre. Mohammedaner und Europäer jedoch hätten unsaubere Gewohnheiten: Sie benutzten auf der Toilette Papier statt Wasser, sie zögen in der Küche nicht ihre Lederschuhe aus, sie rauchten in der Küche und äßen RINDFLEISCH, und wenn sie sich einmal wüschen, dann mit Seife, und die bestehe aus Tierfett.

Europäer berührten ihre Lippen oder die nassen Enden ihrer Zigaretten und kochten anschließend ihr Essen oder gaben anderen Leuten die Hand, ohne sich vorher gewaschen zu haben. Das Rauchen sei eine widerliche Angelegenheit, gab er zu bedenken, und als ich darauf hinwies, daß sich viele Hindus aus der Oberschicht ebenfalls damit angesteckt hätten, gab er mir recht: Das sei leider wahr, aber sie würden sich zumindest *waschen!* Europäer hingegen achteten nicht auf solch wichtige Dinge. Man bedenke doch bloß ihre ekelhafte Sitte des Nachmittagtees! Das Teesieb, das sie benutzten! Seinetwegen habe er, obwohl er sich manchmal zu einer Tasse Tee mit Europäern herbeigelassen hatte, niemals eine zweite Tasse angenommen. Denn was passierte? Wenn nachgefüllt wurde, häufig ohne daß die Tasse vom Bodensatz befreit und mit klarem Wasser ausgespült worden wurde, stieg diese Mischung aus frischem Tee, Bodensatz und Speichel hoch und berührte das Teesieb, das dann in die Tasse der nächsten Person wanderte und immer so weiter! Bei Eiswürfeln genauso! Oft füllte man sie in ein Glas, aus dem jemand bereits getrunken hatte, und ging dabei so achtlos vor, daß der Löffel die verunreinigte Flüssigkeit berühren konnte. Und dann benutzte man den *gleichen* Löffel für das Glas einer anderen Person! Und selbst wenn er die Flüssigkeit nicht *direkt* berührte, konnten doch durch das hineinfallende Eis Spritzer auf den Löffel kommen! Ekelhaft! Er hatte Eiswürfel unter diesen Umständen zurückgehen lassen. Und die Sitte des weitergereichten Freundschaftsbechers, von der er gehört hatte, war doch unbeschreiblich abscheulich! Nichts könne ihn dazu bringen, mit jemandem aus ein und demselben Glas zu trinken. Seine Darlegungen waren sehr eindringlich und zwingend. Ich entgegnete ihm jedoch, ich sähe zwar bei genauerer Überlegung ebenfalls die Gefahr von Keimen und Krankheiten, aber man könne ihr doch wohl nur entrinnen, wenn man auch das Atmen einstelle. Außerdem hätte ich eine andere Einstellung zu den Mündern anderer Leute.

Wie war es mit dem Küssen? fragte ich. Wie konnte er sich bei seinen hyperhygienischen Vorstellungen dazu überwinden, seine Frau zu küssen? Er erwiderte, ein Mann und seine Frau seien ein Fleisch ... Nun ja, sagte ich und überging diese Wendung mit dem Schweigen, das ihr gebührt, was aber war mit den anderen Familienmitgliedern – seinen Eltern, Schwestern und Kindern? Küßte er sie? Natürlich nicht, entgegnete er, jedenfalls nicht auf den Mund. Man küsse seine Kinder und vielleicht auch seine Mutter auf die Wange oder auf die Stirn, doch alle anderen Familienangehörigen küsse man niemals, nachdem sie das Pubertätsalter hinter sich gelassen hätten.

»Wenn ein Mann seine ältere Schwester küssen würde, das wäre eine *Ungeheuerlichkeit*!« rief der Dewan. »*Egal* an welcher Stelle!« fügte er hinzu. Die Europäer schienen einem Kuß keine große Bedeutung beizumessen; sie küßten mit und ohne Leidenschaft auf den Mund, je nach Stimmungslage. »Aber in Indien«, verkündete er, »ist ein Kuß auf den Mund eine wirklich große Sache. Es ist ein vollzogener Geschlechtsakt!«

Dies rief bei Babaji Rao abermals leisen Protest hervor. Man müsse, murmelte er mit respektvollem Hüsteln, die Gemütszustände des Küssers und des Geküßten in Betracht ziehen. Aber der Dewan wies das zurück und erklärte auf eine weitere Frage von mir, er könne zwar nicht behaupten, daß es in seinem Staat *nicht* eine ganze Reihe unzulässiger Formen der Liebe gebe, Küsse auf den Mund aber gebe es *nicht*.

»Warum auch?« fragte er treuherzig. »Man kann Wangen und Augen küssen, und das ist gut genug.«

Ich hatte den Verdacht, daß ich von ihm keine exakten Auskünfte bekam, und verzichtete darauf, ihn weiter zu diesem Thema zu befragen.

31. März

Als ich heute morgen im Dschungel spazierenritt, sah ich in kurzer Entfernung einen Baum, der mir schöner schien als alle, die ich je gesehen hatte. Sein gleichsam gefiedertes Laub war so zart, daß es mehr einer weichen grünen Wolke ähnelte, die in der leichten Brise dahintrieb. Es war ein Mangobaum.

Ich verspürte den Wunsch, ihn zu berühren, und ritt näher, zügelte aber mein Pferd, als ich einen Blauen Häher in den Zweigen sitzen sah. Ich beobachtete ihn eine Weile, bis er plötzlich ohne sichtbaren Grund davonflog.

»Ja«, rief ich ihm nach, »und wenn ich solche Flügel hätte wie du, würde ich sie auch ausbreiten.«

Der Blaue Häher ist Schiwa, dem Zerstörer und Erneuerer, heilig. Nicht, wie mir gesagt wurde, weil Blau die Farbe Schiwas wäre, sondern weil sowohl der Vogel als auch der Gott *Nil*-Kanth (Blaukehle) genannt werden. Schiwa hat eine blaue Kehle, weil er aus Mitleid mit der Menschheit ein tödliches Gift schluckte, das die Welt sonst zerstört hätte. Er hielt das Gift in seiner Kehle zurück und ließ es nicht weitergelangen, »denn«, sagte er, »ich habe Wischnu, den Herrn, in meinem Herzen.«

Die Farbe Schiwas ist Weiß. Der Bulle Nandi, auf dem er reitet, ist weiß, sein Haar und Antlitz sind weiß, und bleiche Asche bedeckt seinen Körper. Das von seinen Anhängern am häufigsten genutzte Zeichen ihrer Zugehörigkeit sind drei horizontale weiße Linien, die für den Dreizack des Gottes stehen und auf die Stirn gemalt werden.

Als Babaji Rao und ich heute abend am Rande des Dorfes spazierengingen, bettelten mich zwei alte Bauern an, ein Mann und eine Frau. Die Frau war offenbar krank; sie hockte sich zu meinen Füßen auf die Erde, wiegte sich wimmernd hin und her und streckte mir klauenartige Hände entgegen, während der Alte, ein dünner und haariger und fast nackter Mann, um Medizin für sie bettelte. »*Gute* Medizin«, sagte er immer wieder, »›Rodgers‹ Medizin.«

Babaji Rao amüsierte sich sehr darüber und erklärte mir, daß auf dem Markt einige Artikel aus Stahl von anerkannt guter Qualität verkauft würden, die mit »Rodgers« gekennzeichnet seien, und der alte Mann wolle offenbar Medikamente haben, die so gut seien wie dieser Stahl.

»Er glaubt natürlich, Sie seien Arzt«, meinte er. »Diese armen Leute glauben, daß alle weißen Männer Ärzte sind.«

Ich bat ihn, den beiden zu erklären, daß ich leider kein Arzt sei, und gab dem Alten eine Rupie, damit er sich »Rodgers«-Medizin kaufen konnte.

Der Dewan nahm mich zu einer im Bau befindlichen Brücke in der Umgebung mit. Ich machte eine Bemerkung über das erbärmliche Aussehen der Bauarbeiter – magere, unterernährte Männer mit kleinen runden Bäuchen – und fragte ihn, was sie verdienten.

»Zweieinhalb Pennies am Tag«, erwiderte der Dewan. Sie hätten erst vor kurzem gemeutert und eine Lohnerhöhung bekommen.

Ich erkundigte mich, wieviel sie vor der Erhöhung verdient hätten.

»Zwei Pennies am Tag.«

Dies sei gegenüber früher ein großer Fortschritt, setzte er hinzu, denn relativ neue Statistiken zeigten, daß der durchschnittliche Verdienst eines Arbeiters in Garha eineinhalb Rupien (zwei Shilling) im Monat betragen habe. In Chhokrapur sind die Verhältnisse sogar noch besser. Kein Arbeiter bekommt hier weniger als vier Pennies pro Tag.

Ich wollte wissen, ob sie es nicht ein bißchen schwierig fänden, selbst mit vier Pennies am Tag auszukommen, und er erwiderte schroff: »Überhaupt nicht! Das ist exakt doppelt so viel, wie sie brauchen.« Die Ausgaben eines Arbeiters betrügen am Tag zwei Pennies – zwei Pfund Getreide (Gerste), das ihn eineinhalb Pennies koste, sowie für einen halben Penny Gemüse. Davon könne er bei seinem jetzigen Lohn leben und sich dann und wann obendrein, mit seinem Ersparten, etwas Reis gönnen, der in der schlechtesten Qualität zweieinhalb Pennies das *Seer* kostet. Reis besserer Qualität, wie ihn beispielsweise Narayan ißt, kostet vier Pennies pro *Seer.*

Ich schaute diesen armen, ausgemergelten Gestalten kurze Zeit zu, wie sie Steinblöcke trugen – acht Mann pro Block, der an Ketten von einer langen Stange herabhing. Der Dewan meinte, in den Tempeln von Garha gebe es Skulpturen, die zeigten, daß die Arbeiter vor eintausend Jahren die Steine auf exakt die gleiche Weise getragen hätten.

»Wenn ich einem Engländer vorgestellt werde, und er sagt: ›How d'you do?‹ zu mir, was antworte ich darauf?« fragte er, als wir zurückfuhren. »Soll ich sagen: ›Danke schön, mir geht es sehr gut, und wie geht es Ihnen?‹ Was sagt man, bitte, den Regeln entsprechend?«

Ich antwortete, meines Wissens gäbe es keine Regel, aber es sei das beste, auch »How do you do?« zu sagen und zu versuchen, es als erster anzubringen und so wenig Theater darum zu machen wie irgend möglich.

Seine Frage erinnerte mich an einen jungen Mann, der im Zug aus Benares mit mir ins Gespräch gekommen war. Nachdem er mich genauestens über mich ausgefragt hatte, meinte er, er hoffe, bald auch reisen und England sehen zu können. Ich sagte, es müsse doch wohl für Hindus sehr schwierig sein, sich außerhalb ihres Landes zu bewegen, wenn man bedenke, welchen Beschränkungen sie durch Religion und Kastenwesen unterlägen.

»Aber ich weiß, wie man mit Messer und Gabel umgeht«, meinte er. »Ich habe einiges gelernt.«

Sodann erkundigte er sich, ob er in England die Sachen tragen könne, die er gerade anhabe: eine braune, runde Kappe, Baumwollpumphosen und einen Mantel, der die grellgrüne Farbe von »Condy's Fluid« hatte.

»Werden sie sich über mich lustig machen?« fragte er.

2. April

Gestern sind wir nach Chhokrapur zurückgekehrt. Es ist drückend heiß, und ich habe nicht wieder das kleine Haus bezogen, sondern lebe nun ganz für mich in den geräumigen Zimmern des Gästehauses, das auf die Hitze eingerichtet ist. Die ganze Zeit während der Mahlzeiten bewegt sich über meinem Kopf ein *Punkah* hin und her, von unsichtbarer Hand oder unsichtbarem Fuß in der Küche gezogen. Alle Eingänge sind mit *Khus-khus tattis* versehen. Das sind Bambusgitter mit einem dichten Geflecht aus süß duftendem *Khus-khus* Gras, die genau in den Türrahmen passen. Der Wasserträger, der sie den ganzen Tag über in bestimmten Abständen aufsucht, bespritzt sie von der Veranda aus mit Wasser, so daß sie nicht nur vor dem blendenden Licht schützen, sondern auch die heiße Luft, die ihnen von außen entgegenweht, gekühlt und parfümiert wird, bevor sie in den Raum gelangt.

Wie verlautet, ist Seine Hoheit immer noch krank.

Ich fragte Narayan, ob er die fünf Produkte der Kuh zu sich nehme. Er verstand nicht, was ich mit Produkten meinte, und so zählte ich sie auf.

»Ja«, meinte er, »wenn ich Fehler bekomme.«

Nun war es an mir, um eine Erklärung zu bitten. Er meinte damit: wenn er Unrecht getan habe, beispielsweise etwas gegessen habe, was er nicht hätte essen dürfen. Dann müsse er zu den gelehrten Pandits gehen, und diese würden ihm eine Mischung aus den fünf Erzeugnissen verabreichen – eine reinigende Dosis.

Sein Vater ist ein Pandit, also nehme ich an, daß der Alte seinem Sohn selbst die entsprechende Dosis zu schlucken gibt, denn er ist sehr fromm und liest jeden Tag von elf bis eins laut aus den *Puranas* und betet jeden Morgen eine Stunde lang seine Perlenschnur herunter. Was Narayan alles sehr komisch findet, obwohl er sich das natürlich nicht anmerken läßt, da er große Angst vor seinem Vater hat.

»Aber jetzt ich nehme nicht«, sagte er und bezog sich damit wieder auf die Kuh. »Es ist viel schmutzig.«

»Wie reinigst du dich denn, wenn du Fehler bekommst?« fragte ich ihn.

»Ich nicht bekomme Fehler jetzt«, erwiderte er mit einem schlauen Lächeln.

Dann erzählte er mir, im Vertrauen, daß der Maharadscha, nachdem er ihn wieder hatte in den Palast zurückholen lassen und ihm all seine angeblichen Vergehen verziehen hatte, ihn näher an sein königliches *Charpai* herangewinkt habe. Narayan hatte mit gebührendem Respekt nachgefragt, warum er denn näher kommen solle, und Seine Hoheit hatte ihm geschmeichelt und gesagt, er habe ihn immer sehr lieb gehabt und wünsche ihn nackt zu sehen. Das sei nicht das erste Mal gewesen, meinte Narayan, daß der Maharadscha ihm derartige Avancen gemacht habe, und er habe sich nicht zum ersten Mal geweigert. Seine Hoheit hatte darauf gedroht, ihn zu bestrafen und aus dem Staat zu weisen, doch Narayan war hart geblieben.

»Warum hast du dich geweigert?« wollte ich von ihm wissen.

»Es ist eine Sünde!« rief er heftig. Ich lächelte über die Hitzigkeit, mit der er das sagte. »Das es ist!« wiederholte er mit ebensolchem Nachdruck. »Das sagt so im *Puran.*«

»Und warum erzählst du mir diese Geheimnisse?« fragte ich ihn spitzbübisch. »Ich dachte, du hättest es nicht gerne, wenn Geheimnisse weitererzählt werden?«

»Aber Sie sind mein Freund«, erwiderte er und sah mich überrascht an. »Ich muß alles, alles Sie erzählen. Ist das nicht gut?«

»Das ist sehr gut«, antwortete ich rasch, denn ich wollte alles, alles hören.

Heute kam Abdul. Er hatte sein Bestes versucht, um mich so weit zu bringen, ihn nach Garha mitzunehmen, aber ich hatte genug von ihm gehabt und ihn in Chhokrapur zurückgelassen. Heute tauchte er jedoch ungerufen wieder auf, um mir Unterricht zu erteilen. Es verlief alles wie gehabt – mit der einzigen kleinen Ausnahme, daß es nun einer seiner *Freunde* war, der mich festlich bewirten wollte.

Ich bin von Natur aus höflich und schüchtern, und aufgrund dieser Schwäche leide ich immer noch unter Abduls Bitten. Getrieben von seiner egoistischen Hartnäckigkeit und unfähig, ihm unverblümt und rüde meine Meinung zu sagen, was das beste gewesen wäre, bin ich ihm bis jetzt ausgewichen, habe mich gedrückt, habe ihn hingehalten oder Ausflüchte gesucht und mich so immer tiefer in Schwierigkeiten gebracht. Mittlerweile aber gelingt es mir besser.

Hindus unterteilen ihre Gerichte in *Kuchcha* und *Pukka*. *Pukka* sind gekochte Lebensmittel, *Kuchcha* rohe, das heißt, letzteres umfaßt alles, was wie Reis, Hülsenfrüchte, Brot, Curry etc. nicht in gereinigter Butter gekocht wird. Und diese Gerichte erfordern die größte Sorgfalt. Man kann sie sich Babaji Rao zufolge nur von Angehörigen der eigenen Kaste oder von orthodoxen Brahmanen vorsetzen lassen. Was die *Pukka*-Gerichte angeht, glaubte ich herausgehört zu haben, daß eine gewisse Nachlässigkeit im Umgang mit ihnen gestattet ist.

Er habe einmal eine Einladung zum Abendessen angenommen, meinte er, die er eigentlich nie hätte annehmen dürfen, doch er sei stillschweigend davon ausgegangen, daß man ihm eine aus *Pukka* bestehende Mahlzeit servieren würde. Statt dessen setzte man ihm jedoch *Kuchcha* vor, und er fühlte sich verpflichtet, davon zu essen. Es ist eine der schlimmsten Ketzereien, deren er sich jemals schuldig gemacht hat. Doch, fuhr er fort, es würde ihm nicht viel ausmachen, *Pukka* sogar in meiner Gegenwart zu essen, vorausgesetzt, ich würde ebenfalls *Pukka* und kein Fleisch essen und vorausgesetzt, ich säße nicht am gleichen Tisch, sondern etwas entfernt von ihm.

»Wie groß müßte der Sicherheitsabstand denn sein?« erkundigte ich mich.

»Wenn man sich nicht berührt, würde das reichen.«

Einige Leute bestünden darauf, sagte er, daß auch *unter* den beiden Tischen keinerlei Verbindung existiert. Das bedeute, sie dürften beispielsweise nicht auf dem gleichen Teppich stehen. Aber das ginge seiner Ansicht nach etwas zu weit.

»Würden Sie sich wirklich darüber aufregen, wenn ich aus Versehen Ihren Tisch berührte?«

»Nein«, erwiderte er lächelnd.

»Natürlich nicht, denn dann würden Sie mir ja auch nicht die Hand geben.«

»Tatsache ist«, erklärte er, »daß wir das Essen zu solch einem Fetisch gemacht haben, daß wir uns gewissermaßen in einem Zustand der Heiligkeit glauben, solange wir damit beschäftigt sind.«

Der Dewan ist ein Brahmane, der Fleisch zu sich nimmt; also sollte Babaji Rao überhaupt nicht in seiner Gesellschaft essen. Er tut es aber trotzdem.

Köche sind normalerweise Verwandte, da sie der gleichen Kaste angehören müssen wie die Familie. Ein Mann wie der Dewan, der der höchsten Kaste angehört, wäre daher zweifellos in einer Zwangslage, wenn er alleinstehend und streng orthodox wäre und keine armen Angehörigen hätte.

Köche sind für gewöhnlich weiblich, denn sonst entstünden neue Probleme. Hätte Babaji Rao einen Koch, könnte Mrs. Babaji Rao nicht vor ihn treten, was höchst unpraktisch wäre. Er hatte bis vor kurzem eine Köchin, aber sie wurde alt, bekam Asthma und hustete viel, und so mußte er sie loswerden und sucht jetzt nach einer neuen. In der Zwischenzeit kocht seine Frau für ihn. Sie ißt jedoch nicht mit ihm; eine hinduistische Frau ißt niemals in Gesellschaft ihres Ehemanns.

Ich wollte wissen, warum nicht, und der Dewan teilte mir mit, daß man es als ungehörig betrachte. Ihre Aufgabe sei es, ihrem Mann das Essen aufzutischen oder zumindest dafür zu sorgen, daß er gut versorgt werde.

Ich fragte ihn, ob mich seine Frau jemals gesehen habe. »Ganz bestimmt«, erwiderte er und meinte offenbar, sie hätte so oft Gelegenheit gehabt, durch das Fenster einen Blick auf mich zu werfen, daß es höchst unwahrscheinlich war, daß sie dies nicht auch getan hatte. Kaum hatte er das gesagt, war ihm das offensichtlich unangenehm, und er ergänzte, theoretisch dürfe sie zwar nicht hinschauen, heutzutage bestehe jedoch kaum noch jemand auf einer solch extremen *Purdah.*

Der Europäer kleidet sich zum Abendessen an, der Hindu jedoch entledigt sich seiner Kleider. Wenn ein Hindu ißt, trägt er nichts als sein Unterkleid, seinen *Dhoti*, während sein Hemd aus verschiedenen Gründen als ungeeignet gilt. Es wird nicht so häufig gewaschen wie der *Dhoti*, in dem man täglich badet, und es wird auch noch aus anderen Gründen als weniger sauberes Kleidungsstück empfunden. Zum einen kommt das Hemd, da man es aus einer fremden Kultur übernommen hat, selten aus Indien, und es wurde gewöhnlich zusammengenäht, und der Himmel mag wissen, von welchen Händen. Der *Dhoti* hingegen ist aus einem Stück Stoff und nirgends genäht. Darüber hinaus bringt man das Hemd, im Gegensatz zum *Dhoti*, immer zur Wäscherin, und die Wäscherin stärkt es, und Stärke besteht häufig aus Reis, und Reis ist *Kuchcha.* Daher steht das Hemd unter schwerem Verdacht. Babaji Raos Bruder, der es nicht so genau nimmt, ißt im

Hemd, aber Babaji Rao hat in seinem ganzen Leben niemals etwas derart Unsittliches getan.

4. April

Narayan hat mich zu sich nach Hause eingeladen. Er werde herauskommen, sobald ich an der Westseite des Hauses von der Straße aus seinen Namen riefe. Ich tat, wie mir befohlen, worauf sich ganz oben in der hellen Wand eine winzige Tür öffnete und er mir winkte, die mit Dung gesäuberte Ziegelsteintreppe heraufzukommen. Hindus putzen alles mit Kuhdung. Narayan trug nichts als seinen *Dhoti*, so daß man sehen konnte, daß er keine sehr gute Figur hat. Ein oder zwei Fettrollen oberhalb seines *Dhoti* ließen darauf schließen, daß sich sein Bauch wahrscheinlich hervorwölben würde, wenn er nicht durch dieses Kleidungsstück eingeengt würde.

Sein Zimmer, wiewohl klein, war größer als Abduls und hauptsächlich mit europäischen Möbeln eingerichtet, Sesseln, einem Frisiertisch mit Spiegel und einem Moskitonetz über dem *Charpai*.

Mit Nägeln oder Reißzwecken waren zwei Photographien von Seiner Hoheit und eine von dessen Großvater an der Wand befestigt, außerdem ein billiger, grellbunter Druck, der einen indischen Helden zeigte, der im Begriff war, eine indische Heldin zu umarmen, sowie meine Zeichnung von Sharma, nun dick mit Tinte nachgemalt und signiert mit den Worten: »Gezeichnet von Narayan.« Auf dem Boden lag ein Teppich, und auf dem Teppich hockte das Motiv unserer Zeichnung vor einem Betelblattschränkchen, auf dessen Deckel er die Blätter mit verschiedenen Zutaten aus zahlreichen kleinen Schubladen beschmierte und zubereitete. Ich wurde gebeten, mich zu setzen und bekam eine ganze Reihe von Schätzen gezeigt, die alle aus verschlossenen Kisten unter dem Bett hervorgeholt wurden: Rasiermesser, eine Zigarettendose, eine kaputte Armbanduhr. Duftwässerchen und Öle wurden herumgereicht, und schließlich holten sie ein Harmonium aus einer Ecke, auf dem Narayan und Sharma abwechselnd herumtuteten. Ich fühlte mich nicht besonders wohl und lehnte Betel, Zigaretten und Marsala, die sie mir anboten, dankend ab.

»Wie kann ich Respekt machen?« fragte Narayan ziemlich unglücklich. Ich gab ihm zu verstehen, daß ich mehr nicht bräuchte, als hier mit ihnen zusammen zu sitzen. Wir plauderten eine Weile über die Dinge in seinem Zimmer. Dann meinte er:

»Wenn ich gehe zur Toilette, mache ich so –« und lachend schlang er sich den heiligen Faden, der hinter seinem Nacken hervorlugte, um's Ohr. Aber es war ein sehr kurzer Faden, und er mußte kräftig ziehen, um ihn über das Ohr zu bekommen.

»Warum tust du das?« fragte ich ihn.

»Ich weiß nicht.«

»Aha!« rief ich, »dachte ich mir.«

Sie brachen beide in schallendes Gelächter aus, und Narayan klatschte in die Hände.

»Wenn Sie machen das, Sie machen mir glücklich«, meinte er.

»Wenn ich was mache?« fragte ich verwundert.

»Aha!« krähte er, und sie gackerten beide wieder los, stubsten einander und versuchten immer wieder, diesen Ausruf in ihrer eigenen Kehle nachzuahmen. Mein Mienenspiel und die Geräusche, die ich manchmal von mir gebe, haben schon immer ihr Interesse und ihre Belustigung hervorgerufen, und Sharma, der nichts von dem versteht, was wir sagen, sitzt da und beobachtet mich mit großen, runden Augen, jederzeit bereit loszulachen, sollte Narayan nur das Zeichen dazu geben.

Nachdem sie sich wieder beruhigt hatten, erklärte ich Narayan, daß ein Hindu, wenn er auf die Toilette geht, seinen heiligen Faden deshalb um ein Ohr schlingt, damit dieser beim Hinhocken nicht seine unheiligen Körperteile berührt und so besudelt wird. Doch da sein eigener Faden so kurz sei, daß er unmöglich so weit hinunterhängen könne, sei es völlig unnötig, weiterhin zu dieser Vorsichtsmaßnahme zu greifen.

»Aber ich kann nicht Wasser lassen, wenn ich nicht tue das«, entgegnete er.

Er bat darum, mich zum Gästehaus zurückbegleiten zu dürfen, und als wir aufbrachen, kam ein zierliches, hübsches Mädchen mit unverschleiertem Gesicht aus dem Haus und beobachtete von der Veranda aus, wie wir vorbeigingen. Narayan erzählte mir, das sei eine seiner Schwestern, und sie sei Witwe.

»Geht sie immer unverschleiert nach draußen?« fragte ich.

»Sie geht nie nach draußen«, erwiderte er gleichgültig und fügte dann hinzu, daß sie für ihn koche und ihm seine Mahlzeiten bringe. Ich wollte mehr über sie wissen und erfuhr, daß sie zweiundzwanzig, kinderlos und seit vier Jahren verwitwet war. Sie konnte natürlich nicht wieder heiraten, verbrachte die Hälfte ihrer Zeit im Haus ihres Vaters und die andere bei ihrem Schwiegervater und verrichtete in beiden Häusern ihre Arbeit. Das Verbot einer Wiederheirat bestehe nur in den höheren Kasten, meinte Narayan. Angehörige niederer Kasten dürften so oft heiraten, wie sie wollten.

Ich fragte, ob ihm seine Schwester nicht leid tue und ob er die Regel, die ihr einen neuen Partner verbietet, nicht grausam fände. Er gab mir Recht. Es sei wirklich eine sehr schlechte Regel und besonders hart, wenn die Witwe so jung sei.

»Was würde geschehen, wenn deine Schwester wieder heiraten würde?« fragte ich.

»Niemand wird sprechen mit ihr mehr«, sagte er.

»Und du?«

»Ich schicke sie weg. Ich werden sprechen nicht mehr mit ihr.«

»Hast du sie lieb?«

»Sehr.«

»Und trotzdem würdest du sie fortschicken?«

»Indische Regel«, sagte er. »Wenn sie liegt mit einem Mann und hat ein Baby in ihrem Bauch – genau so. Jeder Mann wird schicken sie fort. Und wenn ein Mann nimmt sie auf, alle hassen ihn.«

»Aber wenn sie kein Baby in ihrem Bauch hätte und nur du wüßtest, daß sie einen Geliebten hatte? Was dann?«

»Wenn ich weiß, sie hat gelegen mit einem Mann, ich schicke sie fort. Aber schlimmer noch, wenn sie hat ein Baby, denn dann weiß jeder Mann.«

Er könne nicht anders handeln, erklärte er mir. Sein Vater, seine Angehörigen, sein religiöser Lehrmeister, sie alle würden ihn genauso behandeln, wenn er unter diesen Umständen Mitleid mit ihr hätte. Seine Angst, ausgestoßen zu werden, war so groß, daß er lieber den Selbstmord seiner Schwester hinnehmen würde, als ihr in ihrer Schande beizustehen. Vor seinem Vater habe er wirklich große Angst, sagte er. Seine Angst sei so groß, daß er noch nicht einmal wage, dem Alten ins Gesicht zu sehen (es sei denn, er blicke in eine andere Richtung) oder in seinem Beisein zu essen. Statt dessen halte er den Blick stets gesenkt und sei sehr eingeschüchtert und scheu.

Wüßte sein Vater beispielsweise, daß er rauchte, würde er sehr böse werden und ihn wahrscheinlich ohrfeigen – was er seit Jahren nicht mehr getan habe.

»Was würdest du tun, wenn dein Vater dich ohrfeigte?«

»Ich weinen würde. Aber viele Jungen schlagen ihre Väter, wenn ihre Väter schlagen sie, und geben Böse für Böse. Sehr schlimme Jungen.«

In der Tat sehr schlimme Jungen, nickte ich und äußerte die Hoffnung, daß es recht viele von ihnen geben möge. Denn ich konnte mir sonst nicht vorstellen, wie sich in Indien jemals etwas bewegen sollte, wenn nicht sehr gute Väter ständig von ihren sehr schlimmen Söhnen geohrfeigt würden – eine Bemerkung, die Narayan mit mißbilligendem Schweigen quittierte.

5. April

Der Unterschied zwischen Ehe und Konkubinat besteht im Geld, sagt Babaji Rao. Deshalb halte man es für schicklicher, daß der Bräutigam am Hochzeitstag mit leeren Händen im Haus der Braut erscheine. Jede Art von Geschenk für den Brautvater könnte mißdeutet werden. Diese Ansicht findet allgemein so starke Zustimmung, daß es für den Brautvater noch bis vor kurzem nicht ratsam und höchst peinlich war, das Dorf zu betreten, aus dem der Bräutigam kam. Und noch jetzt übernachte man nicht im Haus einer verheirateten Tochter oder Schwester, denn das würde bedeuten, daß man von ihrem Mann etwas annähme. Babaji Raos Vater hat daher nie im Haus seiner Tochter übernachtet, und er selbst begnügte sich früher bei seinen Besuchen mit einer Unterkunft bei Freunden aus dem Dorf. Weil aber deren Küche ihm nicht zusagte, war er schließlich gezwungen, ins Haus seiner Schwester überzuwechseln, da sie seine Eigenheiten in gastronomischen Dingen aus eigener Erfahrung kannte.

Man betrachtet ihn jedoch in ihrem Haus immer wie einen zahlenden Gast, und er hinterläßt nach jedem Besuch die nominelle Summe von vier oder fünf Rupien.

Jüngere Brüder dürfen bei ihren verheirateten Schwestern wohnen, ohne Gerede befürchten zu müssen, denn sie hatten ja nie das Recht, sie wegzugeben.

All dies erklärte er mir heute auf dem Weg zum Krankenhaus. Er fühlte sich nicht wohl und wollte sich seinen Rachen auspinseln lassen. Das Krankenhaus ist ein schmuddeliges, einstöckiges Gebäude mit einem überdachten Säulengang, der einen kleinen Platz auf drei Seiten umgibt. Es sei hundert Jahre alt, erzählte mir Babaji Rao, aber ich kann nicht sagen, ob ihn Bürgerstolz oder Erstaunen zu diesem Hinweis veranlaßte. In der Mitte des Hofes befand sich ein kurzer, schwarzer Laternenpfahl, der auf seinem weißen Steinpodest eher wie ein Bühnenrequisit wirkte, und direkt dahinter wuchs ein kleiner *Jaman*-Baum.

Im Vorbeigehen bemerkte ich, daß er nur von einem Stock und einer zerrissenen, schmutzigen Mullbinde davon abgehalten wurde umzusinken.

An den Arzt gewandt gab ich meiner Freude darüber Ausdruck, daß auch die Bäume medizinisch versorgt würden, doch er fand diesen kleinen Witz offenbar nicht komisch und bemerkte lediglich, daß der *Jaman*-Baum eine wohlschmeckende pflaumenähnliche Frucht hervorbringe, die gut gegen Verstopfung helfe.

Der Arzt ist Bengale; er kommt aus Kalkutta, und er ißt Fleisch. Doch man sagt, daß in Bengalen jeder Fleisch esse, sogar die Brahmanen. Er ist sehr stämmig und hat hervorquellende, blaßgrüne Augen. Früher hatte er achtprozentigen Diabetes, aber es ist ihm gelungen, das beständig zu reduzieren. Beständig akkumuliert haben sich auf der anderen Seite seine Kinder: Er hat inzwischen acht Söhne und eine Tochter. Während sich Babaji Rao in der Ambulanz den Rachen auspinseln ließ, zeigte mir der Doktor den Operationssaal. Es war ein kleiner, dunkler Raum mit zwei Instrumentenschränken, einem Waschtisch aus Blech und einem blutbefleckten Tisch. An der Wand hing ein Schaubild über Schlangenbisse, mit Skizzen der anatomischen Merkmale verschiedener Giftschlangen und mit Informationen darüber, was man jeweils tun solle, wenn man von einer gebissen worden war. Ich habe solche Schaubilder schon früher gesehen, sie aber nie genauer studiert, weil ich weiß, daß ich sowieso alles durcheinanderbringen würde, falls ich mich je daran erinnern müßte, und weil mir ein schneller Tod besser scheint als die furchtbare, zweifache Angst bei dem Versuch, »meine« Schlange zu identifizieren und mich dann auf das spezielle Gegengift zu besinnen.

Aus einem Wandschränkchen holte der Doktor zwei große, gelbliche Klumpen eines kalkähnlichen Materials hervor, um sie mir zu zeigen. Es seien Gallensteine, erklärte er, die er selbst entfernt habe. Inzwischen habe er schon ziemlich lange keine mehr entfernt. Er wende jetzt eine andere Methode an. Er zertrümmere die Steine innerhalb der Gallenblase. Ich lenkte ihn von diesem unangenehmen Thema schnell auf ein anderes, indem ich mich erkundigte, was er von der indischen Heilkunde halte. Sie sei sehr gut, meinte er; viele seien zu ihr zurückgekehrt, nachdem sie in der europäischen Medizin ausgebildet worden seien. Welchen Wert messe er als Arzt, fragte ich weiter, dem Urin der Kuh bei, wenn man diesen intern anwende? Und was halte er von Bärensamen, über den ich in der Werbeanzeige einer Zeitung mit Namen *The Rajasthan* in Delhi gelesen hatte?

»In der guten alte Zeit«, hatte es dort geheißen, »wurden diese Rajbansi-Pillen in Delhi von vielen Badushas eingenommen, die zahlreiche Frauen besaßen. Sie werden nach den Vorschriften der alten Urdu Sastras hergestellt und unter sehr großen Kosten, hohem Risiko und mit wertvollen Zutaten und Kräutern, unter anderem auch der *Essenz der ausgewachsenen Geschlechtsorgane männlicher Bären als Heilmittel gegen Impotenz.* Die oben genannten Pillen müssen in Dosierungen eingenommen werden von ... Dies ist himmlischer Nektar für Impotente! Ein Versuch wird Sie von der Wirkung überzeugen! ... Alle Zuschriften werden vertraulich behandelt.«

Nach kurzer Überlegung erwiderte der Arzt, daß Samen genau wie Eier Eiweiß enthalte und daher eine stärkende Wirkung habe. Aber der Dewan, der sich nie sehr weit vom Doktor entfernt und in diesem Moment zu uns stieß, tat die Wirksamkeit dieses Mittels mit einem »Pah! Dummes Zeug!« ab. Also kamen wir auf die künstliche Befruchtung zu sprechen, und der Dewan bemerkte, daß ein impotenter Mann, der keine Erben habe, durchaus berechtigt sei, den Samen eines Freundes zu erwerben – natürlich nur solange der Freund Brahmane sei oder der gleichen Kaste angehöre wie der Käufer.

»Urin«, warf der Arzt ein, »enthält Galle, die gut gegen Verstopfung und Mattigkeit hilft.«

Ich wisse natürlich, fügte er hinzu, wie sehr die Kuh von den Hindus verehrt werde.

»Wir betrachten sie als unsere Mutter«, sagte er, »denn sie gibt uns Milch.«

Am Abend nach dem Dinner ging ich in der Stadt spazieren, und weil es sehr dunkel war, ließ ich mir vom

Punkha-wallah, einem armen, dünnen Jungen von etwa sechzehn Jahren, den Berg hinunter leuchten. Er wohnt in der Stadt, und da ich ihm nicht auch noch meinen Rückweg zumuten wollte, nahm ich ihm am Stadttor die Lampe ab und gab ihm vier Pennies. Er fiel vor mir auf die Knie und legte seine Stirn auf meine Füße.

6. April

Heute morgen erhielt ich von Seiner Hoheit einen Brief – seit mehreren Tagen die erste direkte Nachricht von ihm. Er lautete:

»L. F. (Lieber Freund)! Ich schäme mich sehr für mein Verhalten, wirklich – aber was konnte ich tun ... Meine Krankheit durch diesen Abszeß – oder den Furunkel oder wie man das nennt – war so scheußlich dieses Mal, daß ich gar nichts tun konnte ...

Seit gestern geht es mir aber ein bißchen besser – und wenn der Allmächtige *will* ... Jedenfalls werde ich Sie heute nachmittag sehen, und das soll mein schändliches Verhalten Ihnen gegenüber wieder gutmachen. Ich kann nicht mehr schreiben. Also bis denn, vier Uhr!«

Bei seiner Ankunft sah er allerdings, wie es der Schluß seines Briefes bereits vermuten ließ, recht vergnügt aus. Er trug einen neuen Überrock aus französischer Brokatseide: goldene Blümchen auf schwarzblauem Grund. Ich hingegen fühlte mich ganz und gar nicht wohl und war zu dieser Fahrt in sengender Hitze keineswegs aufgelegt.

»Wie geht es Ihnen, Fürst?« fragte ich düster, als ich in den Wagen kletterte und mich neben ihn setzte.

»Ein *bißchen* besser. Ein *bißchen* besser«, erwiderte er ohne große Überzeugung. Und weil ich wußte, daß er sich niemals nach meinem Befinden erkundigen würde, teilte ich es ihm mit.

»Ich fühle mich selbst ganz und gar nicht wohl«, bemerkte ich.

Er klatschte einmal in die Hände.

»Na also!« rief er verbittert aus. »Noch einer! Seit Garha ist *jeder* krank. Mein Sekretär, meine Frau, mein Sohn, meine Diener – *jeder, jeder!* Und alle sind sehr böse auf mich. Sie sagen, es ist alles meine Schuld. Sie sagen, daß ich meine Wallfahrt hätte machen müssen und daß ich die Götter verärgert habe. Sie sind wirklich alle sehr böse auf mich.«

Das war geradezu vernichtend, und ich wußte daher nichts dazu zu sagen. Nach einigen Minuten gedrückten Schweigens fragte er ziemlich schroff:

»Was ist los mit Ihnen?«

»Ach, nichts weiter«, sagte ich hastig und bereute bereits, davon angefangen zu haben. »Ich habe nur etwas Kopfweh und fühle mich insgesamt ziemlich schlapp. Ist wohl die Hitze.«

»Aber mein Teuerster, das ist keine Hitze! Waren Sie schon beim Arzt?«

»Nein, nein. So schlecht geht es mir nun auch wieder nicht. Außerdem, wenn es der Zorn Gottes ist, hat es doch nicht viel Sinn, einen Arzt aufsuchen, oder?«

Doch nun, als mir nicht mehr danach war, zeigte er ernsthaftes Interesse an meinem Gesundheitszustand und ließ sich nicht mehr davon ablenken.

»Aber Sie müssen hingehen, Mr. Ackerley!«

»Na schön«, erwiderte ich schwach. »Wenn es mir morgen nicht besser geht, werde ich hingehen.«

Hierauf fuhren wir ein Weile schweigend durch die brütende Hitze. Schließlich meinte er, er brauche meinen Rat, und hub an, mir eine endlose, verwickelte Geschichte von einer Amerikanerin namens Murdock zu erzählen, die hier für schüchterne Inderinnen – die zu schüchtern sind, um das Krankenhaus aufzusuchen, wo die Empfindsamkeiten ihres Geschlechts und ihrer Kaste nur unzureichend geschützt sind – eine diskrete ambulante Station errichten lassen wollte.

Miss Murdock hatte Seine Hoheit vor fast einem Jahr mit ihrem philanthropischen Vorhaben bekannt gemacht: Sie würde die Ambulanz auf eigene Kosten bauen lassen, wenn Seine Hoheit ihr ein Grundstück zur Verfügung stellte. Außerdem würde sie eine amerikanische Ärztin einstellen, der sie die Leitung übertragen wolle. Seine Hoheit, der sich für jede Neuheit kindlich begeistern kann, teilte ihren Enthusiasmus, nicht jedoch ihre praktische Veranlagung.

Er liebt Miss Murdock. Sie soll ihre Ambulanz haben. Man werde sofort mit dem Bau beginnen. Sie soll unverzüglich den Bauplatz aussuchen und die Ärztin beschaffen. Sie tut es. Direkt außerhalb der Stadtmauer gibt es einen idealen Bauplatz – das Grundstück eines inzwischen abgerissenen Hauses. Es hat einen eigenen Brunnen und, noch wichtiger, es hat auf seiner Rückseite einen natürlichen Abflußgraben, der ohne großen Aufwand zu einem verborgenen Verbindungsgang umgewandelt werden könnte, auf dem sich schüchterne Inderinnen von der Stadt aus unbeobachtet in die Ambulanz hineinstehlen könnten.

Miss Murdock denkt an alles. Sie ist seit dreißig Jahren in dieser Provinz. Sie kennt hier jeden Stein. Doch offenbar kennt sie Seine Hoheit nicht. Er gibt dem Grundstück seine Zustimmung; er nimmt an, daß alles glattgehen wird, aber er muß seine Minister konsultieren. Es liegt in seiner Macht, diese Entscheidung zu fällen, aber er zieht es vor, das nicht zu tun. Zweifelsohne hat er bereits seine Minister konsultiert und gemerkt, daß sie dem Projekt mißtrauisch und ablehnend gegenüberstehen. Und zweifelsohne ist es ihm egal, ob es eine Ambulanz für schüchterne Inderinnen geben wird oder nicht. Aber er liebt Miss Murdock und kann es nicht über sich bringen, die Verantwortung für ihre Enttäuschung selbst zu übernehmen. Das müssen andere tun. Seine Minister müssen das tun. Sie mögen die Idee mit der Ambulanz nicht. Es ist nicht zu leugnen, daß sie dringend gebraucht wird. Es ist nicht zu leugnen, daß es schön wäre, sie zu bekommen, ohne dafür bezahlen zu müssen, ohne dafür Steuern erheben, ohne die Arbeitslöhne wieder von zweieinhalb auf zwei Pennies senken zu müssen – aber die Sache kommt ihnen verdächtig vor. So fängt es doch immer an: Eine europäische Ambulanz für schüchterne Inderinnen verwandelt sich unfehlbar in einen Kindergarten und ein Kindergarten in eine Missionsstation.

Aber auch die Minister wollen nicht dafür verantwortlich sein, daß Miss Murdocks Pläne vereitelt werden. Also bringen sie die öffentliche Meinung ins Spiel. Die öffentliche Meinung, sagen sie, sei gegen eine europäische Ambulanz innerhalb der Stadt; sie bedauerten daher, daß Miss Murdock das von ihr gewählte Grundstück nicht haben könne. Aber jenes dort drüben, etwa fünfhundert Yards weiter, das stehe ihr zur Verfügung, oder auch jedes andere Grundstück, das sie in diesem Abstand oder jenseits davon haben wolle.

Aber Miss Murdock will das Grundstück, das sie ausgesucht hat. Fünfhundert Yards machen für sie einen gewaltigen Unterschied, und jenes Grundstück dort drüben hat keinen der natürlichen Vorzüge *ihres* Grundstücks. Es hat keinen Brunnen und keinen Abflußgraben, durch den schüchterne Inderinnen sich heranschleichen können. Auch mache der Aufwand an Grabungen und Einebnungen, die zur Vorbereitung des Bauplatzes nötig wären, das Ganze unpraktikabel. Obendrein, so stellt sie fest, erfülle ihr Grundstück durchaus die von der öffentlichen Meinung gestellten Anforderungen, denn es befinde sich ebenfalls außerhalb der Stadt. Doch das wird bestritten. Es sei wahr, ihr Grundstück liege außerhalb der Mauern, doch die Mauern seien sehr alt, und die Stadt hat sich schon jenseits der Mauern ausgebreitet – ihr Bauplatz liegt also *nicht* außerhalb der Stadt.

Es entspinnt sich ein langer, zermürbender Streit, in dem Seine Hoheit seine völlige Hilflosigkeit gesteht und ihre Enttäuschung höchstselbst zu teilen vorgibt, um die von ihm so hochgeschätzte Freundschaft zu retten.

Doch vergeblich. Die Ärztin wartet an der Mole in Amerika mit gepacktem Köfferchen ungeduldig auf das Zeichen zur Abreise, und eine entnervte und gereizte Miss Murdock hat in Rajgarh Zuflucht gesucht, wo sie die britische Militärkolonie gegen Seine Hoheit aufbringt.

»Wie faßt man einen Entschluß? Wie entscheidet man sich?« seufzte Seine Hoheit.

Man tut es nicht. Die Sache mit der Ambulanz zieht sich schon seit Monaten hin.

7. *April*

Ich fühlte mich auch heute morgen nicht besser, und so ging ich sehr früh, noch vor dem Frühstück, hinunter und suchte den Arzt auf. Er saß auf der Veranda seines Hauses, rauchte eine Wasserpfeife und genoß den Ausblick auf die Umgebung: die Rückfront seines Krankenhauses und die Rückfront einer Ziege, welche zwischen dem Unkraut und den Abfällen herumwühlte, aus denen sein Garten bestand.

»Sehr freundlich von Ihnen, mal vorbeizukommen«, sagte er liebenswürdig, quälte sich aus einem Sessel, der um einiges zu klein für ihn war, und bot ihn mir an.

»Ja, freundlich ist es auch gemeint«, sagte ich. »Aber ich komme auch, weil ich Rizinusöl brauche.«

»Darf ich Ihre Zunge sehen?« fragte er höflich.

Ich streckte sie heraus. Er besah sie sich schweigend und kehrte dann, nachdem er das Mundstück seiner Pfeife wieder in den Mund gesteckt hatte, abermals zur nachdenklichen Betrachtung der Umgebung zurück.

»Sehr schmutzig!« bemerkte er und musterte die Ziege, die einen kleinen Hüpfer gemacht hatte und näher gekommen war. Dann streckte er eine fleischige braune Hand aus und fühlte meinen Puls.

»Sie müssem zwei Tage fasten«, meinte er, »und dann dürfen Sie nur leichte Dinge essen wie Milchpudding, Fadennudeln und Fisch. Dann sind Sie in ein, zwei Tagen wieder wohlauf.«

Er blubberte für einen Augenblick mit seiner Pfeife und meinte dann:

»Sie werden uns bald verlassen?«

»Ja, ungefähr in einem Monat.«

»Das tut mir leid. Es wird Seiner Hoheit leid tun. Hat es Ihnen hier gefallen?«

»O ja, sehr sogar. Aber es wird mir nun etwas zu warm.«

»Sicher, sicher«, nickte er. »Ich verstehe. Und ist es Ihnen nicht manchmal etwas zu einsam, so ganz alleine da oben im Gästehaus?«

»Ja, manchmal schon.«

»Das ist ganz natürlich. Wir sind nicht dafür geschaffen, allein zu sein. Bitte sagen Sie mir, wenn ich irgend etwas für Sie tun kann. Die Gesellschaft von Mädchen, das läßt sich leicht arrangieren ... Wenn Sie mit Ihrer Putzfrau sprechen, besorgt sie Ihnen was.«

»Danke, Doktor Sahib, aber ich komme auch ohne zurecht.«

Er nickte.

»Seine Hoheit sagt, Sie kommen wieder?«

»Das hoffe ich.«

»Werden Sie allein kommen?«

»Allein?«

»Sie sollten in England heiraten und Ihre Frau nach Chhokrapur mitbringen.«

Ich lächelte.

»Wenn ich wiederkomme«, sagte ich, »komme ich allein.«

»Das ist schade«, meinte er. »Denn dann werden Sie nicht bleiben.«

Mit einem weiteren kleinen Hüpfer erklomm die Ziege die Stufen der Veranda und betrat das Haus.

»Wenn Sie mich zum Krankenhaus begleiten«, sagte der Arzt, »werde ich Ihnen etwas Rizinusöl geben.«

10. April

Wenn ich von meinen morgendlichen Ausritten zurückkomme, finde ich meist Blumen auf meinem Toilettentisch. Manchmal ist es eine einzelne duftende *Chaman*-Blüte, manchmal eine Handvoll Blütenblätter, meist Jasmin, über die ganze Marmorplatte verstreut. Eine Weile glaubte ich, dies seien Geschenke von Narayan, doch nun habe ich erfahren, daß sie von Hashim, dem Aufwärter, stammen.

Abdul ist auf der Suche nach einer neuen Arbeitsstelle für ein oder zwei Tage nach Deogarh gefahren. Er habe Angst davor, sagte er, was nach meiner Abfahrt mit ihm geschehen werde, und wolle daher, solange ich noch da sei, Maßnahmen zu seiner Verteidigung treffen. Ich hatte ja schließlich nichts für ihn getan, außer ihm sein Leben noch schwerer zu machen. Doch wenn ich ihm jetzt für den Distriktsbevollmächtigten ein Zeugnis schreiben würde – ein gutes Zeugnis –, dann könne er sein Glück, das ich gefährdet hatte, vielleicht noch machen. Ja, ja, ich hatte mein Bestes für ihn getan, das wisse er. Aber nicht eins meiner Versprechen habe sich erfüllt, nicht eines – drei Rupien! Ich hatte versagt.

Ich stellte ihm ein exzellentes Zeugnis aus, in der Überzeugung, daß mein Lob gar nicht überschwenglich genug ausfallen konnte, wenn es mich von ihm befreien würde. Und ich teilte ihm mit, das sei das letzte, was ich für ihn tun würde. Nach einer ganzen Weile erhielt er schließlich auf seine Bewerbung eine Antwort: eine telegraphische Aufforderung, sich zwecks einer Prüfung sofort beim Chef der Verwaltung von Deogarh zu melden.

An diesem Punkt war sein diplomatisches Geschick geradezu bewunderungswürdig. Nachdem er mir für den Erfolg meines Zeugnisses seinen Dank ausgesprochen hatte, teilte er mir mit, er könne die Reise allerdings nicht antreten, da sonst unser Unterricht unterbrochen würde. Ich entgegnete, der werde durch die Unterbrechung keinen großen Schaden erleiden, und riet ihm zu fahren. Er willigte ein – es sei ja nur für ein paar Tage.

»Also gut, Mr. Ackerley, da Sie es wünschen, werde ich fahren.«

Doch da sei noch eine Sache. Er mißtraue dem Wortlaut des Telegramms; dort stehe nichts davon, daß »Auslagen zurückerstattet« würden, und seine Zugfahrt koste zwölf Rupien, die er kaum entbehren konnte. Da es nun Mr. Ackerleys Wunsch sei, daß er fahre und sich bewerbe …

Ich schüttelte den Kopf.

»Das ist alles, Abdul.«

Er nahm diese Absage mit vollendetem Gleichmut zur Kenntnis und ging, nicht ohne mich vorher ermahnt zu haben, während seiner Abwesenheit eifrig zu lernen, damit wir bei seiner Rückkehr große Fortschritte machen könnten. Ich blickte ihm nach, wie er sich entfernte, steif, gehemmt und humorlos, und ich wußte, daß ich meine letzte Stunde gehabt hatte.

In der Nähe des Gästehauses steht ein goldener *Mohur*-Baum, und ich saß heute auf der Veranda und betrachtete seine herrlichen, orangefarbenen Blüten, die wie in Kaskaden herunterhängen. Ein Mino hockte in seinen Zweigen, äugte sehr neugierig herüber und stieß eine Reihe neugieriger Laute aus. Der Mino ist eine Art Star, und man sagt diesem intelligenten Vogel nach, daß er genauso gut Sprechen lernt wie der Papagei. Vielleicht ist das so; seine schrillen Töne klingen jedenfalls ähnlich unangenehm. Vogelstimmen haben allerdings selten einen angenehmen Klang. Die Stimme des Pfaus ist genauso scheußlich wie sein Charakter; andererseits bietet er einen wunderschönen Anblick, und man sollte vielleicht nicht mehr von ihm erwarten.

In einem *Neem*-Baum ganz in der Nähe lag eine Taubenfamilie gereizt und gehässig miteinander im Streit, und irgendwo darüber gurgelte eine Baumkrähe wie ein durch eine Luftblase verstopftes Wasserrohr. Dann flatterte ein Bulbul herzu, die Singdrossel des Ostens. Sie trug jedoch nichts zu dem Konzert bei, sondern hob nur ihren Schwanz vor mir in die Höhe, um mir zu zeigen, daß ihr Hinterteil mit einem roten Federbüschel dekoriert war. Dann flog sie davon.

14. April

Gestern hat Babaji Rao Chhokrapur für einen zweimonatigen Urlaub verlassen, so daß ich ihn nicht wiedersehen werde. Er hatte angekündigt, morgens um fünf auf einen Abschiedsbesuch bei mir hereinzuschauen, wenn er auf dem Weg nach Rajgarh am Fuß des Gästehaushügels vorbeikommt. Als er jedoch um halb sechs noch nicht da war, fürchtete ich, ihn verpaßt zu haben, und ging zu seinem Haus hinunter. Er war jedoch noch gar nicht aufgebrochen. Eine bizarre grüne Holzkutsche mit einem Gespann von zwei mageren Pferden stand vor seinem Tor; auf dem Dach stapelten sich einige Blechkoffer sowie ein in eine Decke gewickeltes Bündel, und drei Kinder kletterten wie Äffchen darauf herum.

Acht Personen sollten in diesem Gefährt reisen, und um mehr Sitzplätze zu schaffen, hatte man bereits ein Brett zwischen beide Bänke gelegt. Ich fragte eines der Kinder nach Babaji Rao, und eine schmuddelige Hand wies in Richtung Palast. Also setzte ich mich auf die Mauer und wartete. Um viertel vor sieben erschien er mit einem Haufen Papiere in der Hand und strich sich über das spärliche und ungeordnete Haar.

»Sie sind aber spät dran!« sagte ich.

»Was hätte ich tun sollen?« erwiderte er. »Seine Hoheit hat mich um halb fünf rufen lassen, aber als ich ankam, war er wieder eingeschlafen und schlief bis um sechs. Als er mir einige Briefe diktiert hatte, konnte ich weg.«

Das war alles, was er dazu sagte, und zwar ohne jeden Anflug von Ungeduld oder Vorwürfen und ohne das geringste Zeichen von Verbitterung.

»Werden Sie Ihren Zug noch erreichen?« fragte ich ihn.

»Ich glaube nicht, aber wir müssen es versuchen.«

Ich verabschiedete mich auf der Stelle von ihm, um ihn nicht noch länger aufzuhalten, ging zum Gästehaus zurück und dachte, was für ein liebenswerter und großzügiger Mensch er doch war und wie sehr ich ihn vermissen würde.

Babaji Rao fährt, Abdul kommt: sehr forsch, sehr gelassen, sehr korrekt. Nach einigen beiläufigen Fragen nach meinen »Hausaufgaben« kamen wir zu wichtigeren Dingen. Sein Besuch in Deogarh war keineswegs zufriedenstellend verlaufen. Der Verwaltungschef hatte ihm den Posten für fünfundvierzig Rupien im Monat angeboten – allerdings nur für einen Probemonat. Abdul hatte dem Verwaltungschef nicht über den Weg getraut. Er sei ein Hindu. Darüber hinaus hatte er ihm seine Zugfahrt nicht bezahlt.

Wenn er bloß jemanden hätte, der nochmals an den Distriktbevollmächtigten schreiben, ihm den Fall schildern und um Unterstützung für Abdul bitten würde – und außerdem um die Erstattung seiner Auslagen für die Zugfahrt. Wenn bloß Mr. Ackerley das noch für ihn tun würde (es wäre seine allerletzte Bitte an ihn), denn man müsse doch bedenken, welche Wirkung schon Mr. Ackerleys Zeugnis auf den Distriktbevollmächtigten gehabt habe.

»Na schön, Abdul«, sagte ich, »geben Sie mir etwas Briefpapier.«

Er war ziemlich überrascht – überrascht und hocherfreut. Ich erhielt Federhalter und Papier.

»Übrigens«, bemerkte ich, als ich meine Unterschrift darunter setzte, »ich entlasse Sie heute. Dies ist unsere letzte Stunde.«

Er traute seinen Ohren nicht.

»Was, Mr. Ackerley? Keine Stunden mehr? Aber Mr. Ackerley, das ist sehr schlecht! Das kann nicht sein. Auf diese Weise Sie werden niemals lernen zu sprechen, und Sie sind doch schon sehr verbessert. Oh, Herr! Sie machen einen Scherz, glaube ich. Oder nicht wahr?«

Ich schüttelte den Kopf.

»Aber warum wollen Sie nicht weitermachen mit Ihren Stunden? Was ist denn los?«

Ich erwiderte, es sei zu heiß.

»Oh, Herr! Aber was ist mit Ihrem Versprechen, Mr. Ackerley, mich bis zuletzt zu behalten? Oh, mein Herr! Verlassen Sie mich nicht auch noch, Gentleman, in diesem Moment! Na schön, dann komme ich eben ohne Gehalt und unterrichte sie umsonst. Ach, Mr. Ackerley, schicken sie mich nicht weg!«

So ging es noch eine ganze Weile weiter, doch ich blieb fest.

»Aber ich werde Sie besuchen, Mr. Ackerley?« rief er. »Ich werde Sie besuchen, von Zeit zu Zeit – wenn ich es wünsche?«

Ich wollte ihm auch dies verwehren, aber natürlich hatte ich nicht genug Courage. Also erlaubte ich ihm zu kommen, aber nicht zu oft und nie wieder mit der leisesten Hoffnung auf Unterstützung. Dann schenkte ich ihm das Geld für seine Fahrkarte nach Deogarh, und damit und mit meinem Brief trollte er sich, schon ein wenig getröstet.

18. April

Als wir gestern mit dem Auto unterwegs waren, erläuterte mir Seine Hoheit die poetische Vorstellung des Hindu von männlicher Schönheit. Das Haar, sagte er, solle sein wie die Stachel der Skorpione, die Nase wie der Schnabel des Papageis, die Brauen wie gespannte Bogen, die sich über ihr berühren, und die Augen wie die Augen eines Rehkitzes. Die Wangen müßten aussehen wie ein Spiegel, das Kinn wie eine Zitrone, die Zähne wie Granatapfelkerne, die Lippen wie Korallen und die Ohren wie Perlmutt. Der Hals solle sein wie eine Muschel, die Arme wie Schlangen, der Rumpf wie das Blatt des *Peepal*-Baums und die Schenkel wie Bananen. Da ich das Blatt des *Peepal*-Baums noch nie betrachtet hatte, ließ er anhalten und schickte seinen graubärtigen Vetter los, um mir eins zu pflücken. Er brachte ein wunderschönes, leuchtend grünes Blatt zurück, und Seine Hoheit verdeutlichte mir daran die dichterische Phantasie. Von seinem Stengel aus (dem menschlichen Hals) verliefen die Blattränder auf beiden Seiten rechtwinklig nach außen (die Schultern) und bogen sich dann einwärts, bis sie in einem zugespitzten, etwa zwei Zoll langen Schwänzchen (die Taille) aufeinandertrafen, so daß man die Vorstellung eines breiten, stämmigen Rumpfs hatte, der auf einer außerordentlich schmalen Taille ruhte, ähnlich wie bei dem minoischen Vasenträger. Vom Rückgrat des Blattes, das vom Stengel bis zur Spitze reichte, zweigten die Rippen ab, um sich dicht am Blattrand zu einem filigranen Muster zu vereinen, und von diesen Rippen breitete sich wiederum ein kaum wahrnehmbares Netzwerk von großen und kleinen Adern aus.

Auf dem Rückweg flog ein Vogel vor uns über die Straße. Seine Hoheit machte mich auf ihn aufmerksam, aber ich sah zu spät hin. Er sagte, er habe diesen Vogel noch nie gesehen. »Es war nicht Ihr seltener blauer Vogel?« fragte ich. Nein, dieser war rot.

»Er funkelt wie ein Juwel!« rief er aus. »Das muß das Rotgoldkehlchen sein!«

Narayan sagt, er fühle sich weder von Sharma noch von irgendeinem anderen Mann körperlich angezogen. Das sei falsch, denkt er.

Dennoch küßt er ihn manchmal, um ihn zu loben, genauso wie er ihn schlägt, um ihn zu strafen. Wenn Sharma etwas Gutes getan hat, küßt Narayan seine Hand, und wenn er etwas Gutes sagt, küßt Narayan seine Wange; allerdings in der Öffentlichkeit, niemals privat.

»Und nie auf den Mund?« fragte ich.

»Er ißt Fleisch«, sagte Narayan.

Eines Nachts, als sie zusammen auf einem *Charpai* lagen, habe Sharma geflüstert:

»Narayan! Narayan! Gib mir einen Kuß.«

Narayan tat, als schliefe er. Aber Sharma wußte, daß er sich verstellte, und berührte ihn. Narayan reagierte jedoch auch darauf nicht, also beugte sich Sharma über ihn und küßte seine Hand. Und am nächsten Morgen erzählte Narayan, er habe geträumt, daß jemand ihn auf die Hand geküßt habe. Aber Sharma glaubte nicht an seinen »Traum«. Er sagte, Narayan sei die ganze Zeit wach gewesen und wußte, daß er es war, der ihn geküßt hatte.

Narayan hatte dies lachend abgestritten und wissen wollen, warum Sharma seine Hand geküßt habe, und Sharma hatte erwidert:

»Ich hatte viel Liebe.«

»Er mich sehr ... sehr liebt«, meinte Narayan, als er diese Geschichte erzählte. »Ich sage zu ihm einmal: ›Wenn ich sterbe, was tust du?‹ und er sagt: ›Ich auch sterbe. Ich habe kein Vater, kein Mutter, kein Gott und kein Freund. Du mein Gott, mein Freund und Bruder. Was kann ich tun; ich muß auch sterben.‹ Und dann er sagt auf Englisch: ›My darling Narayan.‹«

Narayans Gefühle für Sharma aber sind nicht so einfach, so aufrichtig oder so schön.

Ich habe den Verdacht, daß sich seine Zuneigung vor allem auf Herrschsucht gründet. Sein Einfluß auf dieses wilde, hübsche Geschöpf erfüllt ihn mit Stolz, ebenso Sharmas bedingungslose und unerschütterliche Hingabe und Ehrfurcht. Sharma tut nichts ohne Narayans Zustimmung, seine Augen ruhen fast ständig auf dem Antlitz seines Freundes; er reflektiert seine Launen und Stimmungswechsel wie ein Spiegel.

Narayan behandelt ihn nicht unfreundlich, doch ihm ist sein schöner Körper sichtlich gleichgültig, und er verachtet sein kindliches Gemüt. Meist behandelt er ihn wie einen Sklaven oder einen hoffnungslos zurückgebliebenen Schüler.

»Er ist ein Dummkopf«, bemerkte er einmal, »deshalb ich erzähle ihm nichts.«

Ich kann mich erinnern, wie er sich eines Tages von Sharma etwas Eiswasser holen ließ, es ohne ein Wort des Dankes entgegennahm und austrank.

»Er ist mein Diener«, bemerkte er leicht belustigt, nachdem Sharma das leere Glas abgetragen hatte.

Ich ging, während wir über diese Dinge sprachen, gerade mit Narayan spazieren, als ein häßliches, indisches Schwein auf Nahrungssuche grunzend auf uns zukam.

»Niedliches Geschöpf«, bemerkte ich scherzhaft.

»Niedlich?« wiederholte Narayan und blickte mich verwirrt an.

»Ein sehr schönes Tier.«

»Dreckig!« entgegnete Narayan hochmütig. »Es eßt Scheiße.«

»Genau wie du«, erwiderte ich.

Einen Moment lang verstand er nicht, was ich meinte, dann wurde er sehr ungehalten. Gab es denn, wollte er wissen, in meinen Augen gar keinen Unterschied zwischen den Exkrementen einer Kuh und denen eines Menschen? Nach tiefem Nachsinnen gab ich zu, daß da ein geringfügiger Unterschied bestand, und legte lachend meinen Arm um seine Schulter. Später kickte er gelangweilt mit dem Fuß einen trockenen Kuhfladen vor sich her, und ich legte meine Hand auf seinen Arm.

»Mit Essen spielt man nicht!« mahnte ich. »Du weißt doch: Wer den Dung nicht ehrt, ist des Brots nicht wert.«

Offenbar fand er diese Witzeleien nicht sehr komisch.

23. April

Ich reite jeden Morgen vor Sonnenaufgang gegen fünf Uhr oder sogar noch früher in den Dschungel. Früher hat es mir großen Spaß gemacht, die Wildnis zu erkunden und dabei Pfauen, Hähern und Papageien, Schakalen und Rehen zu begegnen. Es war ein echtes Erlebnis, zum ersten Mal einen *Chilla*-Baum zu sehen, mit seiner silbernen Rinde und den dicken Büscheln seiner runden Blättchen, die wie blaßgrüne Münzen aussehen. Oder zu sehen, wie der kahle, blattlose *Dhak,* augenscheinlich abgestorben, plötzlich flammenähnliche Blüten hervorbrachte. In dieser Zeit hatte ich das Gefühl, den Morgen sinnvoll genutzt zu haben, wenn mich ein süßer Duft zu dem Baum oder Busch geführt hatte, der ihn ausströmte; oder wenn ich einen seltsamen Vogelschrei mit seinem Urheber in Verbindung gebracht hatte. Ich erinnere mich, wie glücklich ich war, als ich zu meiner Überraschung einen kräftigen, klaren und durchdringenden Ton auf das kleinste Vögelchen zurückführen konnte, das ich jemals gesehen habe. Es hüpfte im schattigen Inneren einer dichten Hecke von Zweig zu Zweig, war dunkelgrün mit einem schwarzen Ring um den Hals und hatte einen langen dünnen Schnabel und ein fast senkrecht aufragendes Schwänzchen. Und wie zufrieden war ich, als mir Seine Hoheit, dem ich jedesmal von meinen Abenteuern berichtete, erzählte, daß es sich dabei selbstverständlich um den Sonnenvogel handele.

»Warum Sonnenvogel, Fürst?« hatte ich gefragt.

»Weil er nur Sonnenstrahlen ißt«, kam die prompte Antwort.

Nun aber habe ich die gesamte Umgegend erkundet und bin es müde, mir alles ganz allein wieder und wieder anzusehen. Die Tatsache, daß ich niemanden habe, ist mir inzwischen sehr bewußt und führt zu einer kleinlichen Reizbarkeit gegenüber allem, was mich zusätzlich darauf aufmerksam macht – das Verhalten meines Hengstes, wenn er auf der Straße einer Stute begegnet; die unerwünschten Fliegen, die meinen Kopf umschwärmen und die ich selbst beim schnellsten Galopp nicht hinter mir lassen kann, wenn ich um sieben Uhr heimkomme. Ungefähr um diese Zeit wird die Sonne so gefährlich, daß sogar der Tropenhelm keinen ausreichenden Schutz mehr bietet, und ich verlasse das Gästehaus daher bis zum Abend nicht mehr.

Und der Staub! Der Staub! Diese Asche einer ausgedörrten Jahreszeit bedeckt alles. Wenn ich heimkomme, sind die Poren meiner Haut von einer dicken Staubkruste bedeckt und verstopft. Ich habe den Staub in Delhi noch in lebhafter Erinnerung, und die überaus aktiven Straßenfeger. Sobald ich mir etwas ansehen wollte, schienen sie plötzlich aus dem Nichts vor mir aufzutauchen und mit ihren Reisigbündeln um sich zu schlagen. Bei ihren tapferen Attacken auf den unbesiegbaren Staub bildeten sich dichte Wolken, die einem die Sicht und den Atem nahmen, nur um sich gleich darauf wieder zu legen, teils dorthin, wo der Staub herkam, teils auf mich. Ich fragte mich, warum man es denn überhaupt aufstören mußte, dieses gräßliche, allgegenwärtige, tiefgraue Pulver? Würde der Wind es nicht wegtragen, der Regen es nicht wegspülen, alles zu seiner Zeit?

Mir war es jedenfalls auf meinem ständig feuchten Gesicht genausowenig willkommen wie auf meinem weißen Leinenanzug, den ich zum Wechseln dabeihatte und der eine ganze Woche halten mußte. Der Staub gelangte sowieso schnell genug von allein dahin, ohne daß man ihm den Weg weisen und ihn dorthin befördern mußte, wie es viele dieser Straßenfeger anscheinend absichtlich taten, wenn ich an ihnen vorbeiging. Vielleicht rächten sie sich an der Welt, zu der sie keinen Zutritt hatten. Oder sie vergnügten sich bloß ein wenig in ihrem eigenen Element – armselig und unberührbar, selber Unrat, der im Unrat herumrührte.

Was mag wohl mein Freund, der Dewan, von all dem halten, mit seiner Zimperlichkeit, was Schmutz und Bakterien betrifft, seiner Abscheu vor den Mündern der andern, seiner Angst vor Speichel in der Teetasse, seinem Ekel vor dem Kuß auf die Lippen? Mit all seinen schrillen Vorurteilen gegenüber europäischen Sitten – wie ergeht es ihm in seinem eigenen Land? Inder sind große Spucker. Hochgewürgter Schleim und wahre Ströme roten Betelsaftspeichels werden beim Gehen ununterbrochen in alle Richtungen gespritzt. Nach meiner Ankunft in Bombay waren mir die Flekken aus hellroter Spucke, die überall zu sehen waren, als erstes aufgefallen. Ich hatte sie zuerst für Blut gehalten, bis ich zu der zwingenden Schlußfolgerung gelangte, daß in diesem Fall beinah jeder dabei war zu verbluten. Und da waren sie, die Straßenfeger von Delhi, und wühlten das alles auf und wirbelten es einem ins Gesicht: den im Staub getrockneten Speichel, anonymen Hustenschleim; man konnte nichts dagegen tun, es stieg einem in die Nase, es drang einem in den Mund. Gebt mir die unhygienischen Sitten Europas! Gebt mir den Freundschaftsbecher! Gebt mir den Kuß!

Die Pferde, die ich gestellt bekomme, stammen aus der Kavallerie des Staates. Ich habe diese Truppe nie in Aktion erlebt (allerdings wird sie vom Dewan angeblich jeden Sonntag vor seinem Haus inspiziert). Nimmt man aber den Zustand der sorgfältig ausgesuchten, unkastrierten Tiere, mit denen ich versorgt werde, als Maßstab, kann es keine besonders furchterregende Einheit sein.

Zur Armee, die als »irregulär« bezeichnet wird, gehören außerdem die Königliche Wache und eine Miliz für Notfälle; alles zusammen etwa fünfhundert Mann. Also nehme ich an, daß die staatliche Kavallerie nicht mehr als zwanzig Berittene zählt.

Seine Hoheit hegt für sein Militär die allergrößte Verachtung.

»In einer Schlacht würden sie alle aus dem Staub fliehen«, bemerkte er.

»Haben Sie heute den Sohn des Friseurs gesehen?« fragte er mich, als wir gestern nachmittag eine Spazierfahrt machten.

»Nein, schon seit vorgestern nicht mehr.«

»Er ist ein Dummkopf-*buchcha*!« bemerkte Seine Hoheit.

»Was ist ein ›*buchcha*‹?«

»Hat Ihr Privatlehrer Ihnen das nicht beigebracht? ›*Buchcha*‹ ist Hindi für ›Baby‹. Ich nenne Sharma mein ›Dummkopf-*buchcha*‹. Immer will er etwas von mir haben. Er will zu viel von mir haben. Das gefällt mir nicht. Sein letzter Wunsch war ein Grammophon. ›Maharadscha Sahib, ich will ein Grammophon!‹ – genau wie ein Baby. Also habe ich ihn aufgezogen. Ich habe gesagt: ›Warum soll ich dir ein Grammophon geben? Du machst es kaputt. Du bist völlig ungebildet. Du kannst weder lesen noch schreiben. Du bist ein Dummkopf-*buchcha*!‹«

Seine Hoheit schüttelte sich vor Lachen.

»Gestern nacht ließ ich ihn rufen, um mit mir zu plaudern. Und was glauben Sie, was er mir ausrichten ließ? ›Ich bin bloß ein Baby, ein Dummkopf-Baby. Ich bin erst fünf. Ich kann nicht reden und nicht vernünftig denken. Laßt mich schlafen!‹«

Er lachte eine Weile glucksend vor sich hin und fragte dann:

»Haben Sie Narayan gesehen?«

»Ja, Fürst.«

»Wann? Wann?«

»Beinah jeden Tag.«

»Worüber redet er?«

Ich lachte.

»Nichts besonderes. Keiner der beiden redet sehr viel. Manchmal sitzen sie eine Stunde lang bei mir und sagen kaum ein Wort. Sie sind keine sonderlich lebhafte Gesellschaft.«

»Sind Sie schon bei Narayan zu Hause gewesen?» fragte Seine Hoheit.

»Ja, er hat mich gerade erst zu sich eingeladen.«

»Wie sah es aus? Hat er Möbel?«

Ich formulierte meine Antwort etwas vage.

»Ja«, erwiderte ich, »ich glaube, er hatte ein paar Möbel.«

»Was für Möbel? Was für Möbel?«

»Oh, da waren ein *Charpai* und ein Stück Teppich und ein Stuhl ...«

»Was für ein Stuhl? Sah er aus wie ein Stuhl aus dem Gästehaus?«

»Ich kann mich kaum daran erinnern. Vielleicht sah er aus wie ein Stuhl aus dem Gästehaus. Warum, Fürst?«

»Die Sache ist die, daß Sharma Möbel aus dem Gästehaus von mir wollte und ich sie ihm geschenkt habe. Jetzt höre ich, daß sie in Narayans Haus stehen.«

»Nun, wenn Sie sie Sharma geschenkt haben, kann er dann nicht damit machen, was er will?«

»Aber, mein lieber Herr! Er hat zu mir gesagt, er wolle sie für sich selbst!«

»Ach so«, sagte ich.

»Ich habe zwei Männer zu Narayans Haus geschickt, die sollen nachsehen, was er dort hat«, bemerkte Seine Hoheit.

»Ich glaube nicht, daß Narayan irgend etwas Unredliches tun würde«, betonte ich. »Ich glaube, Sie machen einen Fehler, wenn Sie ihn verdächtigen.«

»Aber man berichtet mir nur Schlechtes über ihn – die ganze Zeit. Man sagt, er läßt seine verwitwete Schwester bei Sharma liegen. Ist das wahr? Hat er Ihnen das erzählt?«

»Selbstverständlich ist das nicht wahr«, erwiderte ich gereizt und erzählte ihm von meinem Gespräch mit Narayan an jenem Tag, als ich ihn zu Hause besucht hatte. »Vielleicht wäre es sogar gut, wenn es wahr wäre«, fügte ich hinzu.

»Es wäre sehr schlecht«, entgegnete Seine Hoheit streng.

»Nun, es ist jedenfalls nicht wahr«, versetzte ich.

»Aber was soll ich glauben? Ich weiß nicht, was ich tun soll.«

Ich sagte, ich hätte immer angenommen, daß die übliche Prozedur darin bestehe, den Denunzianten die Zunge herauszuschneiden. Doch von dieser Anregung hielt er offenbar nicht viel.

Als ich zum Gästehaus zurückkam, hörte ich jemanden von oben rufen und blickte in die feixenden Mienen Sharmas und Narayans, die vom Dach aus zu mir herunterspähten. Das Dach ist flach und wird von einer niedrigen Mauer gesäumt; ich schlafe dort jede Nacht unter freiem Himmel, und am Abend sitze ich oft dort, um jede Brise zu nutzen, die sich hier herumtreiben könnte. Jetzt stieg ich die breite Steintreppe hinauf und setzte mich zu den beiden Jungen, die bester Laune waren, Betel kauten und miteinander über irgendeinen Witz lachten.

»Na, diesmal habt ihr zwei es ja geschafft«, meinte ich, als ich zwischen ihnen Platz nahm. »Seine Hoheit ist sehr böse auf euch.«

Sobald ich das gesagt hatte, bereute ich es schon. Ihre Mienen verfinsterten sich augenblicklich. Narayan fragte ängstlich, was ich damit meine, und nachdem ich es ihm erzählt hatte, gab er es an Sharma weiter. Dann versanken sie in Schweigen, und ich wußte, daß ich mir einen deprimierenden Abend eingehandelt hatte. Schließlich schlug Sharma vor, er wolle sich auf den Weg machen und herausfinden, was los war, und nachdem das auf Zustimmung gestoßen war, ging er und ließ Narayan düster grübelnd zurück. Ich versuchte mit allen Mitteln, ihm Mut zu machen, aber ohne Erfolg. Bald kam Sharma zurück und berichtete, daß sich ihre schlimmsten Befürchtungen bewahrheitet hätten. Die Spione Seiner Hoheit waren zu Narayans Haus gegangen, sein Vater hatte ihnen Zutritt zu Narayans Zimmer gewährt, und dort hatten sie die Möbel aus dem Gästehaus vorgefunden. Als er uns diese Neuigkeiten überbracht hatte, brach er in Tränen aus.

»Er sagt, er sehr viel angstlich«, meinte Narayan mitfühlend.

Ich nahm Sharmas Hand. Er murmelte etwas mit tränenerstickter Stimme.

»Er sagt, er wünscht sterben«, übersetzte Narayan.

Ich drückte die knochige Hand; sie erwiderte meinen Druck, und abermals klagte seine traurige Stimme.

»Er sagt, er wünscht Sie sagen ein bißchen Trost«, sagte Narayan.

Ich fragte, wie die Möbel in Narayans Zimmer gekommen seien, und erfuhr, daß man sie am Tag vor meinem Besuch meinetwegen dorthin gebracht habe. Sie hatten seitdem die ganze Zeit vorgehabt, sie wieder zu Sharmas Haus zurückzubringen, es dummerweise aber immer wieder hinausgeschoben. Hier begann Narayan ebenfalls zu weinen, wenn auch nicht ganz so geräuschvoll wie Sharma. Ich nahm daher auch seine Hand und sagte, es gebe gar keinen Grund, so ein Theater zu machen, denn Seine Hoheit sei kein Tyrann oder Monstrum. Er glaube bloß, daß sie sich die Möbel auf unredliche Weise verschafft hätten, und wenn sie ihm erklärten, wie und warum sie in Narayans Haus gelangt seien, werde er ihnen nicht mehr böse sein. Aber Narayan verwarf diese einfache Lösung. Das Ganze habe mit den Möbeln überhaupt nichts zu tun, meinte er. Seine Hoheit hasse ihn und suche ständig nach einem Vorwand, ihn in Verruf zu bringen, weil er mit Sharma und mir befreundet sei.

Es war das erste Mal, daß ich hörte, wie jemand respektlos über Seine Hoheit sprach, und ich erklärte, das sei alles Unsinn.

25. April

Narayan verkehrt mit seiner Frau jede zweite oder dritte Nacht. Sie ist vierzehn und er zwanzig, und seit drei Jahren sind sie verheiratet und leben zusammen.

In den ersten zwei Jahren habe er ihr zu häufig beigewohnt; sie hatten oft zwei- oder dreimal am Tag Verkehr, und er fand, daß sei seiner Gesundheit abträglich. Sie war damals fast zwölf und er siebzehn. Er hatte schon vor ihr viele Affairen mit anderen Mädchen gehabt, in seinem sechzehnten Lebensjahr, und hat auch seitdem wieder viele gehabt. Sie ist nicht schön, und er liebt sie nicht besonders.

Es war später Vormittag, und wir saßen bei mir im Zimmer, als er mir das erzählte.

Ein trübes, grünliches Licht schimmerte durch die Grasmatte in der Tür, die in kurzen Abständen von außen mit Wasser bespritzt wurde, und der süße Duft des Grases hing in der Luft. Es war, sagte ich, für ein erst elfjähriges Mädchen doch sicher schädlich, sexuell aktiv zu werden? Aber er widersprach. Mädchen seien für das Ehebett reif genug, sobald sie Brüste bekämen.

»Aber hat ein elfjähriges Kind denn schon Brüste?« fragte ich.

»Ja. Kleine, kleine. So groß. Wie Zitrone.«

»Wie alt ist Sharmas Frau?«

»Zwölf.«

»Und hat sie schon Brüste?«

»Ja. Wie Zitrone.«

»Wohnt er ihr bei?«

»Ich weiß nicht.«

»Du weißt es nicht?«

»Ich ihn nicht frage. Wenn ich frage ihn, er hat viel Scham.«

»Warum sollte er viel Scham haben?«

»Ich weiß nicht.«

»Woran siehst du, daß er sich schämt?«

»Er dreht weg sein Kopf.«

»Ach, Sharma!« sagte ich lächelnd. »Er ist wirklich kein schamloser Junge, oder?«

»Er ist Liebesjunge von Maharadscha Sahib«, sagte Narayan.

»Ist er das gerne?« wollte ich wissen.

»Nein, ist nicht gern.«

»Warum tut er es denn?«

»Ich weiß nicht. Er ist nicht gar gekocht.«

»Du findest das auch nicht gut, oder?«

»Nein, ich mag nicht. Es ist schlecht, falsch. Aber was ich kann tun?«

Swissssch! klatschte das Wasser an die Grasmatte, swissssch, swissssch. Ich schloß schläfrig die Augen.

»*Sie* einmal hatten viel Liebe zu Sharma«, meinte Narayan nach einer Pause und lächelte.

»Was hat er dir erzählt?« fragte ich.

»Er mir sagt: ›Der Sahib versucht mich küssen.‹«

»Und was hast du gesagt?«

»Ich sage, er muß Sie küssen, wenn Sie wollen.«

»Wenn ich im Hof meines Palasts ein Zelt aufstellen lasse«, erkundigte sich Seine Hoheit bei mir, »werden Sie dann aus Ihrem Haus ausziehen und dort wohnen? Ich werde Ihnen trotzdem eigene Diener geben, und Sie werden es dort sehr bequem haben.«

Das war ziemlich heikel.

»Wäre ich Ihnen denn dort mehr von Nutzen, mein Fürst, als ich es jetzt schon bin?«

»Ja, denn wenn mir irgendwelche Fragen einfallen in der Nacht, kann ich gleich zu Ihnen kommen.«

Armer kleiner König. Hätte er diese Einladung zu einem früheren Zeitpunkt meines Aufenthalts ausgesprochen, hätte ich sie mit Freuden angenommen. Aber nun, in dieser Hitze, war ich mir gar nicht so sicher, ob ich in einem Zelt leben und nachts ständig geweckt werden wollte wie der verstorbene Poeta Lorelatus und der Hofmaler, um über Pragmatismus und Marie Corelli zu diskutieren. Vielmehr war ich mir sogar ziemlich sicher, daß ich es nicht wollte. Ich wußte bereits aus verschiedenen Quellen, ihn selbst eingeschlossen, daß er einen leichten und unberechenbaren Schlaf hatte und sich in den frühen Morgenstunden, ganz nach Lust und Laune, ziemlich ausgiebig im Palast herumtrieb. So hatte man ihn manchmal dabei beobachtet, wie er auf der kürzlich installierten Sonnenuhr im Hof im Mondlicht die Zeit abzulesen versuchte. Ich rechtfertigte also meine Ablehnung, so gut es eben ging. Jedenfalls war er nicht gekränkt, denn er sagte: »Ich werde Sie nicht lassen, Mr. Ackerley. Ich werde Sie jetzt nicht lassen. Wie kann ich Sie bei mir halten? Wird es Ihnen möglich sein, jedes Jahr für sechs Monate zurückzukommen? Ich werde Ihnen die Überfahrt bezahlen und Ihnen monatlich eintausend Rupien geben. Wird das reichen?«

Am Abend ging ich mit Sharma hinunter zur Karawanserei vor dem Stadttor, wo wir uns mit Narayan verabredet hatten; und dort sahen wir den größten Stier, den wir beide je zu Gesicht bekommen hatten. Er war vor einen Wagen gespannt und kam, wie wir erfuhren, aus Deogarh. Sein Wert wurde mit einhundertsechzig

Rupien angegeben, anstelle der sonst üblichen fünfzig oder sechzig. Und doch sei das Tier kein perfektes Exemplar seiner Gattung, meinte sein Besitzer; es sei zu fett und habe zu lange Beine. Aber wie herrlich sah es aus!

Voller Staunen und Bewunderung betrachtete ich den riesigen, weißen Marmorleib und das ruhige, majestätische Haupt. Wie friedfertig die langen, schlaffen Ohren! Wie schön die Falten der schweren Wamme und der sanften Kinnbacken! Über der breiten, gerundeten Stirn erhoben sich zwei schwarze, nach innen gebogene Hörner, und die großen, dunkel leuchtenden Augen, die weit auseinanderstanden, hatten eine feine schwarze Umrandung, als seien ihre schweren Lider mit Ruß gezeichnet. Eine zweifache Stirnfalte über beiden Augen verlieh dem großen, weißen Gesicht den Ausdruck von ernster Weisheit und Güte. Durch die dunklen Nüstern war ein Strick gezogen. Kein Wunder, dachte ich, daß man diese Tiere verehrt und die Kühe für den Sitz des Schöpfers und Erzeugers hält. Ich warf einen Blick zu Sharma hinüber. Auch er war völlig in den Anblick des Tieres versunken, und ich sah den Ausdruck von Ehrfurcht in seinen großen, dummen Augen und unter seiner Weste und seinem *Dhoti* die flüchtigen Umrisse seines tierhaften Leibes.

»Ach, meine prächtigen jungen Stiere!« dachte ich.

27. April

Die armen Frösche befinden sich bei diesem Wetter in einer schlimmen Lage. Die meisten Teiche – oder Wasserspeicher, wie man sie hier nennt – sind fast völlig ausgetrocknet, und man sieht eine Unzahl von Froschköpfen, die wie Kieselsteine aus dem seichten schwarzen Wasser herausragen. Sie veranstalten ununterbrochen einen Höllenlärm, denn sie bekommen von den Reihern häufigen und unwillkommenen Besuch. Diese brauchen sich bloß ins Wasser zu stellen und so viele Frösche hinunterzuschlingen, wie sie lustig sind, ohne sich dabei auch nur einen Zoll bewegen zu müssen. Das bloße Austrocknen der Gewässer wird den Fröschen dagegen nicht zum Verhängnis, weil sie sich wie die Fische im Schlamm eingraben und ausharren, bis die Regenfälle sie wieder befreien. Doch viele von ihnen sind zweifellos jung und unerfahren und erkennen die Gefahr zu spät, wenn ihre Behausung aus unerfindlichen Gründen plötzlich immer enger wird. In der Mitte der Pfütze, die alles ist, was momentan von einem einstmals hübschen Teich übriggeblieben ist, beobachtete ich einen Reiher, der zwischen ihnen auf seinen langen, dünnen Beinen aus dem Boden wuchs. Er sah übersättigt und gelangweilt drein und schien für das lärmende, verzweifelte Gequake um sich herum taub zu sein. Plötzlich jedoch stieß er mit seinem Schnabel hinein und holte einen Frosch an einem Hinterbein hervor. Ich klatschte in die Hände, in der Hoffnung, ihn so zu erschrecken, daß er das Tier fallen lassen würde, aber er flog auf und trug den Frosch mit sich davon.

»Na, ich hoffe, es ist Ihnen mittlerweile heiß genug, Fürst«, sagte ich zu Seiner Hoheit, als wir gestern nachmittag spazierenfuhren.

»Es ist sehr heiß«, sagte er.

»Wird es noch viel heißer?« erkundigte ich mich.

»Mein lieber Herr, es wird noch *sehr* viel heißer. *Sehr* viel! Bald werde ich in einem Haus aus *Khus*-Gras schlafen, und wenn ich dann frühmorgens aufstehen muß, um ein natürliches Bedürfnis zu befriedigen«, – er machte eine eindrucksvolle Pause – »werde ich hinterher *völlig* erschöpft sein!«

Er war ganz und gar nicht guter Dinge. Sein Theaterdirektor, erklärte er, habe ihn gestern davon unterrichtet, daß Napoleon der Dritte Lepra habe. Der Junge hatte mit Schießpulver herumgespielt und am Bein Verbrennungen erlitten, und der Theaterleiter, der sich die Wunde angesehen hatte, war sehr besorgt, da (wie er sagte) Wasser aus der Wunde käme statt Blut oder Eiter. Das könne nur eines bedeuten: Napoleon der Dritte habe Lepra.

Selbstverständlich war Seine Hoheit hierüber äußerst bestürzt und konnte eine Nacht lang nicht schlafen. Doch am Morgen erklärte der Arzt alles für Unsinn – es gebe keine Spur von Lepra.

Es sei nicht das erste Mal, murmelte Seine Hoheit, daß sein Theaterdirektor sich geirrt habe. Schon einmal habe er ihm einen Fall von Lepra unter der Dienerschaft des Palastes angezeigt, doch das Ganze habe sich als ein Furunkel erwiesen.

»Er faselt immer nur drauflos!« bemerkte Seine Hoheit verdrießlich.

Hierauf versank er in Schweigen. Dann fragte er:

»Was soll ich Gott sagen, wenn ich Ihm gegenüberstehe? Was soll ich Ihm wegen meiner Sünden sagen?«

»Ich würde das Wort nicht erwähnen«, riet ich. »Er wird Ihr Leben am besten beurteilen können. Wenn Sie überhaupt etwas sagen wollen, dann würde ich sagen: ›Du hast uns unvollkommen, also schwach, in diese Welt geschickt. Mit meinem Leben habe ich, unter diesen Umständen und nach Maßgabe meines Naturells, alles getan, um glücklich zu werden. Aber ich wußte noch nicht einmal, was Glück bedeutete oder wo ich danach suchen sollte, und während ich noch auf der Suche war, bin ich wohl ein bißchen durcheinandergekommen.‹«

Dies schien ihn beträchtlich aufzumuntern, und ich mußte es ihm zweimal wiederholen, was ich auch tat, allerdings nicht ganz ohne Bedenken.

Vor ein paar Tagen erschien Abdul mittags um zwei Uhr, als ich gerade eine Siesta hielt, um mir einen Besuch abzustatten. Man brachte mir ein Stück Papier mit seinem Namen darauf und der Bitte, ihm ein wenig von meiner »kostbaren Zeit« zu schenken. Das Wort »kostbar« war erst im nachhinein über der Zeile hinzugefügt worden.

Wenn man etwas braucht, um schlechte Laune zu rechtfertigen, kommt einem alles gelegen. Ich fühlte mich schwach und unwohl, und das nachträglich eingefügte »kostbar« erfüllte mich mit Verdruß. Ich gab Anweisung, ihn fortzuschicken, und fügte hinzu, er könne ja in den kühlen Abendstunden zurückkommen, wenn er wolle. Mein Ton war ziemlich rüde. Er kam an diesem Tag nicht mehr zurück. Heute nachmittag jedoch erschien er erneut. Aber er ging das Risiko einer vorherigen Ankündigung nicht ein. Ich kämpfte mich gerade mit Hilfe eines Wörterbuchs durch einen französischen Roman, als er plötzlich in meiner Wohnzimmertür stand; es war etwas kühler, und ich hatte probeweise meine Grasmatte entfernen lassen.

»Guten Tag, Mr. Ackerley. Darf ich eintreten?«

Ich war zu überrascht, um etwas einzuwenden, und deutete auf einen Stuhl.

»Ich komme nicht, um über meine eigenen Angelegenheiten zu sprechen«, versicherte er mir. »Ich wollte Sie neulich besuchen, aber Sie haben mich weggeschickt, Sie haben mich abgewiesen – aber egal – auf sehr schlimme Weise – aber egal. Aber – äh – ich wünsche nicht von mir sprechen.«

Ich hatte ebenfalls nicht den Wunsch, über ihn zu sprechen, doch es erübrigt sich wohl zu sagen, daß wir natürlich bei just diesem Thema landeten – indem die übrigen Mitglieder seiner Familie einer nach dem anderen abgehandelt und ausgeschieden wurden.

Der wichtigste Anlaß seines Besuchs, so stellte sich heraus, war eine unbedeutende Bitte – nichts, was mit seinen eigenen Angelegenheiten zu tun hatte: Könnte ich von seinem Sohn ein Photo machen? Das sei der Wunsch, den der Kleine an mich richte. Er spreche häufig vom »Sahib«.

Es täte mir sehr leid, erwiderte ich, aber der Photoapparat sei mir nur geliehen worden und befinde sich bereits wieder bei seiner Besitzerin in Rajgarh. Aber ich könne ihn mir doch noch einmal ausleihen, meinte er, bloß für ein Photo von seinem kleinen Sohn! Das könne ich nicht, antwortete ich, denn ich hätte Grund zu der Annahme, daß die Besitzerin ihn mir nicht ein zweites Mal ausleihen würde.

»Ah, leider, leider«, murmelte Abdul und versuchte, nach diesem unerwarteten Rückschlag seine Pläne neu zu ordnen, während er sein Augenmerk auf den Teppich konzentrierte.

»Mr. Ackerley, nächste Woche, in ein paar Tagen, ist ein großes mohammedanisches Fest, und ich habe eine Einladung meiner *Mutter* für Sie, an diesem Tag zu uns zu kommen und unser Gast zu sein.«

Er blickte mich mit einem gewinnenden Lächeln an.

»Vielen Dank«, sagte ich. »Meine Empfehlungen an Ihre Mutter, und bitte sagen Sie ihr, sie möge mich entschuldigen.«

Er war verblüfft! Er war schockiert!

»Aber meine *Mutter* hat Sie eingeladen, Mr. Ackerley! Sie können nicht absagen! In Indien das ist sehr schlecht. Sie wird viel enttäuscht sein, denn sie hat sich von Herzen darauf gefreut!«

Ich schüttelte den Kopf. Aber wie könne er denn mit so einer Nachricht nach Hause kommen, wollte er wissen. Das könne er nicht. Er könne es nicht über sich bringen, seine Mutter zu enttäuschen. Ich *müsse* kommen – nur ganz kurz, nur für zehn Minuten, zu welcher Tageszeit auch immer. Ich bräuchte nicht viel zu essen – nur ein Konfekt oder zwei. Er würde mir ein Pferd mitbringen, eine Kutsche, auf eigene Kosten; jawohl, das habe er ohnehin vorgehabt. Ich dürfe nicht ablehnen.

Und nicht nur seine Mutter, sondern auch seine Frau und sein kleiner Sohn! Sie alle erwarteten mich. Der Kleine frage oft nach »dem Sahib« und betrachte voller Liebe das Photo »des Sahib«. Ich dürfe sie nicht enttäuschen...

Ich fuhr fort, den Kopf zu schütteln.

»Hören Sie auf. Hören Sie auf«, wiederholte ich. »Bringen Sie nie die gleiche Bitte zweimal vor.«

»Aber Mr. Ackerley, warum wollen Sie unsere Feste nie mit Ihrer Gegenwart beehren? Sie sind schlecht zu mir. Sie lieben mich nicht. Aber Sie müssen mich lieben, denn ich liebe Sie und trage Sie immer in meinem Herzen.«

»Es hat keinen Zweck, Abdul«, sagte ich. »Sie haben mich nie geliebt.«

»Bei Gott, das habe ich getan und tue es noch.«

»Das ist nicht wahr.«

»Ach«, meinte er, »Sie sind Engländer und wissen nichts von Liebe.«

Hierauf nahm er meinen französischen Roman zur Hand und begann laut und mit unverständlicher Aussprache daraus vorzulesen und meine Kenntnisse abzuprüfen.

»Gehen Sie jetzt, Abdul«, sagte ich.

Er ließ beinahe das Buch fallen.

»Gehen Sie? Mr. Ackerley, was heißt das? Sie sind sehr schlecht zu mir. Sie können nicht sprechen auf diese Weise: ›Gehen Sie!‹ In Indien findet man das sehr schlecht. Sie sagen erst, ich darf kommen und Sie besuchen, und ich bin nicht einmal zehn Minuten dagewesen, und Sie sagen, ich soll gehen!«

»Wieviel länger hatten Sie denn vor zu bleiben?« fragte ich.

»Solange ich will«, erwiderte er mit einem frechen Lächeln. »Es ist ja meine Sache.«

»Sie haben alles gesagt, was Sie zu sagen hatten.«

»Nein, ich habe nicht. Ich wünsche Sie zu bitten, ob Sie mich dem Politischen Berater empfehlen werden – oder irgend jemand anderem – sich die Mühe machen – für mich von großem Nutzen, und Gott wird es Ihnen danken, und ich werde an Sie denken mein Leben lang...«

»Gehen Sie! Gehen Sie!« schrie ich aufgebracht.

Er hastete zur Tür und erkundigte sich dann aus dieser strategisch günstigen Position, die ihm den Fluchtweg nach hinten offen hielt:

»Warum muß ich gehen?«

»Weil ich es sage.«

»Aber ich darf wiederkommen? Sie haben gesagt, ich darf Sie ab und zu besuchen – alle drei oder vier Tage...«

»Lassen Sie sich anmelden, und ich schicke Ihnen meine Antwort.«

»Sehr wohl, Mr. Ackerley. Und dankeschön – *vielen* Dank.«

Er stand stocksteif, legte die Hand an seinen Tarbusch und machte einen ruckartigen kleinen Bückling.

Beim Frühstück heute morgen erwischte ich eine besonders hartnäckige Fliege. Sie fiel mit gebrochenem Flügel und zweifellos einigen inneren Verletzungen zu Boden und strampelte, auf dem Rücken liegend, verzweifelt mit ihren schwarzen Beinchen. Ich blickte auf sie hinab mit gleichsam indischen Gewissensbissen oder doch mit jenem furchtsamen Mitgefühl, das wir wahrscheinlich sogar für unseren schlimmsten Gegner empfinden, wenn ihm unser aller Erzfeind naht.

Ganz in der Nähe hatte eine Ameisenkolonie ihr Zuhause, und es gab ein großes Kommen und Gehen vor dem Eingang, durch den die Kolonisten die von meinem Tisch herabgefallenen Brotkrumen in ihre Vorratskammern beförderten. Sie rannten auf ihre spasmodisch spurtende, zuweilen ziemlich erratische Weise hin und her, als verließen sie sich auf etwas anderes als ihr Sehvermögen, und verschwanden dann mit ihren Lasten in ihrer geheimnisvollen Unterwelt, deren Eingang eine schmale Ritze zwischen den Steinplatten meiner Veranda bildete. Oder sie quollen, manchmal gleich zu Dutzenden, plötzlich hervor, wie eine dunkle Rauchwolke, oder als seien sie allesamt mit einem Aufzug heraufbefördert worden.

Der Aufprall der verwundeten Fliege, beinah genau in ihrer Mitte und, wie man annehmen sollte, mit einem ziemlich ohrenbetäubenden Krachen, schien sie nicht im mindesten aus der Fassung gebracht zu haben. Denn ein paar unbeladene Ameisen kamen auf ihren unermüdlichen Hin- und Rückwegen einige Male recht nah an ihr vorbei, ohne sie offenbar überhaupt zu bemerken, wiewohl ihre eigenen kleinen Geräusche, das Geschlurfe und Getrappel von Ameisenfüßchen und das Gellen von Ameisenstimmchen, sicher von dem höllischen Spektakel der Fliege deutlich übertönt wurde.

Schließlich jedoch näherte sich eine einzelne Ameise dem gefallenen Koloß. Sie wurde sofort durch eine krampfartige Bewegung der strampelnden Beine abgewehrt. Aber sie ließ sich nicht abschrecken. Mit bemerkenswertem Mut, wie mir schien, kehrte sie zurück und warf sich, sozusagen im Alleingang, mutig auf die Fliege. Ein furchtbarer Kampf entbrannte, dessen Einzelheiten ich nicht klar erkennen konnte, doch die Ameise schien sich am Kopf der Fliege festzuklammern, vielleicht mit der Absicht, ihr die Augen auszureißen. Wieder wurde sie abgewehrt, und wieder ging sie an der gleichen Körperstelle zum Angriff über und wurde dann so weit fortgeschleudert – gute zwei Zoll weit –, daß sie offenbar zu dem Schluß kam, daß diese Aufgabe für eine einsame Ameise zu groß war und man daher Hilfe holen mußte. Bald darauf kam sie (freilich kann ich ihre Identifizierung nicht beeiden) mit einigen Kameraden zurück. In höchst professioneller Weise teilten sie ihre kleine Truppe auf. Einige kletterten flink auf die Fliege hinauf, deren Widerstand, sicher infolge ihrer gerade überstandenen Anstrengungen, schwächer und schwächer wurde. Andere krabbelten unter sie, um sie vom Stein zu lösen, an dem sie mit ihrem eigenen Blut festklebte. Nachdem das erledigt war, begann ein einzelnes Mitglied der Truppe die Fliege an einem Flügel hinter sich her zu schleifen – ein bemerkenswerter Kraftakt –, während ihre Beine immer noch ruderten und zuckten.

Als ich auf diese grausige Szene hinuntersah, fühlte ich mich plötzlich nach Frankreich in die Morgendämmerung des 3. Mai 1917 zurückversetzt. Unter Feindbeschuß versuchte ich mit meinem Burschen gegen die deutschen Stellungen in dem Dorf Cérisy vorzurücken. Es war noch halb dunkel, und wir folgten unserem Sperrfeuer einen Hügel hinauf, indem wir in kurzen Spurts von einem Granattrichter zum nächsten hetzten, sobald sich der Feuervorhang hob und sich weiter vorwälzte. Als ich mit meinem Burschen, auf den ich stolz war und den ich sehr mochte, in einem der Trichter dieses Infernos kauerte, bemerkte ich auf der sich im Dämmerlicht scharf abzeichnenden Hügelkuppe, ungefähr fünfzig Yards vor uns, ein seltsame Bewegung, und nachdem ich eine Zeitlang wie gebannt hingestarrt hatte, erkannte ich darin die wedelnden Armbewegungen eines Mannes, wahrscheinlich eines verwundeten Deutschen, der auf dem Rücken liegen mußte. Seinen Körper konnte ich nicht sehen, nur seine Arme, die sich hoch in die Luft reckten und wieder herabfielen, sich hochreckten und wieder fielen, in einem überaus bizarren und zugleich trostlosen Rhythmus, wie bei einem Mann, der sich – in Zeitlupe – warmzuhalten versucht, oder wie die letzten Flügelschläge eines sterbenden Vogels oder wie das schwache Geruder dieser Fliegenbeine. Dann merkte ich, daß mein Bursche den Trichter verlassen hatte und den Hügel hinaufhastete. Ich war verblüfft und wütend; er war streng dazu verpflichtet, an meiner Seite zu bleiben. Ich schrie ihm nach, aber er beachtete es nicht – wenn er mich denn in diesem Höllenlärm überhaupt gehört hatte. Was in aller Welt hatte er vor? Es wurde mir nur zu bald grausig klar. Offenbar völlig unbeeindruckt von der Gefahr, die sich, als er sich unserem Sperrfeuer näherte, noch verdoppelte, erschien er als Silhouette vor den aufblitzenden Explosionen am Hügelkamm, und ich sah, wie er den verwundeten Deutschen erreichte, sich über ihn beugte, seine Gewehrmündung in dessen Leib stemmte und abdrückte. Die emporgereckten Arme hielten einen Moment inne, dann fielen sie hinab. Noch immer hatte ich nicht begriffen. Dann kam mein Bursche mit einem tief befriedigten Lächeln auf seinem wohlgeformten Gesicht zurückgeschlendert und hielt mir einen deutschen Offiziersrevolver, Feldstecher, Armbanduhr und Zigarettenetui zur Begutachtung entgegen. Er hatte den Verwundeten ermordet, um ihn auszuplündern. »Souvenir!« sagte er und lächelte mich an.

Als die Ameise die Fliege bis an den Eingang ihrer unterirdischen Behausung gezerrt hatte, eilten andere Ameisen hinzu, um ihr beim Hereintragen zu helfen. Doch die Fliege war für den schmalen Spalt zu sperrig. Nachdem einige Versuche, sie durchzuquetschen, fehlgeschlagen waren, wurde sie, noch lebend, zügig zerstückelt und portionsweise in die Unterwelt geschleift.

29. April

Ich kann nicht sagen, ob Kleidungsstücke in Chhokrapur jemals ausgebessert werden; europäische Ware scheint man jedenfalls so lange zu tragen, bis sie sich, wie die Weste von Babaji Raos Tongafahrer, allmählich in Nichts auflöst. Der Hofschneider, ein hagerer Mann mit Drahtbrille, hat mit Socken ganz sicher keinerlei Erfahrung. Mein eigener Bestand war, wie ich neulich feststellte, *in extremis,* und so schickte ich ihm vier Paar zum Stopfen. Er brachte sie erst nach gut einer Woche zurück und murmelte, während er sie passenderweise vor meinen Füßen ausbreitete:

»Huzoor! Es war sehr schwierig.«

Nachdem ich sie inspiziert hatte, zeigte ich sie Babaji Rao, der zu diesem Zeitpunkt noch bei uns war.

»Wozu in aller Welt soll das seiner Meinung nach gut sein?« fragte ich.

Er hatte die Löcher in den Socken nicht zusammengezogen, sondern mit unendlicher Geduld und Sorgfalt mit einem über die Maßen feinen Spinnenwebnetz aus Fäden überzogen, so daß die Farbe meiner Haut deutlich sichtbar war, als ich die Socken über meine Hand streifte.

»Er sagt, er habe sein Bestes getan«, übersetzte Babaji Rao, »und möchte nur dann bezahlt werden, wenn Sie zufrieden sind.«

»Und *wenn* ich zufrieden bin?«

»Soviel Sie für richtig halten. Aber Ihre Zufriedenheit ist ihm am wichtigsten.«

Diese Angelegenheit war, dachte ich, insgesamt zu delikat, um mit der Wahrheit zu kommen. Und so bekundete ich Zufriedenheit und gab Geld und überließ es meinen Nachfolgern, Korrekturen und Verbesserungen anzubringen. Und nun fällt mir auf, daß diejenigen Chhokrapurianer, die Socken und Kniestrümpfe tragen, sie nicht stopfen lassen. Ein Loch erinnert sie lediglich daran, daß bald ein neues Paar vonnöten sein wird, und wenn das Loch solche Ausmaße angenommen hat, daß der größte Teil von Sohle und Ferse verschlissen sind, wird das neue Paar gekauft und, um seine Lebensdauer zu verlängern, unter dem alten getragen. Auch Schuhe werden nie geflickt. Der Bauer trägt einen für diese Provinz typischen Schuh, mit nach oben gebogener Kappe und vorn einem großen Lederschild, der ihn bei der Feldarbeit vor Schlangen und Skorpionen schützt. Der Schuh ist sehr billig, und es würde sicher mehr kosten, ihn reparieren zu lassen, als sich ein neues Paar zu kaufen. Narayan und Sharma, stets beschuht, aber selten bestrumpft, würden solche Pantinen natürlich nicht tragen; sie favorisieren momentan einen amerikanischen Schuh, der für breite indische Füße an der Spitze viel Raum läßt und den man für sechzehn Shilling das Paar in Bombay bekommen kann. Er heißt »Derby«, und diese beiden Jungen tragen ihre »Derbys«, bis sie nur noch Wrackteile unter ihren Füßen haben, und dann kaufen sie sich ein neues Paar.

Hindus brauchen keine Möbel; sogar das Bett *(Charpai)* ist nur ein Luxusartikel der Reichen, der eigentlich entbehrlich ist und den man durch etwas Stroh und eine Decke ersetzen kann. Stühle und damit Tische werden in Chhokrapur hingegen kaum benutzt, und wenn, dann ohne Behagen. Ist man vom Stehen müde, setzt man sich auf die Hacken, wie es auf der Zeichnung von Habib zu sehen ist.

In dieser Haltung können die Leute stundenlang verharren, essen oder (auf dem Boden) Briefe schreiben. Sie ist sehr ökonomisch, und es ist daher eigentlich schade, daß die Europäer verlernt haben, ihre Beine auf diese einfache Weise zu benutzen, und sich statt dessen Besitztümer und die damit zusammenhängenden Klassenunterschiede aufgebürdet haben – verschiedene Sitzmöbel für verschiedene Hinterteile. Sicher liegt das auch an der Kleidung; aber nun, da man die Hosen so viel weiter trägt, gibt es eigentlich keinen Grund mehr, warum wir uns nicht mit ein wenig Übung wieder angewöhnen könnten, uns auf die Hakken zu setzen. Das wäre sehr praktisch, wenn man Schlange steht oder auf der Straße plötzlich müde wird. Und vielleicht würden wir uns dann im Laufe der Zeit von jenen Besitztümern trennen, die uns heute unentbehrlich erscheinen.

Narayan sitzt, wenn er mich besucht, auf einem Stuhl neben mir. Es dauert jedoch nie lange, bis ihm das unbequem wird und er seine Füße auf die Sitzfläche zieht. So auch heute morgen, und dabei bemerkte ich, daß er um jeden großen Zeh ein Stückchen Schnur gebunden hatte.

»Wozu ist das gut?« fragte ich und zeigte darauf.

»Ich habe einen Schmerz in meine Hoden.«

Er erklärte mir, daß sein Vater, der Arzt ist, ihm gesagt habe, dies sei ein gutes Mittel, da es zwischen den Hoden und den großen Zehen eine Verbindung gebe. Und bei dieser Gelegenheit meinte er nach einer Pause:

»In Ihr Wasser war Samen heute morgen.«

»Tatsächlich? Und woher weißt du das?«

»Die Frau, die fegt; sie zeigt Topf zu Hashim und mir, bevor sie leermacht«, erwiderte er ernst.

»Aha. Und welche Schlüsse ziehst du daraus?«

»Sie hier sagen, Sie sind ein *Sannyasi.*«

»Was ist das?«

»Er ist ein Mann, der gibt alle weltliche Dinge auf, alles, alles.«

»Na, das bin ich nicht, das kann ich dir versichern«, erwiderte ich.

»Ich glaube ja«, sagte er.

Niemand würde bei ihrem Anblick vermuten, daß die Eichhörnchen heilige Tiere sind. Sie sind es aber.

Krischna liebte sie, erzählt Narayan, und holte sie vom Baum herunter und nahm sie auf den Arm und streichelte sie.

Deshalb haben sie auf dem Rücken von Kopf bis Schwanz vier dunkle Streifen. Krischna hatte nämlich, wie der Name schon sagt, eine sehr dunkle Hautfarbe, und diese Streifen stammen deshalb von seinen Fingern. Seine Hoheit, mit dem ich heute nachmittag eine Spazierfahrt machte, hatte von dieser Legende jedoch noch nie gehört und war skeptisch. Selbstverständlich sei das Eichhörnchen heilig, meinte er, aber doch deshalb, weil Hanuman, der Affenköpfige, einmal seine Gestalt angenommen habe, als er sich aufmachte, um Ramas Frau vor dem Dämon Ravana zu retten.

»Warum hat der Bulbul ein rotes Hinterteil?« fragte ich.

»Das sind *Angestellte*«, entgegnete Seine Hoheit prompt. »Sie gehören zur Kaste der Kayastha oder *Angestellten,* und das sind alle Gauner, und Gott hat sie verflucht und ihnen rote Hinterteile gegeben, damit sich alle anderen Vögel über sie lustigmachen.«

Narayan hatte von dieser Legende noch nie gehört und war skeptisch.

Vor kurzem war Vollmond, und ich ging jede Nacht vor dem Schlafengehen hinaus, um vom Raj Ghat auf die Palastgebäude hinüberzublicken. In der glatten Wasserfläche des Sees, der im Gegensatz zu den kleineren Teichen nur geringfügig eingetrocknet war, spiegelte sich die kurze Front der niedrigen, weißen Gebäude am anderen Ufer, ihre Kuppeln, *Chhatris* und Minarette, eingerahmt von dichtbelaubten Bäumen – aber es war nur ein verschwommenes Spiegelbild, so als sei der oberhalb des Wassers noch scharfe Kontrast zwischen Mondlicht und Schatten unten im Wasser zerronnen. Alles war so friedlich und so still. Die Luft war schwer vom süßen Duft der *Sajna*-Bäume, in deren Schatten die Kühe ruhig im Staub lagen. Über ihnen schimmerten die Glühwürmchen. Frösche und Grillen erfüllten die Nacht mit leisen Geräuschen, und nur der große strahlende Mond ergoß sein gleißendes Licht über die Welt. Kein Kräuseln, keine Welle störte jene andere Stadt unter dem glitzernden Wasserspiegel, die mir manchmal fast realer erschien als die darüber.

»Vier Tage Mondlicht – dann Finsternis«, sagen die Hindus betrübt, wenn sie das Leben bedenken.

1. Mai

»Was hat das zu bedeuten?« fragte Seine Hoheit düster und warf mir einen langen Briefumschlag in den Schoß.

Er enthielt ein Schreiben mit dem Briefkopf »Bureau für Universale Astrologie & Statistik, Indore« und gab vor, den Gesundheitszustand Seiner Hoheit bis zum Ende seines jetzigen (achtundfünfzigsten) Lebensjahres graphisch darzustellen, mit Voraussagen bis zum Ende seines einundsechzigsten Jahres. Es war ein bemerkenswertes Dokument, voller Fehler und schlecht getippt; man hatte blaue und rote Tinte sowie besonderes Geschäftspapier verwendet, das am Rand mit Anzeigen gefüllt war.

»Möge es Ihro huldreichen Hoheit gefallen ...« begann es und ging dann auf eine Weise weiter, die kaum dazu angetan war, etwas Derartiges zu bewerkstelligen.

Vom Beginn seines achtundfünfzigsten Lebensjahres an werde der Maharadscha einen allmählichen Verfall seiner Kräfte und seiner Gesundheit erleiden, eine Entwicklung, die sich einige Jahre lang unvermindert fortsetzen und zum Ende seines einundsechzigsten Lebensjahres kulminieren werde, wahrscheinlich mit seinem Tod. Zu diesem Zeitpunkt, bemerkte der Schicksalsprognostiker, würden aus dem einen oder anderen Grunde alle seine Organe – Herz, Lunge, Nieren, Leber, Gehirn et cetera – von einer derartigen »Verstopfung« heimgesucht, daß sie ihre Funktionen einstellen würden. Man könne vieles tun, um dieses fatale Datum hinauszuschieben: Diät halten, böse Geister besänftigen und das System reinhalten »mit Hilfe eines Einlaufs oder Klüstiers«.

Allerdings, meinte der Verfasser, brauche er sich während seines achtundfünfzigsten Lebensjahres noch keine Sorgen zu machen – aber das ist für Seine Hoheit, da er schon fast neunundfünfzig ist, nur ein schwacher Trost.

In diesem Jahr würden ihn diverse harmlose Unpäßlichkeiten wie zum Beispiel leichte Fieberanfälle, Husten, Erkältungen und Furunkel plagen. Dies seien aber nur die ersten Symptome des großen Verfalls; in seinem achtundfünfzigsten Lebensjahr werde ihm noch nichts Ernstes widerfahren.

Damit er wisse, wann er mit diesen Furunkeln und Erkältungen zu rechnen habe, hatte der Verfasser sie in etwa datiert, indem er das gesamte achtundfünfzigste Lebensjahr Seiner Hoheit vom letzten August an in Krankheitsphasen und Perioden des Wohlbefindens aufgeteilt hatte.

Demnach werde er zwischen dem 12. August und dem 27. September kränkeln, sich vom 27. September bis zum 9. Oktober wieder guter Gesundheit erfreuen, vom 9. Oktober bis 6. November abermals kränkeln und so fort. Mir fiel auf, daß die gesunden Zeiträume kurz waren; einer erstreckte sich über ganze vier Tage. Und als wir hastig einmal nachrechneten, fanden wir heraus, daß er acht Monate des Jahres zum Kranksein verurteilt war.

»Was haben Sie für diese Information bezahlt?« fragte ich ihn.

»Dreihundert Rupien« (zwanzig Pfund), erwiderte er bitter. »Und ich mußte zuerst zahlen, und dann haben sie mir den Brief geschickt. Was hat das alles zu bedeuten?«

Ich erklärte es ihm. Er hatte den Brief selbstverständlich schon viele Male gelesen und das Wort »Furunkel«

unterstrichen, aber er wollte getröstet werden. Wir gingen also alles noch einmal in Ruhe durch und kamen zu dem Schluß, daß man dem Verfasser nur in einem Fall – dem letzten Furunkel – zugestehen konnte, ins Schwarze getroffen zu haben.

Natürlich war Seine Hoheit nicht bereit einzuräumen, daß er sich zu irgendeinem Zeitpunkt während seines achtundfünfzigsten Lebensjahres *wirklich* gut gefühlt habe, und die Angaben des Briefes waren alles andere als präzise.

»Was soll das bedeuten? Wie meinen die das?« rief er verdrossen aus. »In ihrem letzten Brief haben sie mir geschrieben, ich würde in meinem achtundfünfzigsten Jahr drei Monate ernsthaft krank sein, und ich habe gedacht, das war dieser Furunkel, den ich gerade hatte – aber den hatte ich doch nur zwei Wochen! Und jetzt sagen sie überhaupt nichts mehr von dieser Krankheit! Außerdem haben sie gesagt, daß ich, falls ich mich von meiner ernsten Krankheit am Ende meines einundsechzigsten Lebensjahres erholen würde, daß ich dann bis zum achtundsechzigsten oder siebzigsten weiterleben würde – aber jetzt sagen sie auch *davon* überhaupt nichts mehr! Was hat das zu bedeuten?«

»Es hat gar nichts zu bedeuten«, erwiderte ich. »Es ist reiner Unsinn.«

»Ganz genau!« sagte er. »Es sind allesamt Gauner – Gauner und Halunken!«

Narayan kam heute morgen nicht bei mir vorbei, weil er einer *Pooja* beiwohnte, einer religiösen Zeremonie. Seinem Vater war es schlecht gegangen, erzählte er, und seine Gebete um Abhilfe seien erhört worden. Daher habe er nun die Pflicht gehabt, zum Dank ein Fest zu veranstalten. Das sei so Sitte. Fünfundzwanzig Brahmanen seien gekommen, und die ganze Veranstaltung habe siebenunddreißig Rupien gekostet.

Als er und Sharma am Abend mit mir spazierengingen, sahen wir auf den weißgetünchten Mauern beiderseits des Eingangs zu einem Haus einige primitive Darstellungen aus feuchtem Kuhdung. Rechts waren zwei Sonnen zu sehen, links ein sehr krude angedeuteter Pfau und darüber ein Muster aus Linien, das, wie mir Narayan erklärte, einen Hocker darstellte, auf dem der Gott Platz nehmen sollte. Diese Zeichnungen bedeuteten, daß hier gerade ein Kind zur Welt gekommen sei, und jeder, der sie sehe, würde ihre frohe Botschaft verstehen und das Haus meiden. Ich hielt sie für das Werk ungebildeter Bauern, aber er entgegnete, diese Sitte sei weit verbreitet, und man würde die gleichen Abbildungen auf seine eigenen Mauern kratzen, wenn seine Frau ein Kind bekäme. Während wir sie noch betrachteten, kam der Mann vorbei, der mir die Haare schneidet. Er lächelte mir zu, machte einen Salaam und streckte mir dann seine Hand entgegen, die Fläche nach unten, die Finger nach oben gebogen. All dies geschah im Vorübergehen.

»Er fragt nach Ihre Gesundheit«, sagte Narayan.

Also nickte ich dankend mit dem Kopf. Es gebe auf dem Land noch viele andere Zeichen, erzählte Narayan, die man anstelle von Sprache benutze, wenn man es eilig habe oder aus irgendeinem anderen Grund nicht stehenbleiben wolle. Er führte uns noch einige andere meist offenkundige Zeichen vor, und Sharma, der das alles überaus spaßig fand, ahmte ihn wie ein Äffchen nach. Eine hohle Hand unter der Unterlippe bedeutet »Ich bin durstig und hole mir etwas zu trinken«; zwei zusammengelegte Fingerspitzen, die man in den Mund steckt und wieder herauszieht, »Ich habe Hunger und werde etwas essen«; der auf den rechten Unterarm gelegte Kopf »Ich bin müde und gehe schlafen«. Wenn man mit dem Finger ums Ohr imaginäre Kreise beschreibt, heißt das: »Ich gehe mein Wasser abschlagen«, und außerdem gibt es ganz bestimmte Zeichen für »Geh weiter« und »Komm her«, aber diese Handbewegungen sind so undeutlich, daß man sie nur schwer beschreiben kann.

Wir gingen weiter und betraten den Privatgarten Seiner Hoheit, um die Bäume und Pflanzen darin zu besichtigen, den Zitronenbaum mit seinen jungen Früchten, die wie kleine Murmeln aus Jade aussehen, und den Baum der Süßzitrone, dessen Blätter so angenehm duften, wenn man sie zerreibt.

Auch einen *Chandan* oder Sandelholzbaum gab es, aus dem man eine weiße Paste gewinnt, die bei so vielen religiösen Zeremonien verwendet wird, und den *Hari Shringar* (Zierde Gottes) mit seinen winzigen aromatischen und rosafarbenen Blüten.

Der *Mahwa*-Baum hat große, blasse Blätter sowie gelbe Blüten und Beeren, aus denen die Bauern ein berauschendes Getränk brauen. Bären haben ebenfalls eine Schwäche für seinen Saft. Sie klettern auf den Baum, um an die Blüten heranzukommen, und angeblich plumpsen sie manchmal völlig besoffen aus den

Ästen – und vielleicht geschieht es während ihres unzurechnungsfähigen Zustandes, daß sich die Hersteller der *Rajbansi*-Pillen an ihnen vergehen. Auch einen Bananenbaum gab es, der allerdings verkümmert war und keine Früchte trug, sowie ein Granatapfelbäumchen mit den langweiligsten aller Früchte. Der Gärtner schenkte mir zwei doppelblütige Jasminknospen – wunderschöne Winzigkeiten, die eher kunstvoll geschnitztem Elfenbein als echten Blüten ähnelten –, und wir führten ein kleines Streitgespräch über den hübschen giftigen Oleander. Seine Hoheit hatte mir einmal erzählt, es gebe eigentlich nur zwei echte Sorten, eine mit rosafarbenen, die andere mit weißen Blüten. Der Gärtner zeigte mir jedoch fünf Sorten, unter denen sich die beiden befanden, die ich bereits kannte, und behauptete, sie seien alle echt. Von den drei übrigen Blüten war eine rubinrot, eine andere gelb und glokkenförmig, und die letzte glich der rosafarbenen englischen Zaunrose. Ihre Blätter hatten wirklich alle große Ähnlichkeit miteinander, und daher schickte ich den Gärtner zu Seiner Hoheit, mit diesen fünf Blüten und einem Billett. In dem stand, der ehrenwerte Gärtner beteuere, daß all diese Blüten echte Oleanderblüten seien, und wenn man sie ihm alle zu essen gäbe, ließe sich der Disput vielleicht am besten entscheiden.

6. Mai

Ungefähr um acht Uhr gestern abend, als ich im Eßzimmer auf einem Sofa saß und noch ein wenig Zeitung las, bevor ich zu meinem Bett aufs Dach hinaufkletterte, stand Abdul im Türrahmen.

»Guten Abend, Mr. Ackerley. Darf ich hereinkommen?«

»Warum lassen Sie sich nicht melden, wie es sich gehört?«

»Oh, Entschuldigung, Entschuldigung. Das wußte ich nicht. Sind Sie verärgert über mich? Nächstes Mal werde ich es wissen. Ich werde es nicht wieder tun. Bitte akzeptieren Sie meine Entschuldigung – für diesmal. Darf ich nun hereinkommen, Mr. Ackerley?«

»Ja, ja«, erwiderte ich schwach. »Kommen Sie rein.«

Er blieb eine halbe Stunde und sprach die ganze Zeit, ohne daß ich viel zur Unterhaltung beigetragen hätte, mit gedämpfter, klagender Stimme, die gefalteten Hände im Schoß, den Blick gesenkt, den Kopf etwas zur Seite geneigt und das Kinn eingezogen.

Mit Sicherheit hatte er das gesamte Gespräch bereits im Kopf vorher geplant. Dieser Eindruck einer vorherigen Generalprobe hatte sich mir bei all diesen Gelegenheiten aufgedrängt. Er hatte sich alles Punkt für Punkt ausgedacht und so zurechtgelegt, daß seine Bitten hübsch abgestuft und die Übergänge zwischen ihnen sorgfältig geölt waren. Ab und zu unterbrach er seinen Monolog mit höflichen Erkundigungen:

»Ist das Ihre Zeitung, die Sie da halten, oder arbeiten Sie gerade an etwas Wichtigem? Ich möchte Sie nicht zu lange weilen. Eine Zeitung? Dann werde ich noch ein bißchen bleiben und mit Ihnen plaudern. Ähem. Darf ich noch ein bißchen bleiben?«

Und indem er durch solche diplomatischen Unterbrechungen die Abfolge seiner Bittgesuche mit säuberlichen Einschnitten versah, spielte er planmäßig alle Trümpfe aus, die er in der Hand hatte.

Der Verwaltungschef von Deogarh hatte ihm geschrieben, die Stelle sei nicht länger frei. Er war also wieder so schlecht dran wie zuvor, ein armer Mann, der sich abquälen mußte und von seinen Feinden gehetzt wurde. Er bemühte sich nun um eine Stelle als Stationsvorsteher in Afrika. Dann kamen seine Bittgesuche, und wenn er eine Bitte vorbrachte, sah er mir jedes Mal frei ins Gesicht und kicherte, die Lippen fest aufeinandergepreßt. Mit seinem fransigen Bart, den er sich nun für sein religiöses Fest wachsen ließ, und seinem klobigen, am Rand äußerst speckigen Tarbusch, den er sich bis auf die Ohren gedrückt hatte, sah er, wie ich fand, wirklich scheußlich aus.

Er wolle mich nochmals bitten, sagte er, ihn bei seinem Fest – es finde morgen statt – mit meiner Gegenwart zu beehren, und sei es nur für ein paar Minuten. Seine Mutter habe ihre Einladung erneuert. Sie sei auf meine frühere Absage hin untröstlich gewesen und flehe mich an, meine Entscheidung zu überdenken. Hatte ich das Herz, sie zu enttäuschen?

Ich sagte, das hatte ich.

»Lassen Sie halt etwas Essen vorbeibringen, wie neulich.«

»*Sehr* wohl, Mr. Ackerley. Ich werde Ihnen ein paar Süßigkeiten schicken – sehr gute Süßigkeiten.«

Der Kopf senkte sich wieder, und ein leichtes Lächeln umspielte seine Lippen, als er seinen nächsten Zug vorbereitete.

»Wissen Sie, Mr. Ackerley«, kicherte er, »ich habe meinen Freunden erzählt, daß Sie versprochen haben, mein Fest zu beehren. Ich werde mich sehr vor ihnen schämen müssen.« Er machte eine erwartungsvolle Pause. Ich hatte nichts zu sagen. »Sie werden mich auslachen – und mich verspotten. Was soll ich tun? Ich war ein Dummkopf. Aber wie konnte ich wissen, daß Sie mir absagen würden?« Wieder folgte eine Pause. Wieder herrschte Schweigen. »Ich habe ihnen auch erzählt, daß Sie mir monatlich fünfundzwanzig Rupien zahlen – für Ihren Unterricht.«

Aufmerksam beobachtete er, wie ich darauf reagierte.

»Und warum haben Sie das getan?« fragte ich.

»Alle Europäer bezahlen für ihren Unterricht so viel – dreißig, vierzig, fünfzig Rupien pro Monat. Niemals weniger als fünfundzwanzig. Das weiß jeder. Also habe ich es *so* erzählt. Ich habe gesagt, Sie bezahlen mir fünfundzwanzig, obwohl Sie mir nur zehn gezahlt haben, denn ich habe mich sehr vor ihnen geschämt. Ich war ein Dummkopf!«

»In der Tat«, sagte ich.

Wieder ließ er sein altjüngferliches Gekicher hören, und wieder hatte es den Anschein, als verschwinde oder versinke er jäh in seine eigene Gedankenwelt, um dann mit einer neuen Karte im Ärmel wieder daraus aufzutauchen, verbindlich lächelnd und voller Vertrauen, daß niemand seine Abwesenheit bemerkt haben konnte. Wie ein kunstvoller Zaubertrick.

»Ach, Mr. Ackerley – ich habe ein Bittgesuch an Sie. Könnten Sie – würden Sie so freundlich sein, mir etwas schwarze Schuhwichse zu gewähren? Nur ein kleines bißchen. Ich wäre Ihnen sehr dankbar.«

Er fischte eine Dose »Nugget Stiefelpolitur« aus seiner Tasche.

»Schwarze Schuhwichse?« fragte ich überrascht. »Wofür denn das?«

»Für meine Schuhe. Morgen müssen wir alle für das Fest saubere Schuhe haben, und ich habe keine Schuhwichse im Haus und kann mir keine leisten. Ich brauche auch nur ganz wenig. Grade genug für einen Schuh.«

Ich verbarg meine Belustigung und erklärte, daß Hashim ihn sicher mit allem versorgen würde, was er benötige.

»Danke, Mr. Ackerley, *vielen* Dank.«

Die Dose verschwand wieder in der Tasche, und er »versank« abermals, diesmal jedoch so lange, daß ich glaubte, er sei am Ende, habe alle Trümpfe ausgespielt, so daß nun nichts mehr geblieben war, außer vielleicht seinem As. Und schließlich zog er es auch hervor, und obwohl ich ihn nicht mochte, konnte ich ein gewisses Gefühl der Bewunderung für seine Hartnäckigkeit nicht unterdrücken. Nachdem es ihm nicht gelungen war, das Gewünschte dadurch zu bekommen, daß er mir eine weitere Verpflichtung auferlegte oder mein Mitleid erregte, bat er nun ganz ohne Umschweife darum.

»Mr. Ackerley, wenn ich Sie um etwas bitte, werden Sie meine Bitte erfüllen?«

»Nein.«

Er kicherte.

»Oh! Sie werden es nicht? Sie sagen ›Nein‹, bevor Sie mich angehört haben?«

»Ich weiß sehr gut, was Sie sagen werden«, entgegnete ich.

Das konnte er jedoch nicht gelten lassen.

»Es ist eine sehr *einfache* Bitte – eine Bitte, die Sie ganz leicht erfüllen können, ohne daß es Ihnen Ärger oder Umstände bereitet. Darf ich Ihnen meine Bitte vortragen, und versprechen Sie, sie zu erfüllen?«

»Ich glaube, es wird Zeit, daß Sie gehen«, sagte ich.

»Wir feiern morgen das Fest, von dem ich gesprochen habe, und das kostet viel – wir müssen Essen kaufen und Süßigkeiten und unsere Freunde zu uns nach Hause einladen und – ich bin ein armer Mann, Mr. Ackerley. Würden Sie so freundlich sein, mir etwas Geld zu gewähren? Sie erweisen mir damit den größten Dienst, und ich werde Ihnen von ganzem Herzen dankbar sein und Sie mein ganzes Leben lang nicht vergessen und ...«

»Leben Sie wohl, Abdul«, sagte ich, »ich werde nichts mehr für Sie tun.«

»Ah, Mr. Ackerley, nur drei oder vier Rupien – wenn Sie so freundlich wären – meine Familie ...«

»Das war's jetzt, Abdul.«

Er erhob sich ohne ein Anzeichen von Enttäuschung.

»Sehr wohl, Mr. Ackerley; ich gehe schon. Um wieviel Uhr darf ich morgen mein *Geschenk* bringen?«

»*Schicken* Sie es.«

»Es *schicken*? Nicht selber *bringen*?« Seine Augenbrauen stiegen hoch.

»Jawohl, Abdul, *schicken* Sie's.«

»Sehr wohl, Mr. Ackerley, ich werde es *schicken.* Guten Abend, Mr. Ackerley – und sagen Sie zu keinem anderen etwas von unserer Unterhaltung. Sie versprechen es?«

»Also raus jetzt!« rief ich wütend.

Er floh.

Neulich brachte ich das Gespräch mit Seiner Hoheit auf Narayan.

»Fürst, ich möchte Narayan zu Ehren mit Ihnen sprechen«, sagte ich.

»Sprechen Sie.«

»Sie haben mir in Garha einmal erzählt, daß Sie, obwohl er der Enkel Ihres geliebten alten Arztes ist, nicht viel über ihn wissen – daß Sie sogar noch nie sein Gesicht genauer betrachtet haben.«

»Das stimmt genau.«

»Mit Sicherheit. Denn sonst würden Sie diesen Geschichten, die ihn in ein schlechtes Licht setzen, auch kein Gehör schenken.«

»Wollen Sie, daß er mehr Gehalt bekommt?«

»Nein, ich möchte, daß er mehr Respekt bekommt« – und ich erzählte ihm all die netten Dinge, die mir zu Narayan einfielen, und legte dabei auf seine Loyalität besonderen Nachdruck. Als ich geendet hatte, schien Seine Hoheit sehr erfreut.

Später teilte mir Narayan mit, Seine Hoheit habe ihn rufen lassen und ihm erzählt, ich hätte mich sehr lobend über ihn geäußert, und nur deshalb und aus keinem anderen Grund sei er Narayan nun selbst gewogen und werde ihn prüfen, um zu sehen, ob meine Überzeugung der Wahrheit entspräche. Und sollte er zufrieden sein, werde er ihn im Palast beschäftigen und ihm ein gutes Gehalt zahlen.

Narayan solle daher zum Zwecke der Prüfung einen Monat lang jeden dritten oder vierten Abend zu ihm kommen, und dann würden sie sich unterhalten. Narayan hatte sich, wohl etwas mißtrauisch, erkundigt, an welche Art der Beschäftigung gedacht sei, und hatte zur Antwort erhalten, daß die Stelle, die er bekommen würde, einst von einem sehr geschätzten Diener bekleidet worden sei, »der alles für mich tat und der mir unentbehrlich war«. Darüber hinaus hatte Seine Hoheit nicht geruht, sich festzulegen.

»Was hat der Sahib über mich gesagt?« hatte Narayan gefragt.

»Brauchst du nicht zu wissen«, erwiderte der Maharadscha. »Du kannst aber sicher sein, daß sich niemand lobender über einen Menschen hätte äußern können.«

Damit war die Unterredung beendet und hatte (Abduls Schatten!) in mindestens drei Gemütern tiefes Unbehagen verursacht. Narayan selbst war ziemlich beunruhigt über die Aussicht, im Palast angestellt zu werden, und weder Sharma noch sein Vater fühlten sich ganz wohl bei der Sache. Beide hatten ihm empfohlen, mich um Rat zu fragen.

»Geh und frag den Sahib«, hatte Sharma gesagt, »und tu, was er dir rät.«

Narayans Vater hatte gesagt:

»Geh zu deinem Herrn und sprich mit ihm.«

Und genau das taten wir heute abend, während ich mein Dinner zu mir nahm.

Ich bot Sharma etwas Süßes an, aber er schüttelte den Kopf.

»Frag ihn, warum er von mir nichts Süßes nimmt«, bat ich Narayan.

»Er mir sagt ›Wie können das sein? Ich bin ein Inder und Sie ein Europäer‹«, übersetzte Narayan lachend.

»Weiß er, daß *wir* wissen, daß er bei sich zu Hause alle möglichen sündigen Dinge ißt und trinkt – wie Eier und abgestandenen Portwein?« fragte ich.

»Ja, er weiß.«

»Dann sag ihm, er ist ein Dummkopf-*buchcha,* und ich werd ihm kein Eis geben!«

Diese Ankündigung versetzte Sharma in große Bestürzung, denn Eis war erlaubt und hoch geschätzt. Aber wir sahen ihn alle mit strengen Mienen an, und sogar der ernste, gelassene Hashim beteiligte sich an dem kleinen Scherz und hielt das dritte Eis in der Küche zurück.

Sharma wußte nicht ganz, was er von all dem halten sollte. Sein nervöser Blick flog von einem Gesicht zum anderen; mal lachte er, dann sah er wieder besorgt drein, bis wir nicht mehr ernst bleiben konnten und er in die Küche rannte und sich das Eis selber holte. Als die beiden aufbrachen, sagte ich, daß ich sie begleiten wolle, und nachdem ich von Hashim eine Laterne bekommen hatte – denn der Mond war nicht zu sehen –, schlenderte ich mit Sharma hinaus; Narayan, der noch mit dem Koch sprach, würde nachkommen. Kurz darauf nahm mir Sharma wortlos die Laterne aus der

Hand und trug sie selbst, auf der mir abgewandten Seite, damit sie nicht gegen mich stieße. Die Hand auf meiner Seite steckte in seiner Jackentasche. Ich hakte mich bei ihm ein.

Sofort zog er die Hand aus der Tasche, so daß ich eine Sekunde lang glaubte, ich würde zurückgewiesen; aber er ergriff meine Hand und schloß seine Finger um meine.

8. Mai

»Wie geht es Napoleon dem Dritten, Fürst? Ich hoffe, er ist von seiner Lepra genesen?«

»Jaja, es geht ihm besser. Aber man hat ihm aus Versehen seinen *Choti* abgeschnitten, und er ist einfach ungetro- untröstlich.«

»Armer Napoleon!« sagte ich. »Und was ist sein *Choti*?«

»Sie wissen das nicht?« Seine Hoheit wurde von heiserem Gelächter gebeutelt. »Das ist *Pferdeschwanz!* Was ist Pferdeschwanz?«

Offenbar hatte Napoleon der Dritte eine plötzliche Vorliebe für einen europäischen Haarschnitt bekundet. Man hatte also den Hoffriseur geholt und die Operation durchgeführt. Natürlich war dabei sein kurzes Zöpfchen mit abgeschnippelt worden, aber Napoleon hatte das keineswegs beabsichtigt, hatte erst zu spät gemerkt, was da mit ihm geschah und war in laute Klagelieder ausgebrochen: Sie hätten Schande über ihn gebracht, sie hätten ihn in einen Mohammedaner verwandelt, und was würden seine Leute sagen?

»Wir haben alle«, japste Seine Hoheit lachend, »versucht, ihn zu trösten, aber er will mit niemandem sprechen. Er ist sehr, sehr böse.«

»Fünf Tage!« sagte Narayan traurig, als wir gestern abend zu dritt auf der Veranda saßen. Sharma saß an meiner anderen Seite, fing Glühwürmchen und beobachtete, wie sie auf seiner dunklen Handfläche aufleuchteten. Er verstand diese beiden Worte und fragte Narayan in plötzlicher Unruhe, was er damit meine.

»In fünf Tagen geht der Sahib fort.«

Sofort nahm Sharmas Gesicht den Ausdruck tiefster Verzweiflung an. Ich sagte ihm, das heiße ja nicht, daß wir uns nie wiedersehen würden, und in der Zwischenzeit wollte ich ihm Bildpostkarten von Piccadilly schikken. Aber er war untröstlich, wandte sich ab, starrte mit beunruhigend glänzenden Augen in die dunkle Landschaft hinaus und reagierte weder auf mein Lächeln noch auf meinen Händedruck.

»Er hat viel Trauer«, erklärte Narayan.

Sie weinten beide auf dem ganzen Weg in die Stadt hinunter, aber heute morgen, als Narayan mir davon erzählte, war der Himmel wieder heiter, und jeder von ihnen überreichte mir eine Jasminblüte aus dem Garten von Dilkhusha oder »Ruhe des Herzens«.

Es sei schade, meinte Seine Hoheit heute abend, daß ich nicht noch die Regenzeit über dabliebe, denn das Land sehe während dieser Jahreszeit wunderschön aus. Allerdings befürchtete er aus irgendeinem Grund, daß die Regenfälle dieses Jahr besonders schwer werden würden, vielleicht so schlimm wie vor einigen Jahren, als die Flüsse über die Ufer getreten waren und das ganze Land überflutet hatten. Das sei eine schreckliche Zeit gewesen; es habe geregnet und geregnet, weit über die normale Zeit hinaus, als würde es niemals aufhören, und viele hätte eine panische Furcht befallen, denn man glaubte an eine Strafe Gottes und brachte Indra, dem Regengott, viele Opfer dar.

Seine Hoheit schüttelte sich vor mühsam unterdrückter Belustigung.

Zu jener Zeit lebte ein Junge namens Dhama in Chhokrapur, der eines Tages zu ihm kam und ihm erzählte, er habe eine Vision gehabt. Er behauptete, geträumt zu haben, daß man nur ein Paar Körbe an den Schultern eines gewissen anderen Jungen namens Kanaya befestigen und ihn in die Luft werfen müsse, und dann könne dieser zu Indra fliegen und ihn ersuchen, diesen verheerenden Regen abzustellen.

Wie Seine Hoheit sehr wohl wußte, zog Dhama Kanaya ständig auf, denn sie waren beide Söhne konkurrierender Juweliere. Aber Dhama erzählte so überzeugend von seiner Vision, daß man Kanaya sofort holen ließ und unverzüglich Körbe an seinen Schultern befestigte.

Diese Körbe, sagte Seine Hoheit, hätten eine ähnliche Form gehabt wie Elephantenohren und würden zum Sieben von Getreide benutzt.

Überrascht von diesen Vorgängen bat Kanaya um eine Erklärung, und Seine Hoheit teilte ihm amüsiert und aufgeregt mit, daß man ihn zum Himmel schicken werde und daß er, wenn er dort angekommen sei, Indra aufsuchen und ihn bitten müsse, den Regen zu beenden. Kaum hatte man die Körbe angebracht, da wurde Kanaya auch schon von Dhama und vier oder fünf Dienern in den Hof des Palastes geschleift. Dort packte man ihn, mitten im strömenden Regen, an Beinen und Fußgelenken, hob ihn vom Boden auf und warf ihn, nachdem man ihn probeweise ein halbes dutzendmal hochgeschwungen hatte, mit aller Kraft in die Luft.

»Flieg! Flieg!« schrie Dhama, als er ihn hochwarf.

»Flieg! Flieg!« schrien alle.

Aber Kanaya flog nicht. Statt dessen fiel er auf seinen Kopf und zog sich schwere Prellungen zu, zum Erstaunen der Zuschauer – und später zu ihrem Entzücken, als nämlich Dhama zugab, nie eine Vision gehabt zu haben.

Seine Hoheit wackelte vor Lachen und war nah daran zu ersticken.

»Ich dachte, er fliegt hoch! hoch! hoch! – aber er fiel runter auf seinen Kopf! *Was* für ein Bums!«

Der Wagen rollte langsam über die staubigen Straßen und durch die wabernden, blendenden Dunstschleier, und Seine Hoheit sagte, heute werde er sich am Palast von mir verabschieden, und der Wagen werde mich dann zum Gästehaus zurückbringen.

»Wenn ich Ihnen Land gebe«, rief er, »werden Sie dann mit all Ihren Leuten kommen und hier leben?«

Ohne zu zögern entgegnete ich, das ließe sich arrangieren, denn ich wußte wohl, daß die sofortige Zustimmung die wirkungsvollste Methode war, seine eigenartigen Enthusiasmen im Keim zu ersticken. Tatsächlich klang seine Stimme weit weniger eifrig, als er fragte:

»Wieviel Land werden Sie denn brauchen?«

Ich starrte hinaus auf den steinigen, widerborstigen Dschungel.

»Gerade so viel, daß ich drauf sitzen kann.«

Er nickte nachdenklich. Schließlich erreichten wir den Palast. Unter dem rosafarbenen Vordach lehnte der bewaffnete Wachtposten mit dem Rücken an einem der Pfeiler und döste; er trug eine schäbige Khakiuniform und Wickelgamaschen, aber keine Schuhe oder Strümpfe. Ein paar Diener hielten auf der Treppe einen Plausch. Aus der Öffnung des Portals am Treppenabsatz ragte das Hinterteil der heiligen Kuh.

»Huup!« sagte das Auto.

Die Diener rappelten sich hastig auf und verbeugten sich, bis die Stirne den Boden berührte. Der Posten, den Turban über der Nase, schreckte hoch und präsentierte wacklig das Gewehr. Der Schwanz der heiligen Kuh zuckte hin und her.

Der Wagen hielt; Seine Hoheit stieg aus. Auf die Schulter seines graubärtigen Vetters gestützt, kletterte er ungelenk die Stufen hinauf, schubste die Kuh zur Seite und verschwand im Palast.

NACHWORT

Notizen aus der indischen Provinz

> »Vielleicht ist das Leben ja ein Geheimnis und kein bloßes Kuddelmuddel? Aber wer konnte das wissen ... Vielleicht bilden ja die hundert verschiedenen Indiens, trotz allen Gezänks und Gezeters, eine Einheit – wie das Universum, das sie widerspiegeln?«
>
> *Forster, A Passage to India*

Joseph Randolph Ackerleys Erlebnisbericht *Hindoo Holiday* (1931) ist ein heiteres Seitenstück zu Edward Morgan Forsters großartigem Indienroman, der 1924 unter dem Titel *A Passage to India* erschien.[1] Forsters stilistisch exquisites Meisterwerk, dessen Handlung seit David Leans Verfilmung von 1984 auch dem breiten Publikum bekannt ist, spielt im Titel auf eine optimistische Hymne Walt Whitmans (1819–1892) an. Der amerikanische Barde der Bruderliebe und Allversöhnung hatte 1871 die Eröffnung des Suezkanals zum Anlaß genommen, in seinem Gedicht »Passage to India« die zukünftige »Vermählung der Kontinente« und die Vereinigung von westlichem Fortschrittsdenken und östlicher Weisheitslehre zu feiern.

1 Die deutsche Übersetzung erschien 1960 unter dem Titel *Auf der Suche nach Indien.*

Zwei Generationen und einen Weltkrieg später war diese Vision unhaltbar geworden, zumal aus der Perspektive persönlicher Anschauung. Der Engländer Forster (1879–1970) hatte den Subkontinent bereits im Winterhalbjahr 1912/13 bereist und sich 1921/22 – wie Ackerley zwei Jahre später – als Privatsekretär eines Maharadscha in einem selbstverwalteten zentralindischen Kleinstaat aufgehalten. Sein tragisch grundierter Roman von 1924 bietet nicht nur eine scharfsichtige Analyse anglo-indischer Fremdherrschaft und innerindischer Zwietracht, sondern auch eine skeptische Antwort auf jede utopische Umarmungssehnsucht, die auf der Unkenntnis des Fremden und des Anderen beruht.

Ackerleys Indienbuch gehört unmittelbar in diesen Zusammenhang. Und dies auch aus biographischen Gründen: Sein nicht genannter Freund, der ihm, wie er einleitend erzählt, die Stelle als Privatsekretär und Seelentröster des anglo- und homophilen Maharadscha von »Chhokrapur« vermittelte, war niemand anders als Forster selbst. Der 1896 im Süden Londons geborene Ackerley hatte ihn Anfang der zwanziger Jahre kennengelernt und gehörte bis zu seinem Tod im Jahr 1967 zu seinen engsten Freunden und literarischen Ratgebern. Erst Ackerleys farbige und freimütige Briefe über die Absurditäten der anglo-indischen Kolonialgesellschaft und die hausgemachten indischen Intrigen am Hof des Maharadscha halfen Forster, eine jahrelange, quälende Schreibhemmung zu überwinden und *A Passage to India* zu vollenden. Ackerleys Berichte waren, wie er bekannte, »eine Gottesgabe für meinen bleichsüchtigen Roman. Ich habe ganze Passagen übernommen, und im Nu war er publikationsreif.«[2]

Anders als Forster verarbeitete Ackerley später sein Indienerlebnis vom Winter und Frühjahr 1924 nicht in Form eines Romans. Dafür hatte er wohl, wie er in seiner Autobiographie *My Father and Myself* bekennt, »zuwenig Phantasie und – noch wichtiger – zuwenig Disziplin«. Das wird aber nicht der einzige Grund gewesen sein. Denn die seiner Erzählung zugrundegelegte Tagebuchform hat ästhetischen Mehrwert: Sie begünstigt die lakonische Leichtigkeit seines Stils und ermöglicht eine lockere Folge impressionistischer Vignetten, kurzer informativer Erläuterungen und oft urkomischer Dialogpassagen. Zugleich enthebt sie von der Notwendigkeit, Handlungsfäden zu spinnen und einen dramatischen Knoten zu schürzen, um ihn am Schluß kunstreich wieder aufzulösen. Ackerleys Buch endet daher ebenso unschlüssig und leicht, wie es beginnt: am Anfang die tote Maus im Waschbecken und das verpatzte erste Zusammentreffen mit dem Maharadscha im Haus auf dem Hügel, am Ende der Abschiedsblick auf den Palast, Seine Hoheit und die heilige Kuh.

---

2 Zum Leben Ackerleys vgl. seine postum veröffentlichte Autobiographie *My Father and Myself* (London: Bodley Head, 1968) sowie Peter Parker, *The Life of J. R. Ackerley* (London: Constable, 1989), Neville Braybrookes Edition der *Letters of J. R. Ackerley* (London: Duckworth, 1975) und das Nachwort in der deutschen Übersetzung seines einzigen Romans *We Think the World of You (Evie, Frank & Johnny,* Göttingen: Steidl, 1991), besonders S. 238–242.

All das soll aber nicht heißen, daß Ackerley die Form des Tagebuchs als Freibrief für das ungeordnete Nacheinander beliebiger Beobachtungen genutzt hätte. *Hindoo Holiday* ist im Kleinen wie im Großen sorgfältig komponiert. Wiederkehrende Leitmotive und durchgehende Themen stiften innere Zusammenhänge: Liebe und Freundschaft, die religiösen Riten einer alten Kultur, die Schönheit von Menschen und Landschaft, die für Europäer irrwitzig anmutenden Lebensformen einer rigiden Klassen- oder Kastengesellschaft. Ein Grundzug der Darstellung ist die unkommentierte, allerdings stilsicher pointierte (Selbst-)Darstellung der Figuren durch indirekte oder direkte Rede. Hier nähert sich die Erzählung der Gattung des intimen Salonstücks, wird fast zu einer Art Lustspiel in Prosa. Besonders die bizarre Konversation mit dem Maharadscha und die Unterhaltungen mit den anderen Hauptpersonen am Hof machen den Charme des Buches aus. Sie beruhen auf authentischen Gesprächsfetzen, die sich Ackerley ständig auf Zettelchen notierte und auch den Briefen an seinen Freund Forster beilegte.

Wenn Ackerley die »Hauptpersonen« seines indischen Intermezzos, die er zu Beginn wie in einem Theaterzettel vorstellt, nicht selbst zu Wort kommen läßt, beschränkt er sich auf die Rolle eines immer neugierigen, oft verwunderten, manchmal faszinierten und gelegentlich auch abgestoßenen Beobachters. Sein Bericht verzichtet völlig auf verbindliche Wertungen oder kulturanthropologische Merksätze wie zum Beispiel Rudyard Kiplings imperialistisches Diktum von der »Bürde des weißen Mannes« oder das wohlfeile Klischee von der überlegenen »Weisheit des Ostens«. Auch die beißende Sozialsatire, wie in Forsters manchmal etwas überzeichneten Karikaturen abend- und morgenländischer Mentalitäten, ist Ackerleys Sache nicht. Allgemeingültige Aussagen über die Begegnung, das Verhältnis, den prinzipiellen Konflikt von Ost und West sucht man hier vergebens.

Das verbindende Element dieser »Tagebucheintragungen« bildet die unwillkürliche Entwicklung des Erzählers, der sich dem fremden Land soweit irgend möglich zu nähern versucht, um doch feststellen zu müssen, daß er dort nicht bleiben könnte. Der Reiz des Neuen ist am Ende vergangen, die fremde Kultur fremd geblieben. Zudem lernt der englische Gast, daß auch dieser malerisch rückständige Kleinstaat seine kleinlichen und herzlosen Intrigen hat, seine hinterhältigen Heucheleien und unnötigen Opfer. Das Buch verschweigt diese Erfahrung der Ernüchterung nicht. Bei aller Empfänglichkeit für die Schönheit des Landes und die unverstellte Schlichtheit der einfachen Bevölkerung verfällt Ackerley nicht dem nostalgischen Primitivismus, der in der zivilisationsmüden Moderne grassierte und noch in den Touristenbroschüren unserer Zeit immer wieder bemüht wird. Seine Erzählweise ähnelt eher den mit sparsamen Strichen arbeitenden Portraitskizzen, die er dem Buch beifügte. Die bloße Andeutung der Umrisse überläßt es der Phantasie der Leser, das Innere der Figuren mit Leben zu füllen, die Hintergründe der Ereignisse zu enträtseln. Der scharfe Blick für das charakteristische Detail, die vielsagende Andeutung, der Instinkt für die witzige Pointe kennzeichnen Ackerleys Stil.

Hinzu kommt die strikte Beschränkung auf den Mikrokosmos von »Chhokrapur«. Fast der gesamte zeithistorische Hintergrund der frühen indischen Unabhängigkeitsbewegung bleibt daher ausgespart. Terroristische Aktionen gegen die britischen Kolonialherren hatten sich schon in der Vorkriegszeit von Bombay und Bengalen über das ganze Land ausgebreitet. Nachdem über 1,3 Millionen indische Soldaten für die Interessen des Empire am Ersten Weltkrieg teilgenommen hatten, erhielt die Forderung nach »Home Rule«, nach eigenverantwortlicher Regierung Indiens, neue Nahrung. Trotz der von der britischen Oberherrschaft zugestandenen Reformen, vor allem des »Government of India Act« von 1919, wuchs der Einfluß der indischen Nationalbewegung unter der Führung Gandhis. Seine Politik des zivilen Ungehorsams zog Anfang der zwanziger Jahre eine Welle von Unruhen nach sich, und auch die gewalttätigen Auseinandersetzungen zwischen den moslemischen und hinduistischen Bevölkerungsgruppen nahmen an Schärfe zu. Von diesen Umwälzungen, die in Forsters Indienroman deutlich anklingen, ist bei Ackerley kaum etwas spürbar.

Statt dessen konfrontiert er den Leser direkt und ausschließlich mit der zentralindischen Provinz. Selbst die Aufzeichnungen von seiner Besichtigungsreise nach Delhi, Agra, Jaipur und Gwalior im Frühling 1924 blieben für *Hindoo Holiday* ungenutzt. Indem er sich auf die Irrungen und Wirrungen seines nominell unabhängigen Miniaturstaates beschränkte, entging Ackerley der Versuchung, ein oberflächliches Panorama des ganzen »verworrenen« Kontinents zu bieten. Gleichzeitig ermöglichte diese Selbstbeschränkung eine größere Tiefenschärfe bei der Portraitierung der unterschiedlichen Figuren am Hof.

Hindoo Holiday ist, wie angedeutet, trotz der dem Buch zugrundeliegenden unmittelbaren Anschauung kein völlig authentischer Erlebnisbericht. Gewisse Aussparungen und Veränderungen sind obendrein nicht allein auf künstlerisches Kalkül zurückzuführen. Schon als Verfasser des Weltkriegsdramas *The Prisoners of War* (1925), eines der ersten Theaterstücke mit offen homosexueller Thematik, hatte Ackerley Zugeständnisse machen müssen. Und auch in der ersten Ausgabe von *Hindoo Holiday*, die 1932 in »gereinigter« Fassung erschien, mußte er sich wider Willen den restriktiven Zensurbestimmungen und der homophoben Prüderie der großen Leihbibliotheken beugen, die damals noch ein wichtiger Umschlagplatz von Literatur für das breite Publikum waren.

Ackerley hatte das Manuskript zunächst unter seinen engsten Freunden zirkulieren lassen. Alle waren entzückt, aber der Verleger und selbst Forster, der seine Mutter als Testperson für die Toleranzgrenze der öffentlichen Meinung nutzte, rieten zu einschneidenden Veränderungen. Überdies lebte Seine Hoheit, der Maharadscha Vishwa Nath Singh Bahadur (so der volle Titel des Vorbilds für Ackerleys Provinzpotentaten) noch, und man fürchtete Beleidigungsklagen. Also bediente sich Ackerley der Strategie der Camouflage. Er verlegte die Handlung in das Jahr 1930, versah alle abkonterfeiten Personen mit neuen Namen und taufte auch Chhatarpur, den etwa 500 km südöstlich von Delhi gelegenen Kleinstaat, in »Chhokrapur« um. (Nur Kenner und Eingeweihte wußten, daß sich dieses Wort mit »Stadt der Knaben« übersetzen läßt.) Allzu explizite Hinweise auf die erotischen Verwicklungen am Hof mußten gestrichen werden. In der ersten Ausgabe fehlt z.B. das Gerücht, der Maharadscha habe seinem »Liebesjungen« Sharma befohlen, mit der Maharani einen Thronfolger zu zeugen. Auch Ackerleys eigene, heute harmlos wirkende Zärtlichkeiten waren von den Streichungen betroffen. »Ich will, daß Narayan einen Kuß bekommt«, schrieb er seinem Verleger, »aber ich werde eine Art onkelhaften Schmatzer daraus machen.«

Noch in der revidierten zweiten Ausgabe von 1952, die die frühere Selbstzensur zurücknimmt und die dieser Übersetzung zugrunde liegt, wird die gelebte Homosexualität am Hof nur mehr oder weniger diskret angedeutet. Das Bildungsgut der vom Maharadscha verehrten griechischen Antike dient dabei, ähnlich wie in den Gesprächen an der Universität von Cambridge in Forsters postum veröffentlichtem Roman *Maurice,* als symbolischer Platzhalter für eine homoerotische Lebensform: Napoleon der Dritte ist Ganymed, der vom Adler des Göttervaters entführte Lustknabe des Zeus. Die groteske Graecomanie des Maharadscha, der seine Ländereien lieber mit griechischen Villen pflastern würde, als Krankenhäuser und Straßen zu bauen, ist von einer absurden Komik. Aber seine oft liebenswürdige Skurrilität hat auch dunklere Züge. Wie in Ackerleys einzigem Roman *We Think the World of You* von 1960 sieht sich der Leser auch mit den kleinlichen, erbärmlichen, vergeblichen und gefährlichen Seiten der (meist unerwiderten) Liebe konfrontiert. Hinter der »Lust, Leidenschaft und Liebe« am Hof des Maharadscha ahnt man den Machtkampf zwischen dem Liebenden und den Objekten seiner Begierde, zum Beispiel dann, wenn der aufrechte Narayan wegen seiner Freundschaft mit dem schönen Sharma vom »Wohltaten-Mann« (also wohl dem königlichen Kuppler) denunziert und in ärgste Bedrängnis gebracht wird. Auf welch perfide Weise der Maharadscha sich ihn dienstbar zu machen versuchte, konnte Ackerley zwar nur in seinen privaten Briefen an Forster schildern. Dennoch wird die sexuelle Ausbeutung hinter der skurrilen Oberfläche des Hofrituals hinreichend deutlich; Sharmas und Narayans Angst vor Repressalien spricht Bände. Die Unterdrückung der Frauen und die Marginalisierung der Moslems klingen ebenfalls an.

Das Indien, das sich in dem Kleinstaat »Chhokrapur« spiegelt, ist eine durch und durch hybride Kultur. Die Hoffnung auf die »Vermählung« der von der britischen Besatzungsmacht importierten europäischen Zivilisation mit eigenwüchsig indischen Lebensformen konnte sich nicht erfüllen. Das liegt auch daran, daß letztere selbst von kleinstaatlichen Rivalitäten, vom ewigen Widerstreit zwischen den verschiedenen Kasten und vom großen Gegensatz zwischen der hinduistischen und moslemischen Tradition gezeichnet sind. Indien erscheint also dem europäischen Beobachter nicht als geheimnisvolle Einheit, sondern wie bei Forster als »muddle«, als verwirrender Kuddelmuddel. Die althergebrachten religiösen Bräuche sind oft zur leeren Hülle verkommen. Babaji Rao weiß zwar über den europäischen Einfluß auf die Länge der hinduistischen Haarlocke genau Bescheid; die symbolische Bedeutung dieser traditionellen Haartracht aber kennt er nicht. Und es ist der englische Besucher, der dem jungen Brahmanen Narayan die Mysterien der hinduistischen Reinheitsvorschriften (den Schutz des »heiligen Fadens« beim Wasserlassen) erklären muß.

Der Maharadscha ist ein typisches Produkt der kulturellen Überfremdung und der unausgegorenen Vermengung westlicher und östlicher Traditionen. Zwar ist er – wie sein historisches Vorbild und im Gegensatz zu den meisten zeitgenössischen Fürsten Indiens – gebildet und des Englischen mächtig. Er laboriert jedoch an einer Art aufgeklärtem Aberglauben, und weltanschaulich taumelt und tändelt er zwischen Darwin, Christus und Krischna hin und her, ohne sich für eine dieser Richtungen entscheiden, ohne sich ihnen überhaupt ernsthaft widmen zu können. Sein Interesse an den mythologischen Götterdramen seiner Heimat beschränkt sich auf die Begutachtung seiner schauspielernden Knaben. Richtig begeistert ist er nur von den populären Produzenten spätviktorianischer Sensationsromane (Hall Caine, Marie Corelli), allen voran Henry Rider Haggard, einem Hauptautor des angelsächsischen Abenteuerromans in der Epoche des britischen Kolonialismus.

Von der vielbeschworenen Weisheit des Ostens bleibt in *Hindoo Holiday* häufig nicht viel mehr als eine abergläubische Autoritätshörigkeit, die jedweden Wandel zum Besseren unmöglich macht. Am Ende seines

Aufenthalts faßt Ackerley, der als Weltkriegsteilnehmer und Homosexueller seine eigenen Erfahrungen mit staatlichem und gesellschaftlichem Obrigkeitsdenken machen mußte, sein Indienerlebnis in einem Brief an Forster so zusammen:

> »Die Macht der Autorität – sie ist wohl die Wurzel allen Übels. Die Menschen hier sind ihr blind ergeben. Ihr (und allen anderen Formen der Macht) legen sie ihren Verstand zu Füßen, mag sie sich nun von ihren Eltern herleiten oder ihrem Fürsten oder dem europäischen Eroberer.«

Hindoo Holiday ist allerdings von dieser kritischen Einschätzung nicht durchsäuert. Ackerleys Erzählung ist geprägt von seinem fast zärtlichen Blick für die Schönheit, Schrulligkeit und Fremdartigkeit »Chhokrapurs« und seiner Bewohner. Dadurch gelingt ihm das Kunststück eines durch und durch amoralischen, witzigen und informativen Indienbuchs von hohem Rang.

Das war auch die beinah einhellige Meinung zeitgenössischer Leser. Zwar fanden die Verantwortlichen der BBC sogar die »gereinigte« Erstausgabe für eine Besprechung im Radio noch zu obszön. Aber bekannte Romanciers wie Evelyn Waugh oder Mitglieder des Bloomsbury Zirkels wie Vita Sackville-West äußerten sich begeistert. *Hindoo Holiday* wurde zugleich ein Kultbuch der Homosexuellenszene und ein Publikumserfolg; bis heute ist es weltweit Ackerleys beliebtestes Werk. Noch im Jahr der Erstpublikation druckte der Verlag drei Neuauflagen, und auf Empfehlung von

André Gide erschien 1935 eine französische Übersetzung bei Gallimard in Paris. Der Aga Khan, also der geistlichen Führer der moslemischen Ismailiten Indiens und Ostafrikas, war so angetan, daß er eins seiner (leider erfolglosen) Rennpferde »Hindoo Holiday« taufte. Das Buch sei besser als »jedes andere literarische Indienbuch Ihrer Landsleute, Kipling eingeschlossen«. Und im Vorwort der vor einigen Jahren publizierten indischen Ausgabe bezeichnete ein indischer Historiker Ackerleys Bericht als »das einzige Indienbuch eines Engländers, bei dessen Lektüre mir die Nationalität des Autors nicht bewußt wurde. Dies allein spricht für seinen Triumph.«

Daniel Göske

Glossar

I.M.S. (engl.): »Indian Medical Service«, Sanitätskorps der britischen Armee in Indien.

K.C.S.I. und K.C.I.E. (engl.): britische Ordenstitel für Indien: »Knight Commander of the Star of India« und »Knight Commander of the Indian Empire«.

Locomotor ataxia (lat.): Bewegungsstörungen; ein typisches Symptom von Syphilis im fortgeschrittenen Stadium.

Nux vomica (lat.): Brechnuß; enthält u.a. Strychnin.

Punkah (hind.): einfaches indisches Ventilatorsystem: ein großes Stück Stoff in einem rechteckigen Rahmen, der von der Zimmerdecke hängt und mit Hilfe eines im Nebenraum oder außerhalb gezogenen Seils hin- und herbewegt wird.

Purana (aus dem Sanskrit für »aus früherer Zeit«): heilige Dichtungen des Sanskrit, die die hinduistische Mythologie enthalten.

Purdah (aus dem Urdu und Persischen für »Schleier, Vorhang«): früher übliche Abschottung der verheirateten Inderin vor den Blicken und der Gesellschaft von Männern und Fremden, vor allem in höheren Kasten verbreitet.

Sannyasi (aus dem Sanskrit für »wegwerfen, entsagen«): eine Art hinduistischer Bettelmönch, Asket oder Heiliger, meist ein Brahmane im vierten Lebensstadium.

Suttee (aus dem Sanskrit für »treues Weib«): Selbstverbrennung von Hindu-Witwen auf dem Scheiterhaufen ihres toten Ehemanns. Die Praxis des *Suttee* war seit 1829 in Britisch-Indien verboten.

Tahsildar (hind.): Steuereintreiber.

Tarbusch (aus dem Arabischen für »Schweißkappe«): eine mohammedanische Kopfbedeckung, ähnlich dem Fes.

Tonga (hind.): leichter zweirädriger Wagen.

Urdu: einheimische Bezeichung für Hindustani bzw. die aus dem Hindustani abgeleitete und mit arabischen Lettern geschriebene Sprache der Moslems in Indien.

Weda oder *Veda* (aus dem Sanskrit für: »heiliges Wissen, heilige Schrift«): Sammelbezeichnung für die ältesten Texte der indischen Überlieferung, Sprüche, Lieder und Prosastücke meist religiösen Inhalts. Die frühesten Texte stammen vermutlich aus der Zeit um 1750 vor Chr., als die Arier in den Nordwesten Indiens (Pandschab) einwanderten.

DENTON WELCH
Jungfernfahrt

Roman. Aus dem Englischen
von Carl Weissner
448 Seiten, Leinen, DM 38,00

*

Denton Welch, der Held dieses Romans, befindet sich in dem bedauernswerten Alter des leichten Errötens und der vielen ersten Male. Nach den Sommerferien beschließt er, nicht mehr auf die Schulbank zurückzukehren. Zunächst führt ihn sein Abenteuer durch Englands gediegene Gasthöfe, dann unter Brücken und in Gefängniszellen, schließlich auf das Sofa seiner Cousine in London. Er muß zurück in die Schule. Aber Denton hat Glück: Sein Vater lädt ihn nach China ein. Er verbringt ein aufregendes Jahr zwischen Kindheit und Erwachsensein auf einer Entdeckungsreise durch die fernöstliche Welt. Er besucht die berstenden Lager von Antiquitätenhändlern und die vornehmen Clubs der britischen Gesellschaft. Seine Neugierde lockt ihn in Boxkeller und verruchte Bars. Edith Sitwell lobte diesen autobiographischen Debütroman als ein Buch von »anrührender Jugendfrische«.

GEORGE TABORI

Das Opfer

Roman. Aus dem Englischen von
Ursula Grützmacher-Tabori.
320 Seiten, Leinen, DM 38,00

*

Ein slowenisches Dorf nahe der ungarischen Grenze. Die deutschen Besatzer sind nervös – um so mehr als plötzlich ein englischer Hauptmann mit einem Fallschirm in dem abgelegenen Tal landet. Beim Dinner, im Gespräch von Gentleman zu Gentleman, will der deutsche Major von Borst dem Gefangenen ein Geständnis über seine wahren Absichten entlocken. Aber der Abend verläuft anders als geplant: Captain Fowler läßt sich weder von der Kultiviertheit seines Gastgebers noch von den sinnlichen Reizen seiner Ehefrau betören. Von Selbstzweifeln und Schuldgefühlen gequält, verschanzt von Borst sich schließlich hinter den zynischen Formeln der Herrenmenschen-Ideologie. Da taucht mitten in der Nacht ein Gestapo-Mann auf, der von Borst die wahre Identität des Engländers enthüllt. Die Geschichte nimmt eine dramatische Wendung.

JOHN MCGAHERN

Die Bekehrung des William Kirkwood

Erzählungen. Aus dem Englischen von Hans-Christian Oeser
192 Seiten, gebunden, DM 28,00

*

John McGaherns Geschichten sind Reisen ins innere Irland, fernab der bevölkerten Touristenrouten. Sie erzählen vom irischen Alltag, von Dorfschullehrern, Pubs und der Hasenjagd, von Farmern, Polizisten und Geistlichen, von Vätern und Söhnen und der Liebe unter einem Regenschirm. Die großen Gefühle und Träume sind den Helden dieser Erzählungen längst abhanden gekommen. Sie lieben den Klatsch über den Nachbarn und sind wortkarg, wenn es um ihre eigenen Empfindungen geht. Die Sinnlosigkeit eines Lebens, das sich in endlosen Wiederholungen erschöpft, wird nach einigen Gläsern Guinness lakonisch auf den Punkt gebracht: »Wenn man darüber nachdenkt, ist das Leben ein Witz, wenn man es spürt, ist es eine Tragödie.« Mit einem geschärften Blick für die kleinen Dinge lenkt McGahern die Aufmerksamkeit auf scheinbar Banales und verleiht ihm poetische Kraft.